· 新闻与传播系列教材 ·

Crisis Communication and Media Relation:
Theory, Institution and Praxis

危机传播与新闻发布：
理论 · 机制 · 实务

史安斌 著

清华大学出版社
北京

图书在版编目（CIP）数据

危机传播与新闻发布：理论·机制·实务/史安斌著.--北京：清华大学出版社，2013（2023.8重印）
（新闻与传播系列教材）
ISBN 978-7-302-34538-1

Ⅰ.①危… Ⅱ.①史… Ⅲ.①突发事件－传播学－高等学校－教材 ②国家行政机关－新闻报
道－高等学校－教材 Ⅳ.①G206 ②G212

中国版本图书馆 CIP 数据核字（2013）第 277189 号

责任编辑：纪海虹
封面设计：傅瑞学
责任校对：王荣静
责任印制：沈　露

出版发行：清华大学出版社
　　　　网　　　址：http://www.tup.com.cn，http://www.wqbook.com
　　　　地　　　址：北京清华大学学研大厦 A 座　　　　　　邮　　编：100084
　　　　社 总 机：010-83470000　　　　　　　　　　　　邮　　购：010-62786544
　　　　投稿与读者服务：010-62776969，c-service@tup.tsinghua.edu.cn
　　　　质量反馈：010-62772015，zhiliang@tup.tsinghua.edu.cn
印 装 者：三河市龙大印装有限公司
经　　销：全国新华书店
开　　本：185mm×235mm　　　　　印　张：17.75　　　　　字　　数：362 千字
版　　次：2013 年 12 月第 1 版　　　　　　　　　　　印　　次：2023 年 8 月第 5 次印刷
定　　价：45.00 元

产品编号：056823-02

本书的写作和出版得到以下科研项目的资助：

教育部人文社会科学研究青年项目（08JC86005）
教育部"21世纪优秀人才"支持计划（09NCET）
国家社会科学基金一般项目（10BXW029）

目录

导言 全球、全民、全媒时代危机传播与新闻发布的理论探索、制度创新和角色重构

　　自 2003 年春夏之交"非典"危机爆发以来,政府新闻发布机制的确立和新闻发言人的出现成为我国政治社会生活中一个引人注目的"亮点"。危机传播从一开始就成为政府新闻发布的一项重要内容。一方面,新闻发布制度为我国各级政府部门有效地与媒体和公众进行信息传递与意见交流,从而通过继承"走群众路线"的优良传统,实现"立党为公""执政为民"的目标提供了有力的保障。另一方面,它也为近年来在我国蓬勃发展的新闻传播学研究开辟了一个新的领域,提出了许多带有鲜明本土色彩的研究课题。毫无疑问,对建立有中国特色的危机传播和新闻发布机制进行理论上和实践上的探索,必将有助于我们将以西方为中心的新闻学和传播学理论运用于中国的具体语境之中,从而为推动中国的政治和社会变革、促进新闻传播学学科建设的"本土化"提供一个新的话语平台。

　　1913 年 3 月,美国白宫在威尔逊总统的倡议下建立了新闻发布机制,迄今已有 100 年的历史。在世界各国,新闻发布业已成为政府和企业等组织与媒体、公众进行沟通和交流的主要平台。2013 年 9 月 1 日,伊朗建国以来首位女性发言人马尔齐·阿夫哈姆在外交部新闻发布会上"亮相",成为新闻发布制度设立百年的一个意味深长的标志。从学术界来看,"危机传播"(crisis communication)研究自 20 世纪 80 年代初在美国发端至今 30 余年,业已成为传播学领域当中的一门"显学",在英文学术期刊发表的各类相关论文就超过 3 万篇。

　　笔者 2004 年出版《危机传播与新闻发布》一书,首次将"危机传播"的理念引入内地学术界,这也是第一本在学理和实践层面上探讨新闻发布制度的专著,时机上又恰逢我国首批政府新闻发言人面世。笔者有幸参与了发言人"黄埔一期"的培训工作,迄今已经参与培训了各级政府和企业的新闻发言人逾万名。把自己的学术研究与社会需求能够联系在一起,并亲身参与中国政府新闻发布制度的探索当中,这是一个传播学者梦寐以求的理想和良机。10 年来,我国政府新闻发布工作成绩斐然。近 3 年来,仅中央各部委和省级政府部门举行的新闻发布会都保持在每年1 500 场以上。我国学术界在危机传播与新闻发布的教学和研究上也形成了一定的规模效应,出版的专著在 30 种以上,论文超过 1 000 篇,400 多所高校开设了相关的本科和研究生课程,针对政府官员、企业高管和发言人进行的新闻发布和媒体沟通方面的各级、各类培训业已常态化的更是难以胜数。

从这个意义上说,以"全球、全民、全媒时代"为背景和坐标,"危机传播"提供学理基础,"新闻发布"成为实践平台,构成了本书的题旨所在。本书将从危机传播理论和实践的探索、新闻发布制度的创新及新闻发言人角色的重构等三个方面,全面而系统地梳理西方近 30 年来危机传播的理论建设和我国近 10 年来政府新闻发布的实践探索之演进脉络,为危机传播研究在中国学界和业界的本土化提供有益的探索和尝试,也为今后提升全媒体时代政府新闻发布工作的品质和有效性提供一些实践及政策上的指导,并对今后新闻发布工作的改革做出前瞻性的分析和展望。本书力图做到理论和实践、方法和案例、全球与本土的有机统一,为关注危机传播和新闻发布的政界、商界、学界和媒体及公关业界的读者提供学理和实践上的指南与参照。既可以作为政府官员、企业管理者和社会组织的负责人与新闻发言人案头的参考书,也可作为高校开设相关课程和进行培训选用的教科书,亦可供关注中国政治与社会变革的读者深入了解相关理论和实践的演进脉络之用。

风险社会中的媒体执政：危机传播和新闻发布的背景与愿景

"风险社会"(risk society)是德国社会学家乌尔里希·贝克(Ulrich Beck)在 1986 年出版的同名著作中提出的一个概念,用于区别于"现代社会"。所谓"现代社会"是以工具理性为基础,以实现经济发展和技术进步为目标。在他看来,"风险社会"是"现代社会"的嬗变,当物质层面的现代化得以实现以后,人类并未进入到世界大同、高枕无忧的"理想国"当中。相反,人类在追求经济和社会现代化的过程中,实际上已经为自身埋下了各种具有风险性的"伏笔"和"祸根"。

就在贝克出版《风险社会》一书的那一年,苏联发生了震惊世界的"切尔诺贝利核电站泄漏事件",为贝克的理论提供了一个有说服力的论据。这次危机不是传统意义上的"天灾人祸",而是由于人类追求经济发展和技术进步所导致的必然结果。同时,它也打破了"核能安全"的神话,其影响超越了地域和时间的界限,成为一场持续性的全球公共危机事件。一方面,这场危机不仅在全国和周边国家引发了恐慌,也在全世界范围内引发了对核能的信任危机;另一方面,它破坏了周边的环境和生态,造就了一批先天残疾的"切尔诺贝利婴儿",使几代人都生活在核辐射的阴影之下。直到近半个世纪后的今天,我们还能看到这场危机所带来的影响。

"切尔诺贝利危机"告诉我们,现代性的种种弊端和人类追求现代化过程中积累的各种"症候"开始发作,风险无处不在,危机层出不穷。因此,人类进入了一个新的阶段——"风险社会"。近年来,恐怖主义、气候变暖、环境污染和疾患瘟疫都可以被视为全球化、现代化和商业化过程中积累的各种"症候",其中有的已经"发作",引发了波及整个世界的公共危机,有的则已经到了"一触即发"的危机临界点。

在上述两种社会形态中,传媒的定义和定位都有一定的区别。在"现代社会"当中,大众传媒是传递信息的工具。所谓"大众"是指大量的、容易被管理和操控的被动受众,信息和舆论的主导权掌握在少数权势精英手中。相对而言,传媒是"工具"或"喉舌",受制于政治、经济、军事等"硬力量",在整个社会体系中处于相对边缘的位置。

而在"风险社会"当中,"大众传媒"(mass media)被"全媒体"(omni-media)所取代,逐渐成为一种独立运作的"机制"。与"大众传媒时代"相比,"全媒体时代"具有以下两个鲜明的特征:

(1) 报纸、广播、电视、网络等各种媒体形态之间的森严壁垒和报社、广播电视台、通讯社、网站之间各司其职的社会化分工体系被彻底打破。互联网本身就是集文字、音频、视频、影像、APP(智能手机应用软件)等各种媒介形态于一体的"全媒体"。传统媒体向"全媒体"的转型也成为大势所趋。现在的《纽约时报》不再是一家由报社编辑的报纸,而是一家成功实现数字化转型的全媒体公司。

(2) 随着互联网和社交媒体的兴起,由专业媒体机构向受众单向传递的"一点对多点"式的"大众传播"(mass communication)向"多点对多点"、多向互动式的"大众化人际传播"(mass interpersonal communication)过渡,"传者"和"受者"之间的界限渐趋模糊。对于"全媒体"而言,"大众"不仅意味着大量的、具有主动选择权的受众,而且还意味着大量的信息生产者。他们合二为一,成为所谓的"参与生产的消费者"(prosumer),他们生产和上传文字、图片、视音频、影像等内容,形成了社交媒体平台,逐步取代了专业性的媒体机构,构成了全媒体传播的主体。近年来,在美国先后出现了多种以用户生产和上传内容为主体的社交媒体(即"自媒体"),我国也随之出现了本土化的版本(详见本书附录11)。

互联网的发展造就了海量的"参与生产的消费者"。尤其是在 web2.0 时代,像Twitter(微博)、YouTube(用户上传视频)等"自媒体"(we-the-media)的蓬勃发展,使大众传播过程中"传者"和"受者"之间的界限完全消失了。这就使得传统的、单向度的"宣传"机制逐渐失灵,精英阶层和权势群体不能一厢情愿地把信息和观点强加于公众。相反,公众通过新媒体参与到信息生产和传播的过程中,从而拥有了更大范围的知情权、表达权、选择权和监督权。一言以蔽之,"现代社会"中的被动受众演变为"风险社会"中的独立、主动而活跃的生产/消费者。

另外,"风险社会"也是一个高度"媒介化"的社会。以互联网为代表的"网络媒介"和以手机为代表的"随身移动媒介"的兴起,把人们裹挟到一个媒介高度饱和的生存状态中。媒介像空气一样无所不在,人们越来越多地依赖媒介获得体验和认知,媒介为公众设置值得关注和探讨的"议题"。用麦克卢汉的著名论断来概括,"不是我们创造了媒介,而是媒介塑造了我们"。

在高度"媒介化"的风险社会,传媒由边缘走向中心,成为"软实力"的重要组成部分。在危机事件的处理过程中,传媒拥有了强大的话语权和影响力,可以做到"翻手为云,覆手为雨"。2003年春夏之交爆发的"非典"由于全球媒体铺天盖地的报道,成了一时间人人自危的"世纪瘟疫",把北京、广州、香港等城市渲染为人人惟恐避之不及的"鬼城"。然而,对死亡人数几倍于"非典"的流感和甲肝等常见传染病,媒体却选择了"习焉不察"的立场。媒体看重的显然是"非典"所具有的"新闻价值"和"眼球效应",而不是根据实际情况来为公众设置他们应当关注的议题,这便是新闻传播所独有的规律之一。

由于媒体所具有的这种"反常放大"效应——我们所熟悉的"狗咬人不是新闻,人咬狗才是新闻"的原则,各种风险、危机和灾难往往被媒体放大和扩散,甚至于把子虚乌有的谣言变成言之凿凿的"真相"。近年来,许多危机事件的爆发都是由于政府部门对媒体——尤其是各种新媒体——的影响力估计不足,应对不及时,使一些本可以平息的"茶杯里的风暴"逐步演变成大规模的公共危机群体事件。2010年6月湖北石首由厨师自杀所引发的群体事件;7月河南开封"钴60"泄漏的谣言引发数十万群众集体出逃,都是这方面的典型例子。

媒体技术的不断更新和演化也使"风险社会"与传播媒介之间的关系变得更为微妙和复杂,风险社会与传播媒介之间的关系也发生了一些引人注目的变化。其中最引人注目的是3G技术——即第三代移动通信技术——逐步在我国普及。3G技术把互联网视频和移动通信技术结合起来,实现了影像的即时传输,使得"人人都是记者、人人都是电视台"的"自媒体"成为消解传统媒体话语权的强大力量。当央视对2009年"元宵节"之夜的新台址大火语焉不详,仅有数十秒的"口播"报道时,网民则利用3G技术上传了海量的图片和视频。他们甚至可以在自己的办公室里,利用3G手机和博客对发生在一街之隔的央视大火进行了现场直播,获得了数以百万计的点击率。

另一个引人注目的变化是以"微博客"或"推特"(twitter)为代表的社交互动媒介(SNS)已经超出了私人生活的领域,对政治和公共事务产生了越来越大的影响。2010年5月,伊朗"选战"过后发生了当权派与反对派之间的冲突。尽管当局对互联网进行了严格的管制和封堵,但是,"微博客"却可以超越网络"防火墙",成为伊朗民众与外界沟通的有效渠道。这是因为从技术上讲,"微博客"可以通过网络、手机短信、QQ等多种渠道进行信息传输。除非关闭它在美国的服务器,否则的话,任何传统形式的网络封堵都不会起作用。

当伊朗民兵与示威者发生冲突时,一名美丽的伊朗少女被射杀。她被冠以"伊朗天使"的称号,其临终前的血腥场面和"我在燃烧"的遗言通过"微博客"传遍了全世界,使反对派获得了全球舆论的支持。就连一向主张与穆斯林"和解"的美国总统奥巴马也不得不在民意的压力下,对伊朗政府发表了措辞强硬的讲话。因此,有人把伊朗发生的这场政治危机称为"Twitter 革命"。这场"Twitter 革命"的效应在发达国家和发展中国家都能持续发酵。当年 10 月发端于纽约、波及全美并进而席卷全球 50 多个城市"占领华尔街"运动、在中东和阿拉伯多个国家发生的"茉莉花"革命、肇始自伦敦郊区进而扩散到英国多个城市的"8·6 骚乱"等都是 Facebook、Twitter 等社交媒体发挥强大动员力量的明证。值得一提的是,由我国互联网公司腾讯开发的"微信"打破了美国对社交媒体的垄断权,海外用户已经过亿,在 2013 年 6 月的伊朗大选中发挥了堪比三年前 Twitter 的影响力。

新媒体的崛起同样体现了"新闻立媒"、"危机立媒"的原则。正如 1991 年的"海湾战争"使 CNN 声名鹊起,从而使"7/24"模式(即 7 天 24 小时不间断地进行现场直播)逐渐成为电视新闻的"常态",那么,"微博"、"微信"等也借助于近年来在全球范围内发生的公民社会运动而成为新的媒体"明星"。

无论是 3G 技术还是"微博",或是未来将会出现的新的媒介形式,它们都预示着以下两个趋势:(1)全媒体在风险社会中将会扮演越来越重要的角色,对政治和公共事务的影响会越来越大;(2)在风险社会当中,进行媒体操控和管制的代价会越来越高昂,因而在技术上和道义上都无法奏效。我们当然可以寄希望于传媒的"自律"和"他律"。但是,当人人都可以成为网络记者,人人都可以凭借一部 3G 手机"成为"中央电视台的时候,基于道德和伦理的传媒"自律"就会成为一种美好的理想——这正如我们可以弘扬"雷锋精神",但不可能期望人人都成为雷锋一样。同样道理,在中国目前还没有"新闻法"或"传媒法"的情况下,我们也不能把希望过多地寄托于法制化的"他律"。编造"纸馅包子"假新闻的假记者可以被绳之以法,政府也可以动用行政手段惩治那些网上的"煽动者"和"造谣者",但这类手段在媒介化的风险社会却遇到了强烈的舆论反弹,在一定程度上反而激化了社会矛盾。例如,2013 年 7 月 20 日傍晚,首都机场发生山东人冀中星引爆土炸弹"维权"的恶性案件。9 小时后,歌手吴虹飞因新专辑创作不顺,在微博上扬言"炸建委",有关部门依法将其拘留,引发舆论的高度关注。然而,央视网的调查显示,74.1% 的网民认为,她虽然发表了不当言论,但不至于判刑。10 天后,吴虹飞在接受了治安处罚后被释放。

在全球传播的时代,任何一场"地方性"的突发事件都有可能借助于传媒的力量而演变为"全国性"乃至于"全球性"的危机。因此,危机传播是降低风险、化解冲突和重塑形象的最为有效的手段。所谓"危机传播"就是指政府、企业或其他类型的社会组织利用各种传播媒介与公众进行有效交流和沟通的过程。在当代中国这样一个"全能政府"的政治生态当中,政府能否在应对危机的过程中贯彻"媒体执政"的理念,进行有效的危机传播,是检验政府执政能力和社会管理水平的一个十分重要的标准。

"媒体执政"(governing with the media)的理念来源于美国。美国学者提摩西·库克

(Timothy E. Cook)在1998年出版的专著《新闻执政》(*Governing with the News*)中对西方新闻媒体是"第四权"的主张提出了质疑。他用大量历史事实和对现状的分析证明,标榜客观中立的美国新闻媒体实际上是重要的政治机构,信奉新闻专业主义、把自己等同于医生、律师这样的"专业人士"的美国新闻记者实际上已经成了"政治舞台上的重要角色之一"。美国政府与媒体相互合作、对抗与制衡,利用政治传播共同发挥"执政"的功能,影响和左右着美国社会及个人生活。

在美国政治传播史上,凡是那些能够有效利用新兴传媒的政治家通常都能够赢得强大的民意支持,成为名垂青史的人物。"报纸总统"杰弗逊是美国的开国元勋。他本人就是报人出身。在19世纪上半叶"报纸时代"大幕拉开的时候,每当碰到危机时,他总是利用笔锋犀利的社论来说服反对派,赢得民意的支持。20世纪上半叶,美国遇到了严重的经济危机和"二战"的双重夹击,"广播总统"罗斯福以每周一次的"炉边谈话"节目与美国民众谈心,安抚民心,激励美国人民万众一心,共渡难关。20世纪60年代,当电视成为最有影响力的大众传媒时,"电视总统"肯尼迪横空出世,凭借个人魅力与影像媒介完美结合而成的"形象政治"赢得了美国民众的支持。

21世纪初,奥巴马能否以"互联网总统"而青史留名还有待历史检验。但他凭借互联网的影响力创造了一个又一个政坛奇迹,从无名小卒跃居总统宝座已经是不争的事实。在竞选总统之际充分利用Facebook、Twitter、YouTube等社交媒体进行政治动员和民间筹款,2008年竞选期间通过互联网筹到了史无前例的7.47亿美元,其中87%为200美元以下的小额捐款。入主白宫以后,奥巴马在白宫设立了负责新媒体传播的"数字战略"办公室,建立了白宫首席网络记者制度,并且利用手机短信、网络视频、微博等新媒体及时发布信息,与选民进行即时沟通。奥巴马创造的"互联网执政"手段被各国领导人纷纷效仿,连一向保守的英国王室、天主教皇等也开通了微博账户。2013年8月,博雅公关公布的一项对全球153个国家的调查显示,77.7%的领导人或政府机构拥有社交媒体网络账号,粉丝数超过百万的领导人或机构有22个,人气最旺的奥巴马在Facebook和Twitter上的粉丝,都超过了3 000万人。而乌干达总统姆巴巴齐几乎每帖必复,是各国领导人中最"勤奋"的微博博主。由此可见,"互联网执政""微博执政"已经成为当今世界政坛的一股不可抗拒的潮流。正如美国前国务卿希拉里·克林顿在其离职告别演说中所说的那样,"不掌握21世纪媒体技术的人无法成为21世纪的领导者"。

【案例分析1】　政府的"微博执政"与公民的"微博议政"

2010年8月28日,新浪微博正式上线,短短4年其注册用户已经超过5亿。纵观新闻传播史,"新闻立媒"是一个普遍规律,1991年的"海湾战争"成就了CNN,2001年的"9·11事件"成就了卡塔尔半岛电视台和中国香港的凤凰卫视。就新兴的网络媒体而言,"9·11事件"也让新浪网的新闻频道一举成名,而2010年底的"钱云会案"则使刚刚诞生不到半年的新浪微博一跃成为民意表达的重要平台。经过 2011 年之夏"7·23 动车""郭美美与红十字会风波"一系列新闻热点事件的洗礼,新浪微博可以毫无愧色地跻身中国最有影响的新闻媒体之列。

有趣的是,作为新浪微博模仿的对象,创立于 2006 年 3 月 14 日的美国"推特"(twitter)网站并不是一个新闻媒体,而是新兴社交媒体的代表。截至 2013 年 7 月,"推特"的全球用户达到 5.3 亿,其中 70% 的用户来自美国以外的地区,这标志着"微博"已经成为一种具有相当影响力的全球媒体。

微博这一媒介形态的本质是将互联网和随身媒体相结合,快速分享文字、视频和影像。在美国,微博主要是用于资讯的分享和社会交往。社交媒体平台上讨论的大多是与游戏、影视剧、时尚电子媒体(如 iPhone)等青少年亚文化有关的"琐碎"话题。新浪微博套用了"推特"140 个英文单词的形式,限定用户用 140 个汉字发布信息。需要指出的是,这一简单的字数移植对中国用户提出了更大的挑战。这是因为,英文 140 个单词大体相当于 280 个汉字所容纳的信息。这也就意味着中国的微博用户必须用更加"短、平、快"的形式来传递信息和思想。

新浪微博的另一个创造是将"评论"功能加入微博,而美国的"推特"只设置了转发功能,这就意味着用户只能转发自己赞同的"帖子"(tweets),而对自己不能同意的"帖子"只能选择忽略。新浪微博中加入了"评论"功能,则是为每一位用户都设置了一个"麦克风",从而达到了"众口铄金"的效果。2011 年夏季,红十字会在"郭美美事件"后匆忙开微博,苍白无力的自证清白遭到网民数十万次的"呸"帖评论,这种情况在只有"转发"功能的美国微博上是不会出现的。从媒体属性来看,新浪微博实质上成了一张被数亿网民分享、放大的"新闻纸+观点纸",它已经超越了一般意义上社交媒体的功能,成为具有巨大影响力的新闻媒体。

从文化语境来看,新浪微博成功的原因是中国特色的"围观"文化。中国人天生喜欢凑热闹,无论是在城市还是在乡村,"围观"的景象无处不在。微博的出现为以新兴中产阶级为主体的网民提供了"围观"的平台,同时"评论"功能的加入使得互联网平台上的"围观"更容易演变成口头上的"围骂"和"围攻",甚至于转化为行动上的"围殴"。2011 年 7 月,黑龙江省方正县的日本侨民"碑(悲)剧"就是在微博平台上非理性的众声喧哗中,最终演变成一场"五壮士"高调砸碑和地方政府悄然拆碑的"闹剧"。

值得注意的是,微博议政及其导致的干预社会的功能不仅仅限于中国。2011 年 8 月上旬伦敦骚乱表明,在一向信奉"言论自由"的西方国家,社交媒体同样能够发挥巨大的社会动员作用,其所带来的破坏也是不容忽视的。因此,英国首相卡梅伦首次呼吁加强对社交媒体的管理,而美国迈出了更具实质性的一步。当年 8 月中旬旧金山的主要地铁站台上出现了大量不明身份的"闪客",地铁管理者吸取了伦敦的教训,下令暂时屏蔽站台区域的手机网络信号,制止了一场可能发生的骚乱。这是美国历史上首次对新媒体采取的管制措施，在美国国内引发了巨大的争议。上述这些情况说明，世界各国在对社交媒体的管理上都陷入了全球性的两难困境：维护社会秩序和保护言论自由到底孰轻孰重？

显而易见，微博已经不再是一个青少年小打小闹的社交媒体，在政治诉求达到一致的情况下，"唧唧喳喳"（这正是 twitter 一词的本义）的微博用户会迅速聚合为具有巨大影响力和破坏力的"智能化暴民"（借用美国学者 Rheingold 在 2002 年提出的 smart mob 的概念）。在当下"微博议政"的大潮当中，如何进行有效的"微博执政"，就成为各国政府必须面对的一个紧迫问题。

"微博执政"来源于"媒体执政"的理念。在政治传播史上，凡是那些能够有效利用新兴媒体的政治家通常都能够赢得强大的民意支持，成为名垂青史的人物。"报纸总统"杰弗逊、"广播总统"罗斯福、"电视总统"肯尼迪都是主动利用新兴媒体、强化国民凝聚力、实现有效的"媒体执政"的典型代表。被人们称之为"网络总统"的奥巴马也是有效运用新媒体进行竞选和执政的"急先锋"。2010 年 7 月 7 日，他首次进行了"现场推特"，与全球数亿用户进行"微博小镇大会"。尽管奥巴马还不习惯用 140 字来表达自己的观点，他在现场所做的长篇大论式的回答需要经过删减和编辑后才能发出，但是，这次"现场推特"标志着他在"微博执政"上走出了实质性的一步。

从世界各国来看，"微博执政"还处在探索中逐步改进的阶段。为此，我们应该在以下三个方面入手来推进"微博执政"。首先，政府部门应该摒弃对微博"小打小闹，不值一提"的成见，用制度化建设把微博纳入政务公开、建设阳光政府的轨道上。我国许多政府部门开设了微博，但目前仅限于发布一些花边新闻、服务性资讯和公关软文等，说明微博在政府部门的新闻发布和信息公开中还处于边缘地位。相比之下，美国白宫微博网页设立了"办公时间"的专栏，在固定时段邀请主要官员在微博上与民众进行直接交流，既提高了微博的关注度，同时也让微博在舆论引导上发挥了实质性的作用。

其次，政府部门应该树立"微博营销"的意识，在危机处理中把矫正型传播和塑造型传播很好地结合起来。2011 年夏季，四川会理县的官员"悬浮照"事件受到网民的批评和质疑。当地宣传部门及时开通微博，公开真相，就发布不实照片向公众真诚道歉，赢得网民理解。在其微博获得高度关注的情况下，他们将会理的旅游资源进行了精准化的推广，提高了知名度，该地区的旅游收入不但没有受到"悬浮照事件"的负面影响，反而实现了跳跃式的增长。

再次，政府部门应当借助微博开展有效的"声誉管理"，积极建设"情感银行"。目前我国的 2 亿微博用户以中产阶级为主体，他们是舆论场中的"意见领袖"。利用微博这个便捷而有效的传播平台在他们当中建立美誉度，通过常规性的沟通和交流赢得他们的信赖与支持，就能在危机爆发时从"情感银行"中"提款"，从而化危为机。2011 年夏季，一个名叫郭美美的女孩发了几条微博，就让整个慈善事业陷入空前的"声誉危机"，善款捐赠下降 90%，北京出现"血荒"，这个教训不可谓不深刻。其原因就在于这些机构缺乏日常的声誉管理,发生危机时只能从"情感银行"中"透支",难逃遭"呕"的厄运。有鉴于此,利用微博进行定位精准的政府公关,从而在公民"微博议政"的大潮中实现有效的"微博执政",是各级政府部门下一步努力的方向。

经过 30 年的改革开放和史无前例的经济高增长,中国的综合国力和国际地位有了大幅提升,沿海发达地区和主要城市基本实现了经济和技术的现代化。另外,30 年来现代化进程中积累的各种潜在"症候"开始发作。毫无疑问,现阶段的中国也进入了贝克所说的"风险社会"。伴随改革开放的传媒体制变革和新媒体的勃兴也使当代中国打破了"大一统"的传播格局,进入到了众声喧哗的多元文化时代。可以毫不夸张地说,中国改革开放 30 年以来,媒体领域发生的"传播革命"是堪与经济腾飞比肩的成就。"中国互联网信息中心"(CNNIC)发布的最新调查结果显示,截至 2013 年 6 月,中国网民数量位居世界第一,达到 5.91 亿人,其中 84.2% 的网民使用手机上网。这预示着在中国的传媒体系中,互联网、手机等新兴媒体已经逐渐由边缘走向中心,发挥着越来越大的影响力。

更为重要的是,网民已经成为当代中国传播体系中具有强大影响力的"意见领袖"。仅以 2009 年上半年为例,1 月的"云南李荞明躲猫猫案"、2 月的"河南王帅网上发帖被拘案"、5 月的"湖北邓玉娇刺官案"和"杭州胡斌飙车撞人案"等地域性危机事件都遭遇了某些"独霸一方"的无良官员的压制和封堵。但在全国性的网络民意的强大压力下,这些"冤案"峰回路转,真相最终大白于天下。如果没有全国网民的声援和监督,我们很难想象这些无权无势的受害者可以冲破地方保护主义的重重障碍,最终获得正义的伸张。另外,我们也可以看到,一些地方官员对媒体的认知僵化陈旧,跟不上新媒体技术的发展,危机传播和"媒体执政"的意识更是无从谈起。

有鉴于此,在当今中国,各级政府和媒体机构都应该破除自身的思维定式,调整传播策略。逐步适应风险社会的变局。首先,从政府的角度来说,"危机"不应当被视作"飞来横祸",而是应当被视为风险社会发展的必然结果。与之相应,危机处理也不应当是"兵来将挡,水来土掩"的被动应付,而应当是日常执政的有机环节。从传播学的视角来看,危机之所以爆发和加剧是由于政府与公众之间交流与沟通出现了障碍。因此,政府应当根据危机发生的具体情境和变化趋势,采取合适的传播策略,化"危险"为"机会"。

当危机到来时,政府部门应当关注舆情,对有可能引发危机的"热点问题"(或称"引爆点")给予关注,制订相应的预案。同时,政府部门还应当通过媒体与公众进行及时的风险沟通,把危机可能带来的负面效应及时告知公众。由于风险社会具有高度"媒介化"的特征,政府部门应当把传播媒介作为增强执政能力的重要手段。除了报纸、广播和电视等传统媒介形式之外,各级政府官员应当充分利用互联网和手机等新媒体及时发布信息,与民众进行有效的交流、互动和沟通。

2010 年 5 月以来,全球爆发了甲型流感疫情。从中央到地方的各级政府部门吸取了"非典"危机的教训,一方面,通过各种传播媒介向公众及时公布疫情变化和防控措施;另一方面,实时监控国内和国际舆情,及时回应来自国内外的误解、指责和传言,进行了有效的危机传播。虽然"甲流"爆发期间,我国境内的感染病例已经突破了2 000例,但在国内没有引发恐慌,国际社会也对中国严格的防控措施予以理解,避免了类似"非典"那样的危机在我国的重演。"甲流"期间积累的经验和模式在2013年春季爆发的H7N9禽流感的危机传播和新闻发布中得以有效的复制和完善。可以断言,经过10年来的历练,政府部门在"非典"疫情蔓延期间危机传播和新闻发布上进退失据的被动局面不会再重演(参见案例分析2)。

【案例分析2】 从"甲流"透视"风险社会"中的危机传播

与近年来层出不穷的各类公共危机事件一样,2009年在全球范围内爆发的甲流(H1N1)危机是人类全面进入"风险社会"的又一个例证。这场疫情肇始自墨西哥,从4月份开始爆发,在短短一个月的时间内扩散到全球50个国家,这不能不说是拜全球化所赐。从我国的情况来看,早期的"甲流"病例以"输入型"为主,多为负笈北美的学子或访客。另一个鲜明的特征是"甲流"的"非常规性"。这场疫情从春夏之交爆发直至秋冬之际再度"发威",彻底颠覆了以往流感爆发的季候规律。更令人困惑的是,青少年成为"甲流"的高发人群。虽然上述这些反常状况有待于进一步的科学解释,但可以肯定的是,现代人——尤其是青少年人群——"不分昼夜与冬夏"的生活方式和由全球变暖所导致的气候变化是加剧"甲流"疫情的重要诱因。

这场疫情还凸显了大众传媒和危机传播在"风险社会"中的重要性。这场"甲流"危机可以说是一场由网络、手机等新媒体主导的"媒介化"的危机。除了传统媒体连篇累牍的报道之外,许多网民也加入了"新闻生产"的过程中,成为引人注目的"公民记者"。在美国的一项调查中,超过半数的美国人是从"自媒体"上了解"甲流"疫情的进展,特别是在10月份奥巴马总统宣布全国进入"紧急状态"后,这个比例上升到了80%。其主要原因是自美国政府采取的"轻松应对"的政策和报纸、电视等传统媒体对疫情的"轻描淡写"受到了民众的广泛质疑。自甲流疫情暴发以来,美国最有影响的网络新闻网站"赫芬顿邮报"(Huffington Post)和新闻评论网站"石板"(Slate)等网络媒体发表了大量的报道和评论,批评美国政府的应对政策。例如,5月下旬,在"世卫"组织把"甲流"的警戒级别提升到5级时,纽约市市长布隆伯格却宣布公立学校恢复上课。对此,美国疾控中心的专家和《纽约时报》等主流媒体以"默许"的方式给予支持。但许多家长、教师、社区意见领袖通过网络媒体表达了不同的意见,并且组织了抗议和抵制复课的活动。

中国的情况也有相似之处。一方面,我们也看到了"自媒体"所发挥的巨大影响力。5月11日四川出现第一例甲流病例后,在传统媒体因为没有接到相关的"宣传口径"而犹疑不定时,博客、手机短信等"自媒体"成为信息流通的主要渠道。这位中国甲流"第一人"通过博客用文字、视频和照片向外界发布自己染病的过程、"隔离"经历和病情进展。而那位在发病后仍然四处活动，传染了88人的"何逛逛"则被网民进行了"人肉搜索"，在舆论的压力下向公众道歉，成为社会责任和自我防控的"活教材"，其效果远胜过政府部门进行的相关宣教活动。

另一方面，我们也看到，中国政府部门危机传播的能力在大大加强。据不完全统计，从中央到地方各级地方政府部门召开的有关"甲流"问题的新闻发布会有150场之多，有效减轻了公众的恐慌心理，使得严格的防控得到了民意的支持。一个典型的例子是11月中旬出现"北京市委叫停疫苗接种"的谣言短信出笼后，有关部门在两小时内及时进行回应，平息了可能出现的恐慌。联想到6年前"非典"期间一条"北京封城"的谣言短信引发全城大抢购的"旧闻"，不禁让人发出"今非昔比"之叹。我国政府部门在应对"甲流"危机的过程的种种表现充分说明，经过多年的努力，中国已经基本能够适应"媒介化"风险社会出现的各种新的挑战。

当然，与美国和西方国家相比，我们在危机传播方面的差距还是十分明显的。实际上，在风平浪静的危机"潜伏期"做好"风险传播"是危机传播的重要保障。美国这次之所以能够采取"轻松应对"的策略，与它们业已形成的相对完善的风险沟通机制和民众的成熟心态不无关系。

反观我国，受"讳疾忌医"的传统文化的影响，人们不愿意在"潜伏期"谈论危机。拿流感来说，我们长期以来忽视流感疫情的存在，连权威专家也不能给出每年死于流感的准确数字，更谈不上与媒体和公众的"风险传播"了，这就难免造成人们的"无知"和由此引发的大面积恐慌。有鉴于此，我们对"甲流"采取"严防死守"的策略也属无奈之举，花费了大量的人力、物力和财力。如果我们能够吸取"甲流"的教训，补上"风险传播"这一课，就能够大大降低危机处理的成本。

另外，在全球性危机中，我们还没有掌握足够的话语权，因而无法有效引导国际舆论。"风险社会"中的危机往往是全球性的，除了做好国内民众的安抚和疏导，与国际舆论的沟通也是必不可少的。在"甲流"暴发初期，国际舆论纷纷赞扬美国"沉着勇敢"，指责中国"紧张过度"。随着全球疫情的变化，赞扬中国和批评美国的声音开始增加，到11月份美国宣布进入"紧急状态"时，舆论的对比已经发生了根本性的逆转，人们庆幸中国没有跟着美国走，为全球防控作出了巨大贡献，而美国则是害了自己，也害了别人。

显而易见，这种舆论的变化是"事实胜于雄辩"的自然结果，但这恰恰反映出我国政府在危机传播方面的"软肋"——在重大新闻议程上被西方媒体牵着鼻子走，无法影响甚至主导国际舆论，以至于"蒙受"了大半年的"不白之冤"。在"媒介化"的风险社会，由于美国掌握了全球舆论的主导权，所以时至今日，还有不少西方媒体——尤其是普通民众——仍然不理解中国的严防严控。《纽约时报》11月29日发表了一篇在华美国人的文章，字里行间充满了对中国甲流防控措施的指责和抱怨。因此，如何向世界说明中国，在危急关头争取国际舆论支持，应当成为今后我国政府部门改进危机传播的重要一环。

从媒体的角度来说，应当改变传统的传播观念，及时传递真相，适应风险社会的要求。与西方国家不同，中国人有"报喜不报忧"的传统文化理念，我国各类媒体也承担着"坚持正面宣传为主"的政治任务。但是，这些都不能成为媒体回避风险、掩盖危机的借口。更为严重的是，在风险社会，如果一味坚持"报喜不报忧"和"正面宣传"的传统思维定式，政府和主流媒体的公信力就会遭到破坏。

无论是在2004年哈尔滨的"松花江水污染事件"还是在2009年河南开封的"钴60泄漏事件"中，人们宁愿听信网络和手机传播的谣言，也不愿相信政府的公告和主流媒体的报道，不能不说是莫大的讽刺和值得吸取的教训。在此，危机传播的3T3F原则——"真实地说，及时地说，首先来说"（Tell It Faithfully；Tell It Fast；Tell It First）——应当成为提升我国政府和媒体公信力的有效保证。从2008年的"5·12"汶川地震，到2013年春季席卷半个中国的"禽流感"，相关政府部门、中央级主流媒体都贯彻了3T3F原则，赢得了国内公众和国际社会的广泛好评，为政府部门的危机处理创造了良好的舆论环境。

除了做好危机传播的工作以外，媒体还应在危机的"潜伏期"进行有效的风险传播。与美国等西方国家相比，我国媒体在风险传播方面还有一定的差距。美国电影和电视剧当中都有"灾难片"这一品类。美国观众在银幕和荧屏上一次又一次"经历"了劫机（《空军一号》）、核泄漏（《翌日》）、雪灾（《后天》）、全球性气候灾难（《2012》）等"危机"场面。毋庸置疑，这些影视剧在让观众获得娱乐的同时，既帮助他们树立了风险意识，也学习了应对危机的技巧。当"9·11"这样的灾难降临时，我们见证了美国民众的镇定自若和有序应对，这绝不是偶然的。反观我国，当危机真的到来时，既有听信谣言、四散奔逃的"流民"（例如，前文提到的开封"钴60泄漏事件"），又有缺乏风险意识和社会公德意识的"游民"（例如，前文提到的"甲流"危机中的"何逛逛"）。这些现象的出现从一个侧面引证了我国媒体风险传播的缺失所带来的负面效应。

近年来的实践已经并且仍将继续证明，中央领导集体先后提出的"学习实践科学发展观"、"建设和谐社会"、"走群众路线"、为实现"中国梦"而努力奋斗的构想是适应"风险社会"当中政治、经济、社会、文化和传媒变局的先进理念。作为中国政治改革和社会管理创新的一项重要内容，2007年10月召开的党的"十七大"提出"让权力在阳光下运行"，要保障公民的"新四权"（借用海外媒体的说法）——知情权、表达权、监督权和参与权。2008年5月根据这一精神开始实施《政府信息公开条例》，这就为政府、媒体与公众实现良性互动、进行有效的危机传播提供了有力的政策保障。2012年11月，党的"十八大"报告进一步明确要求，要完善政务公开、党务公开、司法公开和各领域的办事公开制度，让人民监督权力。为了贯彻落实"十八大"的精神，习近平同志在2013年4月中纪委第二次全会上形象地号召"把权力关进制度的笼子里"。专业人士和普通百姓利用新媒体平台监督权力的力度进一步加大，网络反腐掀起新的高潮。《财经》副主编、资深调查记者罗昌平用实名微博举报原国家能源局原局长刘铁男贪腐问题；上海网民举报高级人民法院法官集体嫖娼等都是"网络反腐"的典型案例。2013 年 9 月 2 日,中央纪委和监察部开通网站,设立民众举报腐败专栏,把"网络反腐"规范化和制度化。

随着改革开放进入到了"攻坚"阶段,中国全面进入到"风险社会",如何通过有效的危机传播化"危机"为"转机",应当是政府、媒体和公众应当认真对待、大胆探索的一个重要问题。在以"全球、全民、全媒"为特征的传播时代,各级党政领导干部的媒体素养和传播能力的高低在很大程度上决定了他的执政水平和决策效果。习近平同志在 2009 年 3 月中央党校春季开学典礼的讲话中,把"与媒体打交道的能力"列为 21 世纪领导干部应当具备的六种基本能力之一。从这个意义上说,加强风险社会的媒体执政能力为进一步改进和完善政府的公共传播与新闻发布机制既提供了宏大的背景,也描绘了美好的愿景。

未来新闻学:新闻发布理论与实践创新的切入点与参照系

无论是公共传播与新闻发布制度的创新和新闻发言人的角色重构,都要从新闻传播学的理论和实践探索中汲取营养。"新闻发布"和"新闻发言人"的核心是"新闻",这使得新闻发布制度的确立和完善不同于一般意义上的行政或管理制度的构建。这也是为什么从学科归属上,有关新闻发布制度和新闻发言人的研究与新闻传播学的关系更为密切,而不是划归为"政治学"或"管理学"的范畴。为此,作为新闻发言人,我们应当准确把握和及时了解新闻传播学理论与实践探索的最新趋势和动向。

近年来,新闻传播领域发生的急剧变化对传统新闻传播学理论和实践模式带来了全方位的挑战。互联网——尤其是社交媒体——的兴起模糊了新闻生产者和接受者之间泾渭分明的界限,彻底颠覆了"传播学之父"施拉姆提出的 SMCR(传者—信息—渠道—受者)的线性传播模式,也使得"议程设置""沉默的螺旋"等大众传播学经典理论无法充分破解在当今的新闻传播实践中出现的种种难题和困局。有鉴于此,各国新闻学研究者和新闻工作者都在积极进行理论与实践模式的探索。虽然目前还没有一种得到公认的经典理论或模式出现,但已经产生了一些新的理念和思路,我们目前暂用一个松散的命名——"未来新闻学"(future of news consensus 或 FON)来加以概括,其主要代表人物包括"公民新闻"的倡导者、纽约大学新闻学教授杰·罗森(Jay Rosen,代表作《为何做记者》)、纽约大学新闻学兼职讲师克雷·舍基(Clay Shirky,代表作为《人人时代》《认知盈余》)、纽约城市大学新闻学教授杰夫·贾维斯(Jeff Jarvis,代表作为《谷歌将带来什么》)、亚利桑那州立大学新闻学教授丹·吉尔摩(Dan Gillmor,代表作为《草根媒体》)等。

从本质上看,"未来新闻学"是新闻学研究者和从业者对不断变化中的媒体生态和传播模式做出的回应。其核心观点包括:

(1)新闻报道是记者与其报道对象之间相互对话和沟通的产物,也是不同话语和立场相互冲突、调和与协商的结果。换言之,传统新闻生产模式是"一对多"的单向传递,而在新媒体环境下则演变为"多对多"的"对话"或"协作"生产模式。

（2）专业记者应当通过微博等社交媒体与受众保持"高度黏合"的关系，后者通过"开放源代码"（open-source coding）或"众包"（crowd-sourcing）等方式参与新闻生产，为前者提供源源不断的新闻线索和素材，前者则充当"把关人"的角色，确保新闻报道的公信力和专业品质。

（3）新闻文本是一个具有多重意义的、开放性的、蕴涵多种阐释可能性的"话语建构"（discursive formation），这改变了传统新闻学中对结构（例如，"倒金字塔"模式）、文体（例如，"美联体"或"新华体"）和专业伦理（例如，双重信源相互印证确保新闻真实性的原则）的严格规范与要求。在未来新闻学的阐释框架下，新闻文本呈现出碎片化和流动性的特征，新闻文本也相应地从一个具有确定意义的"实在"（being）演变为一个不断自我更新和修正的"形成过程"（becoming）。

（4）新闻报道的首要功能是在政治和社会领域内引发建设性的"公共对话"，凝聚社会共识，而不仅仅停留在传递信息和告知公众的层面上。

简言之，未来新闻学倡导的是：媒体机构的扁平化、新闻生产的全民化、管理机制的去中心化、社会共识的聚合化。其终极目标是通过新闻生产与信息传播促进全球不同族群与社群之间的沟通和交流，从而打造出一个理想状态的"和谐世界"。

从总体上看，"未来新闻学"所提供的理念、思路和理论框架是围绕着"全球、全民、全媒"这三个当前新闻传播发展变化的总体趋势来展开和生发出来的，它对于我国新闻传播学的理论和实践创新——同时也包括新闻发布制度的创新和新闻发言人的角色重构——具有一定的启示意义，具体来说体现在以下一些方面：

- 全球——传统的新闻传播是以区域或国别为疆界来展开的。随着以全球受众为指向的全球媒体（例如 CNN 和互联网）代替了仅以国外受众为指向的国际媒体（例如"美国之音"VOA 和 BBC 世界台），随着新闻生产走向"全球化"——即从采集、编写、流通到接受等诸环节逐渐"去疆界化"，传统的"国际传播"（international communication）应被更符合现实的"全球传播"（global communication）所代替。从实践层面来看，无论是对内传播还是对外传播都应当尊重新闻传播的普遍规律，用"讲故事"这类具有普适性的手段来提升新闻传播的感染力，从而增强新闻媒体的公信力和吸引力。

2011 年 7 月，新华社报道了江西省铅山县女邮递员罗细英 16 年如一日服务边远山区百姓的事迹。英国《卫报》驻京记者马尔科姆·穆尔以此为线索，推出了题为"行程已达12.4 万英里的超级女邮递员"的报道，被近百家媒体转载。2012 年 6 月，在我国互联网上广泛传播的杭州"最美司机"吴斌在生命最后一刻勇救乘客的视频通过世界最大的社交视频网站 YouTube 播出，获得了超过 600 万次的点击量，成为迄今为止在国际媒体上最具影响力的"中国新闻"之一。

无独有偶，近年来在英语世界出版的有关中国的新闻纪实类（即所谓的"非虚构"类）

书籍中,以普通中国民众及其日常生活作为选题的出版物在数量上有了显著增长。笔者对 2007—2011 年出版的关于中国的新闻纪实类书籍做了一个粗略的统计,发现以"基层人物"或"基层社会"为主题的占到了一半以上,其中产生较大影响力的包括《江城》和《寻路中国》(作者为《纽约客》前驻京记者 Peter Hessler,中文名何伟)、《工厂女孩》(作者为何伟的华裔夫人张彤禾)、《中国课程》(作者为《华盛顿邮报》前北京分社社长 John Pomfret,中文名为潘文)、《北京欢迎你》(作者为美国一家运动网站的总编 Tom Socca),等等。

这些"故事"不仅感动了中国,同时也感动了世界。它们不是传统意义上"高大全"、"红光亮"的"正面典型报道",也不是对当前政策的简单图解,而是在不回避社会矛盾和热点问题的前提下,触及中国社会存在的贫富差距、城乡差别、分配不公等"敏感"问题,真实反映中国普通民众的生存现状和现实诉求,体现中国人的价值观和生存智慧。挖掘凡人小事中的"不平凡"之处,这与市场化新闻"反常放大"的理念可谓不谋而合。值得注意的是,这种"反常放大"不是为了标新立异或耸人听闻,而是为了传递具有普适性的价值观。这就使得具有问题意识和承载终极关怀的凡人小事跳出了一般意义上的"社会新闻"或"有人情味儿的报道"(human-interest stories)的窠臼,同时也更容易赢得身处不同社会和文化语境下的受众的好感与共鸣。前述"最美司机"吴斌的报道不仅感动了全中国,也感动了全世界,尤其是各国的青年网民(YouTube 网站的主体用户),即是这方面的典型例证。

- 全民——在传统的大众传播学理论中,媒体机构(包括广播电视台、通讯社等)和专业记者是新闻传播的主体,普通读者和阅听人则被定位为"沉默的大多数",处于从属和被动的地位。当今方兴未艾的 3G 技术和以 iPad 为代表的随身移动媒体的普及把无所作为的"受众"(audience)变为主动的"参与生产的消费者"(prosumer)或"参与生产的使用者"(produser),进而登堂入室,在传统上由政商精英主宰的舆论场内产生"众声喧哗"的效应。这便是"未来新闻学"所强调的"新闻全民化"的效应。

在最早尝试将文化研究引入新闻学研究的澳大利亚学者约翰·哈特利(John Hartley)看来,新闻传播不再是一种"专业实践",而是一种"基本人权"。[①] 随着社交媒体的蓬勃兴起,在政治诉求达到一致的情况下,素不相识的微博用户会迅速聚合为具有巨大影响力和破坏力的"智能化暴民"。这就使得传统主流媒体所承担的引导公众舆论和凝聚社会共识的责任更为凸显,同时也使传统主流媒体遭遇到了更为强有力的挑战。

值得注意的是,在未来新闻学的阐释框架下,新闻传播"全民化"的趋势并不是要用缺乏新闻专业资质的"公民记者"完全取代媒体机构和专业记者,相反,后者应当着重思索的

---

① J. Hartley (1996). *Popular Reality*: *Journalism*, *Modernity*, *Popular Culture*. London: Edward Arnold, 3-8.

问题是：如何在确保新闻品质和公信力的前提下，让这些业余人士更为积极地参与新闻生产。作为"未来新闻学"重要的实践模式之一，由"微博记者"主导的"一个人的国际新闻部"的新闻生产模式被美国媒体广泛采用。2011年最引人注目的一位"微博记者"是美国公共广播电台(NPR)的安迪·卡尔文(Andy Carvin)，他凭借在"茉莉花革命"中的出色报道赢得了诸多荣誉。他一个人包揽了NPR的大部分国际新闻报道，秘诀在于他充分利用微博与遍布世界各地的"公民记者"和"社区博主"的"黏性"联系，采用"众包"(crowdsourcing)的生产机制，"协作生产"出贴近当地实际、真实反映当地民众诉求的新闻。

　　专业记者与公民记者之间的"协作生产"模式在危机传播中已经得到了一定程度的运用。2013年4月"波士顿马拉松赛爆炸案"，网民上传的图片与视频超过千万条，其中一些高质量的素材被主流媒体选用。7月，央视《新闻联播》在报道"韩亚航空公司旧金山空难"时也多次选用了公民记者用手机拍摄的视频。正是从这个意义上说，主流媒体和专业记者应当在危机传播中更为有效地直面"新闻全民化"的挑战，探索与"公民记者"的合作模式，牢牢把握新闻报道的专业品质和舆论引导权。

- 全媒——传统的新闻生产和传播机制是以报纸、通讯社、广播、电视、互联网、社交媒体等多种形式来分别展开，而当今"媒体融合"已经成为新闻生产和传播的常态模式。"全媒体"的新闻生产既包括文字、图片、影像、音视频等传播介质的综合运用，也包括各种类型媒体机构属性和职能的融合，彻底颠覆原有的媒体品类和经营模式。说的通俗些，"报社不仅仅办报纸"，"电视台不仅仅播出电视节目"。

　　我们现在所说的《纽约时报》已经不再是一张报纸，其主要收入来自于网站及其各种类型的衍生产品。2013年8月，亚马逊网站的创立者贝索斯以个人名义收购了"百年老报"——《华盛顿邮报》，引起了舆论的广泛关注，这是首次由一位生于互联网时代、没有任何传统媒体从业经验的"数字土著"来掌管一家全球知名的老牌报纸，尽管目前贝索斯并未公开谈论他的战略构想，但有一点可以肯定的是，他要用"全媒体"的思维来对传统媒体进行全面升级，正如他近年来把传统实体书店都改造成了全品类覆盖、全渠道流通、全方位服务的在线零售商。

　　在更为微观的层面上，"全媒体"还应当是对新闻叙事结构和话语的大胆创新和实验。例如，新华社的"走基层"报道中利用"中国网事"这一全媒体平台，在"新闻视觉化"和"新闻影像化"的探索上做出了可贵的尝试。央视"走基层"报道中融入了调查新闻所擅长的细节深度挖掘的做法，同时借鉴了纪录片的即时跟拍和戏剧、电影的表现形式，打造出"新闻纪实系列短剧"这样一个融合了多种媒体介质和表现形式的"全媒体"新闻品类。

　　从更为宏观的层面上看，全媒体(omnimedia)的勃兴带来的是"全传播"(omnicom)理念的出现。"全传播"又被称为"整合传播"或"战略传播"，即综合运用新闻、广告、公关、营销等多种手段对"组织"(包括国家、政府、企业、学校和各类社会机构)进行形象塑造、品牌推广和价值观的传递。"组织"的危机传播和新闻发布都可以纳入以"整合传播"、"战略传播"为重点的"全传播"范畴,对上述各类"组织"的短期运营和长远发展都会产生不容忽视的影响,应当受到各级决策者、领导者和管理者的高度关注。

从以上的分析中我们可以看出,危机传播与新闻发布制度的创新和新闻发言人的角色重构要置于最具前沿性的"未来新闻学"阐释框架下,顺应以"全球、全民、全媒"为主轴的传媒变局,更为有效地实现政府、企业、社会组织与媒体、公众之间的沟通与交流,更好地履行新闻发布工作"内聚民心,外结盟友"的双重使命,推动和促进"和谐社会"与"和谐世界"的建设。

从宣传模式到传播模式：危机传播与新闻发布的理论探索

从传播学的角度来看,危机传播与新闻发布机制的确立和完善是政府、企业等"组织"进行公共传播的重要组成部分。所谓"公共传播"(public communication)是指政府、企业及其他各类组织通过各种方式与公众进行信息传输和意见交流的过程,在人际传播、组织传播、媒体传播等多个层面上进行。无论在公共传播的哪一个层面上,新闻或信息发布机制和新闻发言人都起到了相当重要的作用。有鉴于此,西方许多国家倾向于采用更具包容性的"公共传播"和"公共信息官"(Public Information Officer 简称 PIO)来代替"新闻发布"和"新闻发言人"等传统称谓。为了强化公共传播的效果,越来越多的企业在高管团队中设置了"首席信息官"(CIO)或"首席传播官"(CCO)的职位。

从本质上说,新闻发布机制体现的是信息传递模式的变革——即从传统的宣传模式向公共传播模式的过渡,这一点在以政府为主导的政治传播领域表现的尤为突出。从政治传播史上看,在各种不同的政治和社会制度下,政府部门通常采用的是自上而下的、全民"总动员"式的宣传模式来传递相关的信息。在全球、全民、全媒传播的时代,随着信源和信道的多样化,政府部门不再是唯一的信息提供者。虽然在战争或抗击自然灾害等特殊情势下,传统的宣传模式仍然可以发挥立竿见影的作用;但在常态环境下,我们需要根据不同的受众需要,采用更为"人性化"的手段来传递党和政府的声音,以期获得传播效果的最大化。

就宣传和传播的效果而言,我们可以用人际传播理论中的"冰山"模式来进行进一步的探讨。这一模式是从心理学上的认知结构论借鉴而来的。奥地利心理学家西格蒙特·弗洛伊德(Sigmund Freud)把人的认知结构划分为意识、潜意识和无意识三个层面。在他看来,人的认知结构仿佛一座漂浮在海上的冰山,露出海面的是意识层面,通过人们的外部行为表现出来;藏在海面以下的则是无意识层面;而半遮半露的则是潜意识层面。后两个层面渗透着人们的信念、文化观念和价值取向,一般情况下不会直接表现出来,但有时也会以梦境、口误等形式表现出来。弗洛伊德以解析梦境为依据创立的"精神分析"学派成为心理学的重要分支之一。

在此基础上,跨文化传播理论的奠基人之一爱德华·霍尔(Edward T. Hall)提出,跨文化传播的效果也在三个层面上起作用：在意识的层面上，人际传播可以让人们获知信息，在一定程度上对人们的外部行为产生影响；而更为有效的人际传播往往还能在潜意识和无意识的层面上发挥作用，它不仅可以满足人们"知情"的愿望，而且能够影响甚至改变人们的信念、文化观念和价值取向，使其在对万事万物的理解、判断和评估方面发生根本性的变化。①

　　例如，不少汉语流利的洋女婿始终不愿意管自己的岳父母叫"爸、妈"，这个例子很好地说明了跨文化传播中"冰山"模式所起的作用。虽然洋女婿们在意识层面上接受了中国的语言和文化，普通话说得比很多老一辈中国人都准，能够熟练使用筷子吃中国美食，但他们不一定能够在潜意识的层面上认同中国的家庭伦理纲常。在英文中，岳父母是"法律意义上的父母亲"（fa/mother-in-law），这一命名本身就体现了他们不同的价值观——"社会契约"大于"人际关系"。俗话说的"江山易改、本性难移"，也形象地阐释了跨文化传播的"冰山"模式。

　　如果把上述的"冰山"模式拓展到公共传播的层面上，我们便可发现传统的宣传模式和传播模式的最大差别在于信息传递的效果上。前者只具有传递信息的功能，其影响往往只停留在意识的层面上（即"入眼"、"入耳"），而后者则除了能够让受众获知信息外，还可以通过劝导和说服等手段在更深的认知层面上发挥影响力（即"入脑"、"入心"）。在获得资讯的信源和信道日趋多样化的今天，政府进行公共传播的方式显然也应当得以丰富和发展，以期适应受众的需求和时代的需要。目前在我国各级政府推行的新闻发布机制便是在这方面进行的一种努力和尝试。

　　从美国的经验来看，如何通过有效的新闻发布机制确保公众的知情权，进而影响他们的认知、判断和评估，从而在政府、媒体和公众之间建立良性互动的关系，一直是在民主制度建设和不断完善的过程中需要着力解决的课题之一。早在19世纪之初，美国第四任总统詹姆斯·麦迪逊（James Madison）就做了以下的阐述："一个人民的政府如果不给人民提供信息或获得信息的渠道，那么它将成为一出闹剧或悲剧的开端——也许两个都是。"这段话精辟地阐释了保障公众知情权对于国家政体建设的重要意义。这样的理念被美国历届政府沿袭下来，即便是在国家面临分裂的危急时刻也没有动摇过。正如"南北战争"期间林肯总统多次强调的那样："只有让人民知道真相，国家才会太平。"

　　20世纪60年代初，洋溢着青春活力和人格魅力的肯尼迪总统为美国政坛带来了一股新风。在他的政见当中也包括对传统宣传模式的突破，首次把传播的理念引入到处理政府与媒体、公众的关系上："信息的流动、在知情基础上做出选择的能力以及批评的能

---

① E. T. Hall (1976). *Beyond Culture*. New York: Anchor Books.

力等等所有民主政治赖以生存的假设条件,在很大程度上取决于传播。"① 如果说传统的宣传模式只是做到了信息的传输,满足受众的知情要求外,那么传播模式则在此基础上可以发挥说服的效用,从而影响受众所做的选择和评估。显而易见,传播模式的引入适应了信息时代出现的受众群体的部落化、信源和信道多样化、传播平台的交互化的大趋势。具体而言,宣传模式和传播模式的区别表现为以下几个方面:

	宣 传 模 式	传 播 模 式
对象	点对面	点对点
方式	单向传输	双向互动
策略	仪式化	陌生化
特性	叙事性	表演性
传者/受者关系	权力关系	平等交流
信息符码	主控性符码	普遍性符码
效果	意识层面的被动接受	潜意识层面的凝聚共识

我们可以用一些例子来进一步阐释宣传模式和传播模式之间的区别。在相当长的一段历史时期内,发社论是向广大人民群众传递政府声音的主要方式。显然在这种信息传递方式中,传者是一个点——为政府代言的评论员,而受者则是一个不加细分的层面——例如我们通常所说的"全党、全军、全国各族人民"。这种点对面的传播是单向的,受者并不能进行即时的回馈。它所体现的也是自上而下的权力关系,所使用的是以官方话语为主导的、带有鲜明本土色彩的"主控性符码"(dominant code)。例如,"人民体"和"新华体"等具有中国特色的新闻话语都属于这种"主控性符码"的范畴。在 2003 年"非典"危机初期,主流媒体使用了"打一场抗击非典的人民战争"的说法。类似这样的"主控性符码"对于那些不熟悉大陆政治文化语境的受者来说容易产生歧义。无怪乎有的港台记者和外国记者望文生义,误以为我国政府要用类似于战争动员令的手段来解决"非典"危机。从传播效果来看,运用宣传模式传递的信息往往只能影响到受者的意识层面,换言之,可以做到"入眼"、"入耳",但很难做到"入脑"、"入心"。

此外,宣传模式遵循的是"仪式化"的策略。作为世界上收视人数最高的电视新闻节目,央视《新闻联播》自其诞生之日起,由于其所扮演的党和政府"喉舌"的特殊使命,遵循的是"国家领导人(主要是中央政治局常委)活动+国内正面报道为主+国际负面新闻为主"的"标准模式",因此被网民调侃为"三段论"模式。实际上,观看《新闻联播》的行为本

---

① 以上三美国总统的言论均转引自 M. Sullivan (2001). *A Responsible Press Office: An Insider's Guide.* Washington, D.C.: U.S. Department of State.

身对很多人而言已经成为一种"仪式"。在中国,全家老小围坐在一起边吃晚饭,边看《新闻联播》,是每天都要进行的"家庭仪式"。

值得注意的是,近年来《新闻联播》一直在根据新闻传播领域的新变局,根据具体情况引入"陌生化"的策略悄然"变脸"。"十八大"之后《新闻联播》加大了改版的力度,例如,领导人活动的报道不再按照官阶大小,而是根据新闻价值的高低来进行安排。2012年12月13日,习近平总书记会见美国前总统卡特的新闻只有短短9秒钟,而且没有按照惯例放在头条播出。2013年1月12日,《新闻联播》以头条新闻报道了北京和全国部分地区的雾霾天气,时间长达8分钟之久。负面新闻上头条,这在《新闻联播》的历史上是十分罕见的。从《新闻联播》30年来的"变脸"过程我们可以看到从"宣传"到"传播"模式演进的历史脉络。

在社交媒体高度发达、资讯趋于"饱和"的今天,主流媒体在"变脸",政府部门的信息传递方式同样要做到与时俱进。因此,在传统的宣传模式的基础上引入公共传播的模式不失为一个适应时代要求的权宜之计。作为公共传播的重要方式之一,新闻发布会是一种点对点的信息传递——即政府部门的新闻发言人和记者之间进行资讯的交流和观点的碰撞。这显然突破了以往自上而下的单向传输模式,而实现了真正意义上的双向互动。

社交媒体时代的新闻发言人不应当机械背诵那些"仪式化"的"口径",满口空话套话的"宣传腔",而应当善于运用"陌生化"的传播策略,有效地引导舆论。浙江省原工商局局长郑宇民在2011年10月全球浙商大会的新闻发布会上,回应微博网友提出的"要不要救温州"的问题时,做了以下精彩的回答:"对于温州,大家熟悉的是它的经济发展,陌生的是它的文化传承。温州的文化是永嘉文化,四海一家,义利并举。"接下来他用"7·23动车事故"发生后,温州全民出动紧急救援的例子,尤其是那个最后被救出的小依依的故事,来说明温州人的文化积淀和道德水准。在此,郑局长使用的是传播模式中的"陌生化"的策略,他用生动的案例颠覆了"温州假货泛滥"、"温州炒房团"等负面新闻所带来的"温州人唯利是图"的"刻板印象",让媒体和公众看到了一个"你所不知道的文化温州"。①

新闻发言人突破了政府官员"训诫"式的角色定位,与作为公众代言人的记者进行平等对话,这也有助于政府树立亲民形象。与社论等传统的宣传手段相比,新闻发言人使用的是带有"普遍性符码"(universal code)——例如口头语言(称为"言语",区别于书面语言)、身体语言(包括手势、表情和服饰等)。好的发言人往往会从个人的切身体验出发现身说法,使用亲情、友情、爱情等容易引发共鸣的叙事框架,增强传播的有效性。同时,在经济/文化全球化的背景下,发言人应当结合公平、正义、平等、博爱等"普遍性符码"来进行危机传播,以此获得国内外受众的广泛认同。党的"十八大"报告明确提出的24个字的

---

① 郑宇民先生回答微博网友问题的完整视频见<http://www.tudou.com/programs/view/j2KFJIRngt0/>(2013年8月28日下载)。

社会主义核心价值观——富强、民主、文明、和谐、自由、平等、公正、法制、爱国、敬业、诚信、友善——是发言人进行"人性化传播"的重要参照系(参见案例分析3)。

与各种传统的宣传手段相比,新闻发言人无疑是一种更为人性化的传播方式,而新闻发布会又能够为传者/受者提供一个充分的交流和互动的话语平台。因此,从传播效果来看,有效的新闻发布机制能够起到"润物细无声"的作用。它能够突破受者的意识层面,在其潜意识的层面上发挥影响力,达到"制造同意"而非"强制接受"的效应。

【案例分析3】　危机传播中的普遍性符码与人性化传播

毋庸置疑,源自西方的"公共关系"理念在中国的传播和普及可以说是30年改革开放的具体成果之一。在相当长的时间内,很多人对"公共关系"的认知都来自一部1989年由央视播出的电视剧——《公关小姐》。甚至于有人错误地把"公关"与"三陪"联系在一起,这也与这部电视剧所传递的片面信息不无关系。即便在一些位高权重的政府官员眼中,"公共关系"是与政府工作风马牛不相及的。2003年回国后不久,与一位市委宣传部的官员谈到"政府公关"和"危机传播"的理念,对方惊讶地反问:"难道让我们像那个电视剧里演的那样?"

笔者跟这位官员交谈的时候,恰逢中国陷入了一场全球性危机——"非典"。从传播学的角度来看,"非典"留下的最重要的遗产之一就是政府"公共关系"和"危机传播"理念的深入人心。自此以后,作为中国社会最具权力和影响的主体,中央和地方的各级政府部门逐渐把"公共关系"引入了日常工作当中。北京奥运会就是一个成功的例子。在申办、筹办和举办奥运会的近10年间,"公共关系"一直是带有浓厚政府机构色彩的北京奥组委的工作重心之一。一些知名的国际公关机构和国内外的专业人士、学者都参与到与北京奥运会有关的一次次"公关战役"中来。也许"战役"这个不那么国际化的词就体现出北京奥运会的"非常态"——它不仅仅是一个体育盛典和商业活动,而是一项"政治任务"。

源自西方商业社会的"传播"与"公关"理念进入到中国政治的话语体系中,不可避免地要发生一些理念和实践上的冲突,尤其是与传统的"宣传"思维的冲突。其实,这两者之间有着本质的差别:"宣传"是单向的信息传递,它所体现的是一种权力关系;"公关"则是双向或多向的平等交流与商议,它更多的是借助于为各方所接受的普世价值。因此,"宣传"表现为一种不容置疑和挑战的"官方修辞"(official rhetoric),而"公关"则表现为一种人性化传播(humane communication)。

虽然北京奥运会在中国官方内部的话语体系中被定性为"最高的政治任务",但是在对外的传播和沟通中,则最大限度地回避了"官方修辞",而更多地借助于西方"政治传播"和"政府公关"的理念。无论是通过和实施保证境外记者采访自由的"国务院477号令",还是设立接待境外非注册记者的"北京国际新闻中心",举行了高密度的新闻发布会,都是在制度、理念和实践上与国际接轨,放下"官方修辞"的架子,贯彻人性化传播的理念。令全世界惊艳的开幕式所传递的"和谐"二字更是"普遍性符码"的杰出范例。正如《纽约时报》的一篇评论所指出的那样，开幕式让全世界看到了一个"浪漫、优雅、和平的中国，一个超越了兵马俑的中国"。由此，我们可以把张艺谋在开幕式第一次彩排后放弃了他排练一年多的兵马俑和秦腔的宏大场面解读为"传播和公关的理念"战胜了"宣传思维"。显而易见，尽管兵马俑是被法国前总统希拉克大加赞誉的"世界第八大奇迹"，但却是战争的象征，不符合北京奥运会传递的"和谐世界"的理念。

但是，这样的"普遍性符码"和"人性化传播"在当今的政府公关实践中，还远未得到充分的体现和运用。2008年9月由"三鹿奶粉"事件所引发的全球性公关危机，极大地破坏了中国政府借助于北京奥运会所塑造出的良好的国家形象。即便如此，石家庄市政府新闻发言人在向公众道歉时，还把这场危机归结为"缺乏政治敏感性"，"影响了党和政府的形象"，不要说外国的记者和受众难以理解他的这番"官方修辞"或者是"主控性符码"，就连国内的网民也批评他缺乏人情味，不是在向受害的患儿和家庭道歉，而是在向"上级领导"道歉。显然，类似这样带有浓重宣传色彩的"道歉"非但不能化解危机，反而会进一步破坏"党和政府的形象"。

除了此类危机事件之外，像"人权"、"西藏"等敏感话题，仍然是"后奥运时代"中国政府公关的重点。笔者不禁想到2008年3月在美国旧金山看到的一个场景，为迎接奥运圣火，一边是爱国华侨打出的"One World, One Dream"（"同一个世界、同一个梦想"）的横幅，一边是"藏独"分子打出的"Free Tibet"（"自由西藏"）的标语。虽然两条标语看似"统"和"独"的尖锐对立，但是在传播和公关专业人士的眼中，它们都运用了"民主"、"自由"和"世界大同"的普遍性符码，是可以进行沟通的。如果"政府公关"与"危机传播"的理念和实践能够成为一种常态，如果我们的政府官员在日常工作中能够多一些"传播"和"公关"，少一些"宣传"，那么党和政府的良好形象才会在国内和国外的"意见市场"上得以维护和强化。

诚然，从宣传到传播的模式转换只是对新闻发布机制进行理论化的一种尝试。这种模式转换充分说明了新闻发布机制和新闻发言人是一定社会历史语境下的产物。这项机制的建立和完善也是一个本土化的过程，与中国的具体实际相结合，符合当下社会政治的需要。美国等西方国家的经验值得我们学习和借鉴，但在这个过程中要避免犯"淮橘为枳"的错误。对新闻发布机制进行理论化探索的终极目的是为了使这一"新生事物"在中国的语境下具备一定的合理性和可操作性，这就自然而然地引出了新闻发布制度的创新和新闻发言人的角色重构问题。

从"官职本位"到"专业本位"：新闻发布的制度创新和发言人角色重构

尽管早在1983年，中央和地方政府的一些部门（重点是外交部、外贸部等涉外部门）

就已经启动了新闻发布机制，设立了新闻发言人，但这项制度在全国得以全面推广还是从 2003 年开始的——尤其是在"非典"阻击战取得阶段性胜利后。到 2004 年底，国务院各部委和 31 个省、市、自治区的政府部门都有了自己的新闻发言人，在公众较为关注的卫生、公安、教育、环保、应急等重要职能部门，基本建立了从中央到地方市县一级的定期新闻发布制度。

特别值得一提的是，国务院新闻办采取了"以培训带建设"的方式来推进新闻发布制度。2003 年底，在清华大学、复旦大学等高校的专家学者和国内外资深记者、发言人的支持下，国新办在北京举办了两期"全国新闻发言人培训班"，组成了由主管领导、专家学者和业界人士组成的新闻发言人培训的"国家队"，培养出了中国第一代政府新闻发言人，也被媒体和公众亲切地称之为新闻发言人的"黄埔一期"。随后，这支"国家队"到全国 31 个省、市、自治区进行培训工作，学员参加完培训后便以发言人身份亮相，带动了政府新闻发布制度短时间内在我国的全面推行。经过几年的实践和探索，"国家队"逐渐确立了新闻发言人培训五大"内容模块"：主管部门领导（讲解党和政府相关的方针政策）；新闻传播学专家学者（讲解相关的新闻传播学理论和策略）、资深记者、编辑等媒体业界人士（讲解媒体运作规律）、资深发言人（传授从业经验）以及实操训练（观摩国新办发布会、模拟新闻发布、专家点评等）。

新闻发布制度的建立和完善成为中国政府推行渐进式政治体制改革的突出成就之一。近 3 年来，中央和省（区、市）党委及政府部门召开的新闻发布会都保持在每年 1 500 场以上，这个数字在世界范围内都是相当罕见的，彻底改变了西方媒体对中国"密室决策"、"暗箱操作"的刻板印象，同时也满足了社交媒体时代我国公众日益增长的对知情权、参与权、表达权和监督权的诉求。

在 2008 年的"汶川地震"和 2010 年的"舟曲泥石流"等自然灾害中，2009 年席卷全球的"甲流风波"和 2010 年的新疆"7·5 事件"等危机事件中，在 2008 年的北京奥运会、2009 年国庆 60 周年、2010 年上海世博会、广州亚运会和 2011 年的建党 90 周年等大型庆典及全球性体育赛事中，中国政府的新闻发布工作秉承"真实、透明、迅速"的原则，逐渐成为我国政治生活和国际舆论中的一个引人注目的"亮点"。

从 2010 年下半年起，从中央到省、市级的党委职能部门开始全面推进党委新闻发言人制度。就目前的现状而言，新闻发布机制业已成为我国各级党委和政府部门推行党务公开、政务公开的重要保障之一。在以全球、全民、全媒传播为本质特征的社交媒体时代，我们需要根据不同的受众需要，采用更符合新闻传播规律、更为"人性化"的手段来传递党和政府的声音，以期获得传播效果的最大化。这也符合胡锦涛同志 2008 年 6 月 20 日视察人民日报社时就政府新闻发布工作提出的要求："尊重新闻传播的规律"；"完善新闻发布制度……第一时间发布权威信息，提高时效性，增加透明度"；"深入研究各类受众群体的心理特点和接受习惯，加强舆情分析，主动设置议题，善于因势利导"。习近平同志在

2009 年 3 月中央党校的开学典礼上也把"与媒体打交道的能力"列为 21 世纪领导干部应当具备的 6 种基本能力之一,这充分体现了建立和完善政府新闻发布制度业已成为从上到下的共识,而各级领导干部的媒体素养和沟通能力也成为衡量其执政水平的重要指标之一。

在政府新闻发布制度日渐"常态化"的趋势下,新闻发言人也成为被媒体和公众关注的重要角色。"黄埔一期"中的一些优秀学员,如国家安监总局原新闻发言人黄毅、卫生部新闻发言人毛群安、公安部原新闻发言人武和平等,以敬业精神和专业态度赢得了媒体和公众的口碑。北京的王惠、上海的焦扬、南京的徐宁等女性发言人被人们称为发言人中的"三朵金花",她们在重大事件新闻发布中的出色表现和"经典语录"至今仍被许多中外记者和网民津津乐道。诚然,她们当中也有一些人成了舆论关注的"话题人物"。"新闻发言人成了新闻",其中的原因非常复杂,这充分说明政府新闻发布制度在中国还处于"实验和探索"期,还有待不断完善和提高。一些微博大 V 片面指责和嘲讽新闻发言人,甚至还有个别人罔顾事实,在微博上宣称"黄埔一期培训出来的几位明星全部阵亡",这绝非公允之论。

在全球、全民、全媒传播的时代,具有新闻发言人经历的领导干部成为优先提拔的对象,已经成为选拔各级领导干部的一个趋势。在"黄埔一期"的 100 多名学员中,有 3 成获得提拔,5 位成为副部级领导。党的"十八大"召开后,一批具有新闻发言人任职经历的干部被提拔到重要岗位,其中受到媒体广泛关注的有中宣部原发言人李伟(现任北京市委常委、宣传部部长)、担任北京市教委新闻发言人长达 10 年之久的线联平(现任北京市教委主任)等。

毋庸讳言,新闻发布制度是来自西方的"舶来品",在我国还是一个新生事物,还处于不断的探索和尝试中。2011 年"7·23 动车事故"新闻发布会和原铁道部新闻发言人王勇平的离职使得这个制度中存在的一些积弊被放大,其中最为根本的一条就是新闻发言人的角色定位。由于我国的政府部门采用的是世界上比较罕见的"官员兼任"的新闻发言人任用机制,再加上新闻发布的权责界定始终处于一个比较模糊的状态中,因此,西方国家政府部门常见的"专业加专职"新闻发言人付之阙如,这在一定程度上影响了政府新闻发布制度的良性运作。"7·23 动车事故"新闻发布会和"黄埔一期"学员、担任铁道部新闻发言人长达 8 年之久的王勇平的表现及其职务变动所引发的关注,便是新闻发布制度建设中的积弊和社交媒体时代新闻发言人媒体素养和传播能力跟不上新闻传播生态变化的典型例证。

从广义的范围来说,新闻发言人是负责为各种团体、组织、机构和个人发布新闻及传递信息的"使者",属于传播学所说的"信道"这一环节。在我国现存的"大政府、小社会"的格局之下,为政府部门工作的新闻发言人无疑是其中最受关注的对象。在美国,他们所属的行业组织称之为"全国政府传播工作者协会"(NAGC)。这里所说的"政府传播者"除了新闻发言人,还包括政府部门的新闻官员、公共信息官员和从事媒体公关的专业人士等。该协会在美国的注册会员超过万人,成为美国各级政府部门与媒体、公众进行有效沟通的中坚力量。

新闻发言人是一项专业性很强的工作。它首先不是一个"官职",而是一个特殊的专业岗位。从国外的经验来看,合格的新闻发言人都有政府和媒体长期工作的经验,都接受过新闻学、传播学、政治学、管理学等跨学科的专业教育。从 1929 年(即胡佛总统执政期)开始至今,白宫共任命了 29 位新闻发言人(他们使用的是"总统新闻秘书"的称谓),当中一半以上是新闻记者出身或是在媒体工作过,另外一半则具有各级政府部门和国会、议会新闻发言人的从业经验。自克林顿总统执政的近 20 年来,白宫先后任命了 5 位资深的电视新闻主播或记者来担任发言人。有"互联网总统"之称的奥巴马已经从网络媒体选拔了一批 80 后"数字土著"进入白宫的新闻发布工作团队。可以预见的是,今后也将有来自网络媒体的新闻人出任白宫新闻发言人(详见本书第六章第一节)。

我国的国情决定了新闻发言人的专业化不可能一步到位。2003 年至今,在中央和地方党政部门的不懈努力下,基本上完成了新闻发布制度的建立和新闻发言人的配置。据笔者掌握的情况,目前我国政府部门的新闻发言人大体上有三种来源:一是主管领导,如有的地方要求出任新闻发言人的必须是该部门的主持常务工作的"二把手";二是秘书长和办公厅主任的"总管式"人物;三是宣传部门的负责人。其中第二类人选是各级政府部门新闻发言人最主要的来源。选择以上三类人员是为了在短时间内迅速建立和推进新闻发布制度而采取的一种"权宜之计"。但从长远看,其缺陷是显而易见的,这些缺陷到了"人人都是新闻发言人"的微博时代就暴露的更为显著。

上述这三类人员大都是官员出身,鲜有媒体的实际工作经验,不能熟练运用媒体和公众喜闻乐见的专业传播语态与策略来进行沟通,这与新闻发言人专业化和规范化的要求是有一定距离的。于是乎便出现了这样一种怪现象:发言人面对记者的诘问要么三缄其口,要么用空话、套话敷衍塞责,要么发出"雷人言论"引发更大危机。新闻发言人不敢或不愿发布新闻,或者是前文所探讨的"新闻发言人本身成了新闻",这都是新闻发言人专业化和规范化程度较低所导致的必然结果。

此外,目前我国的新闻发布工作被简单地划归到宣传部门或行政部门(比较常见的是划归办公厅或秘书局),新闻发言人大都处于"有职无权"的状况中。实际上,新闻发布工作既不是传统意义上的宣传工作,也不是一般意义上的行政工作。新闻发言人如果没有一定的权力保障,就无法对所在部门的新闻发布做出整体规划和通盘考虑,也无法进行各部门之间协调"口径"的工作。即便是由"二把手"出任发言人,按照目前的政府管理模式,他也无权了解分管领域之外的情况,更不要说在各部门之间进行协调工作了。

除了媒体经验之外,新闻发言人还应当承担传播团队领导者的角色。新闻发言人身后应当有各级领导的支持和传播团队的保障,这样才能确保其开展有效的工作。美国政府部门的新闻发言人虽然没有正式的官衔,但他可以得到所在部门主管领导的特别授权。列席该部门决策层的会议,对高层决策有着通盘的了解,与决策层和各部门一起商议新闻发布的口径。与此同时,他所领导的传播团队承担着搜集舆情、撰稿策划乃至新闻发布会的后勤保障等工作,没有这些幕后工作,身处台前和聚光灯下的发言人是不可能有出色的表现的。

2010年夏季,"7·23动车事故"的新闻发布引发的全民大讨论为政府新闻发言人的制度创新和角色重构创造了一个难得的契机,促使各级领导重新认识新闻发布工作和新闻发言人的定位及属性。为此,我们应该在以下几个方面进一步改进政府新闻发布工作:

(1)突破现有的"归口管理"的模式,按照国际惯例设立新闻发布的独立职能部门——即"新闻处"或"新闻发言人办公室",全面掌握和协调本单位以及所有"利益攸关方"的信息。

(2)突破传统的"官职本位"模式,明确规定新闻发言人的职权范围和责任。例如,允许他们列席高层决策会议,授权他们邀请相关的主管领导在必要时共同面对媒体,等等。

(3)按照国际惯例招聘新闻发言人,尤其是有长期媒体工作经验的专业人士加入新闻发布团队。

(4)适应社交媒体时代的"新闻传播分秒必争"的原则,在现有的新闻发布会的基础上,采取定制新闻(RSS)、微博、微信发布等多种形式,满足不同层次的受众要求。

总的来看,政府新闻发布机制要突破目前单一的信息传输职能,变被动应对媒体和公众为主动影响和引导舆论,建立并且维护政府部门良好的媒体形象。从这个意义上说,建立新闻发布机制不仅仅是为了保障公众的知情权,还应当通过这一机制加强公共传播效果,从而影响公众的选择、判断和评估,为政府部门履行职能和开展工作创造一个有利的国际和国内舆论环境。从实践的层面来看,专业化——即从"官职本位"逐渐过渡到"专业本位"——则是实现这些目标的前提和保证。在加强党和政府的执政能力、建设"和谐社会"的时代背景下,新闻发布工作的重要性和时效性愈发凸显出来,新闻发言人的制度创新和角色重构必将有利于政府、媒体和公众之间尽早形成良性互动的关系,从而在我国政治和社会领域建立一个信息透明、交流畅通的公共话语场。

内外互动和大事件驱动：新闻发布工作改革的模式探索

自2003年"非典"危机爆发以来,政府新闻发布制度在中央、省市、地县的全面推进已经整整10年。无论是从内部动力还是外部压力来看,2011年是我国政府新闻发布制度建设进程中的重要节点之一。在各种网络新闻搜索引擎上,"党委新闻发言人"和"7·23动车事故"成为与新闻发布高度相关的"热词",相关的新闻或帖子达到数十万条。这两个"热词"恰如其分地体现了政府新闻发布制度在这一年所获得的"内在动力"和所面临的"外在压力"。

2011年新年伊始,国务院新闻办在北京举行了全国首届党委新闻发言人培训班,时任中央政治局常委的李长春等领导同志接见全体学员并作出重要指示,这标志着继2004年全面建立政府部门新闻发布制度以来,这一制度又开始向更高层面推进。2011年适逢建党90周年,以此为契机,从中央到地方党委系统的新闻发言人频频高调亮相,与已经实行7年有余的各级政府部门的新闻发言人相得益彰,从而使得新闻发布制度与"党政一体"的中国政治制度实现了无缝对接,这对新闻发布制度在我国的推广和深化无疑构成了巨大的内在动力。

但与之形成鲜明对照的是,新闻发布制度所面临的外在压力也达到了前所未有的程度。2011年以微博为代表的社交媒体获得突破性进展,社交媒体成为舆论场中一支重要力量。据国家互联网信息办的统计,截至2013年7月底,全国103家各类微博网站的用户账号达12亿,其中影响最大的两家新浪微博和腾讯微博账号都超过5亿。由于中国传统文化中所具有的"围观"习俗,加之中国特色的微博所设置的"评论"功能的放大效应(在美国twitter等类似的社交媒体则没有这个功能),新兴的社交媒体使得"人人都是发言人、人人都有扩音器"成为各级党政领导无法回避的"残酷现实"。

"7·23温州动车事故"发生无疑是微博时代新闻发布制度面临巨大挑战的一个典型例证。借助于微博所形成的排山倒海的舆论声浪,姗姗来迟的铁道部新闻发布会遭受了自"非典"以来媒体公众对政府部门最为激烈的批评和质疑,甚至惊动了中央最高层领导扶病亲自出面平息。在发布会上仓促上场的铁道部资深新闻发言人王勇平以他"高铁体"式的回答成为媒体和公众宣泄不满的对象,最终不得不结束了7年的任期而黯然离职。党中央机关报《人民日报》使用了"新闻发言人遭遇七年之痒"这样罕见的"煽情"标题,对自"非典"之后全面建立的政府新闻发布制度进行了深刻的内省和反思,引发了其他传统媒体以及微博等新兴媒体的纷纷跟进,使得"政府新闻发布工作"继2004年首批中央和地方政府部门新闻发言人亮相后,再度成为媒体和舆论关注的热点。

正是在这样的内在动力和外在压力的共同作用下,新闻发布工作的重要性再度赢得了领导层和决策层的认可。新闻发布工作的有效性也再度成为媒体和公众检验党和政府执政能力的重要指标。党的十七届六中全会首次把"文化软实力建设"提上领导层的核心议程,首次提出了"建设社会主义文化强国"的战略目标,在相关的文件中根据胡锦涛总书记2008年6月20日在人民日报社的讲话精神,再次把"完善新闻发布制度、增强舆论引导能力"列入党和政府在意识形态领域内的中心工作中。2012年11月召开的党的"十八大"对政府的公共传播和新闻发布工作提出了更为明确的要求,再次重申要保障"十七大"报告提出的"新四权"——即保障人民的知情权、参与权、表达权和监督权,全面推进政务公开、党务公开、司法公开和各领域办事公开的制度。为了贯彻落实"十八大"精神,2013年7月10日,国务院发布《当前政府信息公开重点工作安排》的通知,对推动媒体和公众高度关注的九类信息——即行政审批、财政预决算和三公经费、保障性住房、食品药品安全、环境保护、安全生产、价格收费、征地拆迁、以教育为重点的公共企事业工作——做了具体规定，从政策、制度和实施等多个层面确保新闻发布和信息公开工作满足人民群众的需要。

没有过去 10 年来的新闻发布工作所取得的成绩，这项工作的重要性不可能赢得决策层一次又一次的肯定，也不会引发媒体和公众如此强烈的关注。中国历史上历次的制度变革和实践创新大都遵循了"内外互动＋大事件驱动"的轨迹。一方面，外在的压力使得变革成为自上而下的共识；另一方面，内在的体制和机制中已经孕育出了变革的"种子"。危机事件的爆发使得这种变革水到渠成，从百年前的"辛亥革命"到 30 年前的改革开放，皆是这种内外互动、大事件驱动的产物。新闻发布制度的改革与已经或正在进行的各种改革一样，也是内在动力和外在压力共同作用的结果。在今后的几年中，新闻发布制度的改革要从以下两个方面来进行：

1. 提升各级党政领导干部——尤其是"一把手"——的媒体素养和传播能力，为新闻发布工作的全面推进打下坚实的基础

从过去 10 年来成功和失败的案例来看，新闻发布工作是否能够发挥其应有的效应，在很大程度上取决于领导层和决策层对新闻传播规律的把握与认识。换言之，在以"全球、全民、全媒"为特征的传播时代，各级党政领导干部的媒体素养和传播能力的高低在很大程度上决定了他的执政水平和决策效果。习近平同志把"与媒体打交道的能力"列为 21 世纪领导干部应当具备的 6 种基本能力之一。这充分说明，新闻发布工作应当成为各级党政领导干部必须关注、支持和参与的中心工作之一，是一项协同作战的"系统工程"，而不仅仅是宣传部门和新闻发言人的"孤军奋战"。

从中国的国情来说，党委和政府新闻发言人不可能由掌握全面情况的"一把手"来担任，而通常是由年龄较轻、资历较浅、官阶较低的领导干部担任，这就决定了现阶段我国政府部门还不可能出现国外那种"全知全能"型的专业新闻发言人。后者往往会获得特别的授权列席最高层级的会议，掌握全面信息；同时，他们往往是从新闻界直接招聘而来，因此也就熟悉如何将政府特有的"公文语言"转化为媒体和公众喜闻乐见的"新闻语言"。

在我国现有的"官职"型新闻发言人的制度设计下，一方面，我们要借鉴国外的经验，为官阶较低的新闻发言人"赋权"，为他们创造全面把握信息的机会，同时也要让他们通过参加培训和到媒体实习等方式，熟悉和掌握"新闻语言"与新闻传播的规律；另一方面，要让各级党政部门的"一把手"关注、支持、参与新闻发布工作，成为新闻发言人的坚强后盾。在舆论高度关注的重大热点事件发生时，各级"一把手"应该主动面对媒体，为公众解疑释惑，化解内外矛盾。

2. 充分利用新兴媒体进行新闻发布，拓宽信息传输的渠道，从内容和形式上坚持"受众第一"的原则，为提升新闻发布的有效性打下坚实的基础

在今后几年，微博、微信等新兴社交媒体的舆论引导作用还会更加凸显。传播中的"内容层面"和"关系层面"之间的结合将会进一步加强。换言之，新闻发布的有效性不仅取决于"说了什么",还取决于"谁用什么方式来说"。

2011 年先后发生了"阿拉伯之春"、"不列颠之夏"、"美国之秋"等一系列骚乱事件,2013 年春夏之交在埃及、巴西、土耳其等国家和中国台湾等地又出现了一系列因中产阶级和青年网民为参与主体的街头抗议运动。这些群体性抗议大多由在全球金融危机中失去工作和生活保障的"愤怒的青年人"通过社交媒体来发动和组织,这也使得世界各国领导人看到了"微博执政"的重要性和紧迫性。

我国各级政府部门的新闻发布基本上沿用了借助传统媒体发布的方式,其时效性和针对性在社交媒体高度发达的今天受到了一定的局限。2011 年 3 月,日本东部发生地震海啸。我国的少数利益群体通过微博发布虚假信息,引发部分地区发生"抢盐风波"。应该说,我国相关政府部门的新闻发布还算及时,但由于未能有效利用微博发布,在信息更新速度以秒来计算的时代,谣言仍然跑在了政府新闻发布的前面,影响了社会的稳定,甚至破坏了我国的国家形象,这个教训是非常深刻的。

近 3 年来,各级政府部门以微博、微信为平台的"微发布"也得到了进一步的推广和利用。除了政府部门和各级领导开通微博形成与公众进行常态互动的机制外,今后,我们还要探索如何将这些"政府微博"和"官员微博"进行整合,与传统新闻发布相辅相成,打造政府新闻发布的全媒体发布平台,强化政府新闻发布的"媒体聚合效应",加强政府新闻发布的有效性和针对性。2011 年 11 月 17 日正式上线的全国首个省级政务微博发布群——"北京微博发布厅"就是在这方面做出的可贵尝试。正如北京市新闻办主任王惠所言,这个微博发布平台将分期分批将北京市各级政府部门纳入信息发布平台,"不作僵尸不作秀",将即时发布和定期发布相结合,满足不同媒体受众群体的需求。截至 2013 年 6 月,由各级政府部门创办的各类政务微博已超过 20 万个,其中中央部委微博达 51 个,仅"国务院公报"的微博粉丝已超过 120 万。各类政务微信群也呈上升趋势,数量超过 3 000 个。由于微信所特有的"圈子化"特征,地方政府和基层部门是政务微信的使用主体。

应该指出的是,上述两个方面的工作是长效性的,也具有一定的创新性,同时因缺乏国外可资借鉴的现成经验,需要我们进行更为大胆的尝试和探索。"十八大"之后,新一届中央领导集体已经开始在政治、经济、社会和文化层面上启动更深层次的改革。在这种"大事件驱动"的效应之下,可以预见的是,中国"党政一体"的政治模式和有关党委系统的信息会成为海内外媒体和公众关注的议题。如何做好充分利用党委新闻发言人提升中国共产党的形象? 如何进一步开掘中央党务部门的新闻发布空间? 如何协调地方党委和政府新闻发布机制? 以上这些都是今后我们改进政府新闻发布工作中尤其需要加以关注和思考的问题。总之,只要我们沿着"内外互动+大事件驱动"的发展轨迹,新闻发布工作一定会在广度、深度、信度、效度等诸方面获得更大的发展。从中央到地方的各级党政部门将会在建立新闻发布制度的"中国模式"方面迈出实质性的一步。

第一章 危机传播的基本概念与理论

第一节 危机的基本概念

中文里的"危机"一词是"危险"和"机会"的复合词。从词源学的角度来看,英文中"危机"(crisis)一词来自希腊语中的 krinein,意即"决定"。按照《韦氏英文辞典》的解释,"危机"是指"有可能变好或变坏的转折点或关键时刻"。这就是说,"危机"是一个具有决定性的阶段,它决定了事态向着更好的还是更糟的方向发展。

对"危机"一词,许多学者从不同的角度给出自己的理解和判断,可以说没有哪一种定义可以涵盖危机所涉及的所有方面。大体来说,"危机"的定义应该涵盖以下这些基本特征:

- 突发性事件
- 具有潜在的危险性
- 需要迅速采取行动来应对
- 主管部门不能完全掌控
- 有可能产生出人意料的后果及影响
- 引发了媒体和公众的强烈关注

2003 年春的"非典"发生前后,"危机管理"(crisis management)这门学科被系统地介绍到国内。从事这门学科研究的学者主要是从组织管理的角度给"危机"这一概念来下定义,他们所关注的"危机"通常是指"组织危机"(organizational crisis)。组织的具体形态包括政府机构、政党、企业、医院、学校、社会团体、非政府组织等,大体上相当于中国人所说的"单位"。目前学术界对"危机"的定义有 20 多种,其中比较有代表性的有以下几类:[①]

[①] 关于"危机"的二十多种定义参见 D. P. Millar &R. L. Heath (eds.). *Responding to Crisis:A Rhetorical Approach to Crisis Communication*. Mahwah, NJ:Lawrence Erlbaum Associates, pp. 1~17.

- 查尔斯·赫尔曼（Charles Hermann）是最早界定"危机"概念的学者之一。他认为，危机对组织而言既是一种"威胁"，它会对组织的核心目标产生威胁；同时也是一种"挑战"，它的发生出乎组织的意料，需要决策层在短时间内做出回应。[①] 福特在此基础上把"危机"归纳为两个基本特征：威胁和时间上的压力。[②]

- "危机管理"领域公认的较为权威的定义是由管理学者斯蒂芬·巴顿（Stephen Barton）提出：危机是一个会引起潜在负面影响的具有不确定性的大事件，这种事件及其后果可能对组织及其人员、产品、服务、资产和声誉造成一定的损害。[③]

- "危机传播"领域公认的较为权威的定义是由传播学者库姆斯所提出：危机可被视为对某个特殊事件的认知。这一事件影响了组织的表现，也威胁到了各个"利益攸关方"（stakeholders）对该组织的期望。因此，危机具有高度的"认知性"（perceptual）。如果各个"利益攸关方"认为该组织处于危机之中，那么危机就会发生，除非该组织能够成功说服各方危机不存在或已经结束——这恰恰是危机传播的根本任务。简言之，危机就是各个"利益攸关方"一致认为组织做了不合时宜的事情，因而破坏了各方对组织的期望。[④]

上述几种定义都强调了危机中存在的不确定性和负面影响。巴顿的定义将危机的影响扩大到政府或组织的名誉，而库姆斯则是从传播学的视角切入，用"认知性"揭示了危机的本质，由此凸显政府、企业等组织与公众进行沟通的必要性。在实际的运作中，这种沟通要通过媒体的中介作用来得以实现，因此，组织、媒体和公众如何形成有效的互动关系便成为危机传播研究的基本课题之一。

21世纪之初，人类全面进入了贝克所说的"风险社会"。各种危机事件层出不穷，尤其是一些区域性的危机事件会借助各种因素演变为全球范围的危机事件。"9·11恐怖袭击事件"震动了全世界，让一向自认为生活在上帝赐予的"福地"的美国人也不得不承认自己也身处于"危机四伏"的环境中。在各种危机事件中，尤以那些关乎公众生命安全和健康的突发性大型公共危机事件最为引人关注。危机传播所探讨的主要集中于这类事件。

这类突发性大型公共危机事件往往起源于各种自然或人为的灾难——即人们常说的"天灾人祸"。不容置疑的是，现代化的发展模式和市场化的体系并未有效地防止这类天灾人祸的发生。通常意义上的灾难包括自然灾难和人为灾难两种。前者包括地震、火山、

---

① Hermann, C. F. (1972), ed. *International Crises: Insights from Behavioral Research*. New York: Free Press.

② Ford, J. D. (1981). "The management of organizational crisis", *Business Horizon*, 24(3): 10.

③ 转引自[美]罗伯特·希斯：《危机管理》，王成等译，18～19页，中信出版社，2001。

④ Commbs, W. T. (2009). "Conceptuailizing crisis communication". in R. L. Heath & H. D. O'Hair (eds.). *Handbook of Crisis and Risk Communication*, pp. 237～252.

飓风、洪水及森林大火等，后者则包括战争、污染、核泄漏、火灾、有害物质泄漏、经济金融危机等。但事实上灾难所包含的范围还不仅限于此，在大灾后出现的大规模的暴力事件导致了大量难民的出现，饥荒、财产损失以及疾病的蔓延都成为灾难的内容，世界卫生组织将这类灾难定义为"复合性的人道主义灾难"。此外，如果一场地震破坏了当地的核电站从而导致核泄漏，这样的灾祸被称为"自然—人为灾难"，也就是中国人常说的"天灾人祸"。2011 年日本的"3·11 大地震"引发的福岛核电站泄漏事故便是典型的例子。

灾难会极度影响到人类生活的周边环境，造成生活质量下降、饥荒、医疗设施的破坏、传染病的流行，继而会产生痛苦与死亡。虽然人类在进步，世界在发展，但是灾难的爆发几率却并没有减少，对于中国来说也是概莫能外。各国政府和相关组织都面临着极大的挑战，它不仅需要对公众在生理上如何康复提出解决方案，还要对包括焦虑、失望等在内的各种心理症候提出合理的解决办法。同时，各国政府和相关组织还要对以下几点因素格外重视，它们加剧了突发性大型公共危机爆发的可能性：

- **人口因素**：世界人口仍然处于膨胀状态之中，由于生存空间的限制，更多的居民迁至灾难多发区附近生活，例如河道附近、泥石流多发地、野火易发地、危险垃圾堆放地附近、机场附近，等等。这些居民受灾并引发公共危机的可能性在增加，而人口数量的庞大有可能导致受灾后难民数量激增。人口结构也是关键的问题，拿我国来说，一方面，越来越多的中国家庭进入了小康的生活状态中。按照"亚洲开发银行"制定的每天消费 2～20 美元的标准，截至 2012 年底，中国的"中产阶级"或"中间阶层"已达 8.17 亿人，但其中有 3.03 亿处于"底层中产阶级"，这意味着他们抵御各种风险的能力仍然很弱，一旦遭遇重大的社会或个人危机，很容易会重新陷入贫困。城乡差别、地域差别也出现了两极化的趋势。近年来我国城镇化建设的快速发展，许多农村地区的青壮年劳力外出打工，出现了乡村"空心化"等问题。虽然国家加大了对各种防灾措施的投入和建设的力度，但农村地区的抗灾自救能力却越来越弱。2013 年夏季发生在我国从东北到华南的洪涝灾害，缺乏青壮年劳力的农村地区成了"重灾区"。另一方面，我国正处于老龄化社会的边缘，陷入"少子化"、"未富先老"的境地几乎已成定局。到 21 世纪中叶，中国老龄人口将达到 4 亿人，每 4 个中国人中就有 1 个老年人。老龄人口的迅速增加无疑加重了公共卫生系统和社会保障系统的压力，加大了各种危机出现的可能性。

- **新发现的传染病**：传染病对人类而言始终存威胁，无论年龄、性别、生活方式、民族、经济状况有怎样的差异，传染病一直是导致人类死亡的最常见原因之一。传染病的救治和防控工作给经济和社会生活带来了沉重的负担。自古以来，人类经历了霍乱、鼠疫、流感、伤寒、肺结核等传染性疾病的侵扰，"黑暗的中世纪"的梦魇仍在西方媒体上常被提及。第二次世界大战之后，人们以为自己已经打赢了与病菌的"持久战"，一些威胁人类生命的传染病如肺结核、伤寒等已经被抗生素征服。

脊髓灰质炎(即"小儿麻痹症")、百日咳、白喉也可以通过接种疫苗得到预防。随着城市卫生设施和饮用水质量的改善,传染病发生的几率大幅度降低。人们相信整个世界将不会再受到传染病病原体的困扰。然而,20 世纪 50 年代早期,青霉素在面对葡萄球菌引起的传染病面前失去了往日的威力。70 年代,通过性传播的疾病又死灰复燃。此外军团病、莱姆病毒导致的关节炎、埃博拉病毒、西尼罗河病毒都具有极大的杀伤力。在全球化带来的人员和物资流动的便利条件下,这些致命的病毒可以在人们毫无戒备的情况下在短时间内传遍整个世界。2003 年在我国和其他一些国家肆虐的"非典"病毒,2004 年初影响全球禽畜养殖业的 H5N1 禽流感、2010 年春季暴发的"甲流"和 2013 年春季暴发的 H7N9 禽流感更加证明了人类还远未摆脱传染病的"梦魇"。

- **国际旅游与国际贸易**:据世界旅游与观光协会(WTTC)的统计,2012 年全球跨境旅游首次突破 10 亿人次。作为新兴大国,中国企业和公民成为国际旅游和贸易的重要力量。据外交部公布的统计数字,2012 年我国内地居民出境达到 8 318 万人次,境外中资企业超过 2 万家。另外,国际旅游和国际贸易的日益频繁使区域性的危机扩大为全球性危机的几率大大增加。在境外滋生的细菌可以通过空中运输在 24 小时之内进入中国。有报告表明,大多数的抗药性伤寒病主要集中出现在 6 个发展中国家之中,而未来这些国家将拥有更多的百万人口以上的大城市。25 年之后,全世界将会出现 20 多个人口超过 2 000 万的大城市,而这些大城市大部分集中在贫穷、人口居住密集、卫生设施缺乏的发展中国家,这种条件将会加速病菌的滋生和传播。中国所地处的亚洲则恰恰是发展中国家最多的区域之一,处于易受各种灾难侵袭的前沿地带。

- **恐怖主义的肆虐**:不可否认,恐怖主义的势力正在日益增长,"基地组织"、"东突"等一些跨国的恐怖组织的勃兴给世界和平与地区稳定带来了严重的威胁。除了采用暴力手段威胁公众的生命安全外,生化武器可能成为恐怖分子常用的手段,这类袭击从普通的食物中毒到炭疽粉末的传播,覆盖面更广、杀伤力更强,这一因素在"9·11 事件"后逐渐成为危机传播研究的焦点之一。"9·11"之后,2004 年西班牙首都马德里发生"3·11"恐怖袭击,2005 年英国伦敦"7·7 地铁爆炸"等都是恐怖主义在全球范围内肆虐的表现。恐怖主义对中国的威胁依然存在,2008 年在拉萨"3·14 事件"和 2009 年乌鲁木齐"7·5 事件"都是境外恐怖势力在我国制造的危机。

- **科学技术带来的高风险**:科学技术是一把"双刃剑",既可以为人类带来福祉,也可能带来灾难。美国著名环境新闻记者蕾切尔·卡森(Rachel Carson)发表于 1962 年的经典作品《寂静的春天》(*The Silent Spring*)首次揭露了杀虫剂给生态环境带来的巨大危害。据统计,美国每年在国内各地运输的有害化学物质超过

40 亿吨。另外,人们对科技的依赖性在与日俱增。2007 年夏席卷北美东部地区
的"大停电"就是一例,仅在纽约市,就有超过 20 万人因地铁停运无法回家,只能
露宿街头。在我国,因工业和科技的发展带来的生态环境恶化也引发了越来越多
的市民自发维权行动——国际上称之为"邻避"(NIMBY, not in my backyard 的
英文缩写)运动。从 2007 年 6 月厦门"PX 事件"开始,这个化工项目在大连、宁
波、昆明等地都遭到了当地民众的强烈反对,引发了规模不等的群体性事件。

- **经济衰退和金融危机**:经济全球化为人类带来了一定的便利和福祉,同时也使各
  国的经济和金融体系形成了"一荣俱荣,一损俱损"的裙带关系。1998 年的"亚洲
  金融危机"和 2008 年美国的"金融海啸"波及全球数十个国家,导致了经济衰退和
  失业率大幅上升,引发了大范围的民众示威和社会动荡。其中最为典型的是
  2010 年秋季在美国纽约爆发的"占领华尔街"运动,借助于社交媒体的强大动员力
  量在几个月内波及了全球 50 多个城市。

凡此种种,危机传播所关注的主要就是由上述因素引起的突发性的大型公共危机事
件。具体来说,这些事件可以分为以下几类:如表 1.1 所示。

表 1.1   突发性大型公共危机事件

全国或跨地区的	有可能传入我国的	特定区域内的	与恐怖主义有关的
自然灾害	大规模的环境污染	实验室事故	使用组织性暴力
食品、水、空气污染	战争、武力冲突	人质劫持	使用生化武器
传染病暴发	全球或区域性金融危机	爆炸	
化学或其他有毒物质泄漏		重要人物突然身故(如暗杀、急病)	
放射物泄漏		火灾	
由无法认定的传染源引发		炸弹恐吓	

第二节   危机传播的基本概念

危机传播是政府部门进行危机管理的重要环节之一。"非典"前后,以清华大学薛澜
教授为代表的一批公共管理学者系统地介绍了西方危机管理的一些理念。本书聚焦的则
是以媒体和公众为主要对象的危机传播。与媒体为对象进行的信息传递称之为传播,而
与公众进行的信息交换称之为沟通。传播与沟通是危机管理的核心,它们在英文中都是
用一个概念(communication)来表述。为了表述上的方便,本书遵循国内学术界的惯例使
用"危机传播"的说法,既包括以各种传播媒介为平台进行的危机传播,也包括人际、组织

层面进行的危机沟通。如果说"危机管理"是一个以管理学为核心的多学科研究领域,那么"危机传播"则是以传播学为核心的。具体来说,就是把人际传播、口语传播、媒体传播、组织传播和跨文化传播等学科的一些理念运用到危机管理的过程中。

简而言之,"危机传播"就是在危机前后及其过程中,在组织、媒体、公众之内和彼此之间进行的交流和互动过程。近年来学术界和业界使用"危机管理"、"危机沟通"、"危机应对"、"危机公关"等不同的说法。①但笔者认为,"危机传播"基本覆盖了上述这些概念的内涵与外延,并且由于 communication 是危机管理的核心,故从学理和实践的角度来看,"危机传播"是更为恰当的表述。

具体而言,危机传播可分为以下 4 种类型:(1)对危机信息和认知进行的管理;(2)对利益攸关方的反馈进行的管理。前一种类型的危机传播是在"幕后"进行的,包括搜集信息、识别信源、分析舆情、分享信息和在此基础上做出决策。前文中提到,库姆斯把"危机"界定为"认知性的"。因此,对危机信息和认知进行管理旨在形成对危机的"公共认知"或者说"共识"。后一种类型的危机传播则是在"台前"进行,政府、企业等组织派遣专业人员(如,新闻发言人)通过语言、行动、传媒等渠道影响各个"利益攸关方"对组织及其所经历的危机的态度、认知和反馈,为危机的减缓直至化解营造良好的舆论氛围。

危机传播的宗旨大致体现为以下 4 个方面:(1)利用新闻发布机制对危机事件进行快速回应,平息公众的恐慌情绪;(2)随着政府、企业等组织掌握信息的增加,要协调相关信息的发布,在危机发生后,组织通过媒体回应把事实和相关信息传递给公众,以正视听,从而维护社会的稳定和正常秩序;(3)通过一定的传播技巧说服媒体和公众接受政府所采取的措施,创造一个对组织有利的舆论环境;(4)借助于各类媒体进行公关活动。危机事件一般都会给组织带来负面的影响,通过危机传播来及时消除这种影响。一旦组织的形象受损,还要通过危机传播来进行"形象修复"的工作。显而易见,组织从一开始就要掌握危机传播的主动权。

在 2003 年那场突如其来的"非典"危机中,每一个中国人都亲历了政府主管部门从刻意回避,到被动回应,再到主动出击的变化过程,从而亲身感受到了危机传播的重要性。正是由于有关部门在危机爆发后反应迟缓,造成了一定程度的社会恐慌(如京穗等地出现的抢购风、农村部分地区迷信活动的蔓延),引发了公众对政府和大众传媒的"信任危机"。一段时间内,手机短信这种在当时技术手段最为先进,而传播方式最为原始(点对点/人传人)的媒体成为人们的最为信赖的信息源。中国政府在危机传播中处于被动的地位,因而也受到了国际舆论的巨大压力,个别媒体趁此机会"妖魔化"中国(如《时代》周刊以"非典"

---

① 中国人民大学的青年学者胡百精在《危机传播管理》(2005)中将这两个概念结合起来进行讨论,重点探讨的是危机传播的管理取向。台湾辅仁大学传播学院院长吴宜蓁教授则在《危机传播:公共关系与语艺观点的理论和实证》(2005)一书中对"管理取向"和"语艺(修辞)取向"分别做了探讨。

病人的肺叶透视片与五星红旗叠映,给中国贴上"'非典'国家"的标签),对我国的国家形象造成了损害。4月20日以后,政府重新掌握了危机传播的主动权,定期的新闻发布机制开始建立,各级领导干部或通过媒体、或深入民间展开各种危机传播活动,从而有效地控制了疫情的蔓延。在此过程中,我们除了见证了新中国成立以来从未有过的高频次的新闻发布会,还看到了政府为说服公众和修复形象做出的种种努力。这场突如其来的灾难使危机传播的理念在短短的几个月内深入人心,得到了从高层决策部门到普通民众的广泛认同。

从2003年爆发的"非典"危机到2008年的"汶川大地震",我们可以看出"危机传播"的理念在我国由引入、接受、普及到实施的发展脉络。突如其来的"非典"疫情使得"危机"一词成为我国政治和公共话语体系中的一个关键概念。它所引发的社会震荡和对我国国家形象的巨大破坏促使我们主动学习、逐渐接受和贯彻实施"危机管理"、"危机传播"和"危机公关"等源自西方的理念和策略。5年来的机制建设和经验积淀终于在应对和处理"汶川大地震"这一新中国成立以来最为严重的公共危机事件的过程中得以发酵。政府、媒体和公众"三方合力"所进行的有效的危机传播,使得这场发生在2008年这个特殊年份、原本可能"雪上加霜"的"危机"演变成为重塑国家形象、扭转我国在"国际意见市场"上不利地位的"转机"。这一进步的取得并非偶然,它是我国近年来政治、社会和媒体变革的必然结果(从传播学的学理和效果上对此案例所进行的分析详见附录5)。

【案例分析 1.1】 2008 年汶川大地震：我国政府危机传播走向成熟的标志

2008年发生的"5·12"汶川大地震是我国政府危机传播的一个范例,也是从中央到地方政府危机传播和新闻发布工作走向成熟的标志性事件,获得了国际社会和国内公众的广泛好评。从言语传播学的角度来看,现代汉语的符码和语艺优势在于拥有大量的复合词,这些复合词往往体现了一种辩证关系,"危机"一词便是一个典型的例子。它包含了"危险"和"机会"并存这一朴素的辩证法。"5·12"汶川大地震是新中国成立以来爆发的最大规模的公共危机事件之一。更令人担忧的是,在这场危机爆发前夕,我国所处的国际舆论形势异常严峻。在经历了年初的南方雪灾、4月初奥运圣火境外传递遭袭和"4·28山东列车相撞"等"天灾人祸"之后,中国的国家形象遭遇了空前的挑战,中国民众与西方媒体之间的对立关系一度达到剑拔弩张的地步。即将于百天之后揭幕的北京奥运还能否在友善祥和的国际舆论氛围下顺利举行?这显然是当下全体中国人和所有关心中国发展的国际友人最为关注的问题。

出人意料的是,这场突如其来的地震灾难却为中国化解国际公关危机、重塑国家形象提供了一个良好的契机。虽然灾难造成的损失是前所未有的,但在政府、媒体、公众的共同努力下,中国在应对这场危机当中所表现出的前所未有的民族凝聚力、举国动员力和舆论传播力得到了海外媒体和公众的广泛赞誉。按照"软实力"概念的提出者、美国哈佛大学约瑟夫·奈(Joseph Nye)教授的观点,一个国家的"巧实力"(smart power)是其能否赢得国际舆论主导权的重要因素。

"巧实力"是以政治、经济、军事为代表的"硬实力"和以文化、传媒和意识形态为代表的"软实力"巧妙结合后,在"国际意见市场"上能够发挥更大影响的一种新型"合力"。这次"汶川大地震"期间,我国改革开放30年来"硬实力"的显著增强在抗震救灾工作当中得到了充分的体现。更令人欣慰的是,我国政府的公共传播和大众传媒——尤其是以新华社、央视为代表的中央级主流媒体——表现出的前所未有的高效、公开、透明和人性化鲜明地体现了我国"软实力"的提升。两者结合而成的"巧实力"把一个开放、和谐、以人为本的国家形象呈现在世人面前。无怪乎海外媒体评论道,在北京奥运前夕爆发的这场突如其来的地震灾难让"新中国"提前在全球舞台上"登场亮相了"。

从某种意义上说,作为国殇日的"5·12"也是中国新闻传播史上一个新纪元的开始。国内主流媒体第一时间大篇幅、不间断、多角度报道这场危机,境外记者第一时间获准奔赴灾区采访,并且得到了各级政府部门和普通民众的支持与帮助,中央和地方政府部门第一时间召开新闻发布会通报灾情、澄清谣言。如果将此次地震与5年前的"非典"危机做一对照,这3个"第一时间"无疑反映了中国在运用"巧实力"上的巨大进步。然而,这一进步的取得并非偶然,它是我国近年来政治、社会和媒体变革的必然结果。

首先,"非典"危机之后,中央和地方各级政府部门相继建立起了突发事件的应急处理机制和新闻发布制度,政务公开和政府信息公开成为我国政治体制改革的一个重要内容。从党的"十七大"报告明确提出的"保障人民的知情权、参与权、表达权和监督权"和"让权力在阳光下运作"等新观念,到全国人民代表大会修改《突发事件处置条例》,删除了有关媒体不得"违规擅自发布"突发事件信息的规定,再到2008年5月1日起正式实施的《政府信息公开条例》,这些都为这次"汶川大地震"期间有效的危机传播提供了政策和机制上的保障。

其次,互联网、手机等"草根媒体"等迅速崛起对传统的新闻传播观念形成了强有力的冲击。地震爆发后的几分钟内,相关的信息以手机短信、视频、即时通讯(QQ和twitter)等新媒介传遍了大江南北。在位于震中的"孤岛"——阿坝藏族羌族自治州,互联网成为它与外界联系的唯一途径。由于相关工作人员坚守岗位,它的政府网站及时更新,发布当地最新的灾情,获得了高达百万次的点击率。这种新媒体主导的新型传播生态使得以往具有中国特色的所谓"新闻、旧闻、不闻"的划分失去了意义。在信息高度垄断的社会,有些"新闻"可以扣住迟发,变成了"旧闻";有些则干脆不发,成为所谓的"不闻"。只要回忆一下"唐山大地震"和"非典"危机,类似这样的"旧闻"和"不闻"可以说是不胜枚举。拉萨"3·14事件",本来是由达赖集团精心策划的一场暴力阴谋,但由于这种传统的"旧闻"和"不闻"观念的影响,相关的信息发布不及时,不透明,那些带有偏见的西方舆论和达赖集团的国际公关活动在"国际意见市场"上抢占了先机,造成了我们在对外传播上的被动局面，这不能不说又是一个深刻的教训。

危机传播的基本原则是"真实地说，迅速地说，首先来说"。可以说，在这次"汶川大地震"期间，危机传播的这一 3T3F 原则在我国政府的新闻发布和主流媒体的新闻报道当中得到了切实的贯彻。虽然在 5 月 12 日 14 点 28 分地震发生后，英国广播公司（BBC）在两分钟后就发出了一条短讯，在速度上占了先，但新华社和中央电视台分别在 14 点 46 分和 15 点，播发了有关震中和震级的详细信息，在信息发布的品质上占据了优势。国家地震局 16 点召开的新闻发布会上及时提供了权威、专业的信息，并且对"当天晚上北京发生 6 级地震"的网络谣言做出了澄清。应该说，中国政府和主流媒体建立的公信力在随后几天的报道中逐渐发酵。《纽约时报》《泰晤士报》、BBC、CNN 等国际主流媒体大量引用国新办、新华社、央视提供的信息和画面，无论从篇幅、规模和力度来说都是前所未有的。中国政府和媒体罕有地成为西方主流媒体的主要信源，一扫国际舆论对中国"官方"信源的不信任态度。

再次，北京奥运会和上海世博会把改革开放的中国推向了全球传播的"中央舞台"。以往那种"内外有别"、"韬光养晦"、"沉默是金"等传统的对外宣传原则已经不能适应全球传播时代的要求。尤其是在 2007 年 1 月 1 日起实施了保障境外记者采访自由的"国务院 477 号令"以后，中国的对外传播工作出现了一个新的变局。这次"汶川大地震"期间，先后有近百位境外记者到灾区采访，尤其是有 20 多位境外记者在地震爆发后，获得了与境内记者同等的"待遇"，一同在第一时间赴一线采访，这是"国务院 477 号令"得以贯彻落实的结果。境外记者来自新闻现场的报道，与引自中国"官方"信源的消息相互补充和相互印证，使得有关中国报道获得了本土与全球视角的良性互动。一方面，来自中国本土的声音大量出现在西方传媒上；另一方面，境外记者客观、公正的报道以及中国政府对国际救援的接纳营造出了一种"环球同此凉热"的普世主义氛围，从而有效地扭转了国内民众因西藏、奥运圣火传递受阻等问题所带来的民族主义"民粹化"的危险倾向，缓解了由此产生的中西文化和意识形态的对立与冲突。

还有一个非常重要的变化是，中央和地方的各级领导以罕有的高调姿态出现在国内外媒体的新闻报道中，一方面极大地鼓舞了全国人民在灾难面前的斗志；另一方面也极大地改变了西方媒体和公众对中国政治体制的"刻板印象"。我们看到了高层领导人在灾民面前发自肺腑的真情流露，我们看到素来神秘和低调的部队将帅在抗灾第一线从容不迫地接受境内外记者的采访，西方政治传播中的核心理念——"媒体执政"——获得了中国领导人的认同，并且付诸实行，这不能不说是这次"汶川大地震"危机传播当中出现的又一个新的变化，也是中国政府和领导人运用"巧实力"的一个范例。

在"汶川大地震"期间，政府的危机传播除了发挥上情下达、内情外达的作用以外，还利用新媒体极大地调动了公众的参与意识，使 2008 年成为中国的"志愿者元年"。抗震救灾不再仅仅是政府的工作，而成为每一个公民神圣的职责。据粗略统计，全国各地进入四川参与救灾工作的志愿者达10万人,全国各地参与救灾宣传、募捐、物资运输的志愿者超过1 000万人,其中"80后"的青年一代成为主体。政府部门、红十字会与各级非政府组织、志愿者组织通过互联网和手机等新媒体紧密联动,使政府和民间的救灾行动实现了上下联动,相互配合。志愿者成为抗震救灾中一支不可忽视的重要力量。这一宝贵经验在8月的北京奥运会、残奥会和2010年上海世博会期间又得以发扬光大,以"鸟巢一代"为主体的"80后"志愿者成为中国国家形象中一道最为亮丽的风景。

　　"5·12"汶川大地震开创了我国政府危机传播和对外传播的新变局,与3个月后成功举办的北京奥运会相互补充,从不同侧面提升了国家形象,消除了各种舆论"噪音"。从"汶川大地震"的案例中我们可以看出,只要我们能够坚持危机传播的基本原则,充分运用"巧实力",突如其来的"危机"就一定能够成为中国获得国际舆论主导权的"转机"。

　　但是,我们还应清醒地认识到,从总体上来看,我国政府部门的危机管理和危机传播还处于探索期。虽然从中央到地方建立了突发事件的应急机制,设立了政府新闻发言人,但"形式大于内容"仍然是当前我国政府部门危机传播存在的主要缺陷。我们还没有把危机传播上升在"国家品牌营销"(nation branding)的层面上,还不善于利用危机来向全世界传播中国的文化和价值观。这一点不仅与美英等西方发达国家存在着较为显著的差距,而且与韩国、南非、智利等"后发"国家相比也不占优势(详见案例分析1.2)。这也在一定程度上反映了我国新闻传播学界对相关议题的研究较为滞后,未能给决策者和实践者提供有力的理论指导和学术支持。有鉴于此,将危机传播纳入学术研究视野之内,建立一套符合中国国情的概念、理论和范式体系,是我国新闻传播学界当前和今后努力的一个方向。

【案例分析1.2】　智利矿难救援：危机传播与"国家品牌营销"的有机融合

　　"媒介事件营销"是近年来在新闻传播学研究中出现的一个新概念,它是指"组织"(包括国家、政府、企业、学校和各类社会机构等)借助于大众传媒对新闻事件的关注,推广其正面形象,塑造品牌,传递价值观的公关和传播活动。这里所说的媒介事件又可分为两类：事先设计型和突发应对型。前一种包括奥运会、世界杯、世博会等具有全球影响的会展、庆典或仪式,也包括一些影响人类历史进程和具有标志性意义的"大事"(megaevent),例如,美国宇航员登月,中东和平协议签署,中国加入WTO,等等;后一种则是指各类突发的公共危机事件,如恐怖袭击、自然灾害、瘟疫暴发、生态或环境破坏、人为事故等,即我们经常说的"天灾人祸"。

　　对于前一种事件。我们能够进行精心的策划与筹备,借助于各种公关和传播手段对媒体进行"议程设置"和"议题管理",因而可以归类为"塑(造)型传播";而后一种事件因其突发性更能体现一个国家的真实状况和社会动员能力,则需要借助于更具挑战性的"矫(正)型传播"。随着人类进入"风险社会"的时代,这类事件发生的频次在迅速增加,同时对国家形象和品牌的提升或破坏的"双刃剑效应"也在逐渐增强。2008年我们经过7年精心筹备，举办了一届被国际奥委会主席罗格称为"真正无与伦比"的北京奥运会，但是几周之后爆发的"毒奶粉"丑闻，由于缺乏有效的危机传播机制，则几乎把多年苦心经营的"国家形象工程"所带来的正面效应在一夜之间摧毁殆尽。从中我们也可以看到这两类事件的媒体效应实际上同样重要，我们既要重视"事先设计"型的媒介事件，同时更要建立起一套风险传播和危机传播的机制，使得"突发应对"型的媒介事件能够由危机化为转机，将其对国家形象的破坏效应转化为提升作用。此次智利矿难救援就是处理这一类媒介事件的成功范例。

对于智利这样的小国而言，鲜有通过"事先设计"型的事件进行媒介营销的机会。即便是后一种突发型的媒介事件，也不一定能够引起世界的关注。例如，2010年2月底，智利发生了8.8级强震，是人类有史以来最强烈的地震灾害之一，但是它所引发的媒体关注远远不能与8月发生的矿难救援相比。据统计，共有1300多名外国记者云集位于智利北部的指挥救援活动的大本营——"希望营"，他们来自五大洲33个国家的200多家媒体，仅英国广播公司(BBC)一家就派出了近40名记者。智利政府及时抓住了这次难得的"国家品牌营销"的机遇，总统皮涅拉多次作为新闻发言人亲自与记者沟通，并且设立了专门机构负责为全球媒体和记者进行服务。

矿难发生后，媒体和公众强烈批评政府的安全监管不力，但包括总统在内的政府官员没有选择躲避媒体，而是以及时、坦诚、公开的新闻发布迅速扭转了危机初期的不利地位。皮涅拉总统在媒体面前始终把自己的"姿态"放得很低，始终把"我很卑微"和"上帝帮助了我们"这样的说法挂在嘴边。即便是在矿工全部获救的时候，他也没有夸耀个人与政府的功劳，而是说"这不是我个人的成就，是智利人民感动了上帝"。同时，他也不忘利用这个全球媒体高度关注的机会来"营销国家"："我们智利通过这个危机将变得更加强大，让别人更加尊重我们的国家和人民，全世界会对智利有更多的了解"，等等。

在矿难救援的69天内，"智利"一词频繁出现于全球各大媒体的头条。除了少量批评和争议的声音外，全球媒体几乎是众口一词地赞誉智利政府的危机处理和该国民众所表现出的强大凝聚力。美国广播公司(ABC)的记者把这次救援比作智利国家公关的"登月工程"，认为其所产生的美誉度不亚于美国的"阿波罗"号登月计划。此外，这场媒介事件所产生的"光环效应"也不容忽视，就连一向销量平平的智利葡萄酒都成了各国市场上的"抢手货"。

诚然，任何一次成功的媒介事件营销都是"巧实力"(smart power)发挥作用的结果，而不仅仅是"软实力"的产物。如果没有智利政府和相关部门"硬实力"的保证，如果没有井下矿工、家属和全体民众的乐观态度和凝聚力，再高明的"媒介事件营销"也不会起作用。试想，如果井下矿工不听指挥，发生内讧(实际上在一段时间内确实出现了少数矿工"脱队"的迹象，幸好被及时制止)，如果最后的救援有一丝纰漏导致哪怕只有一名矿工遇难，此前所付出的危机传播和媒介事件营销的种种努力便会付诸东流。因此,"硬实力"和"软实力"的有机结合所产生的"巧实力",是国家形象推广和国家品牌塑造得以成功的有力保证。

此外,智利的个案本身与其他的"突发应对"型媒介事件有着一些本质的差别。由于矿工们身处 600 多米深的地下,尽管全球记者云集新闻现场,但那里究竟发生了什么,记者们无法亲身获知。他们只能依赖智利政府这个唯一的信源,这就为后者进行有效的新闻管理创造了良机。难怪有人说处理这场危机的最大功臣之一便是智利总统的新闻协调官雷纳尔多·塞普尔韦达。正是他直接掌控 8 台摄像机和媒体报道团队,并且有权决定架设摄像机的位置。从这个意义上说,在现场采访的 1 000 多名记者和全球 10 亿人看到的实际上是这位新闻官希望他们看到的一次"媒介事件"。

如果我们对照一下几个月前"英国石油公司"(BP)在美国墨西哥湾的漏油事件,BP管理层与美国政府的危机公关不可谓不及时。但这次事件的新闻现场曝露在全球媒体的聚光灯下:火光熊熊的油井,漂浮着油污的海面,垂死挣扎的海鸟,等等。这些富于视觉冲击力的画面是 BP 总裁与奥巴马总统的诚恳道歉和诡辩说辞所无法比拟的。因此,智利的"媒介事件营销"占据了天时、地利、人和,是一个可以写入新闻传播学和公共关系学教科书的经典范例。

尽管这个案例当中确实存在着一些偶然因素和不可复制的条件,但是,智利政府在实施"新闻管理"和"舆论引导"的过程中还是为我们提供了一些可资借鉴的经验。在国家层面上进行的"媒介事件营销"旨在凭借事件本身吸引媒体关注,放大正面效应,最终塑造国家的正面形象,提升其美誉度。具体来说,智利政府使用了以下一些策略和手段,值得我们反思和借鉴:

- **正面/负面新闻的"捆绑发布"**:在可以影响或控制突发事件的总体舆论走向的情况下,政府部门可以将正面和负面的新闻事件通过"捆绑发布"的手段一起传播出去。这一方面显示了政府的诚恳态度,同时也通过这种正负面信息的"套装"使得正面效应得以放大,从而降低负面效应,甚至完全抵消负面效应。在这次矿难救援中,我们看到智利政府和相关部门的新闻发布秉持了及时、坦诚和公开的原则。在危机爆发的初期,他们采取了这种"捆绑式"的营销策略,一方面强调,在矿井中已经建立了风险机制(例如,事先修建好的矿工避难所,储存了足够的"救命罐头",同时矿工们事先接受过风险教育,可以做到服从指挥,临危不惧,等等);另一方面,他们也不回避矿井公司在安全制度上的缺陷,救援技术和设备的落后(例如,最初反复向媒体声称这些矿工"年底才能见天日")。这种正面/负面信息同时发布的策略既获得了媒体和舆论的同情与理解,同时也让人们看到了一个真实的智利,赢得了包括美国和中国在内的世界许多国家在物资、技术和道义上的支持,使之成为一场"国际大救援"。反观上文提到的"BP 泄油事件",BP 高层从一开始只发布正面新闻,掩盖这场危机的真实状况,信誓旦旦地表示能够凭借自己的力量解决这场危机，连奥巴马总统对此也深信不疑，为 BP 辩护，结果却反而遭到了媒体和公众更为强烈的质疑和抨击，导致了 BP 首席执行官的辞职和股价大跌。

- **"区隔"与"压缩"并用**：在新闻管理的过程中，我们要尽可能将正面信息"掰开揉碎"，"时时有信息"，切割和衍生出更多的同类信息，从而实现正面新闻的实时发布，挤占负面舆论炒作的空间。反之，对负面信息，我们则要尽可能归并和压缩，既不刻意回避和掩盖，同时也尽可能降低其新闻效应。在智利的案例中，我们看到媒体报道不厌其烦地描述矿工们的井下生活细节，通过名为"白兰鸽"的空心圆管向井下运送补给品的过程，甚至连美国营养师配置的食谱也被媒体津津乐道，这些碎片化的正面报道体现的是智利政府对井下矿工无微不至的关怀。而对矿主、企业和政府监管部门在这场危机应当承担的责任始终是采取"合并同类项"式的新闻发布方式，并没有逐条逐项加以厘清和挖掘。这场危机塑造出了一个"媒体明星"——智利的矿业部长戈沃尔内。他无疑是应当对这次事故直接负责的"利益攸关方"。但他在媒体面前言必称矿工和家属，所采取的一切救援措施都坚持"以人为本"的原则，不但没有使自己成为千夫所指的对象，反而把自己"营销"成了一个独具魅力的领导者，他的支持率一度甚至超过了救援"总指挥"——智利总统皮涅拉。

- **人性化和戏剧化**：69 天的救援犹如一场精彩的连续剧，矛盾悬念层出不穷，大喜大悲起起落落，把这场危机变成了一场"媒体奇观"。智利政府还充分挖掘了其中的许多人性化的因素，始终以矿工及其家属为主要切入点，突出体现亲情、友情和爱情等普世关怀的新闻点。这 33 名矿工及其家庭背景被媒体反复挖掘，甚至连井下矿工向未婚妻求婚、妻子和情妇在救援现场打架这样的花边新闻都被曝光。这些富有人情味儿的新闻恰恰符合当今市场化媒体追求"人性化"和"娱乐化"的总体要求。通过这种人性化和戏剧化的"媒介事件营销"，突出了事件所具有的正面效应，体现了人情味儿、人性美，巧妙地规避了政府处理失当、安全制度缺陷等可能引发负面炒作的"舆论引爆点"。

综上所述，智利矿难救援为我们如何将"媒介事件营销"做得更为深入和更有成效，提供了宝贵的经验。处于转型期的中国具有"危机驱动型"的社会特征——即所谓的"多难兴邦"。在奥运、世博成功举办的基础上如何利用层出不穷的危机事件来提升国家形象，塑造和营销国家品牌，应当是我们下一步努力的方向。

第三节　危机传播的基本属性、要素和方式

从总体上看，危机传播结合了传播学、新闻学、社会学、政治学、心理学、管理学等学科的概念和理论框架，对政府、企业等组织在危机应对的过程中提供专业化和精准化的策略

指导,对内促进和谐社会的建设,对外树立国家的良好形象,应当是每一位政府和企业的领导者、管理者和新闻发言人应当深入了解和研习的一门学科。具体来说,危机传播具有以下一些基本属性:

- **危机传播具有高度的公共性**:虽然危机传播代表政府、企业等组织的利益,但其根本宗旨仍然是从公众利益和诉求出发,动员和引导公众参与组织决策,在"意见市场"和"情感市场"上赢得公众的支持,塑造组织的正面形象(参见案例分析 1.3)。
- **危机传播是一种高度专业化的管理机制**:危机传播既在组织、媒体与公众之间进行信息、观点的双向/多向传递和交换,同时在组织内部也发挥着决策、咨询、建议等管理功能。危机传播是一项需要经过深思熟虑的、精心筹划的系统工程,是以实际表现和所产生的影响为评估标准的,也需要一个高度专业化的团队和机制来确保有效实施。
- **危机传播具有高度的意识形态和文化属性**:危机传播不仅仅是传递事实的真相和告知组织的决策,还要建构意义和传递价值观,凝聚共识。同时,在当今多元文化的语境下,危机传播需要考虑受众在年龄、阶级、民族、宗教、性别、性取向等身份/认同指标上的差异。因此,危机传播具有意识形态和文化上的目的性。

与传播学的其他分支一样,危机传播研究关注的也是由香农和韦弗(Shannon & Waver)提出的"信息传播七个环节":信源—编码—信息—信道—受众—解码—反馈。本书各个章节的探讨也基本围绕上述七个要素展开。为了阐释上的方便和我国国情的特殊性,我们把危机传播中的重点放在政府部门,重点探讨政府部门如何借助媒体向公众进行危机传播。但对于企业、非政府的民间组织以及个人而言,这些危机传播的理念和原则也是具有一定的启发性的。在本书中,对危机传播各个环节定义如下:

信源:来自政府部门的传播者,主要指新闻发言人,或者负责宣传事务的官员(规范的称谓是新闻官员或公共信息官员),也包括经常与媒体和公众打交道的其他官员、专家、研究人员等。

编码:政府部门进行信息设计的过程。

信息:危机事件的进展过程;对危机事件起因进行的调查;应对危机的措施。

信道:传媒(报刊、广电、网站和社交媒体)、人际信道(例如,"听证会、协调会、评议会"等"三会"制度,对个别家庭的走访等)。

解码和反馈:对危机传播效果的评估,主要是对媒体的相关报道、评论及其所反映的社情民意的追踪和分析。

危机传播的主要方式(即前文所说的"信道")具体包括:

- 人际传播(例如,政府部门的相关负责人或工作人员、专家与公众进行的面对面交流)
- 群体传播(例如,在学校、商场、社区内投送群发信件和新闻简报;召开"三会",

等等）

- 组织传播（例如，在某个单位、公司或组织内部传递信息）
- 媒体传播（例如，以新闻发布会的形式通过广播电视、报纸、互联网、社交媒体等媒介平台来传递信息）
- 以上各种形式的全部或者部分的组合

本书将把媒体传播作为当代危机传播中最常见、最主要的方式来加以详细讨论，特别是对新闻发布会和新闻发言人制度的建设提出一些理论上的依据和实际操作上的建议。与此同时，本书也将花一定的篇幅探讨人际、群体和组织传播方式。这些方式作为对媒体传播的有效补充，能够更好地体现"以民为本"的人性化传播理念，有利于树立政府部门的"亲民"形象。

【案例分析 1.3】　危机传播与两个"市场"的重要意义：蒙牛与肯德基

源自西方的公共关系的理论和实践是基于 17 世纪英国诗人、政论家约翰·弥尔顿所提出的"思想自由市场"（the free marketplace of ideas）的理念。按照这一理念，任何人都有表达自己观点的自由，大众传媒应当为各种思想和观点的交锋提供同等的机会。最终，真理会战胜谎言，善意会战胜恶意，人类对自我和世界的认知要通过"思想自由市场"这一机制不断进行修正和完善。

在各种思想和观点的角力当中，公共关系是一种有力的工具，可以帮助政府、企业和社会组织有效地影响舆论，在"思想自由市场"的竞争中获得先机，占据上风，从而为组织行为创造一个良性的媒介生态和舆论环境。作为公共关系的一种重要形式，危机传播同样应当遵循这样的原则。

20 世纪 80 年代，公共关系理论的代表人物格鲁尼格（J. Grunig）在他的"公关演进模式论"中进一步把"思想自由市场"划分为"意见市场"和"情感市场"。前者主要是受信息和知识的影响。强调"意见市场"重要性的公关学者主要是从理性主义出发，强调在传播的过程中发掘受众的"理性"的重要意义。因此，危机公关的首要任务是把真相和相关的知识、观点通过大众传媒等"信道"及时传递给公众，从而在"意见市场"上获得主导权。在2003 年的"非典"之后，我国政府、企业和社会组织在处理危机的过程中，基本上能够做到及时传递真相和相关的信息，有效地引导舆论。

但是，除此之外，我们似乎忽略了格鲁尼格所阐述的"情感市场"的重要性。公关的主要对象并不是那些"理性"的哲人或科学家，而是一个个有血有肉、感情丰富的个体。西方心理学、社会学和传播学的大量实证研究显示，人们在形成意见和采取行动时，更容易受到其习惯和情感的左右，而非信息和知识的影响。有鉴于此，有效的危机公关不仅应当通过信息和观点的及时传递来掌控"意见市场"，同时也应当考虑如何影响受众的情感和随之产生的各种"习惯性认知"。

2009年2月爆发的蒙牛公司"特仑苏"牛奶的OMP(造骨活性蛋白)危机就是一个典型的例子。有了"三聚氰胺"的"前车之鉴",这一次蒙牛公司的反应是相当迅速的。面对政府部门签发的"整改令"和网民排山倒海般的"声讨",蒙牛及时通过新闻发布会和网络广告等"信道",将有关"OMP无害"的结论散布于"意见市场"上,与网民展开了针锋相对的辩论。尤其是借助于国家六部委"鉴定书"这把"尚方宝剑",发动了同样是排山倒海般的"网络广告战"。虽然后来因部分学者质疑其借助官方文件有违《广告法》而被叫停,但其危机公关的规模和权威性及其对"意见市场"所产生的强大影响是相当显著的。

即便如此,蒙牛并未获得消费者的理解和原谅,要求退货的呼声仍然不绝于耳。尤其是在借助于六部委"鉴定书"展开危机公关的合法性遭到质疑后,原本"理直气壮"的蒙牛失去了底气,最终被迫同意接受消费者的退货。这其中的根本原因就在于蒙牛忽视了"情感市场"所具有的同样巨大的影响力。其危机公关的核心策略是无限放大对自身有利的信息和观点,但却没有把消费者的诉求和利益摆在首位,以至于在"情感市场"始终处于劣势,使刚刚从"三聚氰胺"危机中恢复的品牌声誉再度受到沉重的打击。

这不禁让人想到了4年前一个相似的案例——2005年爆发的"苏丹红"危机。当英国科学家质疑"苏丹红"的安全性的报道见诸媒体时,与之相关的肯德基不是急于"拉大旗扯虎皮",与消费者和舆论展开辩论,而是采取了近乎严苛的"自我审查"的措施,自动撤下相关产品,同时通过媒体刊登"告消费者的公开信",通报改进措施,并且大力宣传不含苏丹红的产品。实际上,肯德基这一近乎"自残"的策略是在宣扬和强化其"消费者永远正确"的经营理念,获得后者的支持和信任,在"情感市场"上占得先机。另外,利用媒体和公众因苏丹红危机而对肯德基产品的"特别关注",适时发布了"老北京鸡肉卷"等本土化产品,把危机转化为契机,市场份额不降反升。

上述这两个例子告诉我们,有效的危机公关应当是以公众或消费者作为基本的出发点,兼顾"意见"和"情感"两个"市场"的影响力,这样才能产生事半功倍的效果。

第四节　危机传播的理论范式和研究路径

作为一门新兴的交叉学科,传播学对人文学和社会科学的学术传统进行了传承与创新,发展出了符号学、修辞学、现象学、控制论、社会心理学、社会文化、批判等七大传统。[①]同样道理,危机传播的理论建构既是对修辞学、说服学和公共关系学等其他传播学"亚学科"的深化与发展,也从语言学、社会学、心理学、政治学等相关学科汲取了丰厚的营养。

---

① 有关上述七大传统的阐释,参看[美]斯蒂芬·李特约翰、凯伦·福斯著:《人类传播理论》,史安斌译,清华大学出版社,2009。

在传播学的诸多亚学科中，①危机传播属于"应用传播学"（applied communication）的一个分支，因此，危机传播的概念和理论带有较强的应用性和实践指导意义。这些概念和理论有助于我们总结以往的经验教训，根据当下的具体语境做出适当的决策，同时对未来可能产生的后果进行预判和评估。

在西方话语体系中，危机传播研究所关注的"危机"通常是指"组织危机"（organizational crisis）。所有的组织形态——包括政府机构、政党、企业、医院、学校、社会团体、非政府组织——都是危机传播研究潜在的对象。西方话语体系当中的"组织"大体对应于我们所说的"单位"。在中国这样一个"大政府、小社会"的社会架构中，组织危机往往会上升到整个国家和社会的层面上。有鉴于此，在我国的危机传播研究当中，我们不应该把眼光局限在微观层面的个案和"头痛医头、脚痛医脚"式的对策中，而应以更为宏观的视角对"组织危机"在社会、文化和意识形态层面上的意义进行深入的探索。

危机传播研究在西方开展的历史并不算长。目前可以在权威论文索引（如，美国的Communication Abstract）查找到的最早一篇由传播学者撰写的相关论文是 1967 年发表的，该文探讨了 1961 年秋季，在苏联和芬兰之间发生的一场外交危机中西方新闻媒体所扮演的角色。② 此后，相关的论文多为一些零散的案例研究。1982 年，强生公司成功化解"泰诺"胶囊遭下毒的事件，引发了危机传播研究的一次"井喷"，以此为主题的论文达到30 余篇。一般认为，对"泰诺"事件的关注揭开了美国危机传播研究的序幕。③ 值得注意的是，参与早期的危机传播研究多为管理学者，他们把"危机传播"作为"危机管理"的一部分，关注的是危机处理当中的传播和公关模式和策略。随着越来越多的传播学者介入这一领域，危机传播研究逐渐跳出了管理学的窠臼，成为传播学研究中的一个新兴的分支，形成了一系列被广泛使用的关键概念和术语（见表 1.2），逐渐建立起一套较为完整、成熟的"西方范式"。

表 1.2　危机传播研究的关键概念及术语

- **利益攸关方**（stakeholder）：危机传播的所有目标受众，包括与危机有关的、受到危机影响的所有个人和群体，可以再细分为"内部"和"外部"的利益攸关方。以某大学宿舍发生火灾为例，内部的利益攸关方包括宿舍中的所有学生、宿舍管理员和学校保卫、后勤等部门；外部的利益攸关方则包括消防部门、教育局、医院、学生家长、负责安装消防设备的承包商，甚至包括打算报考该大学的高考生。他们都是危机传播中需要考虑的目标受众。

---

① 按照美国全国传播学会（NCA）的界定，"传播学"迄今为止共有 23 个"亚学科"，"危机传播"还未被认定为"亚学科"，属于"应用传播学"的一个分支（http://www.natcom.org/discipline/）。

② E. Pakarinen, E (1967). "News Communication in Crisis: A Study of Newspaper Coverage of Scandinavian Newspapers during the Russo-Finnish Note Crisis in the Autumn of 1961," *Communication Monograph*, Vol. 2, pp. 224~228.

③ 吴宜蓁：《危机传播：公共关系和语艺观点的理论与实证》，5~7 页，苏州，苏州大学出版社，2005。

续表

- **四个 R**：关系（relationship）、声誉（reputation）、责任（responsibility）和反应（response）是危机传播的 4 个基本概念，对应的英文单词都是以 R 打头。组织与其利益攸关方之间的"关系"是影响危机传播效果的重要因素；危机传播效果可以体现在组织的"声誉"是受到损害（"危机"成为"危险"）还是获得提升（"危机"变为"转机"）；组织在危机当中所承担的"责任"是危机传播的焦点；组织对危机做出的"反应"（无论是语言上还是行动上的）都属于危机传播研究的重要内容。

- **危机历史**（crisis history）：组织在处理危机上积累的经验和声誉，可被细分为"光环"效应和"搭扣"效应。"光环"效应是指个人或组织成功地处理危机后带来的正面的舆论评价，例如，奥巴马政府上任后不久便成功处理纽约风灾，因此，舆论对他应对自然灾害的能力不持异议，即便偶有失误，也不会引发大面积的批评。"搭扣"效应则正好相反，一次危机没有处理好，每次遇到类似的危机是舆论都要拿它来"说事儿"。小布什政府未能有效处理"卡特里娜"飓风危机，引发公众和舆论的强烈批评。他虽然接受了教训，但每次遇到危机时，媒体都要格外挑剔，经常出现"小布什的又一次卡特里娜"之类的标题。

- **舆情研判**（public opinion monitoring and analysis）：这是危机传播的基础，用通俗化的说法，就是要找到最难解决和回答的、公众最为关注的问题。政府、企业等组织应当建立专门的机构，对大众传媒和社交网络上的舆情变化进行实时监测和分析，在微观和宏观的层面上做出科学的研判，据此制订危机传播的策略。

- **内容分析**（content analysis）：是舆情研判的基本方法之一，对组织所处的舆论环境进行微观层面的分析，借助于已有的分析工具和软件，利用大数据分析的方法，对搜集到的新闻报道、观点评论、专著论文等目标文本的主题、框架、关键词等进行统计和分析。

- **PEST 分析和 SWOT 分析**：是舆情研判的基本方法之一，对组织面临的问题和挑战进行宏观层面的分析，PEST 分析是指从政治、经济、社会和技术层面上对组织面临的危机进行背景分析；SWOT 分析是指从优势、劣势、机会和威胁等四个方面对组织面临的危机进行前瞻性的愿景研判。

- **合法性**（legitimacy）**与稳定性**（stability）：这两个术语在危机传播的研究中经常被使用。任何一场危机都会破坏组织的"合法性"和"稳定性"，而危机传播的宗旨就是要恢复组织的"合法性"，维持组织的"稳定性"。所谓"合法性"是指组织的价值观与利益攸关方的价值观之间的契合程度。危机的发生往往导致两者之间的价值观出现了偏差。危机传播中的"稳定性"则是指组织经历危机的频度。经常面临危机考验的组织往往具有较高的稳定性，而在危机面前不堪一击的组织显然不具有稳定性。

- **"指导性信息"**（instructing information）**与"调适性信息"**（adjusting information）：这是危机传播中必须传递的两类基本信息。前者即警告、防护措施等，帮助公众从生理上应对危机；后者即表达关切、慰问以及相应的补救或改正措施，帮助公众从心理上应对危机。

- **修辞敏感度**（rhetorical sensitivity）：使用何种语言或非语言策略和技巧是危机传播能否达到目标的重要因素。因此，成功的危机传播应当具有高度的修辞敏感度。这意味着传者会根据具体情境精心选择语言或非语言的策略和技巧。这些策略和技巧可分为两大类：辩解术（apologia）和区隔术（dissociation）。前者在下文中的理论部分中会有详细的阐述。"区隔术"则旨在厘清危机的责任，例如，个人与组织的区隔；主观与客观的区隔；偶然与必然的区隔，等等。

- **全媒体**（omni-media）：在互联网和社交媒体兴起后，传统的大众传媒（例如，报纸、广播、电视、网络等）之间的森严壁垒和专业媒体机构（例如，报社、广播电视台、通讯社、网站）之间各司其职的社会化分工体系被彻底打破。形成了集文字、音频、视频、影像、APP（智能手机应用软件）等各种媒介形态于一体的"全媒体"。

续表

- **"全传播"（omni-comm）**：与"全媒体"共生共存的概念，又被称为"整合传播"（integrated communication)或"战略传播"（strategic communication)，即综合运用新闻、广告、公关、营销等媒体传播手段和劝服、谈判、协商等人际/组织传播手段，对"组织"（包括国家、政府、企业、学校和各类社会机构)借助于全媒体平台，把信息发布、实践操作和战略部署有机结合起来，塑造组织的品牌和形象，维护和提升组织的声誉，有效传播组织的文化和价值观。"组织"的危机传播和新闻发布都可以纳入到以"全传播"（即"整合传播"、"战略传播"）的范畴。

　　传统的危机传播研究采用的是诊断式的、线性的"组织危机"范式，这与早期传播学的 SMCR 模式（即"传者—信息—信道—受者"的线性传播模式)具有一定的传承关系。其中最具代表性的有：芬克提出的"危机前—危机中—危机后"阶段模式；巴顿提出的危机处理"五环节"模式，即"察觉—防止—遏制—恢复—反思"。[①] 这类模式的共同特点是：把"组织"作为危机处理的核心，按照危机发展的脉络为"组织"开出合适的"诊断书"。

　　在这类模式的基础上，危机传播研究逐渐发展出两个不同的路径：一个是"管理取向"（港、台地区也称"危机公关研究")；另一个是"修辞取向"（港、台地区也称"语艺批评研究")。"管理取向"聚焦于危机传播中的"传者"环节——即"组织"自身（尤其是其公关部门)的自主性、专业性、决策能力和传播/沟通策略的有效性等问题。这一取向与传播效果研究一脉相承，大多采用定量研究的方法。其中有代表性的是格鲁尼格和亨特提出的"优化理论"（Excellence Theory)。[②] "修辞取向"则聚焦于危机传播中的"信息"环节。探讨危机发生后组织的"形象管理"和"辩解术"（apologia)，旨在帮助"组织"运用各种话语和符号资源来化解危机、挽回形象。这一取向与修辞学和说服学一脉相承，采用定性研究的方法。其中有代表性的是伯诺伊特提出的"形象修复"（Image Repair Theory 或简称 IRT)理论（见表 1.3)。[③] IRT 理论的出发点是：危机对组织的合法性和稳定性产生了威胁，因而破坏了组织的形象和声誉。危机产生的根源有两种：破坏性的行为和攻击性的言论。前者如矿难、火灾、泄漏等事故；后者如 2013 年初"农夫山泉"与以《京华时报》为代表的媒体发生的"口水战"。

---

　　① S. Fink (1986). *Crisis Management*：*Planning for the Inevitable*. New York：American Management Association；L. Barton (1993). *Crisis in Organizations*：*Managing Communication in the Heat of Chaos*. Cincinnati，OH：South-Western.

　　② Grunig J. E. & Hunt，T. (1984). *Managing Public Relations*. New York：Holt.

　　③ W. L. Benoit (1996). *Apologies，Excuse，and Accounts*：*A Theory of Image Restoration Discourse*. Albany，NY：State University of New York Press.

表 1.3　IRT 理论中的危机传播策略

【说明：以下传播策略均以"表明立场"（posture）为出发点，供相应组织任命的新闻发言人或危机传播主管选用】

"否认型"传播策略：

- 直接否认：直接否认危机的存在，最好能够提供理由或证据。
- 指明"替罪羊"：本组织以外的其他个人或组织应承担危机责任。

"规避责任型"传播策略：

- 强势回应：直接回应对方的指责和攻击性的言论。
- 示弱回应：强调本组织"缺乏足够的信息，无法掌控全局"。
- 强调偶然性："事故出乎我们的意料；我们本来不希望它发生。"
- 强调善意："我们始终抱有善意，现在的结果是好心办了错事。"

"降低敌意型"传播策略：

- 借助"光环"效应：强调本组织曾经做过的相关"好事"以及获得的正面评价。
- 避重就轻：强调危机造成的损失"并不大"。
- 比较：将本次危机与同类危机进行对照，从而证明本次危机"并不严重"。
- 框架转换：将危机放到不同的语境或框架下观照（前文提到的农夫山泉"质量门"事件，起初农夫山泉与媒体激烈争辩使用哪一套"质检标准"，双方陷入"混战"，谁也无法说服谁；后来农夫山泉把框架从"质检标准"转移到"水源地"，有效地扭转了舆论上的不利地位）。
- 进行补偿：强调所有的受害者已经得到了妥善的安置和相应的补偿。
- 郑重道歉：公开宣布本组织承担全部责任，请求公众的宽恕。

　　近年来，以库姆斯为代表的一批学者对危机传播的两大传统取向进行了整合，构建出一套"情境式危机传播"理论（SCCT）。首先，他们在以往"危机公关"研究的基础上，以"危机责任"（crisis responsibility）为出发点，把组织危机分为"受害型"、"（无意）事故型"和"（有意）错误型"三类（见表 1.4）。其次，他们在"语艺批评"研究的基础上，借鉴了 IRT 等已有的理论框架，以"表明立场"（posture）为切入点，在修辞学所聚焦的"辩解术"（apologia）中进一步细分出了"否认型"、"淡化型"、"重塑型"和"支持型"等四种类型的传播策略（见表 1.5）。最后，他们把上述两方面的成果进行整合，针对不同的危机类型和危机责任程度，就如何进行有效的危机传播提出了 13 项对策（见表 1.6）。[①]

表 1.4　SCCT 中的危机类型

- "受害型"（较低的危机责任）：自然灾害、谣言、工作场所的暴力冲突。
- "事故型"（较小的危机责任）：遭到指责或怀疑；由技术原因导致的事故或"问题产品"扩散。
- "错误型"（较大的危机责任）：由人为原因导致的事故或"问题产品"扩散；管理层的不当处理。

[①]　W. T. Coombs（2007）. *Ongoing Crisis Communication：Planning，Managing，and Responding*. 2nd edition. London：Sage.

表 1.5   SCCT 中的危机传播策略

【说明：以下传播策略均以"表明立场"（posture）为出发点，供相应组织任命的新闻发言人或危机传播主管选用】

"否认型"传播策略：

- 回击指控：直接回击或反驳有关本组织的指责和质疑，必要时可以声称将对提出指责和质疑的个人或组织提出诉讼。
- 直接否认：直接否认危机的存在，最好能够提供理由或证据。
- 指明"替罪羊"：本组织以外的其他个人或组织应承担危机责任。

"淡化型"传播策略：

- 寻找借口：这一策略旨在淡化所在组织应当承担的危机责任，应当强调危机发生完全是"出乎意料"的，不是"有意而为之"的，是"无法掌控的"。
- 寻找合理性：这一策略旨在淡化危机可能引发的伤害、破坏和其他负面效应，应当强调危机没有造成严重的伤害或破坏。

"重塑型"传播策略：

- 进行补偿：强调所有的受害者已经得到了妥善的安置和相应的补偿。
- 郑重道歉：公开宣布本组织承担全部责任，请求公众的宽恕。

"支持型"传播策略：

- "光环"效应：强调本组织曾经做过的相关"好事"以及获得的正面评价。
- 迎合：称赞和感谢所有的"利益攸关方"。
- 共鸣：强调本组织也是危机的受害者。

表 1.6   SCCT 中的危机处理对策

处理"受害型"危机，政府部门和企业等"组织"应当：

- 向所有的受害者（包括潜在的受害者）提供"指导性信息"——警告、防护措施等。
- 向所有的受害者（包括潜在的受害者）提供"调适型信息"——表达关切、慰问以及相应的补救或改正措施。
- 采用"淡化型"传播策略——尤其是在该组织有"危机历史"或不良声誉的情况下。
- 采用"否认型"传播策略来回应谣言。
- 采用"共鸣"策略，强调本组织也是受害者。

处理"事故型"危机，政府部门和企业等"组织"应当：

- 采用"淡化型"传播策略——如果该组织没有"危机历史"或不良声誉。
- 采用"重塑型"传播策略——如果该组织有"危机历史"或不良声誉。
- 采用"否认型"传播策略来回应没有根据的指责和质疑。
- 提供"调适型信息"或进行整改——如果指责和质疑得到了"利益攸关方"的支持。

处理"错误型"危机，政府部门和企业等"组织"应当：

- 采用"重塑型"传播策略。

无论是处理上述哪一种类型的危机，政府部门和企业等"组织"都应当注意：

- "支持型"传播策略只能作为一种补充，与其他传播策略混合使用。
- 为确保传播的一致性，不能将"否认型"与"淡化型"或"重塑型"传播策略混合使用。
- 根据具体情况，可以混合使用"淡化型"或"重塑型"传播策略。

SCCT 理论的主要突破表现在以下两个方面：一个是引入了"利益攸关方"（stakeholder）的概念，确保"组织"在危机的不同阶段所发出的"信息"及其所采取的传播/沟通策略能够对"利益攸关方"（例如，股东、消费者、合作伙伴等）产生影响。另一个突破是引入"危机历史"（crisis history）的概念，旨在强调政府部门或企业在危机处理上的延续性。如果某次危机处理不得当，那么这一负面的"危机历史"便会在新的危机到来时给政府部门或企业带来更大的挑战。例如，近年来，每当一个新的公共危机在我国出现时，无论是媒体和公众都会把它与"非典"相提并论，这显然是因为"非典"初期负面的"危机历史"效应发酵的结果。

从总体上看，无论是"管理取向"和"修辞取向"，抑或是像 SCCT 这样试图整合两者的理论尝试，都没有摆脱那种"亡羊补牢"式的"行政式研究"（administrative research）模式的局限性。这种"行政式研究"最大的问题是缺乏对社会现状、机制和权力关系的反思与批判。"组织"被事先预设为危机传播的主体，它对整个危机传播的过程拥有不容置疑的支配权。因此，所有的模式和对策都是以"组织"为中心提出的。从传播学的角度来看，它们体现的是一种"传者中心"的思维定式，而把"受者"假定为只会被动接受的"沉默的大多数"。

随着网络、手机短信、博客、微博、微信等互动网络媒介形式的出现，"传者中心"的思维定式被彻底打破了。传统意义上的"受者"——例如，边缘弱势群体、非政府组织、民间压力群体（pressure groups）——凭借新媒体获得了话语权，形成了多极化的传播格局，"组织"由原来处于支配地位的"单极"演变成为"多极"当中的"一极"。除了媒介形态的演变以外，全球化也是危机传播研究实现"范式转化"的一个驱动力。在全球传播的时代，某个区域性的突发事件往往会演变为一场跨国、跨文化的公共危机。有鉴于此，新媒体时代的危机传播就成为一个多音齐鸣、众声喧哗的"话语场"，而文化和意识形态的冲突就不可避免地成为危机传播研究需要拓展的一个新的维度。

自 20 世纪 90 年代末以来，一些学者开始有意识地将社会与文化理论引入危机传播的研究当中，作为对"管理取向"和"修辞取向"的补充和延伸，逐渐形成了危机传播研究的"批判取向"。它们的本质区别在于：前两种取向把危机传播视为一个线性的信息传递过程，而"批判取向"则把危机传播看作一个动态的话语冲突和调和过程。

具体来说，对于"管理取向"和"修辞取向"的研究者而言，危机传播旨在帮助"组织"有效地传递信息，解决不同情境下出现的矛盾和冲突；而"批判取向"的研究者则把"危机"视为重塑"组织"形象的一个契机。在他们看来，危机传播旨在确立一种新的社会共识，从而建立一个更有利于"组织"发展的传播机制和舆论环境。简言之，"管理取向"和"修辞取向"关注的是危机传播如何做到"入眼、入耳"，而"批判取向"关注的是危机传播如何做到"入脑、入心"。

迄今为止，危机传播研究的"批判取向"中较为成熟的理论模式是麦克黑尔等人提出的"霸权"模式。"霸权"(hegemony)是"文化研究"中的核心概念之一。它所强调的是在一个多元化的社会文化体系中，占主导地位的"宰制性群体"通过与其他社会群体——尤其是"边缘弱势群体"(subaltern，原意为"贱民")的协商和谈判，达成一种价值观和意识形态上的共识——即所谓的"常识"。从传播学的角度来说，"霸权"具体指的是某个社会群体(即危机传播中所说的"组织")在传媒、文化和意识形态领域内的领导权。与之相应，危机传播便成为不同的"组织"争夺这一领导权的过程。

　　麦克黑尔等人用"霸权"模式解析了耐克公司遭遇的一场声誉危机。[①] 在危机爆发之初，网络上充斥了大量对耐克公司在"第三世界"国家建立"血汗工厂"的指责，报纸、电视等传统媒体也以"耙粪"式报道的形式迅速跟进，其生产和营销活动也受到了一定程度的影响。[②]

　　从本质上看，像耐克公司这样强大的跨国企业——即批判学派所谓的"宰制性群体"——面临着如何重新夺回话语"霸权"的问题。如果按照"管理取向"和"修辞取向"的对策，耐克公司可以根据具体的情境进行回应和处理。但是，"血汗工厂"的问题不是一个简单的"新闻现实"(news reality)，而是一个关乎价值观和意识形态的"社会文化现实"(socio-cultural reality)。换言之，新闻媒体的报道和网络言论传递及印证的是这样一种社会共识(批判学者称之为"常识")——以跨国公司为代表的全球资本主义是不道德的。

　　在这样的语境下，耐克公司没有把危机传播的焦点局限于对单个的新闻事件的回应上(例如，"血汗工厂"的工资问题)，而是把这场危机作为一个重塑耐克形象的契机，把宣扬耐克的"组织文化"作为传播的切入点。它们通过新闻稿、言论稿、"评论"式广告(editorial advertisement)等多种形式的公关材料以及有针对性的公关活动，宣扬以"职业道德"(COC)和"社会责任"(CSR)为核心的"耐克文化"。最为重要的是，耐克公司通过一起相关的法律诉讼(Kasky vs. Nike)所营造出的"媒体奇观"，[③]运用新闻媒体、法律、公共讨论等多种话语的交锋与调和塑造了一个"讲道德、负责任的跨国企业"的形象。值得注意的是，耐克公司在危机传播的过程中始终把与海外劳工等边缘弱势群体、网民和 NGO 等民间压力群体的对话和协商置于优先的位置上。

　　纵观危机传播研究在西方近 30 年来的发展脉络，我们可以看出，研究取向的出现、演进和整合都是与社会、文化和媒介生态的变化紧密地联系在一起的。新媒体的普及、全球化的浪潮和草根民主的勃兴都为危机传播研究提出了各种新的课题，拓展了新的研究空

---

　　① J.P. McHale, J. P. Zompetti & M. A. Mofitt (2007). "A Hegemonic Model of Crisis Communication: Truthfulness and Repercussions for Free Speech in Kasky vs. Nike." *Journal of Business Communication*. Vol. 44, pp. 374～402.

　　② 耐克公司遭遇的这场声誉危机，具有典型性和代表性，因而成了跨文化传播和危机传播中的一个经典案例，被称之为"耐克式危机"。在案例分析 1.6 中，我们还会从"声誉管理"的角度分析这个案例。

　　③ 道格拉斯·凯尔纳：《媒体奇观：当代美国社会文化透视》，史安斌译，5～25 页，北京，清华大学出版社。

问。对于中国学者而言,无论是在相对成熟的"管理"和"修辞"取向上,还是在日渐成形的"批判"取向上,由政治、经济、社会和文化转型而引发的各种危机为我们提供了发声的机会和确立新视角的可能性。

虽然危机传播研究起源于西方,但危机传播的实践可以追溯到中国古老的政治文化传统当中。因此,我们应当从中国传统文化的典籍中挖掘和整理相关的史料,结合西方传播学的相关概念和理论进行分析,迈出本土化的第一步。例如,在《尚书》这部传统文化经典中,可以找到一些生动的案例,说明作为周朝摄政王的周公是如何运用合适的传播策略有效解决其"执政合法性"的危机的(详见本书附录7)。而近期我国政府危机传播的一些成功经验就体现了中国传统的政治文化与西方政治哲学理念的有机结合,2008年的"汶川大地震"和2011年末发生在广东的"乌坎事件"就是这方面的典型案例(详见本书附录5和附录6)。

联系到我国当前的具体国情,从"管理"的层面上看,我国的各级"组织"——包括中央和地方政府、企业、媒体、非政府组织(NGO)——在危机传播方面的经验和教训是否能够丰富和修正现有西方理论对"危机情境"的认知和界定;从"修辞"的层面上看,相关的"传播者"——包括各类官员、管理者和新闻发言人——采取哪些高效、低效、无效其至于产生"反效果"的传播策略;从"批判"的层面上看,网络、手机、即时通讯工具QQ、微博、微信等非主流的"草根媒介"如何与官方话语、主流媒体进行互动和竞争:上述这些问题都有待我国传播学界进行更为深入的反思和探讨,从而为危机传播研究在理论和范式上的本土化探索开辟新的路径。

第五节　危机各阶段的传播策略

美国管理学者斯蒂芬·芬克(Stephen Fink)提出的危机传播阶段理论奠定了这个研究领域的基础。其基本理念是:危机在不同的阶段具有不同的特征,因此传播者要在了解这些特征的基础上,选择相应的传播手段,才能达到传播效果的最大化。

对危机阶段的划分,我们使用芬克提出的四阶段"生命周期"模型,该模型最早出现在他的论文集《危机管理:为不可避免的灾难做筹划》(*Crisis Management: Planning for the Inevitable*),芬克借用医学上的术语把危机分为潜伏期、爆发期、延续期、痊愈期和评估期,大体上对应的是危机前、危机初始阶段、发展阶段、解决阶段和危机后的评估阶段。库姆斯等学者在此基础上又进行了细化和完善。以下我们对这四个阶段的传播策略(包括其宗旨、特征和模式)做一简单的概括。

潜伏期的传播策略:

- 分析舆情,厘清议题,制订相应的预案
- 建立和培养各种合作关系

- 搜集各种相关建议
- 检验信息渠道是否畅通
- 进行新闻发布会的模拟和演练
- 开通官方微博、微信，确保正常运转

危机发生之前，组织应当开展"风险传播"（risk communication）和"议题管理"（issue management）。"风险传播"是指组织通过媒体向公众——尤其是与该组织有关的"利益攸关方"——充分说明他们可能面临的消极影响；"议题管理"则是组织事先对内部和外部可能遇到的各种危险或威胁进行识别，并制订相应的对策。关于这两个概念，我们将在下一节做更为详细的讨论。

无论是"风险传播"还是"议题管理"，这些框架性的规划往往引发人们的思考，为危机传播奠定心理基础，关于上述两个学科领域，我们在后面的章节中还要做详细介绍。在这个阶段，我们还需要规划和建立新闻发布机制、指定新闻发言人、建立"微发布"的平台和机制、确认各种信息资源的可操作性、测试信息的传递渠道是否通畅，同时还要与其他相关单位和专家建立合作关系，为危机传播确定统一的口径。

爆发期的传播策略：

- 承认危机的出现，表达同情
- 使用简单朴实的语言向媒体和公众阐明可能出现的风险
- 树立和维护组织以及发言人的公信力
- 向公众提供切实可行的行动方案（例如从哪些部门可以获得帮助等）
- 承诺向公众及时传递最新消息

危机一旦爆发，我们就应迅速启动新闻发布机制和危机传播预案。简明快速、真实可靠以及前后一致是危机传播的基本原则。在爆发期，社会可能会陷入暂时的失序状态，而媒体则会出于"抢新闻"的目的，提供一些片面的、甚至于虚假的信息。这在社交媒体兴盛的时代表现的尤为突出。政府和相关组织必须迅速调查危机的详细情况，了解事态的严重性，同时掌握舆情，在第一时间内做出反应。在爆发期内，政府和组织做了什么、说了什么乃至何时何地如何表达自己的观点都会影响到自身的声誉和公信力，因此不能有一丝一毫的差池。

危机爆发期内，政府部门应当注重把以下两类信息结合起来进行整体发布："指导性信息"和"调适性信息"（定义见表 1.2）。前者主要是指导公众从生理上应对危机；而后者则是帮助公众从心理上渡过危机。①

危机爆发之初，公众一般会表现出恐慌的情绪，抑制恐慌的最好办法就是提供具有可

---

① Sturges，D. L. (1994)."Communicating through crisis：A strategy for organizational survival."*Management Communication Quarterly*，7(3)：297～316.

操作性的"指导性信息"和表达同情、安抚、关切的"调适性信息"。这些信息主要是向公众介绍危机事件的一些本质特征,并且提供一些即时可用的应对方案。这样一来,政府就把握了传播的主动权,成为媒体和公众所信赖的信源,即便暂时没有新的信息补充,也要表明政府部门的态度,说明应对工作的开展情况,从而杜绝坊间流言的出现。通过这一阶段的传播,要向媒体和公众表明政府一直在关注事态的发展。值得注意的是,在这一阶段,政府会受到媒体的"狂轰滥炸",公众要求"知情"的呼声也会一浪高过一浪。在这样的信息压力面前,新闻发言人要坚持原则,只发布经过授权和核实的准确信息。如果屈从于这种"信息压力",发布一些未经核实的信息,只会给政府的工作带来负面的影响。

危机爆发之初,媒体和公众通常会对以下问题表现出格外的关注:危机的规模和影响的范围有多大? 危机会给他们带来哪些危险? 危险会在多长时间内存在? 谁来解决危机? 对于这些问题,新闻发言人要做充分的准备,尽可能快速、准确和全面地回答这些问题。

总之,在危机的爆发期,前文中提到的危机传播的 3T3F 原则——"真实地说,及时地说,首先来说"——是政府部门和企业应当遵循的基本原则。大量的实证研究表明,如果负面信息首先由组织自己承认,而不是由媒体报道或微博爆料,那么就可以有效减轻危机对组织所造成的"声誉损失"。换言之,组织应当抢占舆论的主动权,避免出现"盗雷"效应——即"地雷"由别人引爆,对自身带来更大的破坏。[①]

延续期的传播策略:

- 帮助公众更准确地了解所面临的风险
- 提供更有针对性的深度背景信息
- 对组织的决策进行解释,获得民意的支持
- 接受反馈意见及时纠正错误信息
- 着手进行收益/风险评估
- 对组织进行"形象/声誉修复"

在危机期间,政府部门在这一阶段工作量最大,面临的挑战最多。危机延续期内,政府应当针对不同受众群体的信息需求提供更多的深度背景信息。例如:危机究竟是如何发生的? 类似的危机过去发生过没有? 如何防止其卷土重来? 我(们)如何从危机的负面影响中恢复过来? 危机会对我(们)产生哪些中长期的负面影响?

如果危机解决进展缓慢,那么政府部门就要受到一定的"舆论压力"。很多观点中立

---

① "盗雷"(stealing thunder)效应由美国学者阿尔潘提出,相关研究参见 Arpan, L. M. & Pomper, D. (2003). "Stormy weather: Testing"stealing thunder"as a crisis communication strategy to improve communication flow between organizations and journalists." *Public Relation Review*, 29: 291~308; Arpan, L. M. & Roskos-Ewolden, D. R. (2005). "Stealing thunder: Analysis of the effects of proactive disclosure of crisis information." *Public Relation Review*, 31: 425~433.

的或者对立的专家学者对政府所采取的政策进行公开的批评，这些批评意见中有的是建设性的，有的则是对政策的误读或曲解。同时，公众当中也会流传一些对政府开展工作极为不利的"小道消息"。对此，政府部门应当充分掌握舆情的变化，对各种建设性的批评意见表现出诚恳接受的态度，对各种误讯（即错误的信息）、传闻甚至于谣言进行及时的回应和澄清，始终把传播的主动权牢牢掌控在自己手中。

痊愈期的传播要素：

- 对引发危机的原因和危机处理过程中出现的各种问题做出诚恳的解释
- 通过教育，提高公众提供应对危机的能力
- 说服公众支持组织进行灾后重建的各项政策和对各种资源的调拨
- 开展悼念遇难者和周年纪念等活动抚慰公众心理，提升其危机意识
- 重塑组织形象和声誉

随着危机影响逐渐减弱，人们对危机的了解也日益增加。政府部门开始着手进行恢复性的工作。痊愈期虽然标示着事态向积极的方向发展，但是由于媒体和公众进入"信息疲劳期"，这会影响到政府的信息传播效果。因此，政府部门应当采取一些适当的媒体公关手段，尤其是要充分利用微博、微信等社交媒体平台，重新激起媒体和公众的兴趣。

在危机得到圆满的解决之后，我们就进入了危机传播的最后阶段——**评估阶段**。政府部门应该对所执行过的危机传播方案进行评估，总结经验，发现问题，进行相应的改进，从而使整个危机传播体系得以完善。

第六节　危机传播的相关领域

近年来，传播学者还发展出了与危机传播相关的 4 个新的前沿领域，值得我们关注：(1)议题管理(issue management)；(2)风险传播(risk communication)；(3)声誉管理(reputation management)；(4)灾难传播(disaster communication)。正如前文所分析的那样，这四个领域与危机传播的各个阶段存在着密切的关联。议题管理和风险传播是危机潜伏期的主要内容，而声誉管理则是危机痊愈期和延续期的重要环节。"灾难传播"是从"危机传播"中细分出来的一个领域，尤其是在"9·11事件"后，"灾难"作为"危机"的最高表现形式，成为危机传播理论和实践探索中的一个重点。另外，这 4 个领域又相对独立，发展出了各自关注的焦点和范式，与已有的危机传播形成了相辅相成的关系。下面我们对这 4 个领域分别进行介绍。

议题管理

"议题管理"应当是政府部门和企业等组织进行危机传播开展的主要工作之一。笔者十多年前留美期间曾经参观过纽约警察局(NYPD)的公关部门，对它们的危机传播和议

题管理档案库印象深刻。它们根据各种不同的"议题"有非常详尽的危机预案,对可能出现的各种天灾人祸分门别类地制定对策,遇到某一种类型的危机就把相对应的文件柜打开,调阅相关档案和预案作为危机应对中决策的参考和依据。

"议题管理"旨在预防危机的出现,消除政府部门、企业等组织与公众之间可能产生的矛盾和摩擦,建立和强化组织与公众之间的和谐关系。从宏观的层面来看,所谓"议题"是指国家、政府、企业等组织在其政治、经济和社会发展中出现的、公众普遍关心的问题和需要加以决策的事项;所谓"议题管理"则是了解、动员、协调组织的政策规划与决策过程,借助于现代传播手段和平台,有效地引导公众参与公共政策制订的过程。"议题管理"的目的在于减轻甚至于完全免除危机的爆发。"议题管理"的创始人、美国学者罗伯特·希斯(Robert Heath)提出了一个简明的公式说明议题管理的要素:风险评估+准备预案+采取行动+传播与沟通+评估=成功的议题管理(即免除危机)。①

作为一个新兴的研究领域,"议题管理"虽然是来自西方学术界的"舶来品",然而很多西方学者都承认,中国古典哲学也是该领域的思想源泉之一。《道德经》第63章有这样的论述:"图难为其易,图大为其细;天下难事必做于易;天下大事必做于细。"显而易见,两千多年前的中国古代圣人老子已经为我们指明了"议题管理"的重要性和基本原则。

"议题管理"这一研究领域在中国的勃兴显然是为了回应公众日益增长的参与公共政策讨论和决策的需要。就我国当前的社会现实而言,党和政府明确提出要保障广大人民群众的"知情权、表达权、监督权和参与权",这实际上就是为"议题管理"在中国政治和社会生活中日益增长的重要性做了政策上的背书。

随着中国政治、经济、社会和文化变革的日益深化和社交媒体的普及,涉及公共政策和公众福祉的"公共事务"成为媒体和舆论关注的"议题"。如果政府部门在这些议题上含糊其辞甚至于沉默不语,便会引发公众的质疑和不满。从2007年厦门"PX事件"开始,这场围绕PX项目是否会导致环境恶化的争论始终未能停歇,成为一个全国性的"议题"。由于政府主管部门和主流媒体在这一议题选择了消极传播的策略,从大连、宁波到昆明的多个城市先后出现了影响社会稳定的群体性事件。从世界范围来看,"议题管理"也成为各国执政者都要面对的一个挑战。2013年6月在土耳其和巴西先后发生了中产阶级为主体的全国性抗议活动,起因分别是伊斯坦布尔市中心的公园拆迁改建豪华商场和里约热内卢等城市公交车票上涨10美分,这两个"议题"都属于"茶杯里的风暴",尤其是后一个案例中,区区10美分的涨价引发了人均收入超过1万美元的巴西人的抗议,令人匪夷所思。但这些突发的抗议行动实质上是两国政治、经济、社会层面上长期积累的"议题"的负面影响持续发酵的结果,也是政府部门在"议题管理"上消极被动、进退失据的典型

---

① R. L. Heath & M. J. Palenchar (2009), *Strategic Issues Management: Organizations and Public Policy Challenges*. 2nd edition. London: Sage, pp. 201~243.

案例。

　　相比之下，如果政府部门和企业善于利用社交媒体引导公众关注特定的"议题"，则可以把"危机"化为"转机"，获得媒体和舆论的认同与支持。2012年下半年，美国白宫与国会之间就预算问题相互争执和扯皮，导致有可能发生"财政悬崖"的危机。奥巴马发挥了他利用社交媒体影响舆论的特长，展开了"我的两千美元"（My2K）的全民大讨论，让网民分享各自的想法，讲述一旦白宫与国会的谈判破裂，"财政悬崖"将导致每人增税2 000美元会给自己的生活带来哪些冲击。奥巴马通过"议题管理"的手段号召网民向所在选区的议员施压，在2012年12月31日迫使国会通过了相关法案，使"财政悬崖"获得了初步解决。反之，危机发生后，如果缺乏有效的议题管理，无论态度再诚恳，措施再及时，依然无法获得媒体和公众的同情与谅解（参见案例分析1.4）。

【案例分析1.4】　从"富士康"的危机传播看"议题管理"的重要性

　　2010年深圳富士康公司发生的"连环跳"事件成为媒体和公众关注的热点。富士康的危机应对基本满足了危机公关的3T3F原则："真实地说，迅速地说，首先来说。"无论是其母公司鸿海集团总裁郭台铭还是深圳子公司的新闻发言人，他们的表现尽管有可圈可点之处，但从总体上说还是做到了公开透明、态度诚恳，并且采取了许多实质性的措施——例如，两次上调一线员工的工资，紧急调配大量专业心理咨询师，建立起号称"天网"、"地网"等各种防护网，等等。遗憾的是，危机传播的效果似乎并不尽如人意。究其原因，主要是在"议题管理"方面没有下功夫，在很大程度上影响了危机传播的效果。

　　所谓"议题管理"是指政府或企业等"组织"在危机发生后，采用适当的传播策略对媒体和公众关注的热点问题（即"议题"）施加影响，进行引导，从而为"组织"的危机管理创造一个有利的舆论环境。从这个意义上来说，"富士康连环跳"并不仅仅限于个别员工所采取的个人行为本身。这一危机事件之所以引发了媒体和公众对富士康的"口诛笔伐"，恰恰是因为它点燃了长期积累的"舆论引爆点"（例如，收入分配不公，福特式管理所导致的人情冷漠等），因而形成了"富士康＝血汗工厂"这一体现当前中国现代化进程中深层次矛盾的"议题"。

　　按照议题管理的标准来衡量，富士康所采取的大幅加薪、聘请心理咨询师等应对策略只能说是短期性、浅层次的危机应对，基本上没有跳出"头痛医头，脚痛医脚"的窠臼。这样的做法能够应付一般性的危机事件，但对于处理这类"公共议题"型的危机事件而言就显得杯水车薪了。

　　值得注意的是，我们发现在"富士康"的危机传播中，包括郭台铭在内的"组织传播者"的一次次鞠躬道歉，态度不可谓不诚恳，但依然无法赢得公众的谅解，其根本原因就在于缺乏对"议题管理"的认知，以至于未能有效回应媒体和公众的指责和质疑。具体来说，富士康在"议题管理"方面的苍白无力乃至于完全缺失表现在以下一些例子当中：

- 危机爆发初期,新闻发言人反复强调"富士康不是血汗工厂"。【点评:简单的否认只能强化"血汗工厂"的议题】

- 在被记者追问"富士康是不是血汗工厂"时,郭台铭与记者开玩笑说"你们(新闻媒体)是'血汗行业'嘛"。【点评:重复记者的话,等于认同了媒体设定的议题,变相承认自己是"血汗工厂",同时不恰当的幽默激起了媒体和公众更为猛烈的抨击】

- 在"媒体开放日"的环节,郭台铭亲自带领记者参观工厂,与工人对话,但整个行程的隐含议题仍然是在证明"富士康不是血汗工厂"。【点评:被动回应媒体和公众设定的"公共议题",完全按照"公共议题"来设计危机公关的方案,结果必然是"越描越黑"】

- 郭台铭在赶赴深圳前保证对媒体公开透明,但在记者会上又临时取消问答环节,而在被围堵时,有记者突然爆料,称富士康与工人签订了"自杀免责"的"秘密"协议,郭表示"不知情";面对记者对"天网"、"地网"的有效性的提问,他的回答是:"就算把我扔下去,也不能保证没有一个自杀者。"【点评:缺乏网络舆情的研判,实际上那份协议已经在网上曝光;没有认真识别和准备"最难回答的问题",因此在媒体和公众面前的公信力大打折扣】

富士康的案例反映了目前我国政府、企业等组织的危机传播存在的一些共同问题:重视被动回应,而忽视主动的"议题设置";重视对策的制定和实施,而忽视对舆情的全面研判;重视传播的形式(例如,盲目追求声势,千名心理咨询师进富士康,铺设数万平米防护网等),而忽视传播的实质内容和效果。这些问题可以归结为一句话:在危机传播中重"危"轻"机",不善于进行"议题管理",从而未能把"危机"变为"转机"。

与"兵来将挡,水来土掩"式的短期行为相比,"议题管理"是一个更具前瞻性、长效性和战略性的过程。在"人人都是记者、人人都是CCTV"的3G时代,政府/企业、媒体和公众之间的"议题竞争"和对话语权的争夺会更加激烈。要想在危机传播的过程中占得先机,实现有效的舆论引导,政府、企业等"组织"应当在议题管理方面做出更深层次的探索,这便是"富士康"危机给我国政府和企业带来的最为重要的启示之一。

如前文所述,"议题管理"的宗旨是为了防止危机的发生和激化,因此,它也是危机传播的重要组成部分。美国学者罗伯特·希斯在"议题管理"的研究方面起到了开创性的作用,他将管理学、修辞学、传播学和公共政策学中的相关概念及理论结合起来,开创了"议题管理"这一新的研究领域。在他看来,有效的议题管理应当体现修辞学的一个基本原则——事实与价值的一致性(参见案例分析1.5)。由于议题管理与公共政策的传播和接受是紧密联系的,因此议题管理的要旨是事实、价值和政策三者的统一。政府部门使用符合公共性和专业性要求的修辞手段来表述其政策,从而获得媒体和公众的认可与支持。

【案例分析 1.5】 "添加剂"与"黑名单"：议题管理事实维度和价值维度的统一

2011 年 6 月 13 日,卫生部举行了以"科学认识食品添加剂"为主题的新闻发布会,这本来是一个大众关注的议题,但出人意料的是,第二天新闻报道的议程发生了偏转。"卫生部黑名单"成了媒体和公众热议的焦点,而新闻发布会的主要议题反而被遮盖了。发言人的表述应当是无可厚非的,他所强调的是"卫生部将对极个别误导公众的媒体记者建黑名单"这一事实。从修辞学的角度来看,"黑名单"这类表述容易在道德和情感的层面上引发受众的强烈反弹。无怪乎此言一出,网络和媒体上批评和讽刺的意见占了上风,一些从事实出发为该发言人所做的辩解淹没在了记者和网民的口水中。

从公共关系的角度来看,这场新闻发布会之所以发生导向上的偏差,是由于发言人在议题传播的过程中,未能进行有效的"议题管理"。在上述的例子中,"科学认识添加剂"是一个具有紧迫性的议题,是制订和实施与保障食品安全有关的公共政策的前提条件。虽然"将那些误导公众的记者列入黑名单"是发言人想要传播的一个重要事实,但由于"黑名单"所包含的价值观与公共政策的指向不完全吻合,因此导致了媒体和公众忽视了主要议题——科学认识添加剂,而转向了一个有悖于公共性的议题——黑名单。显然,如果我们把"黑名单"列入议题,就会发现它所包含的是一种威权主义的价值观,它让我们想到了那些动辄动用公权力打压不同意见的"思想警察"们。无论开列黑名单的动机是什么,这个事实所包含的价值观是难以让媒体和公众接受的,甚至于会引发他们种种不愉快的联想,诱发他们强烈的抵触情绪。这一点在发布会结束后的媒体报道和网上舆论中得到了印证。

这种事实维度和价值维度的矛盾在我国政府部门的公关活动中普遍存在。究其原因,媒体和传播素养的淡薄,议题管理意识的缺失,是产生问题的主要根源。因此,如何坚持事实和价值的统一、公共性与专业性的统一,是各级政府部门提升议题管理能力的切入点。类似"黑名单"这样的"标签语"带有浓厚的斗争哲学的色彩,把记者、媒体乃至于公众置于发言人所代表的组织的对立面。类似这样的用语还有:"一小撮别有用心的人"、"不明真相被蒙蔽的群众"、"打一场防治××的人民战争"、"从重从快、狠狠打击、一个不留",等等。上述这些表述显然都是公共性和专业性缺失的典型例证。前几年教育部发言人曾经在新闻发布会上表示,称"将在年底清退所有的民办教师",引发了舆论的一片谴责之声。与"黑名单"一样,"清退民办教师"所包含的事实维度是不容置疑的。民办教师是过渡历史时期的产物,确实不符合当今教育发展的要求。但是,就"清退"这一事实而言,其价值维度体现的仍然是斗争哲学,把民办教师在物质条件极为困难的情况下为国家教育所做的贡献一笔勾销了。在公众的记忆中,《乡村女教师》等文艺作品留下的美好印象是难以磨灭的,无怪乎"清退"的言论引发了媒体和公众如此强烈的反弹。

上述两个例子充分说明,政府出台的公共政策要想获得媒体和公众的理解及认可,必须借助于有效的议题管理和公共传播机制——其核心便是事实与价值、公共性与专业性的统一。如果卫生部发言人能够充分考虑到这一点，他应当摒弃"黑名单"的说法，采用一种更体现公共性和专业性的修辞方式。例如，"我们将与专业机构合作建立新闻稽核制度"。教育部发言人则不再轻言"清退"，而以"我们将按照国际惯例和国家相关规定，对所有公办和民办教师的资质进行审核"这类更为人性化、专业化的修辞取而代之。

诚然，公共政策的传播和议题管理之间的互动关系较为复杂，在此无法展开论述。在当前社会利益和矛盾日趋复杂的情况下，任何一项公共政策的出台都不可能兼顾所有"利益攸关者"（stakeholder）。有鉴于此，建立有效的议题管理机制应当成为我国政府公关的重要内容之一。从"黑名单"和"清退"这两个案例来看，摒弃二元对立的"斗争哲学"，贯彻公关修辞中事实与价值、公共性与专业性的统一的原则，是当前政府提高新闻发布水平需要解决的首要问题。

按照希思的划分，"议题管理"包括以下 6 个连续的、不可分割的步骤，通过在微观层面上对主题、框架、关键词等的内容分析和在宏观层面上的 PEST（政治、经济、社会和技术）与 SWOT（优势、劣势、机会和威胁）的分析（上述三种分析方法的定义见表 1.2），为政府部门的决策机构和负责与媒体、公众沟通的新闻发言人提供参考：

1. **议题识别**：通过舆情的监测、分析和研判，确定议题的内容、本质、出现时机以及潜在的正负面影响，帮助新闻发言人确定"最难回答的问题"。

2. **议题扫描**：当确认需要进行管理的议题后，需要建立预警机制，旨在经常性地观察有哪些议题出现并有扩大的迹象。扫描的对象应当包括与本议题相关的"利益攸关方"：（1）专业媒体：包括国际性、全国性和地方性主要报刊、广播电视台、通讯社的相关新闻报道和评论；（2）意见领袖：政府官员、企业高管、专家学者、非政府组织和社团负责人等的相关言论；（3）专业精英：重要智库、高校、研究机构等主办的学术论坛或出版的专著、专题报告、会议论文和学术期刊；（4）网络社区和社交媒体等"新意见阶层"（或称"民间草根媒体"）：微博、微信、网络论坛上的言论、跟帖等，尤其要关注粉丝量庞大的微博达人（又称大 V）；[①]（5）其他来源：由于流行文化对青年一代的巨大影响力，电影、电视剧、电视栏目（尤其是脱口秀和真人秀）、流行歌曲、网络游戏等娱乐产品也会形成"软性议题"，并对公共政策产生影响。例如，2012 年 4 月，一部控诉乌干达反政府军使用童子军展开种族屠杀罪行的纪录片《科尼 2012》在社交网络上广泛传播，获得了上亿次的点击，引发了美国各界关于对非洲外交政策的讨论。奥巴马政府在舆论压力下改变了相关的政策。

3. **议题监测**：在对舆情进行全面分析的基础上，对议题发展的趋势进行预测和研判，

---

① 微博达人或大 V 是指拥有 10 万以上粉丝（听众）的微博账户。据国家互联网信息办的统计，截至 2013 年 8 月，在新浪、腾讯微博上拥有 1 000 万粉丝的大 V 超过 200 个；100 万粉丝以上的超过 3 300 个；10 万粉丝以上的超过 1.9 万个。

重点关注以下一些问题：(1)议题发展的趋势是否持续、稳定、增强或减缓？(2)大众传媒、意见领袖、专业精英和网络社交媒体等对相关议题讨论的深度和广度如何？(3)针对议题的事实、观点和价值维度，哪些特定的群体怀有何种认知？抱有何种态度？持赞成、反对还是中立的立场？各自变化的趋势如何？(4)意见领袖(尤其是来自学术界和民间草根阶层)的人数、结构、认同程度和角色是否改变？(5)以上述四项为基础，议题发展的趋势是否会导致相关公共政策的出台或改变？

4. **议题分析**：由专业团队撰写相关的分析报告，提供决策层参考，重点关注以下问题：(1)分析议题的发展进程，进行 PEST 分析——即对议题在政治、经济、社会和技术层面上可能产生的影响；(2)分析议题的各个"利益攸关方"的背景、动机、地位与角色，以及彼此之间可能产生的利益冲突；(3)对政府或企业在该议题上的定位、挑战和契机进行 SWOT 分析。

5. **议题研判**：在前 4 个步骤的基础上最终完成议题研判。所谓"议题研判"就是要确认议题的优先顺序(priority-setting)，对重点议题制订相应的传播策略。如何来研判议题的优先顺序？根据对以往危机传播案例的比对和总结，我们提出以下 6 个标准：(1)专业媒体记者是否将该议题视为重要事件？(2)微博、微信等"草根媒体"是否对此议题在短时间内进行了大量转发和评论？(3)国际组织、智库、他国政府是否关切此议题？(4)如果该议题持续发展，是否会引发公共政策层面的讨论(例如，2003 年的"孙志刚案"引发了公众对收容制度的讨论，2012 年的"唐慧案"引发了公众对劳教制度的讨论)？(5)如果该议题持续发展，是否会伤害国家利益，影响国家形象？

6. **议题传播**：议题管理最终目的和效果都需要通过议题传播来得以体现。新闻发言人选择适宜的传播策略就相关议题与媒体和公众进行沟通和交流，开展理性的公共对话和讨论。具体的传播策略我们将在本书其他章节中加以详细的探讨。

风险传播

"风险传播"是从危机传播中细分出的一个新的领域。简言之，"风险"就是潜在的"危机"。如果"风险"未能得到足够的重视和有效的管理，便会演化为危机。2001 年的"9·11事件"就是风险演化为危机的典型案例。早在 1993 年就发生过纽约世贸大楼地下停车场的爆炸案。2001 年夏季，美国多个部门掌握了恐怖分子要发动袭击的零星证据，但美国政府并未进行有效的风险管理，导致了这场惊天危机的最终爆发。但从另一个角度来看，"9·11事件"也说明美国有关部门在自我防护和紧急疏散等方面所做的风险传播是非常到位的。在世贸大楼双子塔从被撞到坍塌的 1 个多小时内，2.5 万人井然有序地撤离，没有发生大面积的恐慌或踩踏事件。这与美国人在日常生活中重视风险传播也不无关系，在关键时刻发挥了难以想象的作用。例如，美国好莱坞拍摄了大量的灾难片，除了娱乐功能之外，实际上就是通过电影这种人们喜闻乐见的方式进行"风险传播"。在事后的访谈中,许多安全撤离双子塔的幸存者都提到了观看这类影片对他们所起到的"教科书"和"镇静剂"的作用。

反观我国,由于传统文化中"报喜不报忧"、"讳疾忌医"之类的理念根深蒂固,人们对谈论"不吉利"、"倒霉晦气"的风险传播怀有抵触情绪,笔者刚到美国留学时就亲身体验了中、美两国对"风险"的认知差异所带来的"文化震荡"。刚租好房子安顿下来,房东第一次见面就直言不讳地强调"木制的房子容易着火,中国人抽烟的比较多,所以要特别小心",又送来一束花和一个急救包,并且像对待小孩子那样亲自带路指明"紧急出口",坚持要带笔者一起走一遍"逃生通道"。这种做法对习惯于"报喜不报忧"、"讳疾忌医"的中国人来说很不适应。美国房东所做的实际上就是人际层面上的"风险传播"。

到学校注册电子邮箱后收到的第一批邮件中,居然有来自当地警察局的"安全提示":用红色标志注明可能发生抢劫案的13处"高风险区域"(实际上只有3处在近20年间发生过);晚11点至凌晨6点不要单独行走;出门时随身带20美元"救命钱";不要与歹徒搏斗,确保安全后再报警,云云。笔者读到这封邮件后十分震惊,当即给当地的朋友打电话:"你不是说这是美国最安全的'欢乐谷'吗?你怎么骗我呢?"与许多习惯于"喜鹊文化"的中国人一样,笔者并不适应美国人重视"风险传播"的这种"乌鸦文化"。

正是由于长期以来对风险传播的轻视,连居住在北京这样的现代化大都市的居民也缺乏风险意识。就在2012年"7·21特大雨灾"的当晚,北京市内还在如期举行足球比赛和大型演唱会,上万观众到场观看,造成了极大的安全隐患,幸好由于疏导及时,未造成人员伤亡,但付出了本来不应该花费的巨大执政成本。而地处远郊房山的重灾区也因准备不足、居民缺乏风险意识而造成了惨重的损失。2013年夏季的北京暴雨频发,但在吸取了以往教训的基础上,有关部门及早发布预警信息,市民积极配合,没有造成大的损失,这不能不说是一个巨大的进步。

风险传播是指政府、企业等组织借助于媒体平台就其所面临的潜在威胁及其特征、诱因、程度、意义、趋势、可控性和总体上的认知与公众及各个"利益攸关方"进行沟通和交流的过程,其宗旨是获得后者对组织所做出相关决策的支持。有效的风险传播包含三个要素:(1)相关知识:组织及时向公众和各个"利益攸关方"发布信息,帮助他们了解风险可能产生的影响;(2)防控措施:组织要向公众公布明确的管控措施,尽可能让公众和各个"利益攸关方"参与到风险防控的过程中;(3)相互信任:组织在风险传播的过程中要坚持"第三方传播"、"人性化传播"和"换位思考"的原则,主动发布负面信息和敏感信息,及时回应公众和各个"利益攸关方"的关切,赢得后者的信任。

与之对应,有效的风险传播应当包括以下三个阶段:(1)"知情"阶段:组织应当发布有关风险的"技术信息",例如,量化的指标和数据等;(2)"劝服"阶段:组织应当发布有关的发现"管理信息",例如,具有可操作性的行动和措施,让公众和各个"利益攸关方"相信,风险处于组织的掌控之下,不会对他们的安全造成威胁;(3)"对话"阶段:组织与公众和各个"利益攸关方"展开深层次的沟通与交流，充分了解后者的关切和诉求，让后者参与到风险防控的工作中（参见案例分析1.6）。[①]

正如前文所述，风险传播与危机传播密不可分，贯穿于危机的各个阶段：

（1）在危机的潜伏期，组织应当通过媒体向公众广泛传播可能面临的风险，提出相应的预警，并做好相应的准备；

（2）在危机的爆发期和延续期，应当根据事先准备的风险传播预案，及时通报此次危机可能引发的次生灾害、连带危险和相关应对措施；

（3）在危机的痊愈期，系统总结此次危机应对的经验，对今后可能遇到的风险进行评估，并强化对公众的风险教育。[②]

【案例分析1.6】　如何进行关于PX项目的风险传播

近年来，PX（对二甲苯）项目成为我国各地政府的一块"烫手山芋"。一方面，地方政府积极引进该项目，期望能够提振经济和就业；另一方面，公众对PX项目的对立情绪在加剧，反对的声音越来越高，甚至于演变为群体性事件，从2007年6月的厦门一直波及大连、宁波、昆明等地。为了息事宁人，一些地方政府宣布"永远放弃该项目"，或迁址到周边地方（例如，厦门PX项目迁往漳州）。究其原因，政府和企业未能进行有效的风险传播是导致PX被"妖魔化"的主要原因。

按照我们上文中所阐述的风险传播的三要素和三阶段，我们应当在实施PX项目之前与公众和各个"利益攸关方"进行充分的沟通与交流，获得他们的理解和支持。

首先，政府主管部门和企业要通过媒体向公众普及相关的"技术信息"，在这个过程中要注意运用通俗易懂的语言，强调与公众的相关性，同时使用有说服力的数字。PX是一种普通低毒类的化学品，对公众的健康和城市的环境带来的风险完全是可以掌控的，国外已经积累了丰富的经验，在全世界运行几十年，没有出现过大的安全生产事故。另外，PX与我们的衣食住行都有关联。以穿衣为例，我国是人口大国，用自然纤维无法满足需求，只能借助于合成纤维，用PX生产的涤纶纤维占到了合成纤维的80%以上。2012年我国涤纶纤维产量达到2 800万吨，相当于节省了2亿亩左右的棉田。

其次，政府主管部门和企业要及时向公众公布"管理信息"，例如PX项目的审批过程、项目规划、环境评估报告和风险预案等信息，应当通过微博、微信等新媒体平台及时发布相关信息供公众查阅。美国是20世纪60年代开始发展PX项目的，日本、韩国是80年代开始引进，由于中国发展PX项目较晚，一上马都是最新装置，在环保和安全保障上都

---

① W. T. Coombs & S. J. Holliday (2010), *PR Strategy and Application：Managing Influence*. Malden, MA：Wiley-Blackwell, 217～227.

② M. J. Palenchar & R. L. Heath (2007). Strategic risk communication：Adding value to society. *Public Relation Review*，33：120～129.

有丰富的经验可以借鉴,因此,这些专业化的"管理信息"有助于消除公众——尤其是那些受过高等教育的中产阶级专业人士——的疑虑。

再次,政府主管部门和企业要及时与公众展开对话,把《政府信息公开条例》中规定的听证会、协调会、评议会等"三会"制度落到实处,运用新媒体手段进行直播,赢得公众的信任。遵循"第三方传播"的原则,邀请网上活跃的民间意见领袖、微博大 V、专家学者等出席,积极回应公众的关切和诉求。

2013 年 5 月以来,《人民日报》、中央电视台等主流媒体通过各种形式对 PX 项目进行了密集的风险传播,发表了 20 多篇特稿、评论,在 10 多个栏目中播出了相关的视频报道或专访。与此同时,昆明市市长李文荣开通微博,积极与网民展开互动。这些举措虽然来得有些晚,但毕竟是良好的开端,值得肯定和管理。随着环境保护问题逐渐成为舆论热点,与这个主题相关的风险传播应当按照系统化、专业化的要求来进行,不要等到"上了街"才想起开通微博。我国已经进入了"风险社会",风险传播要纳入到政府、企业的新闻发布工作当中,按照"专人专职、定时定点"的原则逐步走向常态化。

声誉管理

"声誉管理"是近年来公共关系研究中新兴的领域。[①] 简言之,"声誉"就是媒体、公众及各个利益攸关方对政府、企业等组织形成的认知。"声誉管理"就是组织采取适宜的传播策略来影响媒体和公众对组织的认知,既可以维持和提升组织的美誉度,也可以修复组织因各种原因受损的形象和声誉。正如"危机"这个概念所宣示的那样,有效的危机传播能够修复组织受损的声誉,即对组织进行"矫(正)型传播",更为理想的状态是化"危"为"机",借助于危机发生前后媒体和公众对于组织的密集关注,重塑其声誉和品牌,实现"塑(造)型传播"。

相形之下,"声誉管理"是一种长效机制。它可以为组织建立"情感银行"或"光环效应"——即我们常说的正面形象或美誉度。当危机发生时,组织可以从"声誉银行"中支取"情感存款",最大限度地获得公众的谅解和舆论的支持,减轻组织可能受到的负面影响。相关研究显示,具有良好声誉的企业可以借助于"情感银行"或"光环效应"更快地从危机中得以恢复。在遭遇同等规模的危机的情况下,媒体和公众对于那些有着良好声誉的企业会表现得更为宽容。[②]

声誉管理的基础是组织文化和品牌的建设。以我国企业为例,2013 年已经有 95 家内地上市公司进入了世界 500 强。但我们也应当清醒地看到,作为"世界工厂"的中国,缺

---

　①　康紫波、董关鹏:《声誉管理:构建可持续发展的资本》,北京,中国财政经济出版社,2007。

　②　W. T. Coombs & S. J. Holladay (2006). Unpacking the halo effect: Reputation and crisis management. *Journal of Communication Management*, 10 (2): 123~137.

少世界级的品牌,抵御危机的能力极弱,一个重要原因就是缺乏企业文化和品牌的建设。2008年北京奥运会后不久爆发的"毒奶粉"丑闻不仅导致"三鹿"这样的知名国企黯然退场,而且对奥运会前后举全国之力建立起的国家形象和品牌受到了全球舆论的"拷问"与质疑。"三鹿"多年来是中国乳品业的巨头,但除此之外,它的企业文化和品牌内涵却是模糊不清的。当3年前阜阳"大头娃娃"危机爆发,"三鹿"的相关领导用重金"收买"了当时垄断信源的媒体,"净化"了网络和舆论,侥幸逃脱了公众的"拷问"。但是,它们并没有从中接受教训,长期忽视企业文化和品牌的建设,多年积累的资产和声誉终于在"三聚氰胺"的危机当中化为乌有。

反观世界500强企业,它们大都注重企业文化和品牌的建设。同样是电脑业的巨头,"微软"和"苹果"具有截然不同的企业文化和品牌,在消费者心目中具有无可替代的位置。人们提到"微软",就会想到"专业"和"规范";而"苹果"的品牌文化体现的是"时尚"和"娱乐"。因此,无论是"微软"面临"垄断门"的考验,还是苹果应对"创始人乔布斯病危"的谣传,我们都看到了鲜明而强大的企业文化和品牌形成了对企业声誉与消费者信心的"保护层",使得企业能够安然渡过一个又一个危机。在危机应对的过程中,企业并没有大伤元气;相反,其独特的文化和品牌得以巩固和彰显,产品的美誉度和消费者的信任度不降反升。

当国家、政府、企业等组织遭遇危机时,声誉管理成为危机传播的重要组成部分之一。正如"耐克式危机"的案例所显示的那样(参见案例分析1.7),组织借助于媒体和公众的高度关注进行其文化、品牌和价值观的重塑及传播是在危机当中进行有效的声誉管理的焦点策略。从更为宏观的视角来看,声誉管理也是组织进行"战略公关"的一部分。对于政府、企业等组织而言,日常公关是"锦上添花",危机公关是"雪中送炭",那么战略公关则是"高瞻远瞩",它所关注不是一时一事的短期行为,而是要把公关纳入到整个企业的发展战略当中,形成强大的企业文化和持久的品牌影响力,从而增强企业的"软实力"。改革开放以来,中国企业的日常公关和危机公关逐渐走向制度化,但在战略公关的层面上却乏善可陈。2009年7月,"中铝"两度并购澳大利亚力拓公司的努力宣告失败就是一个典型的例子。由于缺乏鲜明的企业文化和品牌,"中铝"的公关工作流于形式和浅表,没有与整个企业的发展战略有机融合,因而未能打消国外媒体和公众对于"国有企业"的疑虑,给那些鼓吹"中国买断论"的反华势力以可乘之机,从而失去了一次企业实现跨越式发展的良机。有鉴于此,强化以声誉管理为核心的战略公关和以文化与品牌建设为核心的"软实力"建设应该是中国企业未来努力的一个主要方向。

【案例分析1.7】 如何应对"耐克式危机"：全球传播背景下的声誉管理

"声誉管理"是近年来公共关系理论和实践中的热点问题之一。在全球传播和社会化媒体高度发达的时代,国家、政府、企业和各类组织的"声誉"在其综合实力的评价当中所占据的地位越来越突出。2011年夏季发生的"郭美美事件"对中国红十字会以及整个慈善行业的"声誉"造成了沉重的打击,便是一个典型的例子。全球知名的投资人沃伦·巴菲特有句名言很能说明"声誉"的重要性:"要赢得美誉需要20年,而要毁掉它,5分钟就够了"、"如果你做出了糟糕的决定,导致财务亏损,那我还能够谅解;但如果公司因你而声誉受损,那就不要怪我不客气了。"在他看来,"声誉受损"会带来比"财务亏损"更加严重的后果。

在经济一体化的时代,声誉管理对于那些在全球范围内快速扩张的企业而言尤为重要。近来,全球市值最高的苹果公司难逃"树大招风"的厄运,被卷入了一场全球性的"舆论风暴"。有关苹果公司的负面报道频频出现于全球各大媒体和网站。包括路透社、《纽约时报》在内的知名媒体和一些非政府组织通过追踪调查,披露了隐藏在"苹果"一夜暴富神话背后的"血泪史":在发展中国家设立"血汗工厂"牟利;强迫工人超时工作,恶劣的工作条件导致工人患上职业病(其中被全球舆论诟病最多的就是出现工人"自杀门"和"有毒试剂门"的富士康);将环境污染转移至发展中国家,威胁当地居民的生活,等等。

实际上,"苹果"公司碰到的声誉危机是经济全球化的产物,与20世纪90年代"耐克"公司在海外扩张中碰到的声誉危机如出一辙。无怪乎路透社相关报道的标题是《"苹果"必须面对"耐克式危机"》。无论是10年前的"耐克"还是今天的"苹果",都是我们研讨跨国企业在全球传播背景下如何进行声誉管理的典型案例。

20世纪90年代,耐克公司凭借经济全球化之势大举扩张,在短时间内建立起了"美国设计、海外制造"的运营模式,成为跨国企业中一颗冉冉上升的"新星"。但好景不长,其海外供应商招致了媒体和舆论的质疑,使耐克公司陷入了全球性的声誉危机。首先是网络上大量曝光耐克公司在"第三世界"国家建立"血汗工厂"的丑闻,报纸、电视等传统媒体也以"耙粪"式报道的形式迅速跟进,使耐克面临着前所未遇的舆论风暴。

耐克公司的高层管理者从一开始对全球化的本质认识不清,对全球传播的影响力估计不足。他们认为,这些问题主要出现在位于发展中国家的供应商,因此由后者自己去出面平息便可万事大吉,而公司本部则采用"低调处理、消极回应"的传播策略,强调"国情不同"和"文化差异"来"撇清"自己与海外供应商之间的关系。

耐克高层奉行的"鸵鸟政策"不仅没有达到息事宁人的目的,反而招致了全球媒体和舆论更大规模的质疑和指责。一些非政府组织在全球发起"抵制耐克"的运动,还有一些网民或非政府组织还与耐克公司之间展开了法律诉讼战,相互指责对方恶意诽谤。虽然耐克公司财大气粗,力图寻求通过法律手段恢复其声誉,还其清白。但在全球传播的时代,"坏事传千里"的效应愈发强烈。因此,"声誉管理"的重要性便凸显出来。

导致公司声誉受损的是"血汗工厂"的问题。这不是一个简单的"新闻事实",因此,耐克公司高层从"恶意诽谤"的角度入手,诉诸法律手段来恢复声誉的做法收效甚微。借助于全球传播的影响力,舆论给耐克公司贴上了"血汗工厂"这样一个包含道德和情感判断的"标签"。换言之，媒体的报道和网络言论传递和印证的是这样一种社会共识或"常识"——以跨国公司为代表的全球资本主义是不道德的。我们可以通过法律手段判断一则新闻报道是否真实，记者或网民是否出于"恶意诽谤"，但却无法由法庭来判决符合某种价值观或意识形态的"常识"是否正确。

换言之，声誉管理需要传递的不仅仅是"事实"，而是要塑造一种价值观来维护组织的声誉。2012年2月在我国发生的"熊胆"风波也属于这类"耐克式危机"。从总体上看，"归真堂"在遭遇声誉危机时采取了及时和透明的传播策略，但并未获得预期的效果。

在"归真堂"对记者和公众开放时，高管极力想证明的是"熊看起来不痛"这一"新闻事实"的真实性，但我们在各大媒体和微博上却看到了记者与企业高管之间的争执：（记者）"你又不是熊，怎么知道熊不痛？"（归真堂高管）："你又不是熊，怎么知道熊痛？"

与"耐克式危机"的案例一样，这段被网民嘲讽为"归真体"的对话体现的是企业对"声誉管理"的重要性认识不足。"归真堂"想要证明的是"新闻事实"的真实性（熊到底痛不痛），但却忽略了这一事实背后蕴涵的价值观——动物权益和生态伦理。因此，声誉管理不能简单基于对新闻真实的验证，而是应当塑造和传递令人信服的价值观。显然，由于"归真堂"缺乏有效的声誉管理，未能占据情理和道德的高地，因此，再及时、再透明的危机传播也不能扭转企业在这场"舆论战"中的被动地位，因而也无法挽回其大大受损的声誉。

那么，究竟如何通过有效的声誉管理来解决"耐克式危机"呢？实践证明，声誉管理的要旨在于理念（价值观）、行动和传播这三大要素的有机融合。我们来看看耐克是如何做到这一点的。为了扭转在舆论场上的被动地位，耐克公司调整了传播策略，不再把焦点局限于对单个的新闻事件的回应上（例如，"血汗工厂"的工资问题），而是把这场危机作为一个通过重塑价值观挽回企业声誉的契机。它们把宣扬耐克的价值观作为传播的切入点，通过新闻稿、言论稿、"评论"式广告（editorial advertisement）等多种形式的公关材料以及有针对性的公关活动，宣扬以"职业道德"（COC）和"社会责任"（CSR）为核心的"耐克价值观"。最为重要的是，耐克公司通过一起相关的法律诉讼（Kasky vs. Nike）所营造出的"媒体奇观"，运用新闻媒体、法律、公共讨论等多种话语的交锋与协商塑造了一个"讲道德、负责任的跨国企业"的形象。

还有一点值得借鉴的是，耐克公司改变了原来拒绝与批评者对话，将争议诉诸于法律手段的做法，主动与海外劳工等边缘弱势群体、网民和NGO等民间"压力群体"的对话和协商，通过与批评者进行广泛沟通发现企业海外扩张中存在的问题，并且及时采取措施加以解决。这体现出了"声誉管理"中的一个基本原则：与其被动回应批评，不如主动吸纳批评。换言之，企业应当把批评者看成是重塑价值观的推动者，而非"麻烦制造者"。

为了使"声誉管理"落到实处，有说服力的"价值观"和有效的传播还需要立竿见影的措施和行为来支撑。针对媒体和舆论广泛质疑的"劳工权益"问题，耐克高层改变了以往"内外有别"的思路，不再谋求"撇清"与第三世界承包商之间的关系，而是宣布将在美国本土实施的"保护劳工权益准则"的适用范围扩展到全球。这一举措很快得到了媒体和舆论的肯定。

"耐克式危机"成为声誉管理的一个经典案例,这是由于耐克公司在企业声誉遭到质疑的情况下,顺应全球传播的变局,及时调整策略,将"理念(价值观)"、"行动"和"传播"这三大要素有机地统一起来,扭转了它在全球舆论场中的劣势地位,维护了组织的声誉。

在经济和文化全球化日益深入的今天,"耐克"和"苹果"这样的新兴企业之所以能够在短时间内风靡全球,在很大程度上归功于其品牌所倡导的生活方式及其背后蕴含的价值观。"耐克"在20世纪90年代倡导"健康＋休闲"的生活方式,体现了可持续发展的价值理念;而"苹果"则把"微生活"、"微传播"的理念带给了全球的消费者,成为"不断创新"的代名词。企业的品牌需要塑造和传播,其声誉更要维护和管理,这两者都离不开"价值观"这一根本元素。根据最新报道,苹果在遭到"声誉危机"后,雇佣了非政府组织"公平劳工协会"(FLA)——访问了3 500名在富士康工作的员工,了解他们的真实状况和诉求。FLA一直是"苹果"最为激烈的抨击者之一,因此这一举措可以被看做是"苹果"在强化"声誉管理"方面走出的第一步。

与"耐克"和"苹果"一样,中国企业也面临海外发展和扩张的问题。国务院新闻办前主任赵启正指出,中国企业"走出去"还处于初级阶段。很多企业在海外受挫,除了一些技术和政策上的因素,还在于"不善于开展公共外交"。由于意识形态和价值观上的差异,中国企业在"声誉管理"方面会遇到比"耐克"和"苹果"更大的挑战。很多企业在海外发展的过程中被当地媒体和网民贴上了"倒卖军火"、"殖民侵略"、"掠夺资源"的标签,导致一些合理合法的商业行为遭遇挫折。虽然不排除一些政治操控和种族上的偏见,但这种被"妖魔化"的结果与我们的企业长期以来坚持"闷声发大财"的传统观念、忽视声誉管理和媒体沟通是有很大关系的。从更大的范围来看,中国近年来大力推动的"国家公关战略"也是声誉管理的具体表现。如何将价值观、行为和传播有机结合,实施有效的声誉管理,是摆在我们的政府部门、企业和社会组织面前的重要课题。

灾难传播

"9·11事件"发生后,学术界和业界开始对"灾难"的概念给予了特别的关注,逐渐把它与一般意义上的"危机"区别开来。例如,生老病死每天都在发生的"危机",是日常性的紧急情况。但像"9·11"这样的"危机"则是"低概率、高风险"的灾难性事件,它颠覆了我们对日常生活的认知框架,让人产生无所适从的感觉。同时,灾难也绝不是单单靠调集大量的人力和物力所能解决的。在资讯高度发达的全球传播时代,灾难还会带来空前的"媒体轰炸"和"舆论压力"。有鉴于此,借助于人际传播手段和大众传媒进行的灾难传播才显得格外重要。

本书把"灾难"定义为:造成大规模人员和财产损失、引发大面积恐慌的危险性事件,通常要在整个国家乃至于国际社会的层面上共同应对。近年来发生的全球范围内的非典、禽流感、甲流等公共卫生危机就是这样的"灾难"。"灾难传播"与"危机传播"之间并无本质性的不同，其传播策略可以相互通用，但灾难传播的研究中会关注一些具有特殊性的问题：例如，中央和地方如何进行新闻发布的整合与协调；跨国危机传播中的文化差异，等等。与前三个领域相比，灾难传播的研究刚刚起步，对这一领域的内涵与外延还有待于进一步细化和深化。

我们先从总体上探讨一下灾难传播当中面临的挑战和出现的问题。灾难发生后，从公众的角度而言，许多有害的群体性行为会成为一种普遍现象，呈现直线上升的趋势：

- 提出各种过分的无理要求
- 无政府行为（例如，集体抢劫或偷盗）
- 行贿与欺诈
- 违反日常的规章制度
- 各种无法解释的症候（例如，毫无原因的头晕）
- 自我施加行动约束（如不敢上街购物、旅行等）

与此同时，在灾难当中，部分媒体也会置新闻职业道德于不顾，做出一些"越轨"的举动，而在社交媒体高度发达的今天，这种超越传播伦理的举动就更加普遍：

- 刻意夸大、炒作危机事件中的某些因素
- 在受访专家意见不统一的情况下，将这些相互矛盾的信息传递出去，加剧公众的恐慌情绪
- 提供一些缺乏权威性的行为建议，误导公众
- 散布谣言、传闻等负面的不实信息，部分微博大 V 用"求真相"之类的免责转发策略规避伦理责任，客观上造成了负面信息的扩散

在媒体和公众这些有悖常规的表现面前，政府部门如果没有进行有效的灾难传播，实施的是无效传播行为，那么就会使灾难向着不利于政府工作的方向发展，这些"无效传播行为"包括：

- 未能在第一时间做出回应
- 听任持不同观点的专家发表意见，使媒体和公众无所适从
- 发布信息时把话说得太"满"，不留余地
- 提供给公众的"行动性信息"缺乏可操作性
- 对舆情的变化不敏感，未能及时澄清各种负面传闻
- 发言人言语和举止失当、缺乏感染力和不恰当地使用幽默
- 暴露了部门内部的分歧和职责不清之处

此外，政府部门在救灾过程中还会遇到以下一些问题：

- 公众对政府部门的不信任

- 有限的资源引发各个社群和公众之间的矛盾
- 政府采取措施后,危机仍然在恶化(例如疫情扩散、死亡人数持续增加)
- 危机之初的过度反应导致了人力、财力和物力的浪费
- 跨国灾难处理中政治制度和社会文化的差异

关于灾难传播的具体策略,我们在下面的章节中还会做进一步探讨。值得注意的是,在经济全球化时代,灾难的爆发往往会产生"晕轮"效应或"蝴蝶"效应。正如气象学家所说的那样,亚马逊河热带雨林中的蝴蝶轻拍翅膀,两周后便可能导致美国得克萨斯州一场龙卷风,表面上看来毫无关系的事件会因非常微小的联动带来巨大的改变,波及整个区域甚至于全球。从这个意义上说,灾难传播中应当引入公共外交的理念,把危机转化为"外结盟友"的驱动力(参见案例分析1.8)。

【案例分析1.8】 "9·11事件":灾难传播与公共外交的有机融合

2011年的"9·11事件"成为危机传播的"教科书"案例,也是灾难传播研究的"起点"。从整体上看,小布什政府进行了有效的危机传播,起到了"内聚民心"的作用,扭转了在国内民众中的负面舆论氛围,使其支持率一度创下了历史新高(89%),甚至超越了20世纪中叶领导美国人民度过经济危机和打赢"二战"的罗斯福政府。在对外传播的层面上,小布什政府把危机传播与公共外交融为一体,起到了"外结盟友"的作用。关于这一点,学术界和媒体关注不多,在此作一介绍。

危机传播与公共外交的结合点是:从国家利益的角度进行全面考量,化危为机,把敌人孤立起来,争取盟友的支持,为发动"反恐战争"造势。在"9·11"的案例中,美国政府以"恐怖事件"定性争取国际社会的道义支持,同时以阿拉伯世界和伊斯兰国家为"焦点受众",开展危机传播,从官方和民间各个传播渠道入手,改变以"焦点受众"为主的全球受众对美国的认知。具体采取了以下措施:

(1)"9·11"危机发生的当天,由国务院牵头,协调白宫、国防部成立了媒体中心,7天24小时全天候运作,适应全球新闻媒体的需求,做出快速回应。两周后,美国与有关国家共同设立"联合资讯中心",在华盛顿、伦敦和巴基斯坦首都伊斯兰堡三地分设办公室,为即将在阿富汗进行的反恐战争营造有利的舆论氛围。这种设计主要是考虑到三地时差的不同,可以全天候就最新资讯向全球进行即时传播,避免阿富汗"塔利班政权"抢占舆论先机,引导新闻议题走向。同时,在每一个办公室采取各国交叉派员进驻的方式,以利相互协调。例如,华盛顿办公室主要由英、美两国组成,伦敦办公室还包括俄罗斯和挪威两国。各办公室的例行工作包括:每日新闻简报、新闻发布会和传播活动的策划,等等。在10月7日展开的"阿富汗反恐战争"中,这种危机传播的跨国联动机制发挥了很大作用,最新战况第一时间由美军主导的联军发布给各大媒体。

(2)自9月12日开始,所有新闻发布、官员演讲、政策说明等的文字资料均以联合国

6 种工作语言(英、法、汉、俄、阿、西)制作,并在一周后用多达 30 种语言进行。其中影响最大的是美国国务院以 36 种语言发行的小册子《9·11 事件和恐怖主义网络》。

(3) 指派大量美国政府官员接受全球媒体(尤其是阿拉伯语媒体)的访问,其中比较有影响的是资深外交官克里斯托弗·罗斯(Christopher Ross)用阿拉伯语接受在该地区影响最大的半岛电视台的采访,时任国务卿鲍威尔则接受埃及电视台采访,说明美国的反恐政策。

(4) 在阿富汗投放大量传单以及单频收音机,"美国之音"(VOA)电台向阿富汗主要城市白沙瓦和达利发射广播信号,由 C-130 改装的广播干扰机则在阿富汗上空盘旋,屏蔽"基地组织"等反美组织的通讯和广播信号。

(5) 邀请外国记者访问美国,优先安排来自阿拉伯国家的记者来访,开展针对阿拉伯国家的教师、学生和意见领袖的教育文化交流计划。

(6) 开办专门以阿拉伯语全天候广播的"萨瓦电台"(Radio Sawa),用流行音乐穿插于整点或半点新闻快报的模式,吸引青年受众。

(7) 大量收购民间机构针对阿拉伯国家受众制作的纪录片、故事片等影视节目,以低价或免费提供给相关国家的媒体播放。

值得注意的是作为美国重要盟友的英国,也没有错过"9·11 事件"进行危机传播,英国政府也采取了以下措施:

(1) 唐宁街与外交部联合成立"紧急事件室"(Incident Room),同时与美国等盟国成立"联合资讯中心",进行协作似的跨国危机传播。

(2) 对海外受众播出的"英国广播公司世界台"在"9·11 事件"发生后,播出了长达 45 小时不间断的新闻直播,在此后 3 个月内,调整节目时间表,制作相关节目,增加对阿语国家播出的时长。

(3) 在"9·11 事件"后,英国旅游署启动了"英国没问题"(UK OK)为主题的旅游推广活动,吸引全球观光客到英国旅游。

【以上案例根据以下资料汇编整理：M. Leonard (2002). *Public Diplomacy*. London：Foreign Policy Center；N. J. O'Shaughnessy (2004). *Politics and Propaganda：Weapons of Mass Seduction*. Ann Arbor：The University of Michigan Press；卜正珉：《公众外交：软性国力、理论与策略》,台北,允晨文化,2009。】

第二章 危机传播的基本原则

　　作为一种非常态下进行的信息传递行为,危机传播要遵循一些特殊的原则。这些原则是依据公众在危机当中表现出的不同寻常的心理特征而制定的。运用这些原则可以最大限度地减轻公众在危机期间所表现出的紧张和恐惧心理,从而使传播在处理危机的过程中发挥积极的作用。应当指出的是,危机传播并不能代替心理治疗,但了解受众的心理能够让政府部门更为慎重地选择所发布的信息、发言人和发布方式。另外,依据芬克的危机阶段理论,我们在归纳出危机的各阶段传播要素的基础上再进一步提出在各阶段应当遵循的基本原则。总的说来,我们期望通过本章的讨论能够建立起一套理性化的、成熟而有效的危机传播的基本原则。

第一节　危机传播中应当关注的公众心理因素

　　好莱坞的灾难片总是喜欢渲染普通人在面临危机时表现出的"癫狂"状态,这无形中让人觉得危机状态的公众都会患上"歇斯底里症"。但实际的统计数字显示,只有不到10%的人在灾难发生时会出现精神病的症状,大多数人还是能够以理性和务实的态度面对突如其来的灾难。但不容置疑的是,人们或多或少地都会产生一些心理上的变异,只不过每个人的表现程度不同而已。

　　值得注意的是,随着微博、微信等社交媒体的日益普及,发生在少数人身上的"反常"状况会被无限放大,并以病毒式传播的方式被迅速扩散,对他人产生影响,导致"黑暗世界综合征"的爆发和恐慌情绪的蔓延。① 危机

---

　　① "黑暗世界综合征"(mean world syndrome)是美国传播学者乔治·格博纳(George Gerbner)在描述电视对受众产生的影响时使用的术语。他通过多年的受众研究发现,那些每天看电视在4小时以上的"重度观看者"(以家庭主妇为主)通常会对世界和他人持悲观看法,这是由于美国的电视新闻和电视剧中传递的血腥、暴力等负面信息居多。这个结论是否适用于那些频繁刷微博、微信的"重度使用者",国内传播学界还没有做出权威的实证研究。但2013年6月,社科院发布的《中国新媒体发展蓝皮书》称,在2012年1月到2013年1月的100件热点舆情事件中有1/3出现了谣言泛滥的现象。

传播中需要消解的也正是这些心理变异因素所产生的负面影响。大体说来,危机爆发给人们带来的心理震荡会导致以下几类症状:

- **情感上**:震惊、恐惧、乱发脾气、随意指责他人、愤怒、负罪感、悲伤、麻木、无助、失落和难以体验到他人的关怀;
- **认知上**:偏见、匆忙决策、失忆、怀疑一切、无所适从、梦魇、自尊心和自信心减弱、自责、思维/记忆上的不连贯、忧心忡忡、固执己见;
- **生理上**:疲劳、失眠、心跳加剧、对外界刺激反应过度、不明原因的疼痛、免疫力下降、食欲和性欲下降、依赖烟酒、滥用药物;
- **人际关系上**:与他人冲突增加、社交恐惧、工作和学习上的退步、对他人的言行过多猜疑。

西方学者公布的一些实证研究结果显示,如果政府部门和相关机构进行了有效的危机传播,就能大大缓解上述的负面影响。危机过后,公众不仅可以很快摆脱危机所带来的消极影响,而且能够把坏事变为好事,给公众带来一些积极的变化:如集体凝聚力加强、对未来更加充满希望、自信心增强,等等。反之,如果政府部门未能进行有效的危机传播,即便危机结束,一切恢复正常,许多人仍然无法摆脱危机所带来的消极影响,这就是心理学上所说的"后危机综合征"(PTSD)。据美国学者海德的统计,大约有 4%～30% 的危机亲历者会患上"后危机综合征",持续时间至少 1 个月以上,具体表现与上述 4 类症状相似。从总体上看,患上"后危机综合征"的概率与危机事件本身的规模和严重性是成正比的。[①]

- 自然灾害　　　　　　　　　　4%～5%
- 爆炸　　　　　　　　　　　　34%
- 飞机失事　　　　　　　　　　29%
- 造成多人死伤的枪击案　　　　28%
- 恶劣天气(如台风)　　　　　　7%
- 交通事故　　　　　　　　　　14%
- 工业事故　　　　　　　　　　6%

上面的事实和数字说明了危机给公众心理组成的影响,从一个侧面证明了进行危机传播的必要性。除了我们上面讨论的一些心理症候外,危机期间公众还会或多或少地表现出以下一些心理定势,加之一些外部因素(如传媒)的强化和放大作用,增加了政府部门进行有效的危机传播的难度:

自以为是:研究显示,没有亲身经历过危机的人可能会在灾害中做出更多非理性的举动。当今,人们可以通过各种媒体毫发无损地"体验"虚拟的灾难。很多人去阅读那些

---

① Auf der Heide, Erik (1996). *Disaster Planning*. New York: Free Press.

所谓《救生课程》的书籍,看《后天》之类的好莱坞灾难大片,或者玩《冰封纽约》之类网络游戏,想当然地认为自己知道如何应对危机。心理学家把这类受众称之为"扶手椅里的受难者"。海德所做的心理实验表明,这类受众是最难说服的,他们往往自以为得计,因而对政府部门应对危机所采取的种种措施百般挑剔。

不合作：有些人在危机到来之际对各种警告和建议采取不合作的态度。比如,拒绝接受,或者接受警告之后却不采取任何行动。还有一些人根本不相信有灾害的威胁存在,并且即使相信有威胁存在,也不相信就在眼前。如果一个人有了这种不合作的态度,那么不到最后一刻,他是不会采取正确措施来保护自己的。而一旦到了最后一刻,一切也都晚了。

妖魔化：有时候,危机的受害者(如"非典"患者,HIV 携带者)可能被社区的其他成员误解和排斥,因此他会拒绝接受政府部门或社区所采取的种种措施。

恐惧和逃避：在应对危机之时,恐惧是最值得关注的心理问题。有一部分人因为恐惧选择逃避,不愿融入集体,从而阻碍整个社区的恢复,影响整个社区的活动。由于恐惧,人们可能做出许多极端、非理性的事情来逃避面临的灾祸。

无助和无望：一些人在危机面前产生了无助和无望情绪,他们认为自己无法平安地渡过危机,因此选择了消极等待和无所作为。

值得注意的是,媒体在引导公众心理定势方面起到了"双刃剑"的作用。在 7 天 24 小时全天候播报的"CNN 模式"或"7/24 模式"成为电视灾难报道的一种常态后,而网络社交媒体的兴起让各种危机实现了"无缝传播"。媒体最大限度地满足了公众的知情权,让"上情下达"的信息传递更为快捷和通畅,但不可否认的是,过度的媒体接触反而促使公众的恐慌情绪上升。

美国学者进行的一项受众调查显示,1995 年美国俄克拉荷马州政府大楼发生爆炸,CNN 等电视新闻媒体进行了 24 小时的连篇累牍的报道。一项受众分析显示,有近 10%的观众误以为整个俄克拉荷马市都遭到了破坏;还有 80%的当地公众在收看了电视报道后,恐惧感上升。[①] 在"波士顿爆炸事件"发生后,超过 60%的社交媒体用户也反映,危机发生后,各种未经证实的谣言在网络上扩散,使得他们对政府部门的危机应对能力产生了怀疑,加剧了他们的恐惧感。美国学者对 82 名年轻人进行了为期两周的跟踪调查,发现他们使用 Facebook 的频率越高,他们的"幸福感"和"安全感"就越低。[②] 这充分证明公众并不是获得的信息越多,恐惧感就会越低,问题的关键在于他们获得的是什么样的信息,是以何种方式获得的。

在缺乏权威信源的情况下,上述的心理症候、定势以及一些外部因素的作用会凸显出

---

① J. B. Houston (2009). "Media Coverage of Terrorism: A Meta-Analytic Assesment of Media Use and Posttraumatic Stress." *Journalism and Mass Communication Quarterly*. Vol. 86, No. 4, 844~861.

② http://www.scienceworldreport.com/articles/8857/20130815/facebook-facts-social-media-causing-unhappiness.htm (2013 年 8 月 13 日下载)。

来,给政府部门进行的危机管理工作设置重重障碍,这种趋势在社交媒体兴起后表现的更加突出。如果不加以有效的控制和疏导,这些心理症候、思维定式以及一些外部因素的作用还会演化成一些假借"共渡危机"之名进行的有组织行动,损害政府的声誉,甚至于造成生命和财产的损失。这些有组织的行为包括:

- 向政府部门索要不必要的资源或救助
- 抵制某个行业或某种商品
- 指责政府分配资源不公
- 自我行动限制(不外出购物或旅游等)
- 制造假象,获得政府部门的关注
- 散布针对某一行业、部门、组织或个人的谣言
- 散布不信任政府的言论
- 靠拉关系或使用贿赂等手段获得紧缺资源

综上所述,了解危机中的公众心理对于我们制订危机传播的基本原则是十分必要的。表 2.1 归纳了本节所探讨的危机传播中应当关注的一些公众心理因素:

表 2.1　危机传播中应当关注的公众心理因素

自以为是	"扶手椅中的受难者"	感情	生理
不合作	拒绝接受任何建议		
妖魔化	群体的孤立和排斥		
恐惧和逃避	非理性行为		
无助和无望	感情上的麻痹	认知	人际交往

第二节　危机传播的基本原则

在较为详细地了解危机过程中公众的一些心理特点之后,我们再来总结一下危机传播的基本原则。前文中我们提到了危机传播的 3T3F 原则,在此我们把它进一步细化为遵循"第一时间"、"行动信息"、"简明扼要"、"真实可靠"和"前后一致"这 20 字的原则,如图所示:

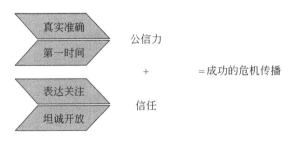

在落实上述 20 字原则的过程中，要重点关注以下这些方面的问题：

- **第一时间**："第一时间"也被称为"黄金一小时"（Golden Hour）。这个概念是 1961 年美国陆军医院的资深急救科医师亚当·考利（R. Adam Cowley）提出的。他通过实证分析发现，受重伤一小时以内能够被送到战地医院的伤员死亡率最低。[1] 这一原则被广泛运用到各个领域的危机应对当中。就危机传播而言，大多数人在接受信息时有"先入为主"的趋向。换言之，人们更愿意接受第一时间得到的消息。如果人们首先接受到的信息是"地球是平的"，你再说"地球是圆的"当然会遭到反对和抵制。政府向公众传递信息的速度其实是政府对危机的反应速度的一种象征，它说明应急的预案已经启动，事态正在逐步得到控制，这一点在"新闻以秒来计算"的社交媒体时代尤为重要。如果公众没有得到任何消息，人们就会认为政府未能对危机做出及时的反应，从而对政府失去信心，而这种公信力是需要政府付出百倍的努力才能够挽回的。

在日常生活中，我们常常强调"第一印象"的重要性。同样道理，危机传播也应遵循"第一时间"的规则。不能等到问题全部搞清楚以后才发布信息，重要的是向公众表明政府的立场和态度——即政府部门关注着危机，并且已经启动了相应的机制来处理危机。在社交媒体的时代，任何未能及时发布的信息——无论它怎样的天衣无缝——都会成为所谓的"零信息"或"无效传播"，2009 年 6 月，河南开封杞县"钴 60"泄漏谣言引发的当地民众大规模出逃事件就是这样一个典型的例子。有关部门采取了"封锁信息"、"只删帖不回应"等做法，在事故发生后一个月才召开新闻发布会，这时候谣言主导了舆论，无论政府说什么，老百姓已经成了"老不信"。因此，新闻发布会的传播效力敌不过一条手机谣言短信的病毒式扩散，最终导致了这一幕荒诞剧的上演（详见本书第四章第四节）。

在具体操作中，"第一时间"或"黄金一小时"意味着危机爆发后，政府部门能够迅速做出反应，通常的做法是以网站、微博、微信等"微发布"形式发布简短声明表达关注，再由发言人召开新闻发布会以散发正式的新闻通稿、回答记者提问的形式传递深层次的信息（具体时间安排见本书第四章第二节）。

- **"指导性信息"与"调适性信息"相结合**：危机传播的信息应当既具有较强的实践性和可操作性，又包含深厚的人文关怀。在信息的传递中，要注意简明扼要，通俗易懂，获得传播效果的最大化。公众在获得此类信息后能够采取行动，能够在生理上和心理上主动应对危机，积极配合政府部门的危机管理工作。20 世纪 90 年代中期，美国中西部遭遇洪水。官员提醒市民把水煮沸后再饮用。美国的民众没有喝开水的习惯，因此很多人希望知道一些更为具体的信息：例如水要煮多久，温度

---

① R. Locke，"New techniquess developed for treatment of the epidemic"，*Associated Press*，January 18，1982.

要达到多高才可放心饮用。然而,政府和专家提供的"指导性信息"在细节上却不尽相同,在烧煮的时间和所达到的温度上莫衷一是。公众和媒体对此表示不满,开始怀疑政府的能力和专家的可信度。这说明,危机期间的信息发布要注重将以行动为核心的"指导性信息"要贯彻准确性和一致性的原则。

同样,危机传播中发布以情感为核心的"调适性信息"也同样重要,不仅可以有效缓解公众的紧张情绪,而且还可以塑造政府"以人为本"的良好形象。2012 年北京发生罕见的"7·21 雨灾",在新浪微博上拥有百万粉丝的北京市新闻办主任王惠女士通过"微发布"的方式在政府和公众之间建立起通畅的传播渠道。很多网民在微博跟帖中"吐槽",在暴雨中因熄火而被迫丢弃在路旁的自驾车被恪尽职守的交通协管员贴上了罚款单。她关注到这一舆情后及时向主管部门领导反映了公众的诉求。在获得领导批准和授权的情况下,第一时间发布了有关部门作出的"7·21 雨灾当天违规停放的车辆按照特例免于处罚"的决定,体现了"以人为本"的执法理念,获得了舆论的赞誉,有效缓解了公众在这场雨灾中对政府产生的对立情绪。

- **应对谣言**：由于"不确定性"是危机的本质属性之一,因此,"谣言"是"危机"的副产品,是危机传播需要关注的重点。美国知名汉学家孔飞力(Philip A. Kuhn)的经典著作《叫魂：1768 年中国妖术大恐慌》为我们还原了康乾盛世期间的一段史实：一条荒诞不经的谣言可以借助人际传播产生"欺上"、"惑众"的效果,搞得上至皇帝重臣,下至平民百姓,人人自危,天下大乱。在全球传播的时代,谣言的传播已经达到了无远弗届的范围,"当真相还在穿鞋时,谣言已在千里之外了"这句古老的谚语已经成为政府部门必须面对的"残酷"现实。前文提到的 2011 年日本"3·11 地震"在中国引发的"抢盐"风波便是谣言借助于网络和社交媒体在传播速度和效果上产生"滚雪球"效应的真实写照。

"坦诚开放"是应对谣言的基本原则,也就是我们常说的"谣言止于公开"。1947 年,美国社会心理学家奥尔伯特和波兹曼在其合写的经典著作《谣言心理学》中提出的公式——"谣言＝显著性×模糊性"——直到今天仍然有极强的现实意义。[①] 所谓"显著性"是指谣言的传播范围、强度、时长和与受众的相关程度。因此,在应对谣言时,发言人要设法降低乃至于消除谣言的显著性。所谓"模糊性"是指谣言本身可能产生的不同解读。依据这一公式,我们就能理解为何简单的否认不能制止谣言的传播,反而有可能会增加其模糊性。因此,发言人要借助于有说服力的数字和细节来澄清谣言。[②]

在应对谣言的过程中,我们还要充分考虑危机演变的特征,尊重新闻传播的规律,讲

---

① G. W. Allport & L. Postman (1947). *The Psycholgy of Rumor*. New York: Henry Holt.

② 上海交通大学媒体与设计艺术学院院长张国良在此基础上提出：流言速率＝事件重要性×事件模糊性×技术先进性÷权威公信力÷公民判断力,这个公式考虑到了新媒体技术的发展和公民媒介素养的提升,更为符合当今的传播生态。

求适当的策略,这就是俗话说的"谣言止于智者"。根据危机的变化和媒体的需求,发言人可以采用"实话实说,但不全说"、"快讲事实、慎讲原因、不下结论"等相应的传播策略。

在此,我们重点讨论一下如何根据全媒体时代的需要进行危机传播和应对谣言的一些基本规律。欧美媒体业界有"新闻循环圈"(news cycle)的说法,指的是新闻更新的频率。报刊时代的新闻循环圈是以"每天"来计算的,广播电视和通讯社兴盛的时代,新闻循环圈缩减到了 6 小时,而 CNN 倡导"7 天 24 小时"模式产生后,新闻循环圈便以"每小时"来计算。网络时代的新闻循环圈是以每分钟来计算,社交媒体的出现使得新闻循环圈精确到秒,真正实现了"无缝传播"。

美国学者对大量相关案例的研究表明,根据不同媒体所具有的"新闻循环圈"的特征,45 分钟、6 小时、3 天、2 周分别是网络社交媒体、广播电视和通讯社、报纸和周刊的"新闻节点"。[①] 在 45 分钟内,我们应当迅速查找谣言的源头,采取"小范围干预"的方式,与微博博主(尤其是拥有百万以上粉丝的大 V)、专业记者等进行沟通和交流,让他们删除相关谣言的帖子,或是说服他们不要再追踪此事。在 6 小时内,如果谣言没有得到有效遏制,就会成为广播电视和网络社交媒体关注的热点,这时候就要及时发布包含简短信息和表态性的新闻公报,并准备召开新闻发布会和提供更加详细的新闻通稿。在 3 天之内,如果谣言没有得到有效遏制,它就会成为各大媒体连续报道和网民热议的焦点。一般而言,新闻话题的"热度"会持续 3 天到 1 周的时间,这时候需要召开每天一次的新闻发布会,进行相应的新闻策划,引导舆论(具体的传播策略我们在后文中再详细探讨)。一些影响力的新闻周报或周刊(例如,《南方周末》和《三联生活周刊》)还会进行追踪报道,因此在后续的两周内,要密切跟踪舆情,根据媒体的需要提供更有说服力的深层次背景和信息。

根据上述这些基本原则,各个政府部门可以制订适合自身具体实际的危机传播指南,对整个系统和行业的危机传播进行统一的协调和管理。1988 年,美国"风险传播研究中心"的创始人文森特·科维罗(Vincent Covello)和他的同事弗里德里克·艾伦(Frederick Allen)编制了"风险/危机传播七原则",被美国环保署等政府部门广泛采用,直到今天,"EPA 七原则"仍然是世界各地政府、企业等组织制定危机传播预案时借鉴参照的"模板"。

【案例分析 2.1】　美国环境保护署关于风险/危机传播的七项基本原则

原则 1:让公众成为危机管理的合作者

在民主社会中,危机传播要遵循两个基本宗旨:首先,所有个人和社区都有权力参与那些影响他们生活、财产、价值观的决策活动。其次,危机传播的目标不应该是转移公众

---

① J. Dooley & H. F. Garcia (2011). *Reputation Management*: *The Key to Successful Public Relation and Corporate Communication*. 2nd edition. New York: Routledge, 323~331.

对危机的关注或劝服他们无所作为,而是应该告知公众真相,让他们主动参与到危机管理的工作中来,表现出积极合作的态度。

行动指南：在制订重要决策之前,要让个人和社区尽早参与进来,尊重公众的意见。不仅仅要让公众了解危机的严重程度,还要说明危机与公众有何关系,要让公众感到危机管理与自身的利益息息相关。危机传播的最终目的是赢得公众的信赖。

原则 2：周密筹划和认真评估

危机传播虽然应当遵循一定的基本原则,但根据传播目标、媒体和受众的不同,我们仍然需要制定不同的策略。危机传播的成功取决于周密的筹划和认真的评估。

行动指南：从最简单、最清晰的目标做起,比如给公众提供信息、安抚公众情绪、鼓励公众进行自我保护,调整行为习惯,等等。

对危机中的一些技术性因素进行评估,搞清其优势和劣势所在。在受众当中确定一些能够协助政府进行危机管理的群体和一些有特殊需求的群体,对这些群体进行有针对性的传播。

选拔口头表达和人际交往能力过硬者担任新闻发言人。对政府部门的有关人员(包括从事专业性和技术性工作的人员)进行传播技巧的培训。对发布的重要信息,事前要在小范围内做传播效果的检验;事后要对危机传播的全过程进行认真评估,总结经验,吸取教训。

原则 3：倾听受众的诉求

危机发生时,公众所关注的并不仅仅是伤亡者的数目或是其他反映灾难破坏力的统计数字,他们更关注的是政府部门是否可靠,是否有能力控制局势,是否表现出同情和关注。如果人们觉得他们的声音没有被政府听到,那么他们可能也不会去听取政府的任何建议和意见。因此,有效的危机传播一定是双向的。

行动指南：不要武断地猜测危机爆发后公众知道什么、想到什么和想做什么。可以采用个别访谈、召开座谈会、设立免费电话热线和民意调查等手段,搜集公众的意见。"换位思考"也是很重要的,多了解公众的感受,多从公众的角度考虑问题。通过危机传播来了解不同社群在政治和经济上的诉求、文化习俗及语言特征,这对进行有效的危机传播都是非常重要的。

原则 4：坦诚和开放

有效的危机传播需要由一个值得信赖的信息传递者来完成。因此,危机传播的首要目标就是建立政府部门的公信力和可信度。要想获得信任就不能朝令夕改。获得短期的信任比较容易,只需要通过使用各种传播手段(如言语传播和非言语传播)来达到。长期的信任则要通过具体的行为和表现来获得。

作为政府部门的信息传递者,发言人最重要的品质是信誉。赢得公众的信任需要一定的努力,一旦失去很难再获得。

　　行动指南:可以向公众阐明自身的优势和业绩,但不要直接要求公众的信任。如果问题的答案还不清楚,承认这一事实,并且保证尽快提供对方满意的答案。

　　如果发现错误要及时纠正,及时向公众阐明危机可能带来的风险,同时留有一定的余地,不要缩小或者夸大风险的严重性。如果信息本身带有一定的不确定性,尽可能多地给公众提供信息,把存在的优势和劣势如实告诉公众,这样公众才不会觉得你在故意隐瞒什么。

原则 5:与其他可以值得信赖的信源合作

　　有效的危机传播通常借助于各个部门之间共同的协调和合作。危机传播中面临的最大困难是出现不同的声音。如果政府部门发布的信息彼此互相矛盾,那么危机管理便无从谈起。

　　行动指南:危机传播还应包括组织内和组织间的传播与交流。政府部门应当竭尽所能与其他权威信源——如专家学者、地方官员以及各个社群的"意见领袖",也包括网络社交媒体上的活跃分子——建立联系,他们可以成为危机传播的权威信源,同时政府部门也可以选择与他们联合发布信息,从而增强传播效果。

原则 6:满足媒体的需要

　　危机期间,媒体是信息的主要传递者。媒体既能够设置公众议程,也能够影响危机传播的后果。要了解媒体运作的一些特殊规律:它们对危机的政治意义的关注往往会超过对危机本身的关注;它们喜欢政府部门发布的言简意赅的信息,不喜欢长篇大论;它们会不停地寻找各种问题和错误,作为"新闻点"。

　　行动指南:对所有的记者保持合作的态度。了解并尊重媒体的截稿时间。尽量为各种媒体提供它们所需要的媒介"产品",比如为印刷媒体提供新闻通稿,为广电媒体提供同期声和音像资料等。接受采访之前,要与记者商议具体的主题,并在采访过程中始终坚持这些主题。提前准备几条有说服力的正面信息,在采访过程中反复抛出。可以为记者提供一些相关的背景材料,但不要做推测或假定。受访时只说那些你愿意重复和应该重复的话,确保受访的所有内容都记录在案,尽量使采访简短。受访后要追踪记者的报道,与一些值得信赖的记者和编辑建立起长期的伙伴关系。

原则 7:言语清晰、饱含同情

　　使用专业术语可以显示政府官员的义务素质,但是对以媒体和公众为主要对象的危机传播而言却是很大的障碍。危机爆发时,媒体和公众没有心思听那些枯燥的数字和专业术语,这时候通俗易懂、表达关爱的言语更有说服力。

　　行动指南:使用清晰的、非技术性的语言,尽量适应危机发生地的受众语言习俗。尽量让讲话简短,但又要尽可能多地向公众提供他们所需要的各种信息。多用图片等来说明问题。多使用"人性化信息"——比如故事、案例以及趣闻轶事等，使技术性很强的信息鲜活起来。

在描述伤亡和疾病等主题时，避免使用一些抽象的、不常见的、或没有任何感情色彩的词语。通过言语和行动上对公众的恐慌、焦虑、无助等情绪做出回应。

在谈及危机可能带来的风险时，可以采用比照的方法，帮助公众对所面临的各种风险的严重性做出评估。多使用"行动性信息"——即向公众阐明即将或可能采取的行动。

要向公众阐明政府接下来会采取的措施和公众将会得到哪些救助。要清楚明确地告知公众：伤亡和疾病是令人痛心的，但却是可以避免的。

（资料来源：http://www.epa.gov/publicinvolvement/pdf/risk.pdf 2013 年 8 月 19 日下载）

第三节　不同阶段的危机传播原则：管理学视角

危机传播是危机管理的重要组成部分。从管理学角度来看，危机传播是一项由不同环节组成的系统工程。在危机的不同阶段，根据其发展变化的趋势，针对公众心理及其需求的变化，我们可以总结和提炼出与之对应的基本原则，从而提升危机传播的有效性和针对性，这也是管理学常用的"对症下药"式的"诊断"研究思路的体现。根据芬克对危机潜伏期、爆发期、延续期和痊愈期的划分，我们可对危机传播的原则按照这些不同的发展阶段来进行进一步细化。

潜伏期

1. **开展风险传播，树立"危机意识"**：不要告诉公众"没什么可担心的"。政府部门应该向公众开展风险传播，提供足够的背景和信息，帮助他们树立"危机意识"，让公众对各种可能出现的危机有足够的心理准备。并对他们的问题给予解答。同时，政府应该对危机传播的受众进行人口统计学分析，了解其年龄、性别、民族、教育程度等的分布状况，提高传播的针对性和有效性。在危机的潜伏期，既不要对危机可能带来的风险轻描淡写，也不能过分夸大，引发公众不必要的恐慌情绪。

2. **建立有效的全媒体传播网络**：建立起高效的"内网"（intranet）促进组织与各个"利益攸关方"的及时沟通与协调要进行信息和口径的协调工作，确保危机期间用一个声音说话。面向公众建立和维护官方网站、微博及微信账号、客户端。除了文字之外，"全媒体"还要求政府部门具备视音频、影像、APP（智能手机应用软件）的制作和传输功能，应当建立起适应全媒体需求的专业团队，或寻找固定的专业合作伙伴。

3. **向媒体和公众通报应急预案**：其中包括具体的操作步骤，各部门的职能以及初步的解决办法，这也是在政府与公众之间建立互信的重要环节。政府部门可以充分利用网站、微博、微信等形式与公众开展常态化的风险传播，彻底改变"报喜不报忧"、"讳疾忌医"

等传统思维定式,让公众全面了解可能面临的风险和相关部门为之所做的准备,为灾难降临后进行有效的危机传播奠定基础。

爆发期

危机发生之后,人们出于本能首先关注的是自己和家人的健康与安全,会立即展开自救或救助的行动。然而,如果这些行动处于无政府、无组织状态,就会产生一些负面的影响,甚至于导致危机的恶化。以下这些心理因素会加重人们的"危机感",从而使他们做出一些非理性的举动:

(1) 生命受到威胁,随时可能死亡;

(2) 不能主宰自己的行动;

(3) 亲友、家庭、财产等的损失;

(4) 与亲友或者家庭的离别;

(5) 责任感,觉得还应该再多做一点;

(6) 恐惧感,认为自己无法逃脱厄运;

(7) 犯罪心理(例如,故意做出一些破坏性的举动)。

了解到公众的这些心理特点后,我们应当采取适当的传播策略和技巧,把各种负面影响以及出现非理性行为的可能性降低到最小限度。在危机的爆发期,我们应当做到以下几点:

1. **不要过度安抚公众**:危机传播的目的不是安抚和劝慰,而是要引发公众对危机事件适度的、理性的关注。

2. **承认不确定性**:只对媒体和公众说自己所了解的情况。碰到自己无法作答的问题,坦承自己与公众在情感上的共鸣:"这个问题目前还没有答案,大家心里很着急,我本人也一样……"

3. **强调政府部门的应急程序已经启动**:"请大家放心,我们的危机管理体系(预案、程序)已经开始运作,对大家关心的问题很快会找到答案(得到解决)。"

4. **及时通报危机处理的进展,让公众感到"诚意与希望"**:例如,在危机爆发初期,有关部门可以在新闻公报中发布"目前受到森林大火影响的地区中有15%的火势已经得到了初步控制,消防队员已经获得了一定的经验,接下来会用更快的速度控制其余地区的火势"。虽然这意味着还有85%的地区还没有得到控制,但这种及时的发布让公众感到了相关部门处理危机的诚意,也让他们看到了消除危机的希望。

5. **留有余地**:提醒媒体和公众,爆发期发布的所有信息和行动建议都是初步的,随着危机的发展会出现一些变化。

6. **立即取消相关的广告、会展、营销、推广等传播活动,代之以相应的慰问和致歉等行为**:危机的发生显然对政府、企业等组织的声誉造成了损害,这时候再对"利益攸关方"

进行常规性的传播活动显然不合时宜。例如，2013 年 7 月 6 日，韩亚航空公司的班机在美国旧金山机场降落时发生空难，中国乘客伤亡人数最多，死者均来自浙江省，该公司立即取消了其在 CNN 等美国媒体和中国几家地方卫视投放的公司宣传片的播出。7 月 12 日，韩亚航空以总裁的名义在《人民日报》、《新京报》、浙江省内发行量最大的《钱江晚报》等中央级和地方媒体上刊登向中国人民的致歉信。

7. **遵守传播伦理，尊重个人隐私**：在未联系到家属或代理人的情况下不要随意公布相关人士——尤其是遇难者——的个人信息。仍然以韩亚空难为例，个别专业媒体记者和微博博主等自媒体人士为了抢新闻，在未经家属授权的情况下率先公布了两名遇难中国学生的姓名及其详细信息，发表了《花谢旧金山》之类的"煽情"报道，这种为博取眼球而不顾遇难者家属感受的做法遭到了公众和舆论的谴责，相关媒体为此撤稿并道歉。在第三位中国学生经多方抢救不治身亡后，院方、领事馆和媒体尊重了家属的意愿，没有公开其姓名和个人信息。从这个案例可以看出，政府、媒体（包括专业媒体和自媒体）等组织的危机传播正在趋于成熟。

延续期

在延续期人们开始感受到危机所带来的负面影响，尤其是那些与个人切身相关的负面影响。同时，政府部门开始着手进行解决危机或灾后重建、恢复等工作。这段时期内，人们在情绪上会出现一些波动，这主要是因为他们对自己所面临的风险的认知程度处于不断的变化中。在延续期之初，人们可能因为自己在危机中幸存下来而喜出望外。但是，随着危机的进一步发展，人们就会越来越多地体会到危机所产生的负面影响，于是便会出现以下一些心理反应：麻木、拒绝、沉溺于对过去经历的"闪回"、悲痛、伤感、愤怒、绝望、沮丧和无助，等等。

一般而言，个人或者社群在非正常状态下所处的时间越长，上述这些心理反应就可能越强烈。危机之初那种"大难不死"的庆幸会逐渐让位于更高的心理需求，于是就难免产生上述那些心理反应。根据延续期公众的心理特点，危机传播应当遵循以下原则：

1. **承认恐惧的存在**：不要对公众说"别害怕，别担心"这类的话。公众在危机面前产生恐惧感是天经地义的，不要让他们因恐惧而产生自卑感。

2. **表达愿望**："我希望可以给你们提供更多的信息"、"我希望我们的回答还能更具体一些"。

3. **尽可能提供"指导性信息"**：对于身处危机中心的公众应该给予一些具体的行动建议；即便是对那些远离危机中心的公众也应提供一些简单的行动建议。人们一旦采取了行动——哪怕是微不足道的简单行动，他的恐惧心理就会下降很多。同时，这样做也能让公众感到自己参与到了危机管理的过程中来。

4. **运用"从众心理效应"**：告诉公众恐惧和无助不单单存在于某个人身上，大家都有类似的心理状况,这可以让公众摆脱孤独感,借助组织的力量来渡过危机。

5. **对未来的行为提供指导**:如果预见到未来会出现一些负面情况(例如服用抗生素会导致的副作用),不要向公众隐瞒,告诉他们,并且尽可能让他们了解一些预防性的措施。

6. **选择一些假设性问题作答**:在危机爆发期,政府部门的发言人通常不要对危机的发展做出猜测,换言之,不要回答那些"万一……会怎么样(怎么办)"式的假设性问题,但在危机的延续期,由于政府部门已经掌握了较多的相关情况,因此,可以选择一些假设性问题做出回答。这是因为政府如果总是回避此类问题,媒体和公众就会去找其他的信源(如一些与政府立场相左的专家或民间人士),这样一来,政府反而会陷入被动。当然,在回答这类问题时,不要做即兴发挥,要做充分准备,最好有一些事实和数字的支持,提高预测的公信力。

7. **发挥"人性化传播"的作用**:政府的官员和工作人员(包括发言人)与公众一样处于危机的中心,面临同样的风险,他所做的选择也要为家人和亲朋好友着想。因此在进行危机传播的过程中,发言人应当反复强调这一点,从个人的切身体验出发现身说法,使用亲情、友情、爱情等容易引发共鸣的叙事框架,增强传播的有效性。

痊愈期

危机终于过去,已经不再是媒体的头条或人们街谈巷议的话题。这时候,危机传播的重点要转向那些受危机影响最严重的人。他们可能会受到"后危机综合征"的困扰,出现失眠、消化不良等生理上的症状,或者同家人、同事之间关系的疏远,等等。同时,政府派发的补助和各种救济物资逐渐减少,他们要面对如何恢复正常的工作和生活等问题。在这一阶段,政府仍然应当把维系自身的公信力放在首位,在危机传播中遵循以下这些原则:

1. **表示诚挚的歉意**:对危机造成的损失和政府工作中的一些缺点表示"抱歉",请求公众的谅解。注意不要说"对……我们感到很遗憾",这是因为"遗憾"一词是外交和法律辞令,听起来缺乏诚意。

2. **表示诚挚的期望**:例如:"这场危机对我们每个人来说都是一场悲剧,我希望大家尽快从中解脱出来";或者"我希望我的回答能够更具体、更明确一些,因此我们会继续调查工作,一旦有了新的进展我们会及时向大家通报"。

上述这些原则比较零散,为了记忆的便利,我们借用美国公关界普遍使用的危机传播4R 法则:即表达歉意(Regret);提出解决办法(Resolution);阐明整改措施(Reform);适度给予补偿(Restitution)。[①] 为了使读者能够抓住重点,我们把危机传播各个阶段应当遵

---

① H. Englehart, "Crisis Communications: Brand New Channels, Same Old Static", in C. L. Caywood (2012). *The Handbook of Strategic Public Relations and Integrated Marketing Communications*. New York: McGraw-Hill, 401~415.

循的一些原则列表 2.2 如下：

表 2.2　危机传播各阶段应当遵循的原则

| 以下这些原则何时最为有效？ | 危机的各阶段 | | | |
危机传播原则	潜伏期	爆发期	延续期	痊愈期
树立危机意识	■			
强调应急预案已经准备就绪或启动	■			
不要过度劝慰公众		■		
承认危机的不确定性		■		
承认恐惧心理			■	
表达诚挚的愿望			■	
给公众合理的行动建议			■	
利用"从众心理效应"和"人性化传播"			■	
对未来的行动提供指导			■	
不回避假设性问题			■	
表达诚挚的歉意和期望				■

第四节　提升危机传播的有效性：修辞学视角

危机传播既是一项分阶段、分步骤进行的工作，同时也是一门修辞艺术，包含一些具体的策略和技巧。在上一节中，我们采用管理学的视角与思路归纳和总结了在危机传播的各个阶段当中应当遵循的一些基本原则。在本节中，我们将从修辞学的角度对其中的一些基本原则做更为详尽的阐述。

"化反常为正常"原则

市场化媒体和网络媒体往往遵循"人咬狗才是新闻"式的"反常放大"（amplification of deviance）原则，这种"放大"效应往往会让危机升级，由"茶杯里的风波"演变为一场"完美风暴"。2011 年夏天的"郭美美事件"就是这样一个典型的例子。这个渴望出名的小姑娘在微博上"晒名牌包"、"晒别墅"、"晒豪华跑车"、"晒干爹"，这原本是一场网民司空见惯的炒作，但由于与红十字会扯上了关系，加之后者回应不及时，日常的"声誉管理"机制严重滞后，致使以往含糊其辞、被搪塞了事的一些"危机历史"（例如，2008 年汶川地震期间的"天价帐篷事件"和 2011 年 4 月上海卢湾区红十字会的"天价餐事件"）与"郭美美事件"一道重新发酵,使这场"茶杯里的风波"日渐升级成为一场殃及红十字会、乃至于整个慈善事业的"完美风暴"。民政部公布的统计数字显示,在"郭美美事件"发生后的三个月内,全国社会捐款同比下降 50%,慈善组织接受捐赠数额同比下降 86.6%。

有效的危机传播正是为了主动引导舆论,消解"反常放大"带来的负面舆论效应,这种策略在修辞学上被称之为"化反常为正常"(normalization of deviance)。这个概念是从美国社会学家黛安•沃恩(Diane Vaughan)提出的,用来描述人们对一些违规行为熟视无睹的心理定势。[①] 危机是一种"反常"或者是"非常态",因此,发言人(或者是官员、专家等)为了平息公众的恐慌情绪,规避"反常放大",有效引导舆论,应当在危机传播中突出"常规化"、"常态化"的认知框架。例如,上文中"郭美美事件"就是一场以"反常放大"博取"眼球效应"和点击率的炒作,但如果我们没有提出令媒体和公众信服的"常规化"、"常态化"的认知框架,这场危机不但难以平息,反而会甚嚣尘上。下面我们通过一个例子来讲解如何"化反常为正常":

【例1】　浙江省原工商局局长郑宇民在 2011 年 10 月全球浙商大会的新闻发布会上回应微博网友提出的问题。

问:外界现在有浙江出现"倒闭潮"的说法,也有老板跑路,浙商是不是已经风光不再?

答:我们来看一组数据:今年 1-8 月浙江新设企业 91 601 家,注销 21 777 家,同比分别增长 12.3%、4.25%,企业数量保持持续增长,非正常关闭的企业 200 多家。"人有生老病死,月有阴晴圆缺",企业按自然规律发展是正常的事。碰到困难,有的企业坚持,有的退却。我们要给企业信心,而不是让企业四面楚歌。

问:现在温州情况怎样了,需要"救"温州吗?

答:温州有 10 万家企业,35 万个体户,65 万人在世界各地,175 万人在全国各地,温州是全国的温州、世界的温州。温州现在处于特殊转型时期,有许多困难,对一些旧有的生产方式要做决裂式告别,这就要"不救";但温州也有许多新兴生产要素,这就要"救"。"救"与"不救"间,全在于温州人的科学实践。

【点评】郑局长用雄辩的事实和数据实现了"化反常为正常"、"化危机为契机"的传播效果。他首先用数据驳斥了"倒闭潮"的谣言,接下来他强调,"倒闭"、"跑路"这些"反常"现象是像人的生老病死、月有阴晴圆缺一样的自然规律,正常现象。媒体和舆论把温州发展中遭遇的问题"放大"为一场经济危机,因此设置了"救不救温州"的认知框架,郑局长将其重新解读为"特殊转型",是对旧有生产方式的改革,同时要鼓励新兴生产要素的发展,最终用"科学发展"代替了"救不救",即用"政府议题"代替了"媒体议题"和"公众议题",实

---

① D. Vaughan (1997). *The Challenger Lauch Decision: Risky Technology, Culture and Deviance at NASA.* University of Chicago Press,35~57.

现了有效的危机传播和舆论引导。】

"比照"原则

发言人(或者是官员、专家等)为了平息公众的恐慌情绪,在向媒体和公众解释危机的严重程度时,往往会采用"比照"的方法：

【例 2】 "这次危机没有以往(某次危机)严重。既然上次大家都安然度过,这次也应该如此"。

【例 3】 "到目前为止,炭疽病只造成 1 人死亡,不到 20 人感染,可是大家都不敢去邮局、不敢拆信了。但是,美国每年死于交通事故的有上万人,可是没有哪个人因此不敢开车出门。"

在大多数情况下,类似这样的比照并不能取得预期的传播效果,受众会认为发言人是在把自己的观点强加给他们,"站着说话不腰疼",因而无法接受这样的比照。问题出在什么地方呢？主要是发言人进行比照的对象不是处于同一等级上,因而缺乏可比性和说服力。在例 3 中,"炭疽病"这样的"生物恐怖袭击事件"是高风险、低概率的,而交通事故则是低风险、高概率的。后者是日常性的、为人们所熟悉的、可以被控制的;而前者是突发性的、陌生的、超出人们控制范围之外的。说话人想用"炭疽"危机的低概率(极低的死亡率和感染率)来安抚公众,但公众更为看重的是其高风险性,因此很难接受这样的比照。这种认知上的差异大大降低了传播的有效性。

因此,在进行比照时应当遵循的是"**全面比照**"原则。在例 2 中,你不但要告诉公众这次危机事件不如 A 事件严重,还应说明它比 B 事件严重。如果你只说"不如 A 严重",那么公众会认为你"报喜不报忧",从而质疑你的真实动机。因此,发言人应当尽可能提供全面的信息,让受众自己做出判断。

进行比照时还应遵循"**认知相关**"原则,尽量选择具有相似背景、成因和后果的危机事件,用受众较为熟悉的危机事件来比照说明他们不熟悉的那个危机事件。在例 3 中,"炭疽热"和交通事故差异太大,不具有可比性,因此不能进行比照。

"夏威夷比照"是美国风险传播学者经常引用的一个经典案例。在美国的度假胜地夏威夷,经常发生椰子从树上坠落,击中路人造成死伤的事件。为了让游客意识到此类事故的危害性,提高自我防范意识,负责旅游安全事务的官员在编制宣传材料时将其与鲨鱼伤人的事故作比照："据统计,每年被从树上坠落的椰子砸死的人数是被鲨鱼攻击而死的10 倍。但是,游客往往会对海中的鲨鱼保持警惕,而不会注意到头顶上的椰子……。"这两类事故都是自然发生的,也不具有任何针对性,发生的概率都比较低,并且不在人力掌控的范围内。不同的是,人们对鲨鱼怀有恐惧心理,而对椰子伤人的重视程度不够,运用比照的方法可以改变人们的这种惯性思维。

依据"认知相关"的原则,在例 3 中,把"炭疽"与交通事故相提并论是不恰当的,发言人可以考虑把它与流感做比照："美国每年死于流感及其引起的并发症的人数超过 1 万，但人们在加强自我防护的同时仍然照常上班、上学、外出购物。"炭疽"目前的死亡率和感染率都远远低于流感，因此没有必要打乱日常生活，甚至于不敢去邮局寄信。"

"适度劝慰"原则

危机爆发之初，公众会感到恐惧、无助、担忧，无所适从。这时候，发言人（或者是政府官员、专家等）表达一定程度的劝慰是必要的，但不要过度。在现实生活中，我们经常听到这样一些言论："天塌下来有政府给撑着"、"放心，你们的困难政府全包了"，这类劝慰虽然能发挥短时间的"镇静剂"作用，但却不符合现代传播理念，从长远看不利于危机管理工作的开展。

对传播效果的研究表明，过度劝慰常常会导致"回火"效应，这也就是我们常常说的"期望越高，失望越大"。危机给公众带来的负面影响是在所难免的，而过度劝慰会使公众认识不到危机的严重程度和负面影响。一旦实际情况与他们的期望有差距，他们便会怪罪于政府，从而影响到危机管理工作的开展。

危机传播的目标不只是让公众暂时平静下来，而是要培养他们理性面对危机的态度：在危机目前既保持镇定，又保持高度的警觉和关注，积极配合政府的工作。

为了达到这一目的，应在劝慰公众的同时，让公众认识到危机的严重性，使他们在心理上接受这一现实。当然，在谈及危机严重性的时候，要考虑到危机爆发初期公众心理的承受能力。危机爆发初期对人员和财产损失进行估计时，尽量低估而不要高估，必要时把数字降低到公众可以接受的范围内。总之，遵循"适度劝慰"原则旨在让公众意识到危机已经发生，并且有一定的严重性，但情况并不像人们想象得那么糟。

"平衡"原则

危机传播中，我们应当遵循"平衡"原则，做到既报喜又报忧；既让公众感觉到危机在缓解，同时又不放松各项防范措施。危机爆发后，媒体和公众通常会质疑政府部门只报喜不报忧，因此，我们在表达的方式上可以对好消息和坏消息做出巧妙的安排。

【例 4】　现在说"炭疽"危机已经过去还为时过早——尽管我们得到的数据显示：过去一周内没有新发的病例报告。

在这个例子中，发言人采取了符合媒体和公众接受心理的传播方式：先说危机仍然存在，再说没有新发病例，这样的安排反而突出了这条"好消息"。

在"智利矿难"的案例中（参见案例分析 1.2），我们探讨的将正面和负面信息进行"捆绑发布"也是对"平衡"原则的具体运用。总之，危机传播中运用"平衡"原则可以使政府部门显示出较为公正的立场，增强其公信力，既保持了对危机严重性的清醒认识，同时又在尽一切能力使危机得以好转。

"不确定性"原则

危机本身充满了各种不确定性，对于这一点，政府部门要勇于承认，让媒体和公众充分了解到这种不确定性。研究显示，医疗纠纷往往发生在那些声称手术方案"包治包好"的医生身上。如果医生那些把手术方案的不确定因素主动告诉病人，那么就能最大限度地避免这类纠纷。同样道理，在危机传播中，发言人（或者是官员、专家等）应当承认危机中的不确定性，表明自己与公众一样感到担忧。这样做一方面给自己留有余地；另一方面可以赢得受众的共鸣。下面的两个例子就遵循了这一原则：

【例5】 "此刻我跟大家的心情一样迫切，希望了解更多的信息。因此，我们会加紧工作，一旦有新的进展会及时向各位通报。"

【例6】 "听完刚才的新闻发布，大家一定觉得不满足。其实我的心情跟大家一样。但危机本身充满了各种不确定的因素，还有许多信息有待我们进一步去挖掘。"

"行动信息"原则

危机传播中除了向媒体和公众提供各种事实性信息外，更重要的是向公众提供一些行动信息——即建议他们采取一些简单的应对行动，这也就是我们在前文中探讨过的"指导性信息"。从心理学的角度来说，人们在危机当中采取一定的应对行为，其恐惧心理就会下降。哪怕是采取一些简单的、细小的行为，也能达到这样的效果。当然，在尽可能的条件下，应当为具有不同背景的公众提供不同的行动方案供他们选择。这些方案最好能够包括三种选择：（1）高端应对行为；（2）中端应对行为；（3）低端应对行为。一般来说，我们向公众推荐的是中端应对行为。

【例7】 发生大规模自然灾害导致供水中断。政府部门向公众提供以下"指导性信息"。如何获得安全的饮用水，我们建议：（1）使用漂白粉；（2）煮沸2分钟；（3）购买瓶装水。我们向大多数公众推荐最为方便易行的"煮沸"法。

"受众参与意识"原则

危机传播中要充分估计到受众的自主意识，多从受众的角度来规划危机传播的预案，而不是一切从树立政府部门的权威出发。在"9·11事件"发生时，我们看到了身处危机中心的纽约人表现出的镇定和集体意识。世贸大楼里的人员在救援人员赶到之前自发组织撤离，没有出现混乱的局面。因此，我们在进行危机传播的规划时对公众的认知力、判断力、自救能力和自我组织能力要有充分的估价，而不要把他们当作一群"迷途的羔羊"来看待。危机传播旨在发挥公众的主观能动性，让他们主动参与到危机管理中来，而不是消极被动地等待政府的救助。

不要回避公众的恐慌情绪。在危机爆发之初，政府官员或发言人为了消除公众的恐慌,会对他们说"别害怕"、"别担心"、"政府已经完全控制了局势"(而事实上并非如此)之类的话。这些言辞实际上并不能让公众真正放松下来。正确的作法是承认公众的恐慌情绪,给他们提供更多的背景知识(例如目前掌握的危机状况、国内外类似的案例等),让他们把恐慌情绪具体化、"语境化",这样公众会自然而然地平静下来。

实际上,引发公众恐慌的并非危机事件本身,而是危机所引发的混乱局面。这种混乱局面产生的原因主要是政府部门失去了公众的信任,从而无法有效地进行危机管理。例如:政府有意隐瞒信息,发布的信息口径不一致,会引发公众的猜疑,引发恐慌;又如,政府救助措施不到位,使公众误以为政府已经"抛弃"他们,从而自行其是,引发混乱。

危机传播的重点是身处"风暴眼"的公众,但也不能忽视那些远离危机中心但又有可能被波及的受众。研究表明,后者表现出的恐慌情绪往往比前者更为强烈。这是因为后者有更多的时间和精力去思考所面临的风险,也有更多的信息渠道。在全球传播和社交媒体高度发达的今天,危机产生的"蝴蝶效应"不容忽视。上文中提到的 2011 年日本"3·11 地震"引发中国消费者"抢盐风波"即是典型的例子。由于听信碘盐可以防止核辐射,16 日晚上从浙江、江苏、上海、福建、广东等沿海地区开始出现,借助于互联网和手机的强大传播力蔓延到其他地区,与位于震中地区的日本福岛第一核电站相距 3 200 公里的成都和重庆也闹起了"盐荒"。有人形象地把这场风波称之为祸起谣"言(盐)"。与其他类似事件相比,谣"盐"风波的受害者是远离危机中心的第三国受众。

有鉴于此,政府部门在危机传播中要对受众加以适度的区分,不仅要关注身处危机前沿的公众,也要顾及所有与之相关的"利益攸关方"。关于这一点,会在下一章详细地探讨。

第三章　危机传播中的信息与受众

按照 SMCR(即传者—信息—渠道—受众)的线性传播模式,"信息"和"受众"是危机传播中最核心、联系最为密切的环节。危机传播传递的是特定的信息,而这些信息必须是以受众为中心的。在本章中,我们将结合危机传播的基本原则,从信息和受众的角度对危机传播的基本特征和常用策略做进一步的探讨。

第一节　危机传播中的受众结构和认知特点

在危机传播的过程中,公众最为关注的是信息的内容、发布者和传递的方法。在危机当中,公众对于政府工作的关注程度会大大增加。如果政府未能向公众连续提供相关的充足而准确的信息,缺乏对谣言的监控,那么公众就很容易陷入恐慌之中,从而威胁到整个社会的安定团结。公众对信息的需求程度取决于以下三个因素:(1)公众与危机事件之间的关系;(2)心理承受力上的差异;(3)人口统计学因素(如年龄、性别、受教育程度、家庭收入)的差异。以各个层面的公众与危机事件之间的关系来划分,危机传播的受众主要包括以下 11 种类型,并且按照其优先性排序:

1. 处于危机事件之中的公众,即危机传播的"目标受众"。 他们关注的是:人身安全、家庭安全、财产安全。

2. 传统媒体(记者)和自媒体(公民记者、自由撰稿人、微博大 V)。 他们关注的是:人身安全、如何获得相关信息、如何联系新闻发言人、截稿时间、各种信息和信源的真实性。

3. 处于危机事件之外的公众,即危机传播的"非目标受众"。 他们关注的是:人身安全、家庭安全、正常生活是否会被打断。

4. 在危机现场参与处理的各类人员。 他们关注的是:救灾物资、人身安全、家庭安全。

5. 受害者的亲属以及危机现场工作人员的亲属。他们关注的是：自身的安全、亲人的安全和其他危机现场人员的安全。

6. 没有参与现场处理的相关人员。他们关注的是：对现场工作的建议、对受害者的行动建议、物资的供给。

7. 各级领导人。他们关注的是：物资、事故责任、现场指挥和开展救助的情况；表达关注的机会；对内政和外交事务的影响。

8. 企业负责人。他们关注的是：财产、利润的损失；对贸易的影响；对雇员的保护。

9. 国内各地民众。他们关注的是：危机的发展、危机处理的进展情况、可能对他们产生的影响。

10. 国际社会。他们关注的是：危机的发展、危机处理的进展情况、可能对他们产生的影响。

11. 危机中的合作伙伴和利益相关者。他们关注的是：决策过程、获得相关信息的渠道。

上述这些类型的受众需求的可能是某一具体信息，因此在进行危机传播时就要根据受众卷入危机的不同程度确定先后次序。要把相关信息优先提供给那些与危机关系较为密切的受众。同时也不应忽略人口统计学的因素：包括受教育程度、相关的知识和经验、年龄、语言能力、文化习俗和居住地等。在以上列出的受众类型中，细心的读者会发现，我们把"公众"和"媒体"排在了"各级领导人"和"企业负责人"前面，这与中国传统文化中"等级制"的观念并不符合，但却是危机传播的国际通则。无论是中国的政府部门还是企业，近年来被国际舆论诟病的传统观念之一是"领导优先"（leader first），而不是西方通行的"女士优先"（lady first）。如何处理"唯上"和"恤下"的关系，贯彻危机传播和新闻发布的公共性原则，是我国社会政治文化变革的一项重要课题（参见案例分析 3.1）。

【案例分析 3.1】　危机传播的公共性："唯上"还是"恤下"

危机传播的目标受众究竟应该把谁放在首位？这个问题的答案应当是不言自明的。危机爆发时，发言人首先要关注的是公众的安危。但由于我国传统文化中"唯上"观念的影响，一些发言人却仍然沿袭"领导优先"的做法，在全球、全民、全媒的时代势必会遭到国内外舆论的强烈反弹。他们的做法无疑破坏了政府部门的形象和公信力。2010 年 6 月中下旬，江西全省 26 条河流超过警戒水位，抚河、信江等赣江支流出现超历史最高纪录的特大洪水。6 月 21 日晚，江西防汛抗旱总指挥部（简称"防总"）办公室某负责人在接受央视《24 小时》节目电话连线采访，主持人请他介绍灾情，该负责人却滔滔不绝地介绍各级领导的指示，被主持人打断："请您告诉我，决口有多大？下游群众有没有安全转移？"该负责人不予理会，继续介绍领导指示，被主持人再度打断："主任，我们非常想了解下游的群众有没有安全转移"。尽管该负责人随后介绍了群众已经得到安全转移和安置的情况，但危机传播效果却大打折扣。原本旨在宣扬政府救灾及时、群众安全转移的采访却因对传播对象的优先性认识不足，导致排序不当，引发了负面的传播效果。

在2013年4月发生的四川芦山地震期间，这种"领导优先"的"唯上"意识再度发酵。当受访的当地负责人在电话连线中历数各级领导关注时，又被央视主持人打断："这个我们可能知道的比您多一些，请您告诉我们现在采取了哪些措施吧。"尽管主持人随意打断受访对象的做法是否得体，值得商榷，但政府官员在危机传播中应当"唯上"还是"恤下"，引发了网民的热烈讨论。从总体上看，网民对政府官员的这种传播策略大多持否定的态度。

无独有偶，中国本土企业的危机传播也出现了同样的问题。近年来，"富士康"、"霸王"、"圣元"等本土企业遭遇了一系列声誉危机。虽然经过各方努力，这些危机已经归于平息，企业所蒙受的"不白之冤"也被洗清，但从危机传播的角度来看，仍有不少教训值得总结和反思。

毋庸讳言，本土企业大部分属于"闷声发大财"的类型，信奉"少说多做"的传统价值观。因此，他们对公共关系重要性的认知普遍不足，相关的职能设置和工作起步较晚。就拿上述几个案例来说，无论危机的起源是来自于企业自身的管理还是其产品的质量安全问题，这些本土企业在危机传播的过程中都表现出了一个共同的缺陷：重视"唯上"，轻视"恤下"。在此，"上"是指上级领导和政府主管部门，"下"是指公众、消费者、用户等。传媒在某种程度上充当了"下"的代言人，尤其是在微博、微信等"草根媒体"兴起，公众话语权进一步增强的今天，重"上"轻"下"的危机传播策略成为公众和舆论批评与质疑的焦点。

在危机爆发的初期，这些本土企业几乎无一例外地表现出了极其强硬的态度，一方面发表措辞生硬的"声明"，千方百计为自己"辩护"。尽管某些企业在危机传播的过程中使用了微博等最为先进的传播渠道，但其所传递的信息仍然是以商业利益为中心，根本没有顾及消费者和用户的感受。有些企业还以揭露"行业潜规则"为借口，"曝光"同类产品存在的相同问题，以期洗脱自己的"污名"。另一方面，他们措辞严厉地指责媒体报道不负责任，有的声称要起诉媒体，甚至于还有个别企业的员工到媒体去寻衅滋事，闹出了更大的危机。

值得注意的是，本土企业无论是在声明、辩解、回应和指责当中，使用最为频繁的是这样一句话："一切都要依据上级主管部门的鉴定。"在许多本土企业的决策者看来，"上级"似乎成了企业危机传播的"尚方宝剑"。这不禁让人想到了2008年9月的"三鹿奶粉事件"，相关负责人把这场危机的根源归结为"政治敏感性差，站位不高"，被海外媒体痛批"只向领导道歉，而不是向受害的消费者道歉"。

由此看来，"三鹿"的倒掉并没有让一些本土企业警醒。当声誉危机降临时，他们念兹在兹的还是"领导"和"上级"，因此，他们才会对媒体横加指责，对公众横眉冷对。这反映了起源于西方的"公共关系"在本土化的过程中，传统文化中的一些负面因素（例如，"等级制"、"关系"、"面子")把"公共关系"演变成为一种庸俗的"借势传播"或"关系管理",从而背离了公共关系的本义。从历史上看,公共关系在 20 世纪初在美国的兴起,正值改革的阵痛期和社会的转型期,与当时以公平与正义为主旨的"进步主义"的社会思潮相契合,同时也是与新闻媒体以曝光揭丑为主题的"耙粪"运动有着密切关联。"公关之父"爱德华·贝内兹(Edward Bernays)之所以要创造出"公共关系"(public relation)这个词,就是因为"政治宣传鼓动和商业营销都无法体现出代表公共利益的'公共性'"。他希望,"公共关系"的兴起能够促进社会各个群体在公共领域内的沟通和交流,从而维护社会的公平与正义,促进各种社会关系的和谐发展。

当前,经历了 30 年经济高速增长的中国同样处于各种社会矛盾交错、危机频发的"阵痛期"与"转型期",公共关系这个"舶来品"在政府部门和本土企业已经越来越受到重视。防止公共关系本土化过程中出现的庸俗化,让公共关系回归"公共性"的本义,应当是中国传播与公关界应当关注的首要问题。值得欣慰的是,一些本土企业的决策者已经开始打破传统的思维定式,逐渐认识到"公共性"的重要意义。2010 年 8 月中旬,在国产奶粉业中占据重要地位的圣元公司董事长发表的两封言辞恳切的公开信便是这方面的典型范例。即便是在政府主管部门已经为相关产品"正名"的情况下,"圣元"董事长仍然为自己给广大消费者带来的"惊扰"道歉,同时也反思了对媒体报道的认识,充分肯定了媒体"社会公器"的职能。从其对媒体和公众的诚恳态度来看,这两封信的公关效果完全可以与 2004 年肯德基处理"苏丹红"危机时发表的那封公开信媲美。后者在媒体披露"苏丹红"有可能致癌的消息后,主动将其相关产品下架,并在各大报纸发表致中国消费者的公开信,重申"消费者是上帝"的理念。从这个意义上说,中国的政府部门和企业应当调整传统的思维定式,放下身段与公众、消费者进行平等沟通,由"唯上"转变为"临下",回归"公共关系"的本体属性,把危机传播的"公共性"理念落到实处。

总的来说,传播是一个双向互动的过程。危机传播的主要目的在于让受众迅速采取某种行动或者改变某种观念。因此,传播者应当尽可能深入了解你的目标受众:"他们是谁?"、"他们现在相信什么?"、"对于他们来说,你是可信赖的信源吗?"等等。一般而言,传播者应当注意受众所具有的以下特性:

- 受众依据各自的知识、态度、信念以及当前需求来读解信息,在此基础上有选择地接受信息。
- 当信息的内容和受众的观念态度一致时,更容易被后者接受。
- 受众更容易接受那些与自己的切身利益和需求有关的信息。因此,发言人应当少从自己的角度,而要多从受众的角度来进行传播。具体来说,发言人应当多用第二人称(你或你们)。比方说,"这对你们来说意味着……"。
- 自我意识越强烈,越不易受到信息的影响。
- 那些怀有明显的敌意和态度冷漠的人往往不会受信息的影响。

危机当中，公众对他们所面临风险的估价影响了他们对信息的接受程度。根据传播学中的"选择性认知与接受"（selective perception and reception）理论，公众对信息的接受程度与其认知偏好有关。我们可以把危机传播中所包含的风险性信息进行分类和比较，从而更好地认识到受众对这类信息的接受度与他们认知偏好的一些内在联系。在同等的条件下，前者总是比后者更易于被公众所接受。

- **是否自愿**：主动承担的风险比强加的风险更容易接受。
- **是否可以控制**：个人或者社区可以控制的风险比由外界力量控制的风险更容易接受。
- **是否熟悉**：比较熟悉的风险更易接受，而那些不十分了解的风险，人们会想当然地断定其危害要大得多。
- **自然的还是人为的**：如果是自然危机，人们更容易接受，而如果是人为的就较难接受。
- **短期的还是持续的**：前者自然要比后者更加容易接受。
- **数字还是比例**：人们更容易接受用数字表示的风险。例如"在我们这个 1 万人的社区中，可能有 1 个人会死亡"；但如果用比例来表示："每 1 万人中就有 1 个人死亡"，这显然会使公众陷入恐慌。
- **可预测性**：人们对可以预测的风险（例如造成的死伤和疾病遵循一定的比例）接受度会更大，这就好比车祸和空难，两相比较，人们显然更容易承受车祸所带来的风险。
- **覆盖面如何**：风险波及众人要比指向几个特定的团体和个人更容易接受。
- **政府公信力如何**：人们更容易容忍一个有公信力的政府采取的政策所带来的风险。而如果政府的公信力受到损害，人们便会夸大其政策所带来的风险性。
- **年龄**：成人要比孩童更容易承受风险。
- **收益情况如何**：那些一看就知道损耗不大、恢复很快的风险更容易被人们所接受，而相反则不行。

上述这些因素影响了公众对风险的认知程度，而对风险的认知程度直接影响到危机传播的有效性。如果危机恰好是人为的、不可预测的、持续的，那么公众对其风险性的估价就会增加。危机传播中传递的是事实和数字，但是，认知的差异会导致人们对风险性得出不同的结论。在政府官员和专家看来，每 1 万人当中仅有 1 人可能死伤是为危机处理付出的可接受的代价，但特定群体中的受众却会就此夸大风险性（例如，他们会问"为什么倒霉的偏偏是我？"或者"为什么要我做出牺牲？"），从而无法接受政府和专家做出的决策。这种认知上的差异正是我们需要通过危机传播来加以解决的。

此外，人们在决定采取某种行动时要考虑它给个人带来的影响，同时他也要考虑此项行为是否符合群体的期望。这便是我们所说的"同侪压力"（peer pressure）。在危机期间,恐惧和不安使人们更多求助于群体的支持。人们受到的"同侪压力"尤其显著,而社交媒体的"圈子化"(也称"部落化")会放大和扩散这种"同侪压力"。此时,政府官员、专家、救护人员和医生等都成为缓解这种社会压力的重要信源。这是危机传播赖以存在的基础。但是,危机传播能否最终取得成效,人们能否接受相关的信息和指导性建议,并付诸于行动,还要看他在个人和群体的正面及负面效应之间所进行的"博弈"。群体对受众的影响主要表现在以下几个方面:

- 人们都有较强的从众心理,因此容易受到周围享有同样理念的人的影响。
- 如果发言人传递的信息和群体规范相抵触,那么受众对信息的接受程度与他对群体的认同感成反比:他越依赖于该群体,越不容易接受该信息。
- 受众会注意观察周围其他人的反应(通常是非言语的,用身体语言表现出来的),据此来附和或者反驳发言人传递的信息。
- 受众会倾向于相信微博、微信等社交媒体上由意见领袖(即大 V)或熟人传递的信息。

传播学中的"社会交换"(social exchange)理论认为,传播的有效性取决于受众对信息价值的认知,而信息的价值则是传者和受者双方对各自的投入和回报的评估。[①] 为了更有效地进行危机传播,政府部门的信息传递者(尤其是发言人)要从受众的角度事先评估信息的价值。具体来说,发言人要重点准备回答目标受众可能提出的以下几个问题:

- 如果我照着你的建议做,对我有什么好处?
- 我会付出什么样的成本?
- 为了缓解危机,我周围的人——尤其是我的亲朋好友——希望我做些什么?
- 我真的可以做到这些吗?

如果你能坦诚地答复这些问题,并且让受众满意,那么受众就会认为他所获得的回报大于他所付出的投入,他所获得的是具有较高价值的信息。因此,受众就会采纳发言人的建议。换言之,任何建议越是符合最广大人民群众的诉求,就越容易被采纳,这就意味着危机传播和新闻发布的效果就越好。我们在前文中探讨过的"议题管理"(参见第一章第六节)就是为了在危机传播和新闻发布的过程中,及时了解公众的关注和诉求,从而进行具有较高有效性和针对性的"精准传播"。

欲使危机传播更为有效,还要充分考虑如何获得和及时分析目标受众的反馈信息。这将有助于对危机传播的效果进行及时的评估,并在此基础上进行及时的改进。获得反馈的方法很直接:包括:群众来信来电、传统媒体、互联网、社交媒体的报道、评论、帖子等

---

① M. Roloff (1981). *Interpersonal Communication*: *The Social Exchange Theory*. London: Sage. (中译本为《人际传播社会交换论》,王江龙 译,上海,上海译文出版社,1997).

（一般称之为"舆情分析"或"议题监测"）以及与社区的"意见领袖"进行座谈，等等。

　　在危机期间，公众的反馈和疑问会很多，政府部门不可能对每一个人做出回复。可以考虑建立一个电话或电子邮件的自动回复系统。具体作法是：搜集一些常见问题，准备好答案，挂在网站上或自动回复给发信人；或做成电话录音，供公众选择收听。现在有了微博、微信等社交媒体平台，这类自动回复会更加的便利和及时。

　　危机发生后，应当设立免费公共信息电话热线（400 号码），利用网站、电子邮箱、微博、微信等新媒体平台在第一时间公布。危机爆发后会引发公众强烈的情感反应，因此他们需要有更多的渠道来宣泄。这样的宣泄对发言人来说非常有价值，它会告诉你，人们究竟关心什么，他们担心和害怕的是什么，还有哪些问题需要解释，官方提出的建议和措施是否奏效，等等。这对新闻发布会的筹备和信息设计是至关重要的。

　　根据"两级传播"的理论，危机传播和新闻发布的宗旨首先是"影响那些有影响的人"，其次才谈得上"影响公众"。在社交媒体兴起的时代，这条法则同样适用。尽管从理论上说，社交媒体给了每个人同等的传播机会，"人人都是记者"、"人人都有麦克风"，但实际上，新兴媒体仍然遵循着被少数意见领袖主宰的"内容金字塔"的传统模式。以全球第二大社交媒体网站 Twitter 为例，其中 90% 的帖子是由 20% 的用户发布的——即所谓的90/20 法则。[①] 中国科学院心理研究所公布的调查结果显示，我国微博网站上的原创信息不足 40%，在转发的信息中超过 80% 为微博大 V 发布。[②] 因此，在处理一些网络热点事件的过程中，新闻发言人应当与一些知名公民记者、微博大 V 等民间意见领袖保持密切联系和及时沟通。

　　不要认为把新闻发布出去就万事大吉了，你还需要得到受众的反馈。一般而言，市民打电话通常是先提出问题，最后流露出担心。负责接听电话的专业人员应该对这些问题进行答复，并从中总结出公众舆论的发展趋向。提供给新闻发言人及相关人员。

　　发言人要组织团队撰写舆情报告，供上级决策部门使用，并且及时向他们通报哪些措施较为得力，而哪些没有发挥作用，不要怕得罪决策者或者有关部门，要向他们解释公众反馈的重要意义。

　　除了直接听取反馈意见，还可以通过媒体或者网络获知公众的反应，要及时了解网上的负面消息和谣言，对其中影响较大的要及时做出回应。一般而言，大众传媒体现的是公众的呼声，而发言人从他们设立的热线、电子信箱、微博、微信中得知公众关注的是哪些话题。这些话题被及时反馈给发言人，这样他就可能预测到媒体会向他提出哪些问题。一般而言，公众关注的问题都会成为媒体报道的热点。这样一来，发言人和他的团队可以积

[①]　http://www. marketingpilgrim. com/2010/12/95-of-twitter-accounts-created-since-january-2009. html. （2013 年 8 月 13 日下载）。

[②]　《2013 年全国大学生微博发展报告》，http://wenku. baidu. com/view/47f958c79b89680203d82585. html. （2013 年 8 月 25 日下载）。

极主动地应对媒体,为媒体设置议程,而不仅仅是简单地进行被动的回应。

需要强调的是,正式的新闻发布会与利用社交媒体平台进行的微发布应当结合起来使用。前者仍然是主体,提供的是具有权威性的深度信息,后者是辅助性手段,受到字数(通常是 140 字以内)、时间的限制,提供的是表态性的浅层次信息。社交媒体时代的新闻发言人应当善于运用"微发布"了解民意和舆情,及时澄清谣言,但这并不能取代运用新闻发布会和新闻通稿等"传统"形式传递准确、详尽和深入的权威信息。

第二节 危机传播中信息设计的五个基本原则

在了解了危机传播中受众的结构及其认知特点后,我们在设计信息的内容和传递方式上就有了较强的针对性。为了加强传播的有效性,吸引更多的目标受众,在信息设计的过程中,应当选择什么样的内容? 选择怎样的方式来进行传递? 为此,我们提出一些基本原则供参考:

- **增加预期的收益**:通过一些具体的、人性化的细节向受众阐述危机管理能够给公众带来哪些实际的收益。
- **减少预期的成本**:按照"社会交换"理论,公众往往更容易接受那些"惠而不费"的"指导性信息"。
- **强化正面舆论**:通过各种传媒平台传递正面信息,在公众当中扩散正能量。
- **为个人行动创造条件**:调动公众的主观能动性,增强他们的参与意识。
- **提供替代性方案**:为满足不同受众的需要,按照"高端、中端、低端"的标准提供各种方案,阐明其利弊,供他们进行选择。

下面我们来结合三个案例来看看如何在危机传播的信息设计中贯彻上述这些原则:

【案例分析 3.2】 "家用急救包"的推广

传播宗旨:在传染病等公共卫生危机爆发后,在社区内推行"家用急救包"的使用。

具体实施方案按照上述的"五原则"来设计如下:

- **增加预期的收益**:详细阐述急救包的种种用途;讲真人真事——例如,某个家庭如何在灾难中利用急救包死里逃生的故事。
- **减少预期的成本**:尽可能降低"急救包"的成本,让居民能以低廉的价格买到它;并且向居民强调它可以长期使用。
- **强化正面舆论**:组织社区内的居民们观看推广"急救包"的宣传片,并通过微博、微信进行传播;启发居民们构想出使用"急救包"的具体方案;通过社区内各种传播渠道宣传它的益处。
- **为个人行动创造条件**:列举出"急救包"中易于使用且容易购买到的各类药品;与

零售商合作，在销售旺季打折出售这些药品。

- **提供替代性方案**：阐明自己配置"急救包"中的基本药品无须花费多少时间和金钱，但缺点是有可能出现配错药的现象（低端方案）；也可购买那些配好出售的"急救包"，但价格不菲，并且不是按照每个家庭的具体需求设计的（高端/中端方案）。

【案例分析 3.3】 "自我隔离"政策的传播策略

传播宗旨：在传染病爆发的高峰期，你要说服目标人群留在家中，不要随便去医院或急救中心。

- **增加预期的收益**：自我隔离可以使人们避免无谓的感染。如果感到身体不适，只需要拨打免费的社区救护热线，这样可以省去在医院或急救中心等待的时间，同时也可以避免交叉感染。通过这条热线，训练有素的护士会马上评估患者的症状，并及时提供相应的建议，从而让患者得到最大限度的自我保护。
- **减少预期的成本**：如果护士认为患者应当立即去医院诊治，她会发一封电子邮件给相关医疗机构，为该患者进行预约，保护他的隐私权，同时也保证他能够随到随诊，减少与其他病人交叉感染的机会。
- **强化正面舆论**：让社区内的"意见领袖"和权威的医疗专家现身说法，利用社区电台或电视频道以及微博、微信等社交媒体进行"圈子传播"或"熟人传播"，说明使用社区救护热线的好处，提倡"自我隔离"可以减少交叉感染的机会。这种舆论导向也有助于社区内的医护人员开展工作。
- **为个人行动创造条件**：利用各种传播渠道公开免费热线电话号码，同时确保该热线的服务质量，不让患者等待太长时间；接听电话的人最后要询问患者对自己的解答是否满意，等等。
- **提供替代性方案**：除了倡导目标受众在家中在专属的房间内进行自我隔离（高端/中端方案），还要为那些人口多（尤其是有老人和小孩等"易感染人群"）的、住房面积小的家庭考虑，在社区活动室设立专人看管的"隔离室"（低端方案）。

【案例分析 3.4】 2013 年上半年北京出租车调价政策的传播策略

传播宗旨：让以目标乘客为主体的各个不同层面的"利益攸关方"了解北京出租车调价的必要性和紧迫性，同时提供替代性的解决方案，避免引发舆论的指责和社会震荡。

反面教训：2013 年 6 月，巴西政府在事先未与民众充分沟通的情况下，匆忙出台了"提高全国公交车票价"的政策，虽然涨幅仅合人民币 5 角 6 分（约合 10 美分，而巴西人均 GDP 已超过 1 万美元），但却引发了数十万人上街抗议，最终不得不取消涨价。

- **增加预期的收益**：在公共传播中强调出租车与地铁和公交车不同，不是政府应当补贴的"基本生活必需品"，是人们在有特殊出行需求时享有的"花钱购买品质和效率"型的有偿服务。出租车调价后,对司机、目标乘客来说是"双赢"和"利好"的决策,改变目前"打车难"、"司机不愿出车"的状况。

- **减少预期的成本**:通过网站和政务微博征集意见20万多条,组织各种座谈会20多场,让各方声音有充分表达,最终设计了两套方案听取公众意见。

- **强化正面舆论**:在决策前,精心筹划和组织听证会,提供两种方案供与会者发表意见,25名代表中仅有2人反对现有方案,但也提出了自己认为合理的方案,这就意味着他们实际上也不反对"调价"。听证会通过各种媒体平台广泛传播,强化"支持调价"的共识。

- **为个人行动创造条件**:出台配套措施提升"电话叫车"的服务品质,引导和规范APP电招的市场运作(而不是像有些城市那样采取一概禁止的策略),保障司机和乘客的参与权与双向选择权。

- **提供替代性方案**:通过优化公交线路,继续维持低廉的地铁和公交票价,启动在国贸、金融街等重点地区和天通苑、回龙观等大型社区之间开通"定制通勤快车",满足不同层次乘客的出行需求,最大限度地避免调价可能带来的不便。

第三节　危机传播中新闻发布的要旨和技巧

危机传播的宗旨是"外结盟友、内聚民心",构建组织的公信力,赢得公众的信任。无论是以书面还是以口头的形式,抑或是以微博、微信等社交媒体平台发布信息,都应当鲜明地体现出以下四个要旨:

- **同情和关注**:在头30秒表达同情和关注。承认自己也感到恐惧、悲伤、痛苦和困惑,从而赢得受众的共鸣,使后者更容易接受相关的信息。这种同情和关注还体现在政府部门所采取的具体对策和所掌握的具体情况(例如人员和财产的损失)上。

- **能力和权威性**:在危机传播中,新闻发布者应当交代自己的学历、职位或职称、所在机构的职能等背景资料,这是在危机过程中表明权威性和赢得公信力的捷径。诚然,能在危机发生之前就已经与受众建立起互信的关系是再理想不过了。如果做不到这一点,那么可以寻找一个目标受众信赖的"第三方"(最好是受众群中的"意见领袖"),让他表达对发言人及其所代表的组织的信任,从而通过他的中介作用最终赢得受众的信任。

- **坦诚和开放**:这并不意味着什么话都说,或者在时机不成熟的时候发布信息。在此,发言人应当采取务实的态度来对危机事件进行回应。如果你所在的组织不允许你发布信息或者做出评论,不要用"无可奉告"一类的外交辞令来搪塞,应当向公众解释此时为何没有可供发布的信息(例如,信息还有待核实,你所在的组织还未得到发布信息的许可等）。总之，要让媒体和公众明白：在危机期间谨慎从事，可以确保救援工作万无一失。在解释的过程中，尽量避免使用专业术语或者模棱两可的委婉语——这样做往往会让人觉得你缺乏诚意，也可能会加剧公众的不安全感。

另外，发言人也不能表现出一副居高临下的架势，对受众进行说教或者发号施令，而应当为受众提供足量的信息和各种选择，让他们自己做出判断和决策，这就是所谓的"参与性传播"。这种"参与"意识在微博、微信为主的社交媒体发布中更为重要。

- **责任感和奉献精神**：发言人应向媒体和公众阐明所在组织处理危机的目标。一方面承认危机造成的负面影响；另一方面也应不讳言处理危机的难度和必须付出的代价。相关负责人应当在第一时间到危机现场处理善后事宜。随着时间的推移，媒体对危机事件的关注程度可能会逐渐降低，报道量会相应减少，因此，有关部门应该把后续的信息通过各种渠道传送到"目标受众"（即受到危机影响的社群）当中。这类工作一直要坚持到危机得以圆满解决的那一天。

为了使信息更易于被受众所接受，政府部门的官员和发言人在发布传递信息时，可以根据具体情况运用以下一些技巧：

- **使用"全媒体语言"发布核心信息**：在媒体传播的层面，应该遵循以全媒体需求为导向的"三六九原则"："30 个字＋六年级水平＋90 秒"，30 个字可以用作报纸的标题、微博的"话题标签"(hashtag)和社交媒体容易扩散的"互联网米姆"，[①]"六年级水平"即小学文化程度的人都能听懂的信息，90 秒是广播电视、视音频常用的"同期声"的标准时长，也适合在社交媒体上进行"微直播"使用。换言之，发言人应当使用这类"全媒体语言"代替"公文语言"来进行新闻发布。

【案例分析 3.5】　"全媒体语言"的范例

说明：【】为点评

2013 年 7 月 10 日，第五轮中美战略经济对话在华盛顿举行。中国国务院副总理汪洋首次在该论坛上亮相引发了美国媒体和舆论的高度关注。美国国务院用多个社交媒体账号对他的演讲进行了微直播，获得了大量的转发和评论，其中最受关注的"妙语"如下：

"今天由我和（美国财长）雅各布·卢这对新人来主持新一轮中美经济对话。在中国

---

　　① "米姆"(meme)一词的原意是"文化基因"，1976 年由美国人种学家 Raichard Dawkins 提出，区别于生物学意义上的"基因"(gene)。"文化基因"指的是符号、影像、观念、行为在传播过程中发生变异后的产物。在传播学上，"互联网米姆"是指网民对"文化基因"进行戏拟（即恶搞式模仿）、拼贴、颠覆引发海量传播的产物。例如，"同志"一词就是一个典型的"互联网米姆"，它已经失去了原有的高度意识形态化的本义，成为"同性恋"的代名词。香港演员周星驰主演的影片《大话西游》可以说是"80 后"、"90 后"的"文化圣经"，因为其中包含了很多他们乐于使用并传播的"互联网米姆"。在媒介化政治的时代，政府和企业可以采用"互联网米姆"，在网上进行病毒式传播，引导舆论，提升自身的形象。

的语境里,新人是指刚刚结婚的夫妻,我知道美国允许同性婚姻,但我跟雅各布·卢没有这个意思啊"。

"中美经济关系有点像夫妻,我们生活在同一个地球上,你中有我,我中有你,虽然也有吵架,有分歧,但是都必须增进了解,增强互信,培育共同的生活基础","我们两家不能走离婚的路,像默多克和邓文迪,代价太大了"。

"我们上午在(美国)国务院看了杰斐逊起草的《独立宣言》,他说过要像爱护自己一样去爱你的邻居。在地球村上,中美是最大的邻居。"

"回顾世界历史,国与国之间对话比对抗好,吵架比打架好。"

"中美两国建交之前,我们老死不相往来,经常有不见面的相互指责、对骂,但没有解决任何问题。"

"两国建交尤其是'入世'后,我们之间交往日益密切,各层次、多形式的对话频繁,其中不乏争争吵吵、激烈辩论,却使我们双方都受益。"

【上述这些"妙语"在美国的传统媒体和社交媒体都获得关注,其原因可以我们前文中讲到的"三六九"(30个字十六年级水平十90秒)原则来解释。汪洋副总理使用的"全媒体语言"很直接地被转化为报纸标题、电视或视频中的同期声和微博帖子,顺应了全媒体时代的发展趋势。获得了良好的传播效果。】

2012年10月22日,美国总统候选人奥巴马和罗姆尼进行第三场电视辩论。其中,罗姆尼咄咄逼人地用数字指责奥巴马裁减军力的政策:"我们现在的海军规模比1917年以来的任何时候都要小。"奥巴马回答:"罗姆尼州长说的是我们的战舰数量比1916年时要少,但州长先生大概忘了,我们军队中现在的战马和刺刀也少了,因为我们军队的性质变了,我们已经有了航空母舰这样的东西,还有核潜艇……"

【奥巴马运用的是"全媒体语言"战术。他首先纠正对方数字和细节的不准确,在气势上压倒对方,接下来用"战马和刺刀"(horses and bayonets)来驳斥对方,这一回应不仅博得现场观众的哄堂大笑,同时成为当天微博上的热词,仅Twitter网站的转发和跟就帖达到了10.6万条,Facebook的用户创建了50多个以"战马和刺刀"为名的网页。奥巴马所在的"民主党全国选举委员会"也发送了一个"奥巴马用战马和刺刀击沉罗姆尼战舰"的"互联网米姆",被各大社交网络转发了16万次,获得了84万个"赞"。另外,"战马和刺刀"也登上了美国各大报纸的头条,奥巴马的这段"同期声"在三大电视网、福克斯、CNN等新闻节目中反复播出,也被在全球500多家电视台播出。】

- **开门见山**:在人际传播的层面,即主管领导或发言人直接面对公众时,应直接进入与公众关系最密切的信息,不要以背景介绍开场。中间可以穿插相关个人和组织的介绍,但一两句话足矣。在30秒之内用90个字把核心信息说清楚,这个"三九原则"是以公众的需求为导向。人们在危机面前往往会十分焦虑和恐慌,没有心情听长篇大论。因此,发言人应当亮出"底牌",给公众吃"定心丸"。随着他们的心情逐渐平静下来，再向他们提供更多的信息。在提供"指导性信息"时，**尽量使用肯定句**，避免使用否定句。换言之，你应该尽可能直接告诉公众应该做什么。比方说，"火灾时要走楼梯"，而不要说"火灾时不要使用电梯"；"请大家保持镇定"，而不要说"别害怕"。

- **要不停地重复信息**：不断的重复意味着可信度和持久的影响。实际上，每次重复信息时都是再对它做进一步的修正。广告学中最重要的概念是"覆盖面"和"频率"。信息是否得到有效接受，与信息达到的范围和发布的频率有很密切的关系。重复的次数（频率）越高，接受到该信息的人数（覆盖面）就越多，信息的传播效果就越好。

- **将抽象的信息转化成容易记忆的形式**——例如数字化、押韵的口诀和缩略语等，可以被用作前文介绍过的"互联网米姆"而广泛传播。例如，中国疾控中心的专家把防治禽流感的措施概括为四个"早"原则（早发现、早报告、早隔离、早治疗）。危机传播的基本原则之一是 KISS 原则（即"简单易学"原则，原意是"连白痴都能听懂"，也是 Keep It Simple and Stupid 的首字母的缩略语，恰巧又是容易记忆的英文单词 kiss）。调查表明，人脑对包含**三个要点**的信息最为敏感，因而最便于记忆。例如，2001 年秋天美国爆发"炭疽热"危机，邮政部门提醒用户在收到可疑邮件时应当"不摇、不闻、不碰"（Don't shake，don't smell and don't touch），以免被邮件中夹带的炭疽病菌所感染。

- **涉及相关政府部门或组织时，尽量用"我们"进行表述**，这样更具有亲和力。例如："我们已经采取了……措施"，"我们充分理解大家对……的需求"，而不要"打官腔"，尽量少用"领导同志"、"有关部门负责同志"、"上级主管部门"等公文用语。

高质量的新闻发布和微发布还应该尽量避免以下一些做法，以免产生负面的传播效果：

- 过多的公文用词和专业术语。例如：
  - 少用"流行病"或"瘟疫"，多用"爆发"或"大规模爆发"；
  - 少用"部署"、"调配"，多用"派"、"到位"；
  - 少用"相关系数"，多用"关系"；
  - 少用"使"字句。
- 使用过多的背景信息或者补充性信息。
- 带有明显的贬损色彩和判断语气的言辞：例如"谁要是在刮台风时四处乱跑，那他一定是个白痴"；又如，"只有患了疑病症的人才会让医生开这种药"。"白痴"、"疑病症"之类的字眼都会让受众感到不快。此外，以上两例都是判断句，不如改成建议性的语气："刮台风时最好不要四处跑动"、"这种药疗效不明显。最好不要使用。"如果能简要表述一下理由，说服力就更强了。

- 点名批评——应当批评的是出现的问题,而不是哪个人或组织。
- 随意许诺或保证——如果不能做出承诺和保证,应当如实说明,并表达关切。例如"非典"期间曾有外国记者提出政府是否会给死者家属赔偿,这就不是一个能用"是"或"不"回答清楚的问题。没有哪个主管领导不经协商就说"是",如果说"不",在那样的敏感时期会引发公众的不满情绪。所以在这样的情况下,只能对记者如实相告:"对这个问题,我们深表关切,会与相关部门进行协商。"
- 推断或预测——不要讨论所谓"最坏(或最糟)的情况",不要回答任何假设性的问题。坚持以已知事实为依据的原则。任何主管臆断会让发言人陷于被动,损害其公信力。
- 讨论钱的问题——在危机爆发之初,最重要的问题是公众的健康和安全,环境是否受到破坏。财产的损失是第二位的。此外,也不要在此时谈论政府投入了多少资金用于救灾,这并不能说明政府重视危机的程度。谈论具体的措施比谈钱更有说服力。
- 幽默——虽然幽默有助于缓解人们的精神压力,但我们应当注意,这通常是在"关起门说话"的私人场合。危机期间面对媒体和公众时,使用幽默往往会产生适得其反的效果。往往是眼前的危机还未平息,不适当的幽默又引发了另一场危机。

第四节 危机中的人际传播

在危机处理的过程中,政府部门的官员或发言人除了新闻发布会、微发布等媒体传播的方式外,必要时还要通过人际传播的方式与公众进行面对面的交流,树立政府部门的亲民形象,从而提升危机传播的效果。所谓"人际传播"实质上是人与人之间的倾听、交流与沟通,具体方式包括探访伤员、病人、灾民、死者家属等,表达关切和进行慰问,并且共同商议善后工作,等等。但是,危机期间的人际传播往往无法回避所谓的"负面信息"——即死亡、受伤、患病或抢救等。一般情况下,人际传播学者会告诉你如何向受难者或他们的家属表达同情,如何与他们进行交流与沟通,共同商议善后工作。然而,学者的建议通常是建立在有充裕时间准备的基础之上的。在突发事件来临时,由于时间紧迫和其他客观条件的限制,这类建议往往是不可行的。因此,我们需要把危机期间的人际传播作为一个独立的课题来加以讨论。

另外,危机发生后需要招募大量的临时人员,他们往往缺乏危机传播的经验。此外,有时候,还会出现在现场处理危机的人员的死伤。再者,这类人际传播通常会引起媒体的兴趣,通过媒体的报道而成为大众传播的一种补充和延伸。由于危机期间的特殊性和有可能引发的媒体关注,这类看似寻常的面对面交流就不同于一般意义上的人际传播,以上这些特殊的情况都需要我们采取合适的传播策略和技巧。

总的来说，危机中的人际传播要采取设身处地的、饱含感情的方式。以下我们从总体上概括出一些传播策略和技巧：

1. 对受难者及其家属表示同情

- 对伤员、病人、灾民等"受难者"要表现出设身处地的同情，而非居高临下的怜悯。
- 通过拉家常的方式获得一些线索，从而了解到对方最担心的究竟是什么。
- 尊重他人隐私是起码的要求，要向对方保证你们交谈的内容不会公开。
- 不要随便中止双方的交流（比如，不要打断对方的哭泣或抱怨）。
- 不要回答你超过专业知识范围的问题。如果对方同意，可以引荐有关的专家。

2. 认真倾听对方

- 把对方的需求放在第一位。
- 使用大方得体、能够被普遍接受的肢体语言（例如，不要把手臂或腿交叠在一起）。
- 用语言或身体语言回应对方时，态度要真诚。
- 不要打断对方，急于给出建议。
- 不要喋喋不休，片刻的沉默会使对方平静下来。
- 多用动作、表情和手势等非言语传播手段，眼神和点头等"身势语"都可以达到"尽在不言中"的效果。

3. 要谨慎小心

- 不要错过对方每个字和每个身姿所表现的意思。
- 不要做出价值判断，因为它会阻碍交流。
- 不要哄骗对方，因为这会使对方感到你小看他。
- 不要责怪任何人，这样做只会使交流中断。

4. 如何更有效地进行交流与沟通

- 对话中多使用遇难者的名字，如"某某同志/先生/女士"，少用"他/她"或"你爱人"等代称。
- 多向对方提问，让对方解释。多问"你是怎么考虑的"、"有什么要求"这类问题。
- 让交谈顺着对方的思路逐步深入，不要急于表达自己的期望。
- 适度的沉默。
- 涉及国籍、宗教、信仰、年龄和情感等问题要格外小心。
- 尽可能使用对方习惯使用的词和表达方式。
- 主动向对方袒露自己此刻的感受，这会使得话题进一步深入。
- 让对方充分表达出隐藏在心中的情感。因此，可以直截了当地说"你想哭就痛痛快快地哭出来吧"，而尽量不要让对方抑制自身的情感，少使用"别难过"、"莫悲伤"、"要坚强起来"、"化悲痛为力量"一类的套话。

- 始终贯彻以下原则：如何说要比说些什么更重要。

5. 如何与受难者家属进行交流与沟通

- 你在他们身边比跟他们谈些什么更为重要。家庭成员的言语往往会传达出强烈的感情：比如："我丈夫没了，我可怎么活？"或者"为什么老天爷要这样惩罚我？"此时，你要做的就是倾听，让对方把心中的痛苦宣泄出来。你只需说几句简短的表示悼念之情和抚慰的话，比如："我们都很悲痛"、"保重身体"、"你还有我们大家呢"等等。你也可以运用适度的身体语言（例如轻拍对方的肩膀）。但是，如果对方对你的动作表现紧张和不安，那么，就收回你的动作。
- 对于"死亡"或者"病危"，在不同的文化语境下有不同的说法。西方人往往不忌讳直接使用"死亡"或"病危"等字眼，而中国人则习惯使用"不在了"、"病情加重"等委婉的手法，笃信宗教的人还会使用"功德圆满"或者"得到天堂的荫庇"等说法——但在一般人听起来，这些带有宗教色彩的说法显得故弄玄虚。总之，在传递负面信息的时候，一定要考虑对方的文化背景和语言习俗。一个简单易行的办法是：先听听对方在描述"死亡"和"病危"时用的是什么字眼，然后遵照使用即可。
- 避免使用一些陈词滥调——"他是个好人"、"他这辈子过得不错"、"他终于解脱了"等等。这些语句会让家属觉得你在轻描淡写他们所承受的巨大悲痛。
- 尽量避免谈论你经历过有关死亡或疾病的痛苦经历，受难者家属才是传播的中心。
- 不要表现出注意力不集中，或者有其他事情要做。在与受难者家属谈话过程中，不要看文件、电梯、手表、时钟等无关的事物，这会让对方认为你缺乏诚意，随时准备离开。时刻保持关注对方，说话时语速放慢一些，语调柔和一些。
- 主动询问对方希望提供哪些帮助，不要等着对方开口。

第四章 危机传播的机制建设与预案制定

第一节 如何做好潜伏期的准备工作

制定危机传播预案是政府部门建立危机应急机制的主要环节之一,危机传播预案应当成为整个应急机制与预案中的重要组成部分,这项工作应当在危机的潜伏期完成。一般认为,制定危机传播预案的主要目的是为今后的工作提供一个行动上的指南。但是,目前的状况是许多部门的领导和主管并不能充分认识到危机传播和新闻发布的重要意义,因此会表现出抵触情绪或消极合作的态度。如果这种状况得不到改进,再"完美"的危机传播预案也不过是纸上谈兵。

因此,在制定危机传播预案之前,要设法争取各方——尤其是领导层——对危机传播的重视。具体来说,危机传播的负责人(通常是本部门的新闻发言人、宣传工作的主管)要开展以下几个方面的工作:

(1)让各方都知道你是危机传播工作的负责人,让各相关部门的人员都认识你,至少要知道你的名字。多与政府危机应急预案的制定者进行交流,让他们明白政府部门只有利用有效的危机传播手段,其所制定的危机管理措施才能达到预期的目的。

(2)危机传播的负责人往往会忽视政府内部的沟通,在政府机关工作的人通常习惯于线性思维,因此,无论是高层领导,还是其他部门的负责人都习惯于通过文字资料对你的工作有一个较为全面的了解。因此,危机传播的负责人应当起草一份言简意赅的书面计划,这对你取信于上级和同事大有帮助。

(3)使领导层明确了解危机传播的目标——许多领导和决策者以为"传播"就是配备几台对讲机,而对媒体和公众的作用认识不足。这说明他们还不太了解你所从事的工作的重要意义。为了突出其与众不同之处,要向领导层强调危机传播的主要目的是为了保障公众的知情权,为危机管理创造良好的舆论环境。

（4）让领导层明白：对危机传播和新闻发布的适当投入，将有益于政府规划的整个危机应急和重建体系的运作。

要使各方面重视危机传播，新闻发言人和宣传部门的主管还应强调以下几个方面的内容：

- 如果没有有效的危机传播，危机管理过程中将会出现以下不良后果：
  - 专家们口径不一，造成信息混乱；
  - 延误新闻发布的时机；
  - 影响政府部门的媒体和公众形象，让人觉得政府部门作风专断；
  - 高层和专家进行决策时没有足够的来自基层的信息作为依据；
  - 谣言得不到及时澄清；
  - 各部门之间协调不力，互相争权或"扯皮"，导致媒体和公众的批评。
- 向领导层和决策者提出以下建议，改进危机传播的工作：
  - 制定并且执行详细的危机传播预案；
  - 及时掌握第一手信息；
  - 及时表现出同情和关切；
  - 通过媒体充分展现决策层的专业背景和领导才能，树立正面的媒体形象；
  - 善于使用社交媒体与公众进行及时的沟通和交流；
  - 态度诚恳、开放，倾听不同意见；
  - 对公众表现出全力奉献的态度；
  - 在决策过程中贯彻危机传播的基本原则（详见第二章）。

归根结底，当危机来临时，新闻发言人和宣传部门的主管在决策过程中的地位要靠自己去争取。他们到底能够发挥多大的作用还取决于个人的教育背景、专业素养、管理才能以及积极参与的态度。如果他们能够为危机传播在政府部门的应急体系中争得"一席之地"，那么就能获得领导层和决策者的支持，与参与危机处理的其他各部门形成有效的信息交换和互动机制。只有满足了以上这些条件，才谈得上着手制定危机传播预案。

第二节　如何开展危机传播的机制建设和预案制定

危机传播机制建设和预案制定要按可能发生的最坏情况来考虑。每个部门或机构的危机传播预案应与国家、省市等各级政府的应急机制紧密结合起来。危机传播的基础是各个部门和机构之间建立的合作机构关系。一份出色的危机传播预案应该体现出这种关系。这种协作关系的最大优点是可以充分调动各种资源，并且实现资源的共享和流通，例如，危机爆发后，最有效的传播手段之一便是立即开通几条为公众排忧解难的免费电话热线，而它的正常运作就需要多达十几个部门和机构的协作。

总的说来,危机传播预案应包括如下几个要素:

- 主管领导的批准
- 危机传播团队的规章和责任
- 部门内部信息的核实、查证、批准和澄清的工作流程
- 新闻发布协议(包括发布信息的机构、内容、时间和方式)
- 国内外及当地主要媒体联络名单(包括值班电话)
- 国内外社交媒体运营商的联络名单(包括新浪微博、腾讯旗下的 QQ 和微信;如危机在国外发生还要联系 Facebook、Twitter、YouTube 等)
- 与当地危机处理部门进行沟通的工作流程
- 指定的新闻发言人(包括后备人选)以及必要时启用的"第三方"证人(如专家学者、民间组织)
- 开通官方微博、微信,建立专业维护团队
- 部门危机处理团队的联系电话
- 合作机构的联络电话
- 设立由各方参加的联合新闻中心。预案中要包括成立该中心的协议书和工作流程
- 危机发生后,如何确保充足的资源(场地、设备和人力等),维持新闻中心 7 天 24 小时不间断运作
- 危机中向公众、合作机构和利益共享者发布信息的媒介(如电子邮件列表、传真、传单、新闻稿、微博、微信等)

危机传播预案并不能细化到每一个步骤,它只是一个工作大纲。它所阐明的是各部门的角色定位,所肩负的责任、可供开发的资源和应对媒体与公众的技巧。从这个意义上说,**危机传播预案归根结底是一个信息资源库,是必备信息的汇编**。危机传播预案可以把一些零散的资讯进行收集、整理并更新,这样一旦危机发生时,新闻发言人和其他有关人员可以随时查到,不至于手忙脚乱。

每个部门的成员都有责任保持预案的时效性,定期从各个方面完善这个预案。不要拖到问题成堆或者变化太多时再考虑修改预案。那样的话,原来的预案很可能会失效,只能另起炉灶了。预案不是越长越好,上面已经谈到,它只是一个工作大纲,因此,没有必要从一开始就列出所有需要完成的工作。它旨在确保每个人明白自己的责权范围,从而让所有工作尽可能按预期的程序展开。在危机来临时,一个毫无计划、毫无组织的办公室只会乱上添乱。你不能在危机发生后才想到要和合作机构明确双方的责权范围。一般来说,危机爆发之初往往会出现混乱的局面,充斥着各种真伪莫辨的信息,机构的信誉度也容易受损,这往往就是各部门事先没有协调好角色定位和职权范围的结果。

一般而言,形势一片大好时制订的预案计划,在危机中极有可能失效,往往会被打个

措手不及。因此,制订预案时要保证其既简洁又灵活,通过实施这个预案,努力寻找一种有效途径,以便最快、最准确地将信息通过媒体传递给公众和合作机构。以下我们分别详细探讨一下危机传播预案中的各个要素:

1. 主管领导的批准

这道程序十分必要。主管领导应当了解危机传播负责人的工作计划及其与应急体系内其他人员的合作情况。此外,领导也希望了解他/她在危机传播中所扮演的角色。危机传播预案的导言部分要经主管领导亲自过目。这个部分要阐述的是主管领导赋予发言人的权力和职责。以下是经过美国疾病防控中心(CDC)领导层批准的一份危机传播预案的导言部分,明确地阐述了CDC的职能、其所开展的危机传播的重要意义和基本理念,可供读者在制订预案时参考:

在公共卫生危机中,CDC的职责是整合各方力量,从而保护美国公共卫生和健康安全。为了平息公众的恐慌心理,我们将会传播可靠的信息,并且推行适当的保健措施。

专家们指出,危机往往会突然降临到个人或组织的头上。及时而恰当的危机传播使CDC能与相关机构进行有效合作,给公众提出科学可信的建议,完成他们的使命。

危机传播预案有助于CDC有效处理突如其来的灾难和紧急情况。这套行动框架结合了本中心的职业伦理和指导原则,从而确保它在危机中对媒体和公众进行有效传播。虽然我们无法预测或者避免今后可能出现的危机,但我们应该随时做好充分的准备。

2. 危机传播团队的规章和责任

在危机过程中,必须有人负责向媒体、公众和合作机构发布信息。这种通过官方渠道进行的新闻发布是应急机制中的重要一环,能为合作机构和公众提供危机的最新进展、应对措施和行动建议。这位发言人的身后必须有一个高效的危机传播团队的支持。另外,该团队还负责及时搜集媒体、公众以及合作机构的反馈意见,及时向决策层和相关部门反映。

具体来说,危机传播团队具体承担以下一些职责:
指挥和管理:
- 指导对媒体、公众和合作机构的新闻发布工作;
- 根据对局势的发展和各方信息需求决定预案的启动;
- 根据预案中确定的合作机构协调,保证新闻发布中口径一致,防止越级传播;
- 向本部门领导人、危机管理总部的指挥者和决策层及时更新信息;
- 根据本部门在整个应急系统中所起的作用,向主管领导和决策层建议如何发布信息;
- 确保本部门人员在接触媒体时遵循危机传播的基本原则(详见第二章);
- 了解与危机中具体事件有关的政策、技巧和情况;

- 复核和批准将要公布给媒体（包括社交媒体）、公众和合作机构的信息；
- 负责澄清对当前政策的猜测或敏感话题相关的内容；
- 决定预案的运作时间（具体到几号、几点钟），并根据情况的变化随时调整；
- 确认人力、技术和物质资源是否充足。

协调媒体关系和建立沟通机制：

- 在危机中，根据媒体的需要准备传播材料（例如新闻通稿、网页/微博更新等）；
- 对媒体的采访要求和提问进行分类，排定先后次序；
- 确保媒体提出的要求和问题得到适当的回答；
- 为新闻发言人应对媒体提供信息和技术支持；
- 编制和更新媒体联络名单及电话簿；
- 制作和分发媒体公告与新闻稿；
- 制作和分发背景材料（例如事实和数据清单）；
- 建立媒体监督和报告机制（例如：通过分析舆情确定媒体的信息需求和关注的焦点问题，尽早发现与事实不符的"误讯"，并及时更正）；
- 确保所有发布给媒体的信息都遵循危机传播的基本原则，与媒体建立互相信赖的关系；
- 协调本部门与联合新闻中心（注：如果危机波及范围较大，涉及多个政府部门的工作，通常应当设立一个联合新闻中心）之间的信息交流工作；
- 指定本部门与联合新闻中心之间的联络人。

为公众提供信息服务：

- 准备好相关的宣传材料，满足以电话、信件或电子邮件等方式直接索取资料的公众的信息需求；
- 建立公共信息监督和报告机制（例如：通过分析舆情确定公众的信息需求和关注的焦点问题，发现不符合事实的"误讯"及时更正）；
- 开通或加入各种电话信息热线；
- 开通或加入公共电子邮件列表；
- 开通或加入公共通信回复系统；
- 建立并管理应急系统的网站、网页、微博、微信、客户端、APP 等；
- 与其他应急系统的网站、网页、微博、微信等建立链接。

为合作机构提供信息指导：

- 与预案中确定的合作机构签订信息交流和共享协议；
- 向合作机构提供信息简报，并定期更新；
- 满足合作机构的信息需求并解答疑问，同时获得对方的反馈；
- 建立合作机构的信息监督体系和报告机制（如：通过分析舆情确定合作机构的信

息需求和关注的焦点问题,尽早发现不符合事实的"误讯",并及时更正);

- 邀请合作机构参加本部门的会议,在会上向各方提供信息,获得反馈意见;

- 编制和更新合作机构、"意见领袖"(例如,当地的人大代表和政协委员,拥有百万粉丝以上的微博大V)和特殊利益攸关方(例如,民营企业、外资企业、行业协会、民间组织等)的联络方式;

- 满足"意见领袖"和特殊利益攸关方的信息需求,并为其解答疑问。

为政府的应急系统提供的内容和材料:

如果危机波及的范围较广,涉及的部门较多,政府应当建立各部门协同参与的"危机处理中心"(EOC)。

- 建立完善的机制,以便从 EOC 迅速获得有关危机处理的最新进展情况;

- 将 EOC 提供的关于当前情况的报告和会议记录加以筛选,选出合适的新闻发布给媒体、公众和合作机构;

- 与有关专家合作,结合具体情况编制事实和数字清单以及对常见问题的解答,并及时更新;

- 根据可能发生的紧急情况,分主题将相关信息编辑起来,以便需要时向公众发布;

- 考虑到不同文化和语言人群的需要,编制专门面向这些人群的传播材料;

- 与其他传播团队进行交流,看看还要满足哪些信息需要,或者做内容上的更新;

- 运用媒体、公众和合作机构信息监督系统的分析和报告,确定发布哪些信息;

- 确定还需要哪些额外的信息和宣传材料。

3. 信息的核实、查证、批准和澄清的工作流程

新闻发布之前都要经过详细审核。信息可能是由本部门单独发布,也可能是由主管部门结合其他部门的信息一起发布,在这样的情况下,到底谁应当对审核工作负责呢?

- **如果未能在"第一时间"发布信息,就等于失败**。信息分为两类:人们需要知道的和想要知道的。作为发言人要能权衡轻重,判断应该优先回答"人们需要知道的问题"。如果你不能回答,则要向媒体和公众阐明需要经过一定的过程才能得到答案。

- **新闻发布之前负责仔细审核材料的 3 个人是:本部门的新闻发言人、与发布内容直接有关的负责人以及精通所发布内容的专家**。如果涉及法律问题,还要包括法律方面的专业人士。诚然,有这 3 个人负责审核并不代表其他人不能对这份文件发表意见和看法,但他人的意见不能延迟发布的时间。同时,不要忘记从主管领导那里获得批准。出于礼貌,还要把发布的信息通知相关的合作机构。这些合作机构在发布的信息上与你享有相同的利益,因此也需要征询他们的意见。

- **尽可能当面并且同时核实所有的信息**。将信息所涉及的相关负责人召集到一起;如果做不到这一点,派助理把复印件送到他们手中,然后逐个征询他们的意见。

核实工作的流程如下：(1)标出发布稿中哪些部分需要斟酌；(2)询问他们该信息是否适合作为报纸、电视新闻的头条或微博、微信的首发帖；(3)向他们介绍你搜集的舆情以及对未来危机走向的分析；(4)确认发布稿是否准确而清晰地回答了媒体和公众普遍关心的问题，如果没有，再做进一步修改。

- 不容否认的是，核查信息是一项繁重而困难的工作。发言人要充分考虑核查所花费的时间，尽可能缩短这一过程。如果某位负责人已经指定了一个代理人来进行核查，你就只需与后者联络。跟所有工作人员讲清核查信息的流程，以及核查可能花费的时间——尤其要强调发布的截止时间。要让相关部门的负责人认识到，危机期间不要强求信息十全十美再发布；**信息不完全也比没有好**。公众需要知道的信息要尽快发布，在不损害危机处理大局的前提下，让公众也及早知道他们想知道的信息。

- 如果确定了新闻发布的主题，**尽可能掌握更多的相关信息，并事先查证**。在危机中，人们对信息是十分敏感的。因此，发言人在措辞上要十分小心。这就好比对重病号或临终者说话要格外小心，在危机传播中也要从始至终注意措辞的谨慎。

4. 新闻发布协议（包括发布信息的机构、内容、时间和方式）

签订书面协议会让发言人免去很多麻烦，应当尊重协议中的每一方。由于危机处理需要大家的通力合作，几乎没有哪家任何机构拥有真正意义上的"独家新闻或信息"。一般来说，同一应急系统中各个部门都有发布信息的权利。因此，应当采用联合发布的策略。到底由哪个部门出面发布可以通过协商来解决，重要的是如何能在第一时间让新闻发布出去。一旦信息被公之于众，各个部门便可根据各自的职能编制不同的媒介信息产品（例如新闻稿、媒体公告等），满足公众和合作机构的需要。

5. 国内外及当地主要媒体联络名单（包括值班电话）

要把媒体的联系方式，包括电话号码、电子邮件地址、传真号码、微博/微信账号制成清单，不要依赖名片或便条，免去保存和查找的不便。由于危机随时都可能发生，因此，还要想办法拿到重要媒体主管和编辑的住宅电话及手机号码，包括国内外社交媒体机构主管人员的联络名单（如新浪微博、腾讯 QQ 和微信；如危机在国外发生还要联系Facebook、Twitter、YouTube 等），以便随时取得联系。**如果说危机传播预案中只能做一件事的话，那就是这件事**。

6. 与当地危机处理部门进行沟通的工作流程

没有一个危机传播团队能够"孤军作战"。这个团队应当是整个危机管理系统中的一部分。传播预案中要包括危机管理系统的结构图，这样发言人需要什么部门的信息帮助就一目了然了。一旦危机爆发，并被媒体曝光，应当迅速启动危机传播机制。这时要安排专人接听媒体的采访电话，搜集舆情，并与有关部门协商如何应对。另外，要确保其他部门都有发言人的联络方式。如果媒体提出采访要求,让他们去找发言人。

危机传播的工作不应局限在本部门内部,要保证其他应急部门的传播预案中也列上你的联系方式。各部门的危机传播负责人之间要交换名字、电话号码、值班电话、在危机中承担的职责和发挥的作用。做到以上两点,最大的益处是确保各部门之间口径一致,同时也没有将媒体拒之门外,迫使他们去找不可靠的信源。

7. 指定新闻发言人以及必要时启用的"第三方"证人

指定危机期间的新闻发言人以及候补人选。不要只是根据他在本部门中的职位高低来草率决定,要更多考虑他的才能和传播的有效性。通常不要选择那些本身已经承担了其他职责的领导。发言人应当是专职的,有充足的时间和精力来应对媒体。

指定的发言人应当接受培训,平时应当尽可能多地让他面对媒体。即便是由本部门的最高领导来会见媒体,发言人也不是无所事事,他应当负责安排和协调的工作。尽可能安排受过训练的发言人为高层服务,提供有关如何面对媒体的咨询。危机爆发后,"第三方"证人(例如本部门以外的专家学者、民间组织、微博大V等)在新闻发布会上能够起到说服公众的作用。因此,在危机传播预案中,应当确定这些"第三方"证人的人选,并与他们随时沟通。

8. 加入联合新闻中心

危机爆发时,政府应建立一个由各部门协同工作的危机处理中心(EOC)。EOC应当设立一个联合新闻中心(JIC),确保你所属的部门在JIC中有一席之地。与JIC进行合作可以减轻发言人的工作负担——例如,你不必24小时接听媒体的垂询电话。你要随时携带JIC中各个合作机构的联络方式,便于筹划联合的新闻发布会。以美国为例,处理某个地方的公共卫生危机事件时,合作机构包括州政府负责公共事务的官员、当地联邦调查局的公共信息专员、地方农业部门及动物检疫部门的公共信息官员、地方红十字会以及其他相关的非政府组织。

9. 保障充足的资源

在危机期间,应该设立一个7天24小时运作的联合新闻中心(JIC),因此,在危机传播预案中要列出具体措施来确保充足的空间、设备和人力资源,以维持JIC的全天候、不间断运作。

平时,大多数的发言人或宣传部门的官员都习惯于在零预算或以少量预算的情况下工作。但在危机爆发时,你必须获得充足的物资、人员、设备和场地。因此,在危机传播的预案中要做出预算,事先筹划好获得这些资源的渠道。与本部门的后勤负责人进行沟通,不要等到危机开始再向领导层申请支援。同时,确保EOC制定的危机管理预案中包括了危机传播所需的场地、人员和电话线路等。在准备资源时,要遵循"宁余毋缺"的原则。

根据以上的原则，相关政府部门可以针对具体情况制订危机传播预案。附录 3 是作者搜集的美国有关部门为应对恐怖主义（尤其是生化武器）袭击而制定的危机传播预案，供读者参考。

除了上述九个方面的工作，危机传播预案中还应该包括以下一些常规性和事务性的细节：

危机传播所需的资源和硬件设施

危机传播预案应当包括对资源和硬件设施的规划与安排，确保危机传播中的一些重要环节——如户外新闻发布会能够顺利进行。这些资源和硬件实施都是按照最理想的传播模式和最高标准来配置的，因此读者可以按照自身的实际进行调整、增删和选择。

空间：

- 要为新闻发布会找到合适的地点，容纳媒体和记者；房间最好有两个出口，供发言人和记者分别使用。
- 要找一个相对安静的场所来培训发言人，进行新闻发布会的模拟和演练。
- 要找一个举行危机传播团队会议的场所。
- 要找一个放置本团队专用设备的专门场所。比方说，媒体截稿期限迫在眉睫，你总不能还在排队等复印机印制新闻稿。

人员：

- 需要选拔和培训专门人员，能够在全天候、不间断运作的 JIC 轮流值班。
- 需要选拔和培训专门回答电话提问的人员，可以考虑从合作机构或民间组织中挑选。
- 招募各个门类的专家作为顾问，可以担任新闻发布会、电话热线和媒体访谈的嘉宾。
- 需要配备足够的助手和后勤人员，他们能够帮助发言人顾及每一个细枝末节，确保不出现失误。对这些人员进行培训，然后安排合适的岗位，实行奖惩机制。

协议与备忘录：

- 与值得信赖的新闻媒体签订合作协议。
- 与值得信赖的网站和社交媒体运营商签订协议。
- 与记者和公关人员签订协议，在危机爆发时可以加入你的团队。
- 与行政部门签订协议。
- 与通讯公司签订合同，设计危机电话热线，事先录制好或准备以下内容：
  - 危机情况介绍（按 1 号键）
  - 自我保护措施（按 2 号键，以此类推）
  - 心理咨询

- 医疗专家咨询服务
- 保险赔付咨询

设备：

为了确保危机传播的有效进行，在危机出现之前准备好必要的设备。如果危机持续下去，还要考虑添加（详细清单见本书附录 1，表 6）。

办公用品：

要留出足够的办公用品，贴上"危机专用"的标签，以备不时之需（详细清单见本书附录 1，表 6）。

危机传播需要的新闻发布渠道

在危机当中，政府部门可以采用不同的渠道向媒体、公众、合作机构发布信息。在危机传播预案中也要对这些渠道进行规划和安排：

- 电话（包括专门开通的免费信息热线）
- 传真（可以用来向媒体传递新闻发布预告）
- 电子邮件（包括邮件组）
- 邮件（包括特快专递）
- 人际传播（包括小范围的新闻吹风会、社会各界参加的座谈会）
- 合作机构的传播渠道（可以通过对方的关系网或邮件组传播）
- 指定的通讯社
- 指定的媒体机构——报纸、杂志、电台、电视台或网站
- 新闻发布会或媒体见面会（前者以新闻发言人为主角；后者则由发言人主持，邀请高层领导或相关负责人参加）
- 网站、博客、微博、微信群、客户端、APP

第三节　危机传播的工作流程和预案模板

上一节我们探讨了制定危机传播预案的总体原则和框架。在此基础上，我们来设计一个危机传播预案的模板。供读者制定危机传播预案时参考。

我们依据芬克的危机阶段理论，把危机传播的流程分为九个步骤，如图所示：

第一步：认清局势

- 了解事实；
- 从其他各种信源获得信息，以便全面、准确地把握整个事件；
- 寻找信息来源，确定其可信度；

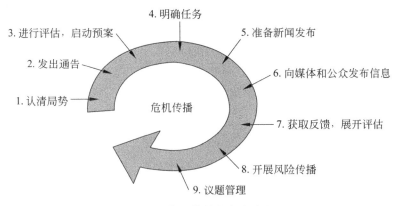

图 4.1　危机传播的九个步骤

- 信息是来源于权威机构的吗？（例如，是卫生部或疾病防控中心公布的吗？）
- 信息是来源于非权威机构吗？（例如，是一个民间机构公布的吗？）
- 是否只是传闻？（例如，通过电子邮件组、QQ、微博、微信传播的信息）
- 从各个信源所获得的信息是否一致？
- 对事件的描述是否能够自圆其说？
- 向专家咨询，澄清疑点；
- 评估事件的重要性；
- 开始安排危机传播所需要的人力和物资；
- 决定应该向谁通报此次危机。

第二步：发出通告

危机爆发后，要认真考虑在你所属部门的责权范围内，应该通知危机管理系统中哪一级别的哪些负责人，这是十分关键的一个步骤。下表 4.1 列出应当通报的危机管理的部门和机构。由于各地的具体规定和做法会有所差异，因此通报信息前应当尽快熟悉危机发生地的情况，对此做出调整。

表 4.1　危机通报部门指南

地方行政部门	公安部门 卫生局 急救中心 医院 消防部门 公共服务设施机构（水、电、交通等）

续表

省市行政部门	卫生厅 应急办 公安厅 急救中心 消防部门 驻军或武警
中央行政部门	公安部 卫生部 中国疾病防控中心 其他相关部委

【"9·11 事件"后,美国联邦政府成立了国土安全部,下属的联邦应急管理局(FEMA),专门统筹协调全国范围内的危机管理工作,各个州政府也设立了危机管理的专职机构,值得借鉴。】

第三步：进行危机评估,启动危机传播预案

继续搜集信息,对危机的严重性进行初步的评估,同时迅速组成危机传播团队,启动危机传播预案,并根据实际情况及时对预案、人力和物资的分配进行相应的调整。这就要求危机传播团队进行主动、迅速的调查和分析工作。

- 当上级主管部门确定了负责危机管理的机构或个人以后,确保危机传播团队与他们保持直接、经常性的联系。
- 继续搜集并核实信息：发生了什么？采取了哪些预防措施？如何避免情况恶化？
- 你所在的部门为解决危机采取了哪些行动？是否进行过调查？谁参与了调查？
- 还有哪些政府部门/机构为解决危机采取了行动？
- 谁是危机的受害者？这些人有什么想法？他们/她们要知道什么？想知道什么？
- 普通公众应当采取哪些措施？
- 启动媒体舆情监测系统。
- 启动网络监督系统。
- 对媒体舆情和社情民意进行总体评估：它们与政府部门所掌握的危机状况有哪些相同和不同之处？它们对政府部门的危机管理工作有哪些有利的和不利的方面？

第四步：明确任务

危机传播预案启动后,要进一步明确和细化传播团队所承担的任务：

危机爆发之初传播团队的任务

- 确认哪些个人和部门能够系统地/科学地解决这场危机。
- 在整个危机过程中,危机传播团队与管理人员如何合作？哪些会议需要传播团队

参加？

- 目前应该优先处理哪些问题？
- 需要哪些物资？是否有充足的人员？
- 谁来担任本机构的新闻发言人？
- 新闻发布会是否需要邀请"第三方"（相关的专家学者或民间机构负责人）？
- 危机传播团队每天运转多长时间？10 个小时？12 个小时？20 个小时？还是 24 个小时？
- 危机传播团队每周运转几天？5 天？6 天？还是 7 天？
- 是否需要安排传播团队中的人员出差？
- 需要追加预算吗？
- 需要把一些项目（如设立热线电话、网站维护等）承包给其他机构吗？
- 确定来自各个信源的信息是否一致。

危机过程中传播团队的任务

- 向负责调查危机起因的人员咨询危机的动向，它是否会进一步恶化？
- 此次危机会引来媒体/公众更多的关注吗？
- 目前已经出现了哪些传言？其中有哪些需要澄清？
- 本部门应对此次危机做出怎样的回应？这种回应能够发挥怎样的效用？
- 本部门应当向媒体提供信息吗？让其他部门来发布信息是不是更合适呢？
- 传播团队的工作效率如何？每个成员的工作量大致相等吗？需要重新分配工作吗？
- 有充足的物资保障吗？
- 每日向媒体更新信息的次数是否合适？是否有必要在规定的时间，通过网络或传真向媒体提供信息更新？何种情况下应当取消定期更新？
- 是否应当安排集体采访（如果许多媒体都要求采访同一位负责人或专家）？
- 危机传播团队的运作时间应当延长还是缩短？
- 外派出差的人员应当继续执行任务，还是马上返岗？
- 根据公众/媒体信息需求的变化，要追加预算吗？
- 从媒体和公众搜集到的信息是否有助于决策层和第一线的工作人员？

合作伙伴的参与

必要时，政府部门应当邀请其他部门、官方或民间组织等"合作伙伴"一道参与危机传播的工作。

- 合作伙伴关心自身的公共形象吗？
- 哪些合作伙伴已经卷入了这场危机？随着危机的发展，预计哪些还会卷入？
- 合作伙伴希望能以什么方式参与到本机构的应急系统中来？

- 按照惯例以何种方式向合作伙伴及时更新信息？
- 本部门的常规合作伙伴包括：
  - 其他政府部门
  - 志愿者组织
  - （行业或专业）协会
  - 民营企业（包括公关公司、咨询机构等）
  - 民间意见领袖（公民记者、微博大 V 等）

第五步：准备新闻发布

这个步骤包括确定要发布的信息、编制有关文字材料、获得上级主管领导的批准以及协调与其他部门的信息交换和发布。

确定新闻发布的内容

- 新闻发布的目标受众是谁？这场危机影响了谁？谁在危机面前感到恐慌？谁最关注危机的进展？应当提醒哪些人加强防范意识？
- 受众对危机有何看法？他们需要知道哪些信息？他们想知道哪些信息？
- 媒体需要知道哪些信息？
- 本部门如何通过媒体向公众表达同情和关注？
- 目前掌握的事实是什么？究竟发生了什么事？
- 在危机面前，本部门的基本立场和政策是什么？
- 为了缓和并且最终解决危机，本部门采取了哪些措施？实施了哪些行动？
- 本部门将采取哪些措施，防止类似危机再度发生？
- 有哪些合作伙伴参与了危机处理？他们有什么观点？
- 公众应当做些什么？
- 媒体和公众有哪些获得信息的渠道？
- 下一次更新信息是在什么时候？

在确定了新闻发布的内容以后，要及时报送上级主管领导批准，并与其他部门进行信息核查、交换和协调，确保在新闻发布口径上保持一致（参考本章第二节的第三部分："信息的核实、查证、批准和澄清的工作流程"）。

第六步：向媒体和公众发布信息

在完成了新闻发布的准备工作后，要着手准备与媒体见面，通过媒体向公众发布相关信息。在这个步骤中，危机传播团队重点考虑的是如何协助发言人做好应对媒体的工作。

媒体经常提出的问题

- 哪些部门和个人负责危机的处理？
- 政府为危机中的受害者做了什么？

- 局面是否已经得到了控制？
- 危机发展的走向如何？
- 危机为何会发生？
- 危机为何未得到及时制止？
- 危机产生了哪些负面影响？
- 政府的危机处理工作是何时开始的(包括何时接到危机报告,何时做出决策等)？
- 从危机中搜集到的事实、数据和结果说明了什么？
- 你(发言人)是否隐瞒了一些负面的情况？

面对媒体的时候,发言人应当做到
- 只发布经过上级主管部门标准发布的信息,不要做出任何预测或推断。
- 反复强调所掌握的有关这次危机的事实和数据。
- 具体描述调查危机起因的过程和搜集事实/数据的过程。
- 具体描述本部门在危机处理中做了哪些工作。
- 具体描述合作机构在危机处理中做了哪些工作。
- 向公众阐明和解释他们应该做些什么？
- 向公众阐明如何获得更加详细和深入的相关信息。

第七步：获取反馈,展开评估

危机得以缓解后,要及时展开对本部门危机处理工作的评估：
- 搜集和整理来自公众的反馈和批评意见。
- 搜集和整理媒体的相关报道。
- 对工作的成功和失败之处立即做出反思,总结经验教训。
- 对危机传播的运作过程进行 SWOT 评估(详见第一章表 1.2 的定义)。
- 向上级主管领导递交有关危机传播的效果分析和 SWOT 评估报告。
- 将评估结果在部门内部进行交流。
- 在对评估结果进行分析的基础上,撰写论文发表,与更多的同行进行交流。
- 根据总结出来的经验和教训,对危机传播预案进行修改和完善。
- 根据总结出来的经验和教训,建议主管领导对决策和工作流程进行修改和完善。
- 根据这些修改和完善的内容,对相关人员进行培训。
- 征得主管领导同意后,重新修订危机传播预案中的政策和工作流程。

第八步：开展风险传播和公众教育

危机过去之后,要抓住机会开展风险传播和公众教育工作：
- 根据总结出的经验和教训,对公众展开相关主题的教育(例如公共卫生、公共安全等)。
- 进一步了解公众对这场危机的认识和他们所需求的信息。

- 通过公众教育,传播防止危机再度发生的知识和危机中的自我救助知识。
- 尽可能让那些未受到危机直接影响的人也参与到公众教育中来。
- 结合一些主题教育活动(例如"地球日"、"国际减灾周"等),利用各种媒介开展面向公众的风险传播。
- 每次公众教育一般只确定一个到两个主题。
- 危机过后,考虑建立新的相关网站或更新已有的网页,对微博、微信的内容进行相应的调整。
- 公共教育应该体制化:例如编写手册和传单,普及危机传播;考虑在社区内设立定期的培训班。
- 撰写一系列相关文章或录制一系列相关的音像节目,供媒体开展公众教育时使用。

第九步:议题管理

危机爆发前后以及整个过程中,传播团队要始终进行信息的搜集和监测工作,开展议题管理(详见第一章第六节)。具体包括:

- 媒体监测;
- 网络和社交媒体监测;
- 与主管部门和其他政府部门的信息交流与协调;
- 与相关的专家学者和合作伙伴的信息交流与协调;
- 对相关学术研究成果的搜集和监测。

第四节　危机传播预案的核心:爆发初期

危机传播预案的核心是制订危机爆发初期的工作流程和对策,这一阶段是媒体和公众瞩目的焦点。因此,我们专门辟出一节的篇幅来重点探讨如何制订这一阶段的危机传播预案。一方面,媒体和公众会表现出空前的关注;另一方面,各种流言飞语的传播会引发公众的恐慌情绪。在初始阶段应当迅速开展以下工作:评估危机走向,确定应当启动哪个级别的应急机制;搜集相关事实和数据;确保危机传播所需的人力和物资供应。通常情况下,我们把危机爆发后最初 48 小时界定为"爆发初期"。这一阶段的工作对危机传播甚至于危机管理的整个过程会产生决定性的影响。

危机爆发之初,及时向媒体和公众更新事实、数据以及相关的调查和研究结果是非常重要的。1980 年 5 月 19 日,圣海伦斯火山爆发后,许多当地居民询问火山灰和"尘云"的危害性,美国地质协会的专家答复说要两个星期后才能公布结果。这一答复引发媒体和公众的不满。危机处理中心要求他们连夜开会,拿出初步意见和给公众的建议,而后随时更新信息。

就我国的现状而言,社交媒体蓬勃发展,但风险传播刚刚起步,民众的媒介素养和心理承受能力还有待提升。如果危机传播不够及时,便会导致集体性恐慌的出现。2009年7月河南开封杞县发生的现代版"杞人忧天"的事件就是一个典型案例。6月7日,该县一个辐照厂放射物卡源发生故障,当地政府在长达1个月的时间里采取了封锁消息的做法,对网上传言只删帖不回应。7月10日,"钴60"被传泄漏的谣言在网上成为焦点。7月12日,开封市有关部门召开新闻发布会,但已经无法挽回公众的信任,发言人"安全无事、正在处理"的表态导致了公众和舆论更为强烈的质疑。7月17日,一条"放射源即将爆炸"的谣言在网上传播,导致全城群众集体出逃,杞县县城一度沦为"空城"。

这些例子都充分说明,危机爆发后要及时发布信息——如果不能提供明确的结论,可以给出一些建议或忠告。在危机期间当然要坚持严谨的科学态度,但不能因此而不发布任何信息。隐瞒不报的后果是政府公信力的丧失,像开封杞县这样的"延时发布"导致的是谣言的扩散和更大危机的爆发。

在危机爆发初期,传播团队的工作重点应当集中于以下几个方面:

- 核实信息
- 通报/协调信息
- 评估危机走向
- 确定应急措施
- 分配任务
- 分配资源

核实信息

在危机爆发初期获得的信息,不管是来自媒体还是相关专家,都有可能被有意或无意地夸大。作为危机传播团队的主管,应该通过多种渠道来核实信息。对重要的信息,至少要采纳两种信源来进行核对。与此同时,要从媒体和公众的利益着想,多提供一些他们迫切需要的信息。具体来说,要做到以下几个方面:

- 信息来源是什么？是正式渠道(例如,卫生部或疾控中心下发的文件),非正式渠道(地方卫生部门官员的电话报告),还是传闻(群发的电子邮件)？
- 对事件特征的描述有几分合理性？
- 该信息与其他来源的信息一致吗？

通报/协调信息

信息一经核实,首要考虑是通报。一方面要尽快通报给危机处理的指挥系统；另一方面要尽快给相关的合作单位,以便整个应急体系能够平稳而高效地运转起来。因此,危机传播预案中应当列出所有需要通报到位的人或部门。

虽然我们强调尽量按照媒体、公众的需求来通报信息，但这并不意味着可以容忍谣言的流传。要确保你通报的信息中只含有已经得到证实的部分。对谣言要加以澄清。如果你预料到该信息将引发媒体和公众的强烈关注，那么就应当与主管领导和有关专家进行商议，确定能为各方所接受的传递方式。

所谓"**协调信息**"是指把信息通报给那些不在你所规划的危机传播链中，但有可能成为合作伙伴的个人或组织。一方面，你要与部门内部成员进行协调，确保一致的口径；同时又要与其他合作单位进行协调。举例来说，如果你获得了传染病的疫情通报，一方面要通知卫生部的主管领导；另一方面还要与红十字会的新闻官协调应对危机的举措。

信息的通报是第一位的，而且往往比较正式。信息的协调不如通报那么正式，它是建立在相互尊重和危机处理中各自分工明确的基础之上的。在危机传播预案中，应根据危机种类，列出需要进行协调的人或部门的名单。例如，当危机牵涉到动物时，就应列出动物检疫部门的联系方式。

危机初期如何应对媒体

危机初期，发言人会受到媒体的"狂轰滥炸"，此时千万不能迫于压力，草率定论；也不要在得到危机处理中心的领导和专家确认之前，匆忙发布任何消息。然而这并不意味着什么也不说，在征得同意后，发言人可以透露一些初步的事实和数字，然后，向记者坦陈信息仍在进一步收集和调查当中。这样做的好处是掌握了新闻发布的主动权，同时为本部门树立了"权威信源"的形象。如果随着危机的发展，另一个部门成为权威信源，那么应当尊重其权威的地位，保持协作，并且尽可能提供帮助。以下这些回应媒体的方式可供参考，这样说既能为本部门赢得新闻发布的主动权，同时又留出充足时间去搜集和核实信息（具体的操作可以参考本章附录1中表2《危机传播中的新闻发布验收单》）：

- "我们刚获悉情况，正在进一步搜集信息。"
- "我们正在尽全力控制局势，所以目前我不打算猜测事件起因。"
- "我不是这方面的专家，我会让某某（专家的姓名）给您直接回电答复。"
- "我们正在起草新闻公报，大约两小时后给您传真过去，可以吗？"

除了回应媒体的质询，发言人还应充分利用微博、微信等平台与网民展开互动，尤其是对谣言要进行及时的澄清，避免谣言引发的"次生危机"。

评估

在危机爆发初期，一项工作是要对危机事件进行评估；另一项工作是要对公众的信息需求和媒体的回应迅速做出评估，确定传播团队需要着手进行的工作和资源的配置（参见本书附录6《危机事件评估用表》和附录1表6《危机传播评估用表》）。

评估当中需要考虑以下这些问题：

- 此次事件严重吗？事件（例如化学药品意外泄漏）发生之后，本部门如何对事件的起因和后果做出解释？

- 事态是否仍在进一步发展？某些具有高度不确定性的事件（例如发现某种新型流感病毒）是否会进一步恶化？
- 事件（例如，2002年夏"西尼罗河"病毒在美国十多个州爆发；2009年3月墨西哥爆发"甲流"并迅速蔓延到美国、中国等国）是否会演变为大面积的公共健康危机？是否需要及时展开大规模的公众教育来防止更多的病变和死亡？
- 此次事件是前所未有的、情况最恶劣的，或是规模最大的吗？
- 媒体的关注是由于事件前所未有，还是出于对公共健康和安全的关注？
- 事件是发生在媒体集中的主要城市，还是人烟稀少、媒体很少关注的地区？
- 事件影响的范围是区域性的、全国性的，还是国际性的？
- 事件是否涉及儿童或特殊群体（如残疾人）？
- 事件会产生长期的影响（例如对人的健康）吗？
- 事件是否涉及某种产品、某项服务、或某个产业？
- 事件是否涉及外交或国际贸易中的敏感问题？
- 事件是否涉及相关的犯罪调查？

以下评估主要为开展危机管理工作打基础：

- 这一事件是否属于本部门的职能范畴？是否需要其他部门的介入？
- 事件发生地的相关部门是否能够熟练地应对媒体？是否需要更高一级机构的帮助和支持？
- 哪些部门、采取何种措施能够科学化、系统化地控制危机的恶化或蔓延？

完成评估后，应确定以下问题的答案：

- 危机爆发初期传播团队的日工作时间：10小时？12小时？20小时？还是24个小时？
- 危机爆发初期传播团队的周工作时间：5天？6天？7天？
- 工作人员是否需要出差？
- 新闻发布权属于谁？是本部门专有，还是与其他部门共享？

进一步与媒体沟通

通过评估，如果此次危机事件属于（或部分属于）本部门的工作权限，那么发言人应该尽可能把所掌握的事实发布给媒体。政府部门的公信力往往与以下因素相关：对危机做出反应的速度；采取救助措施的速度；发言人所提供信息的准确程度；发言人表现出的开放性、同情心和洞察力。

发言人首次在媒体上亮相和通过微博、微信发表官方声明时，应该着力表现出上述这些因素。如果没有新的信息可供发布，可以向媒体说明预案中筹划的解决危机的全过程以及相关措施。众所周知，解决危机是需要时间的。因此，如果政府部门能够通过发言人及时向媒体和公众通报其所规划的合理而周全的应急程序,就能赢得后两者的信任,为启动和实施危机传播预案赢得宝贵的时间。总之,既要做到对危机及时做出反应,迅速通过媒体与公众进行沟通;又要坚守事实,不做任何推断或臆测。

随着危机的发展,发言人应当准备好媒体和公众可能提出的以下问题:

公众希望知道:

我和我的家人是否安全?

危机将对我和我的家人产生怎样的影响?

我该怎样保护自己和家人?

危机是由谁、因什么原因引发的?

你们(政府部门)有能力解决它吗?

媒体希望知道:

谁负责处理危机?

受害者如何获得帮助?

情势得到控制了吗?

事态将如何发展?

社区和公众该做些什么?

危机是谁、由什么原因引发的?(对于这类问题,发言人不能做出推断和臆测;可以重复已经掌握的事实,描述搜集资料的过程以及采取的对策)

危机爆发前,是否得到了警报?

为什么此类事件未被制止(或者再次发生)?

还可能会产生哪些负面影响?

你们何时开始着手处理(包括:何时得到通知,何时做出决定……)?

现有的信息/数据/结果说明了什么问题?

还有哪些"坏消息"未公之于众?(发言人在回答这类问题时,一定要记得提及"好消息":例如已经派救援人员赶往现场、伤亡数字没有增加,等等。)

职责分工

发言人的身后应该有一个强大的危机传播团队的支持。他们要协助发言人开展以下工作:

- 直接回复媒体垂询,通过官方微博、微信与公众进行互动;
- 及时、准确地搜集信息,并用媒体和公众喜闻乐见的语言和形式再现出来;
- 保障信息的快捷传递;
- 进行议题管理,从而识别出谣言、"误讯"、传闻、舆情及其变化走向,及时通过官方微博、微信进行澄清;
- 其他后勤保障工作。

第五章　危机传播中的媒体关系管理

　　危机事件是媒体关注的焦点。其中尤以那些可能对公共安全和健康造成威胁的突发事件最有可能成为媒体的头条新闻。如果这一突发事件是人为引发的——比如说，恐怖分子释放了传染性或化学性物质的话，那么这无疑又为媒体加入"猛料"。从历史上看，在三权分立的框架下，美国政府和作为"第四权"的新闻媒体大体上保持了"竞合关系"（co-petition，即"竞争中的相互合作"）。2009 年 1 月，美国总统奥巴马上任伊始便签署了《建设开放透明的政府》的备忘录，通过实行"开放数据库"（Open Data）工程公开政务信息，更好地为媒体和公众提供信息服务。目前全世界已经有 30 多个国家的中央政府都建立了类似的"开放数据库"，利用数字化手段实现政务公开、阳光执政已经成为世界性的潮流。①

　　在我国，虽然传统新闻媒体仍然承担着"喉舌"的功能，但其商业化、市场化趋向的日渐凸显是不争的事实。互联网和社交媒体等新兴媒体对传统媒体的话语权已经形成了强大的挑战。自 2003 年"非典"危机爆发以来，中国媒体和公众对各种危机事件的敏感度在逐渐上升，2010 年诞生的微博和 2012 年面世的微信等"自媒体"的蓬勃兴起，使公众对于政府危机传播的时效性提出了更高的要求。与此同时，《宪法》对公众知情权的保障要求各级政府部门在第一时间向媒体和公众公布实情。2003 年"非典"危机后，我国各级党委和政府部门有序推进党务、政务公开的工作。2008 年 5 月《政府信息公开条例》的出台和 2004 年、2011 年全面建设政府、党委新闻发言人制度为危机传播提供了体制上的保障。有鉴于此，政府与媒体如何进行合作就成为危机传播需要解决的重要课题之一。

---

　　①　http://datacatalogs.org/（该网站汇集了包括 30 多个国家的中央政府在内的各级政府、国际组织建立的 200 多个数据库）。

第一节　媒体与政府的关系

毋庸讳言,危机传播中政府与媒体之间存在的紧张关系可以说是古今中外概莫能外。美国白宫发言人弗莱舍曾经做过一个生动的比喻:"平日里媒体仿佛一群嗡嗡作响的蚊子,每个政府官员都唯恐避之不及,恨不得把它们都赶走;而一旦危机发生,媒体就成了一头 20 吨重的大象,向你直扑过来;这时候,你想躲都躲不开了。"①

在 20 世纪早期的有线广播时代,政府部门可以在危机发生时启动紧急广播系统,出动配有高音喇叭的宣传车,直接向公众传递政府希望传递的信息。但是,在当今的全球传播时代,这些做法都已成为尘封的往事了。一旦危机发生,公众会打开收音机、电视机或者上网,借助于手机短信、微博、微信等即时通信工具。政府无法直接向大众直接传递信息,而必须通过专业化运作的传播媒介。按照传播学者的说法,公众接受的不是事实本身,而是由媒介"构建"的事实及其设置的"议题"或"框架"。

要与媒体进行有效的合作,政府职能部门应调整一下对媒体角色的认识。我们坚持新闻媒体"喉舌"定位,绝不意味着媒体是政府"招之即来,挥之即去"的附庸。它们既是党和政府的"喉舌",又是人民群众对政府工作进行舆论监督的"平台",它们既要及时传递党和政府的声音,也应该不遗余力地保障广大人民群众的知情权。在全球、全民、全媒传播的时代,我国各级政府部门还要学会与不按照本土"游戏规则"运作的境外媒体和话语权与日俱增的"自媒体"打交道。因此,政府应当与各类媒体进行有效的合作,发挥它们"帮忙不添乱"的职能。事实已经证明,简单、片面地"防"和"堵"不但无助于危机的缓解,反而会使主管部门陷入更加被动的境地。

在本书的前几章里,我们已经强调过危机传播过程中媒体所扮演的重要角色,并且提供了如何应对媒体的具体预案。总的指导思想是通过与媒体进行顺畅的沟通和有效的媒体关系管理,最大限度地发挥政府部门、非政府组织和公众在危机处理中的作用。在具体的操作过程中,政府部门应当充分尊重媒体的专业主义(professionalism)和职业特点,不是一勺一勺地给媒体"喂新闻",而是应当让媒体自己来决定报道的内容。诚然,这就给政府部门提出了更高的要求,应当采取合适的公关技巧来影响媒体的立场,从而间接地为他们设置议题或框架。简言之,各级政府部门的领导在与媒体打交道时,应当掌握这样一个基本的原则:**记者和媒体从业者既不是你的朋友,也不是你的敌人,更不是你的下属。他们应当成为你的工作伙伴。**

危机发生后,政府和媒体应该各司其职。从政府的角度来看,应当确保新闻发布的及时、准确和一致。媒体在报道的角度选择上表现出一定的灵活性,就危机事件本身进行探

---

① 转引自 D. R. Yale (1991). *The Publicity Handbook*. Chicago: NYT Business Books. 19~28.

讨、争论和预测，充分发挥其"公共领域"的职能。对此，政府应当持包容的态度。与此同时，政府也应毫不含糊地坚持"以事实为依据"的底线，对于媒体散布的不实之词应该及时指出，并督促其尽快加以纠正。

作为政府部门的工作伙伴之一，媒体应当得到政府的公平对待。在美国这样一个媒体高度"饱和"的国家，可以提供新闻和资讯的各类机构已超过 7 万家。改革开放 30 多年来，中国经济的高速增长已经使我国发展成为全世界传媒的最大市场。在美国等西方国家报业、出版业、广播电视业等传统媒体江河日下，新媒体大有取而代之势头的背景下，中国却出现了新老媒体同步高速增长的局面，并迅速成长为世界传媒业规模最大的市场。截至 2013 年 6 月，我国已经拥有 2 000 多家报纸、近万种刊物、300 多家电台、近 3 000 个电视频道，网站总数达到 250 万家，注册域名达 870 万个。电视观众覆盖了全国 13 亿人口，网民达 5.38 亿人（其中 3.88 亿使用手机上网），微博用户超过 5 亿个，微信用户超过 4 亿个。在各类媒体蓬勃发展的今天，任何一起危机事件——尤其是那些与公众健康和安全有关的突发事件——无疑是它们追逐的热点。因此，如何公平地对待媒体的采访要求就成为困扰相关政府部门的一个难题。

从新闻伦理的角度来说，政府在应对媒体时应当坚持公平的原则——即确保所有的媒体在机会均等条件下同时获得信息。但在实际运作中，这种绝对意义上的公平是不可能实现的。政府部门应当通过以下这些手段尽可能贯彻公平原则：

- 在新闻发布后两小时之内将相关内容挂在网上，供各家媒体查阅；
- 充分利用各种技术手段（例如，电子邮件的群发系统，电视/电话会议系统，微博、微信等社交媒体）尽可能满足所有媒体的采访要求；
- 在危机爆发的头几个小时或头几天，要尽量把信息通过各种技术手段提供给所有的媒体，避免对发布对象进行挑选，以免引发不必要的争端；
- 负责新闻发布的部门应当熟悉各类媒体的截稿时间（尤其是报纸和新闻类杂志），在安排新闻发布会以及与媒体联络时加以考虑；
- 精心安排的现场采访不仅能够缓解政府、企业等组织遭遇危机时的"公关压力"，而且可以在舆论引导上可以起到事半功倍的作用。在确保记者人身安全和秩序可控的情况下，可以安排他们到危机发生的现场进行简短采访，优先安排摄影师和摄像师进入或接近现场。现场采访应当有专人负责引导，时间在 15～20 分钟为宜。
- 随着技术的发展，越来越多的媒体机构采用直升飞机或无人驾驶的飞行器（drone）对危机现场进行航拍。例如，在 2011 年"7·23 温州动车事故"发生后，苍南县一家民间救援机构的负责人使用动力伞进行航拍，并把多张图片通过微博发布，比新华社等主流媒体早了 5 个小时。这些颇具视觉冲击力的图片对舆论导向产生了相当大的影响。对此，政府、企业等组织的公关部门要与监管部门沟通，对航拍行为进行有序管理。

- 如果因为客观条件(例如场地)的限制,无法满足所有媒体的采访要求,那么可考虑采取"联合采访"的方法(参见案例分析 5.1)。这种情况在组织现场采访时最为常见,需要在公平的基础之上选择最具代表性的媒体。新闻官应该与危机处理中心(EOC)的负责人商议并且挑选到现场采访的媒体,其他媒体则可以共享他们获得的信息。在媒体的选择上,不仅要兼顾各种媒介形式(尤其是不能忽略广播和报纸),还要兼顾中央与地方、国内与境外媒体的平衡。

【案例分析 5.1】　美国白宫联合采访(pool reporting)的安排

联合采访体现的是"信息共享"原则——即每位记者的采访成果由所有要求采访的记者(不论他是否进入了采访现场)共享。例如,美国白宫的椭圆形总统办公室是很多记者希望能够进入采访的地方——尤其是在重大事件和危机事件发生时。由于这里只能容纳 7 名记者,因此白宫新闻办公室是这样选择的:通讯社、报纸或杂志、广播电视、网站的文字记者各一人,摄影记者、摄像师和音响师各一人。这样的选择兼顾到了各种媒体形式,要求进入办公室采访的记者把采访成果与未能进入的同类媒体的记者分享。必要时出于安全的考虑,白宫管理部门只允许一名摄像师进入,其他记者在指定地点收看采访的现场直播或录像。现场的视频第一时间在白宫网站和社交媒体上公布,便于未进入现场的记者和感兴趣的公众了解。白宫新闻发布厅能够容纳 49 名记者,每个座席分配给某一家特定的媒体机构,前两排是标有受邀记者姓名的座席。如果要求出席发布会的记者超过了这个容量,也会采用上述这样的"公平兼顾"的原则来进行安排。

在危机传播的过程中,除了一些具有巨大影响力的全国性(中央级)媒体和外国媒体以外,政府部门应该重视并且充分发挥地方媒体的作用。从媒体本身的发展趋势来看,在美国等西方发达国家传统媒体江河日下的背景下,全国性的报纸和电视台举步维艰,影响力在日渐下降。以日报为例,目前美国全国性的报纸只有《纽约时报》一家生存状况良好,而《今日美国报》《华盛顿邮报》等昔日有影响力的全国性日报几乎都面临并购或重组,《芝加哥论坛报》《费城问询者报》等老牌都市报已经全部转为"网络版"。相比之下,针对本地受众的报纸和电视频道却逆势而上,在传统媒体的"寒冬"中求得生机。

从传播的效果来看,危机发生后,民间会流传各种谣言——例如抢劫、物价上涨和实际的伤亡人数等。特别是在手机短信、微博、微信等"自媒体"出现以后,这类谣言的传播速度和杀伤力大大增加了。这时候,地方媒体的作用至关重要。如果媒体不能坚持平衡原则,一味炒作负面资讯,非但不能抵消流言的杀伤作用,反而会使受众过高估计危机的严重性,引发恐慌情绪。美国学者曾对飓风灾害中全国性和地方媒体的报道进行了研究,发现后者的报道更能做到客观、公正和准确。[①] 另外，地方媒体的报道针对性更强。他们往往能够就当地流传的那些谣言进行调查核实，从而在客观上为危机处理创造了有利的舆论环境。美国的经验值得我们借鉴。

实际上，地方媒体在我国民众的日常生活中扮演着越来越重要的角色，从地方"都市报"的遍地开花到以地方电视台都市频道开办的"民生新闻"栏目的日渐普及，地方媒体影响力的与日俱增已经成为不争的事实。随着我国传媒生态日趋多元化，地方媒体将成为危机传播中一支不容忽视的力量。

危机传播中另一个不容忽视的力量是新兴的社交媒体（亦称"社会化媒体"）。它们与传统媒体最大的区别是：公众由被动接受信息的"受众"成为创编内容的"参与者"。因此，传统的"公共关系"（public relation）就演变成为"公共参与行动"（public engagement）。在传统媒体主导的时代，危机传播仅仅需要满足公众的知情权；而在社交媒体的时代，如何确保公众的表达权、参与权和监督权成为危机传播需要关注的焦点。换言之，危机到来时，政府部门不再仅仅充当公众的"父母官"和"保护伞"，还要做"领头羊"和"把关人"。我们通过社交媒体及时与公众进行有效互动，清除谣言和负面舆论的影响；同时还要充分调动公众的主观能动性，让他们参与到危机管理的进程中来。在 2008 年的"汶川大地震"（参见案例分析 1.1）和 2012 年北京"7·21 雨灾"（参见案例分析 5.2）的危机传播中，我们都应当学习政府部门如何利用新媒体动员公众参与危机管理的成功经验。

媒体的多极化带来的是信息的分层化，这就为政府部门的舆情监测提出了一个新的课题：如何保持信息的一致性。就危机的影响范围而言，不同级别的政府部门应当与对应的媒体进行合作。具体来说，中央级的危机处理部门应当与中央级媒体合作，省市一级的危机处理部门应当与省市级媒体合作，依此类推。这就要求在各级政府部门之间建立信息流通机制，确保 EOC 能够确定统一的新闻发布口径。这方面的经典范例之一是1997 年"香港禽流感"中的危机传播（详见本书附录 2）。在 1998 年由美国 CDC 主持召开的第一届国际传染病会议上，参加"危机传播"专题研讨的记者和媒体专业人员称赞了"香港禽流感"中的危机传播所坚持的一致口径："我们通过各种途径所获得的信息都是一致的。香港卫生署发布的消息时，与在 CDC 网站上看到的都是一样的。"[②]这充分说明，香港各级政府部门和非政府组织之间具有高效的信息互通机制，同时与美国 CDC 保持着畅通的信息交流渠道，从而形成了危机传播取得成效的有力保障。

综上所述，政府部门、企业等组织的危机传播应当适应全媒体时代的变局，充分利用各种媒体和传播渠道的优势和效应，实现危机传播的全天候、全覆盖和精准化，满足公众

---

① H. W. Fischer Ⅲ（2008）. *Response to Disaster：Fact Versus Fiction and Its Reputation*. 3rd edition. Lanham，MA：University Press of America. 57～68.

② B. Reynolds et al.，eds.，（2002）. *CDC Crisis Communication Plan*. Atlanta：Center for Disease Control. 87～89.

日益增长的知情权、表达权和参与权。传统的新闻发布会应当与以微博、微信等社交媒体平台为主体的"微发布"相互配合,形成官方与民间、线上与线下、传统媒体与新媒体之间上下呼应、合纵连横的全媒体整合传播的新格局。

【案例分析5.2】 北京"7·21雨灾"的危机传播和灾难报道:全媒体整合传播的范例

2012年北京"7·21"暴雨是新中国成立以来首都遭遇的罕见特大自然灾害。在这场突如其来的危机面前,在当下价值观日趋多元化、塑造社会共识难度加大的背景下,政府、媒体、公众借助于不同的传播渠道和平台,突破了以往的思维定式和角色分配,形成了以全媒体整合传播为特征的整体态势,标志着一个符合"全球、全民、全媒"发展趋势,上下呼应、优势互补、合纵连横的新型传播格局正在走向成熟。

首先,政府部门突破了传播理念上的窠臼,充分尊重新闻舆论的传播规律,在内容、手段和形式上都有创新之处。中央电视台和北京电视台的新闻报道中罕有地以"同期声"的形式多次播出北京市市委书记郭金龙同志受访和视察灾情的画面,他在镜头前对民众伤亡"感到痛心",坦承城市基础设施在灾害面前"仍表现脆弱",同时也掷地有声地宣示"有信心把暴雨带来的影响降到最低"。在危机爆发的紧要关头,由党政一把手亲自出面,其诚恳务实、敢于担当的表态以原人原声的形式在媒体上呈现,这在以往的同类报道中是较为罕见的,无疑大大强化了政府危机传播和媒体灾难报道的感染力,对在危机当中及时凝聚社会共识起到了至关重要的作用。

另一个值得注意的趋向是,在此次灾难报道当中,微博成为政府新闻发布的重要载体,在全国起到垂范作用的"北京市政府微博发布厅"发挥了强大的信息会聚和舆论引导功能。作为"发布厅"旗舰微博的"北京发布"通宵关注灾情进展,在雨灾爆发12小时内发布了20多条权威信息,对及时安定民心和疏导民意起到了决定性的作用。如果我们对比一下,2011年"7·23温州动车事故"中,铁道部由于回应民意迟滞无力而引发了舆论风暴,便能够更为深刻地感受到政务微博在此次"7·21雨灾"的危机传播中发挥的不可替代的作用。

"微博发布厅"上的市区两级各部门通宵发帖,成为当晚最为权威的信息发布来源。北京水务局官方微博"水润京华"在暴雨来临前,在上午9时就发布了灾害预警和出行提醒信息,在危机传播中赢得了首发权,体现了政府部门新闻发布的权威性。"北京消防"则及时汇总和回应了作为此次危机"风暴眼"的房山区,"房山水务"的微博表现得相当活跃,21~22日一昼夜的发帖近百条,自22日凌晨1时起更是做到了不间断的实时更新,履行了政府信息发布的基本职责。

在政府官员开设的个人微博当中,表现最为突出的是拥有百万粉丝的北京市新闻办主任王惠女士。她在危机爆发期间通宵工作,以"惠说北京"、"惠转发"、"惠感动"、"惠悲伤"等多种形式发布上百条各类微博信息，有效地打通了政府与公众之间的信息交流渠道，积极凝聚不同社会群体之间的共识，为政府微博发布工作树立了典范。最为值得肯定的是，她及时将网民集中反映的"交通协管员擅贴罚单"等问题向主管领导反映，并在短时间内获得解决，履行了新闻发言人下情上达的职责，实现了线上发布和线下执政的有机统一。

其次，传统主流媒体在此次危机的报道和舆论引导中显示了强大的竞争力和影响力。在传播速度和覆盖范围占优的社交媒体所带来的强势挑战面前，传统主流媒体一方面积极开拓其全媒体平台，积极打造传统媒体和新媒体的"竞争"与"合作"的新型传播格局；另一方面则充分挖掘潜能，通过提升其报道的思想深度和专业品质巩固其权威性和公信力。

这方面最为突出的是传统主流媒体中的"龙头"之一的《人民日报》。其官方微博原计划在 7 月 26 日上线，由于这场危机的爆发而提前到 22 日凌晨开通，第一条微博便紧扣北京"7·21 雨灾"，显示了传统主流媒体在重大新闻事件当中"在场不缺位"的新闻敏感性，为打通体制内和民间这两个"舆论场"做出了表率。在 7 月 22~28 日一周的时间内，发出了 142 条微博，收获了 15 万名的"粉丝"。在此次危机期间表现最为抢眼的是显示传统主流媒体舆论引导力的"微评论"这一形式。以"90 后"为主体组成的微博管理团队用年轻网民喜闻乐见的表述方式传递深度新闻评论。其中《没有一流的下水道，就没有一流的城市》等"微评论"得到了 1.5 万条跟帖评论和 7.3 万次的转发，其中包括了姚晨等拥有上千万微博粉丝的"民间意见领袖"的关注和支持。从总体上看，《人民日报》微博在此次雨灾过程中，实现了其"参与、沟通、记录时代"的宗旨，显示了传统主流媒体在重大新闻事件期间和公共舆论场当中的强大竞争力和影响力。

在这场由危机引发的"新闻大战"面前，北京本地媒体不甘落后，打破了以往的思维定式和惯例，充分挖掘和发挥了地方新闻报道的优势与潜能。北京电视台在获得气象部门的预警信息后，整合全台力量，精心策划了"雨中进行时"的专题报道。该节目以全方位直播和新闻现场为主打，与市政、消防、水务等多个政府部门联动，以 3G 技术作为支持，大胆引入政府部门提供的实时监控画面和普通民众拍摄的视频素材，与专业记者的现场报道有机结合，最大限度地营造了电视新闻的"在场感"，从而引发了公众的强烈共鸣，成为地方台同类报道中的一个经典案例。

这场近 8 个小时的大型直播节目从 7 月 21 日下午 3 时 20 分在北京电视台新闻频道播出，其快捷的反应速度和准备的周密程度在地方台同类报道中相当罕见，跳出了以往地方媒体报道（尤其是直播）在北京发生的重大新闻时普遍落后于中央级媒体的窠臼，显示了地方媒体的新闻敏感性和强烈的竞争意识。这场直播节目在本地观众中引发强烈反响后，台领导又决定采取与覆盖全国的北京卫视并机播出的形式，在全国同行和观众当中扩散了北京电视台在新闻报道和制作方面的知名度与美誉度。

除了这场颇有影响的直播节目，北京电视台在其后的一周内通过新闻节目和专题报道的形式进行连续报道,延续和放大其"新闻立媒"的效应。近年来,在业界和观众当中有"大戏看北京(台)"的说法,这是指北京电视台通过独家播出高品质的电视剧提升其影响力的做法。而此次"7·21雨灾"则达到了"重大新闻看北京(台)"的效果,在业界和受众当中提升了北京地方媒体的整体形象和品牌效应。

《北京日报》《北京青年报》《新京报》等平面媒体,从自身的定位和读者群出发,在新闻报道和评论的广度与深度方面下功夫,在灾后的一周每天用4~6个版面推出了一批有影响的特稿和新闻评论。《北京日报》坚持其"党报"定位,将对主流价值观的正面宣导与对问题的反思结合起来,履行了主流媒体"在风云激荡中引领思想,在众声喧哗中回应民意"(人民日报社社长张研农语)的使命。7月25日刊出的社评《从市情出发完整地认识这场灾害》,针对微博等民间舆论场上出现的一些偏颇认识,以摆事实、讲道理的方式和简洁平实的语言回应舆论热点,对灾后稳定人心和凝聚共识起到了有效的引导作用。

《新京报》发挥其都市报的优势,增强其文字与细节的感染力和图片的冲击力,在"新闻视觉化"的探索方面做出了可贵的尝试。该报还另辟蹊径,在一些非新闻版面当中挖掘潜能,不断创新灾难报道的形式与视角。例如,在以往登载讣闻的"逝者"专版当中连续刊载与雨灾相关的人物报道,其中既有英勇牺牲的干部,也有不幸遇难的普通群众,用这些"逝者"的亲属和友人的口吻来讲述他们在雨灾中的经历和日常生活中的一些感人细节,跳出了以往同类人物报道中的窠臼,既彰显了主流价值观,又表达了对个体生命的敬重。

最后,在此次"7·21雨灾"当中,公众通过社交媒体参与到新闻生产和危机传播的过程中。作为当前最为引人注目的新媒体平台之一,微博淡化了以往"揭丑加吐槽"的角色定位,把单向传递"负能量"转化为多向积聚"正能量"。数万"博友"由"坐而论"转变为"起而行",积极加入到抗灾的志愿者队伍当中,充分发挥了关系连接和社会动员的独特功能,为践行北京精神、夯实公民社会提供了强有力的支持。无论是打着"双闪"的爱心车队,还是为受困者提供免费食宿的单位和个人,都是借助于社交媒体的力量迅速而高效地传递了温暖,将爱心付诸于行动,才有了感动中国的"北京一夜"。

代表两个舆论场的"政务微博"和"草根微博"之间的有效联动也成为此次雨灾危机传播的一个亮点。在房山区少年军校进行夏令营活动的数百师生因山洪暴发被困,报告危情的草根微博获得了3万次的转发,政府相关部门闻讯展开救援行动。"北京消防"、水务局的"水润京华"等政府部门的政务微博直播消防官兵徒步驰援的全过程,获得了民间微博的广泛转发,有效打通了两个舆论场。与以往发生的一些危机事件相比,"7·21雨灾"期间政府与公众的沟通和互动取得了令人欣慰的进步。

需要强调的,无论是政府还是公众,无论是传统媒体还是新兴社交媒体,都在此次雨灾的危机传播中表现出了强烈的问题意识。除了弘扬主流价值观和美德善行,政府、媒体和公众对危机中暴露出的种种弊端都不回避、不夸大,采取理性的态度共同应对和反思。北京"7·21雨灾"中的危机传播和灾难报道充分体现了这种上下呼应、合纵连横的新型传播格局日趋成熟，它将对凝聚社会共识起到越来越重要的作用。

第二节   深入了解媒体

全媒体时代的一个鲜明特征是各类新老媒体相辅相成、共生共存，彼此之间构成了"竞合"的关系。媒介发展史告诉我们，传统媒体与新媒体之间不是更新换代的线性演化关系。相对报纸而言，20世纪初兴起的广播是"新媒体"，因此新闻传播史上曾经出现过一场"报业-广播大战"，报社和广播电台相互争夺新闻的首发权。20世纪五六十年代，电视作为"新媒体"横空出世，又出现过"电视震荡"，对报业、广播业、电影业都带来了极大的冲击。20世纪80年代，互联网作为新兴媒体出现，与传统媒体争夺空间，报社和通讯社曾经一度结为联盟，拒绝给门户网站免费提供新闻稿。这些新老媒体之间的"战争"虽然一时间甚嚣尘上，火药味十足，但最终都偃旗息鼓，不了了之。① 传统媒体最终都能够另辟蹊径，重新找到自己的生存之路。例如，20世纪90年代，我国的广播电台曾经在电视台的冲击下一度陷入生存困境，但随着汽车时代的到来，广播重新找到目标市场，各大都市的交通台的赢利状况甚至超过了大多数同城的电视频道。同样的历史在20世纪五六十年代美国的社会转型期也上演过。

有鉴于此，我们可以预言，近年来新兴的社交媒体不会取代各类传统媒体；相反，它会促进传统媒体的转型、创新和升级。说得通俗一些，所谓"报纸已死"、"电视将死"不过是一些对媒介发展史不甚了了的人发表的"标题党"式的言论。只要报社和电视台等传统媒体机构找到了数字化转型的模式，它们就一定会生存下去，而且还会生存的更好。说得通俗些，"死掉的"是"纸"、"电视屏幕"这类传统介质，其所承载的内容还会以新的介质被广泛传播。有鉴于此，在全媒体传播的背景下，为了能够实现与各类媒体开展有效合作，各级政府部门的领导和工作人员应当对各类媒体的特征及其运作规律有一个较为深入的了解，具体可以从以下几个问题入手：

记者需要什么

简言之，他们需要政府官员对他们所提出的问题做出满意的回答；他们需要找到合适的专家进行采访；他们还需要报道所需的各种文字、视音频材料。在通常情况下他们也会提出以上这些要求，但在危机中他们的这些需要更为迫切。就突发性危机事件而言，记者最为关注的不外乎以下几项：

- 谁来负责处理危机？
- 死伤者是否得到妥善处理？

---

① M. Stephens (2007). *A History of News*. 3rd edition. Oxford：Oxford University Press，265～287.

- 局面是否得到了控制？
- 预期今后还会发生什么？
- 公众应该做些什么？
- 危机为何发生？（注意：回答此类问题时，不应做出任何推断，应当重复所掌握的实情，描述收集信息的过程，并且提出事先准备好的行动建议）
- 在危机发生之前，有关部门是否提出过警告？
- 危机为何是不能避免的呢？（或者：危机为何再度发生）
- 有关部门何时开始处理危机的？（例如，何时获知，何时做出决策，等等）
- 危机还会产生哪些负面影响？
- 有关部门提供的那些数据/资料/结果意味着什么？
- 还有哪些坏消息没有发布？（注意：回答此类提问时，应提醒记者别忘了还有哪些好消息和应对危机的措施）

危机期间的媒体运作

突发性危机事件对于政府和媒体而言具有同样的挑战性。政府部门需要准备危机处理的预案；媒体也要准备危机报道的预案。因此，政府和媒体应当在平时（而不要等到危机发生之后）就展开交流。为了让媒体的预案更有针对性，更能有效地与政府的相关部门合作，危机处理中心（EOC）应当主动邀请媒体进行采访，了解其运作过程。具体来说，媒体应当有机会了解 EOC 的工作流程、所涉及的部门及其应急机制。EOC 应当设立新闻中心，或至少为媒体设立一个工作室，尽可能靠近 EOC 的指挥部门。新闻中心或媒体工作室应当配备专用的设备，供媒体及时发稿或现场采访相关的官员和专家之用。

一旦危机发生，媒体能够在几分钟的时间内展开新闻攻势。有了 24 小时运作的新闻频道、网站、微博，这种攻势就演变为"全天候"的。众多的媒体会在同样的时段内要求政府对同样的问题做出回答，对此，EOC 及其相关部门应当在事先做好充分的准备。如果官方信源不能满足媒体的要求，那么可以安排媒体采访一些值得信赖的专家和民间组织的成员。他们可以从民间的立场对危机的发生进行一些推测，给有关部门提一些建议。上述这些措施能够为危机处理创造一个较为有利的舆论环境。

危机发生后，媒体通常会表现出以下一些不同寻常的运作方式及特点：

- 为了抢新闻，媒体往往会播发一些未经核实的信息。
- 记者和媒体从业者也是人。公共健康和安全关系到每个人，当然也包括记者和媒体从业者。危机爆发之初，他们也会感到恐慌，希望能够得到来自政府部门的帮助。即便是那些平时与政府"作对"的媒体，在危机爆发后大都也会表现出合作的态度。
- 全国性（中央级）媒体和地方媒体报道的侧重点不同，不同形式的媒体（报刊、广电和网络)报道的侧重点也不同。

- 全球传播时代,媒体的信源呈现了多样化的趋势。第一时间、新闻价值、是否容易获取成为媒体选择信源的标准。虽然 EOC 是最具权威性的"官方"信源,但是如果它所提供的信息不能做到最多、最准确、最及时,那么媒体就会去寻找其他的——尤其是非官方的——信源。
- 社交媒体和自媒体的兴起对新闻发布的真实性、公开性、及时性都提出了更高的要求。更准确地说,社交媒体具有几乎与危机同步发生、发展的"即时性",从而抢占了新闻的"第一落点";同时又具有其不同于传统媒体的独特表达方式和传播策略(参见本书附录 11)。

危机发生后,媒体为了获得竞争上的优势,可能会临时调集一些记者和相关人员参加采访。这些人员不一定具备相关的专业背景知识。比方说采访传染病的记者不一定分得清细菌和病毒的差别。这就要求政府部门的新闻发言人或与媒体接触的官员无论是在书面还是在口头上都要使用通俗易懂的语言,尽可能避免使用专业术语。对于频繁使用的术语,一定要加以解释。在"人人都是记者,人人都有麦克风"的社交媒体时代,政府部门的权威发布、通俗表达对于话语权的争夺就显得更为重要。

如何与记者进行交流

危机传播中,政府部门(通常由新闻发言人出面)希望通过与记者的交流达到以下三个目的:

- 为公众提供信息
- 让公众了解应对危机的方法
- 为政府部门的危机处理赢得公众的支持,创造有利的舆论环境

为了达到上述目的,相关人员应当做好充分的准备,尤其是那些相关的背景材料。这些材料一般能够在危机发生之前准备好——例如就公共卫生危机而言,我们可以事先准备好各种病毒的简要情况、潜伏期和治疗方法。可以采取分门别类的方法来准备背景材料。一旦危机发生,可以根据具体情况随时取用。

除了做好内容上的准备,还要做好心理上的准备。危机传播过程难免碰上各种各样的记者,包括那些穷追不舍的或者专门"找碴儿"的。如果你对记者提问或采访的方式不满,不要当面流露出来,可以通过一些私下或间接的渠道表达。尽量避免出现以下情况:

- 当众训斥某位记者
- 拒绝回答某位记者的提问
- 公开表达偏见("我会把专家的联系方式提供给所有记者,但不包括你")

上述这些举动只会激化矛盾,促使记者去寻找其他信源,其结果往往是做出一些不利于本部门工作的报道。但是,这绝不意味着发言人对记者应当一味迁就,相反,应当用理

性的、专业的方式来表达不同的意见。不要把与记者的矛盾个人化;对记者做出的不实报道要明确指出,并且要求他及时做出更正。

　　同样道理,在以社交媒体为平台的"微发布"中,发言人更要注意以理性的、专业的方式来回应各种谣言或质疑,避免情绪化的表达和"标签语"的滥用,把矛盾扩大化,引发不必要的网络炒作。2013 年 7 月 12 日,湖南商人曾成杰因巨额非法集资罪被执行死刑。13 日上午,其女儿发微博称,法院从未通知家属与其父见最后一面,从而引发舆论高度关注。当天下午,微博实名为"长沙市中级人民法院"的账号对此回应称:"法律没有明文规定,对犯人执行死刑时,犯人必须与亲人见面。"这一情绪化的表达引发了更大的舆论风暴,包括众多微博大 V 在内的民间意见领袖纷纷对这一做法表达强烈不满,有人甚至引用中国古代"善待"死刑犯的例子来批评长沙法院的"冷血"做法。尽管长沙法院很快删除了这条微博,并在其官微上及时澄清事实,诚恳道歉,但"微发布"的一言不慎所引发这场原本不该发生的舆论危机却值得我们认真反思。

　　随后不久发生的另一起因使用"标签语"而引发舆论争议的事件也值得我们在此进行讨论。2013 年 7 月 28 日晚,贵州省副省长陈鸣明在微博中转发一条美国枪击案的新闻时,在与网友互动中发表了"不爱国者是人渣、败类"的言论。尽管此番言论的初衷无可非议,并且高调表态愿意带头公开个人财产,但仍然没有赢得网民的同情和谅解。这表明,他的媒介素养和沟通能力与其身份并不相符,导致了这场原本不该发生的舆论风波。尽管如此,陈副省长敢于开设微博与网民互动的努力仍然值得钦佩。世界各国领导人当中有 77.7% 已经开设了社交媒体账号,而我国开设微博的副省级及以上的官员仅为 30 人左右。陈副省长因出言不慎引发争议后,于 7 月 30 日在微博上致歉,这场风波终于告一段落。从这个例子我们可以看出,在社交媒体时代,深入了解各类媒体,具备一定的媒介素养和沟通能力,不仅是习近平总书记概括的 21 世纪领导干部具备的六种基本能力之一,也是每一位公民的"必修课"和必须具备的基本素质。

第三节　新闻发布的主要媒介模式

　　在媒介形态和传播手段日趋多样化的今天,我们可以根据实际情况选择各种媒介模式来进行新闻发布。危机期间情况瞬息万变,外部条件也千差万别,读者可以选择在此介绍的各种媒介模式,获得传播效果和收益的最大化。

新闻通稿

　　最为常见的方式是发放新闻通稿,可以在事故现场发放,也可通过传真或电子邮件、官方网站、长微博(微信)等形式传递。一般而言,新闻通稿上发布的信息在 12 小时之内不应当过时。发放新闻通稿有以下优点:

- 确保所有媒体得到的是口径一致的信息；
- 提供历史档案材料；
- 提供背景材料和获得进一步信息的渠道；
- 成为记者撰稿的依据，有助于间接地为媒体"设置议程"；
- 成为新闻发言人的"补白"，有助于他更加自如地面对媒体；
- 用"政府议程"影响通过传统媒体传播的"媒体议程"和在社交媒体上形成的"公众议程"，有效引导舆论；
- 便于在相关网站、微博、微信群中张贴或转发。

新闻通稿的缺点：

- 要花费一定的时间撰写，极可能会出现"新闻变旧闻"的情况；
- 需要征求各级领导和有关部门的意见，也会影响其时效性；
- 在搜集信息时有可能会出现协调不力，各部门相互扯皮的现象；
- 由于危机的发展错综复杂，保持新闻通稿的前后一致有一定的难度；
- 如果有多个部门发布新闻通稿，保持一致的口径也较为困难。

为了尽可能规避上述这些缺点，我们可以考虑在发布正式的新闻通稿前，先提供简短的"新闻公报"（详见本章第四节）；同时应当赋予新闻发言人相应的职权，来协调不同部门之间可能出现的不同口径，必要时需要由第一把手亲自定夺。

新闻发布会

目前，国内政府部门的新闻发布会通常有三种类型：（1）例行新闻发布会：即日常的定期发布；（2）不定期的专题发布；（3）高频度的危机发布。第一类通常由政府部门的新闻发言人出面，在每周或每月的固定时间举行。外交部从 2011 年 9 月 1 日起将例行发布会由每周两次增加到每周五次。目前，全世界只有美国国务院每周举行五次例行发布会。卫生部（2013 年 3 月更名为"卫生计生委"）、公安部、教育部、国防部、证监会、国台办等40 多个中央部委也都建立了例行发布会的制度。第二类有较为明确的主题，通常要邀请几位嘉宾出席，如由国务院新闻办举办的新闻发布会就属于这种模式。由国务院新闻办提供交流的平台，每次邀请各部委或地方领导就一个主题进行专题发布。

虽然上述三类新闻发布会在目的和形式上略有差别，但总体框架和运作模式基本相同。在此我们重点讨论的是第三类——即危机期间的新闻发布。新闻发布会的时长在一小时左右，除了由新闻发言人发布信息，还应留出充足的时间让媒体提问。但在危机期间，由于新闻发布会的频度增加，在时间上也是可长可短，视危机的发展趋势和当时、当地的具体情况而定。新闻发布会上应当散发正式的新闻通稿，要为与会记者和媒体准备介绍背景、详情和数字的书面材料——俗称"媒体打包材料"。必要时还可安排相关部门的负责人或本领域的专家出席。

在危机爆发的初始阶段,召开新闻发布会的时机还不成熟,来不及准备"媒体打包材料",这时可以考虑进行小规模的"新闻通气会"或"媒体吹风会",通常安排在危机现场举行,时间在 10～15 分钟,原则上不安排记者提问,可以发布简短的新闻公报。

新闻发布会(包括媒体见面会和媒体吹风会)具有以下优点:

- 如果大批媒体赶到现场,现场的见面会既满足了媒体的采访要求,又控制了媒体的行动范围,以免他们进入现场,影响危机处理工作;
- 确保新闻和信息发布的权威性与一致性;
- 把发言人和相关专家推向媒体与公众,让他们表达自己的看法(实际上是替主管部门代言),有助于在公众中建立政府部门的公信力;
- 即便危机还在继续,媒体和公众也能了解政府已经启动应急机制,从而创造一个有利的舆论环境;
- 可以为媒体的提问"定调",及时传播"政府议程",防止不必要的猜测甚至谣传,用权威发布挤压谣言和恶意炒作的空间;
- 如果信息更新太快,以至于没有足够的时间发出新闻通稿,可以利用广电媒体或网站直播新闻发布会,也可用微博进行文字直播,让公众第一时间获得相关信息;如果涉及国家机密和重大敏感问题,可以考虑运用"延时直播"的方式;
- 通过发布会可以显示政府各部门的合作态度。

其缺点包括:

- 选择合适的发言人有一定的难度(这就需要事先的选拔和培训);
- 由于掌握的信息不充足,一些官员会在媒体面前惊慌失措(这也需要事先的培训,采用一些语言技巧);
- 现场的见面会或吹风会受到场地限制,也没有时间准备书面材料,不能兼顾到所有媒体的采访要求;
- 一旦开了第一次,就要有第二次,媒体会要求定期举行;
- 如果涉及各级领导或有关部门,协调的工作量较大,也会有一定的难度;
- 媒体会对发言人(或者出席发布会的领导、专家)穷追不舍——尤其是在危机爆发之初,要预先安排"脱身"的路线(例如,发布厅要安排两个出口),否则媒体会无休止地追问下去;
- 会后,媒体往往会提出单独采访的要求,需要制订有关规则,而且要前后一致地贯彻下去。

为了规避上述这些缺点,选择通过官方微博、微信账号进行"微发布"是更为明智的做法。其优点是:由团队合作和技术手段减少由发言人的个人因素而带来的不确定性,使新闻发布更为规范、有序。需要指出的是,全媒体时代的新闻发布会应当呈现出更为多样化的形态和样貌,我们应当根据具体的情境、目标受众和期待获得的传播效果选择合适的形式。下面,我们用已经具有百年历史的"白宫新闻发布会"为例做更为详细的阐释。

【案例分析 5.3】　白宫新闻发布会的主要形式

【新闻通气会(即媒体吹风会)】每天早上白宫新闻发言人在办公室与记者进行通气,其主要目的是通报总统当天行程,搜集和筛选"新闻点",为下午举行的正式发布会做铺垫。原来这个环节是电视、广播和通讯社记者特别安排的,供发言人与他们试音、试镜,调整技术性细节。但随着 24 小时电视新闻频道和互联网的兴起,新闻成为全天候的概念。因此,"通气会"便向所有记者开放。

通气会一般在 15 分钟左右,发言人向记者通报总统当天的行程安排,同时也向记者征集问题,会后筛选出新闻界普遍关心的问题,并与白宫其他修改部门进行沟通,在下午的发布会上做出更具权威性的回答。在通气会上,发言人通常只记录问题,不做正式回答。如果记者坚持要发言人回答,往往得到的是表态性回答(例如,"是"还是"不是"、"有"还是"没有",或者是"我们还在进一步调查",等等)。

由于通气会是以非正式的形式进行,因此记者只能使用录音笔,不能使用照相机和摄像机。录音只能供记者个人参考,不能用作广播和电视新闻中的"同期声"。但新闻发言人的办公室会设置一个摄像头,将通气会通过白宫内部闭路电视系统向各个处室进行直播,以便于他们及时了解舆情和通气会后与新闻办公室进行及时的沟通。

新闻通气会能够帮助发言人了解新闻热点和舆情,从而提升新闻发布会的针对性和传播效果,同时也强化了他们对媒体的舆论引导和议程设置功能;对记者来说,通气会也起到了"路线图"的作用,有助于他们准确把握新闻选题。因此通气会对政府和媒体双方而言都是大有裨益的。

【每日新闻发布会】从 1929 年胡佛总统就任到 20 世纪 60 年代约翰逊总统执政时期,由于报纸是当时最具影响力的新闻媒介。为了满足早报和晚报不同的截稿要求,白宫每天要安排两次新闻发布会,上午 10 点和下午 2 点各一次,确保有关总统的新闻能够以最快速度登上报纸头版。1969 年尼克松总统上任后,报纸的影响力开始受到晚间电视新闻的冲击,于是晚报纷纷倒闭,因此他下令把白宫新闻发布会减少为每天一次,时间为下午 1 点半举行,进行电视全程直播,确保有关总统的新闻能够成为晚间电视新闻和第二天早上报纸的头条。目前,白宫新闻发布会通常是在每天下午 1 点半左右举行,如遇重大突发事件会做相应的增加。

非正式的新闻通气会与正式的新闻发布会之间可以相互"补台"。记者可以把一些"棘手"的问题在通气会上抛出,发言人做出初步的表态后再搜集更为深入的信息,在正式发布会上做出更为全面和成熟的回答。需要指出的是,记者的宗旨是要挖掘新闻,他抛出棘手的问题不是为了让发言人感到难堪;而发言人亦非全知全能,面对棘手的问题也需要思考和准备。因此通气会和发布会在机制上的相互配合能够确保实现政府和媒体的"双赢"。我们用以下这个实例来说明通气会和发布会之间是如何实现相互"补台"的功能的：

2005 年 9 月 28 日，美国哥伦比亚广播公司的记者彼得·迈尔(Peter Maer)在上午的通气会上向小布什总统的新闻发言人斯科特·麦克莱伦(Scott McClellan)提问：

问：在过去的三年内，FEMA(联邦应急管理署)的作用是否在日渐削弱？

答：众所周知，"9·11 事件"后，白宫与国会合作，将 22 个相关机构整合成"国土安全部"，FEMA 也是其中的一个。成立国土安全部的宗旨是为了做好充分准备，应对"9·11"这样的恐怖袭击或其他灾难性的危机。白宫全力支持国土安全部在切托夫部长的领导下开展工作。

问：但是，由总统任命、掌管 FEMA 的布朗署长却向媒体抱怨，过去三年，FEMA 的作用日渐削弱，对，"日渐削弱"是布朗先生的原话。

答：你是说他昨天发表的言论？

问：是的，所以，我才要问你……

答：刚才我已经表达了我们的看法。

问：但我认为你没有回答我的问题，斯科特，我是说……

答：好吧，我想强调的是对 FEMA 的总体评价，这正是我现在要做的。这个问题我下午还会再作回应。

3 小时后的新闻发布会上，我们看到发言人和记者再次就这个"棘手"问题进行互动。读者仔细阅读下面的发布会文本后不难看出，麦克莱伦在通气会后又会同相关机构做了沟通，做了充足的准备，补充了有说服力的事实、细节和数字。在政府部门之间出现了矛盾，在媒体目前"口径不一"，甚至于相互指责的情况，作为为总统代言的白宫发言人需要谨慎表态。他避免了直接指责"利益攸关方"，同时又为处于"话语弱势"的一方做了巧妙的辩护，在维护各部门团结协作的前提下有效地引导了舆论，这一点尤其值得我们学习和借鉴。以下是该记者与新闻发言人在发布会上的对话实录：

问：发言人先生，你好。谢谢你给我提问的机会。刚才你说美国政府要从以往发生的危机当中吸取教训，你也反复宣称，政府已经采取了相应的措施，解决目前的危机应对中存在的问题。但 FEMA 的负责人布朗先生却说，在本届政府执政的过去 3 年内，FEMA 的作用"日渐削弱"。如果他说的是实情，那么请问你们是如何"吸取教训"、"解决问题"的呢？

答：你所引述的是布朗署长在昨天的国会听证会上发表的言论。如你所知，总统与国会密切合作，通过听证会了解 FEMA 的相关情况。目前这个工作还在进行中。我们还想听听其他有关各方的说法，全面了解相关情况。

问：那么，布朗先生所说的"FEMA 的作用日渐削弱"究竟是不是一个准确的表述呢？

答：好的，我们先来看一下相关的事实和数据。FEMA 是在国土安全部的领导下开展工作的。切托夫部长向媒体多次表示，已经采取了相关措施，完善政府部门的准备工作，提高危机应对的能力。本届政府上任以来，对 FEMA 的投入从 2001 年的 6.9 亿美元增加到 2005 年的 10 亿美元。这还只是针对 FEMA 核心项目的投入，不包括为救灾拨付的专项资金。当然，每年的实际拨款是根据灾难发生的情况有所不同的。但从总体上看，从 2004 年到 2006 财年，FEMA 的拨款上升了 13%。因此，我们要从总体上来看相关的事实和数据，看看我们实际采取的行动。

此外，FEMA 的雇员数量增长了大约 23%，从 1907 名全职雇员——这是 2001 年财年的数字——增加到了现在的 2 350 名。

我想要再次强调的是，每年遇到的灾情不同，严重程度也不同，因此，实际的拨款数额当然也会不同。但仅仅看救灾的情况还不够，我们还要看对灾难的准备。政府设立的"第一时间应急储备金"的预算从 2001 财年的 4.64 亿美元大幅增加到 2005 财年的 40 亿美元，而且（今后）每年都是（按照这个标准来执行）。这就意味着（小布什）总统（上任以来）已经拨付了 150 亿美元给联邦和州政府在一线从事应急工作的人员。除此之外，你还应该关注一下"9·11"之后，总统对公共卫生系统也追加了巨大的投入。

我要提醒你和各位记者关注一下，（国土安全部）切托夫部长昨天也就相关问题发表了讲话。他详细地阐述了为了加强应急准备而采取的一些新的策略，以及对机构进行的相应调整。我希望你们大家认真读一读这篇讲话，尤其是他制订的改进计划。限于时间，我只提及一点，他已经决定把现有的应急机制整合到一个岗位，设立专职领导负责协调。

FEMA 历来都是国土安全部最重要的部门之一，署长可以直接向部长汇报。因此，FEMA 的重要使命是继续全力支持和配合国土安全部的工作，尤其是在危机应对和恢复的相关工作中。我相信，FEMA 在与联邦和州政府各部门的合作中，其作用一定会得到强化，而且会继续得到强化。

资料来源：<www. whitehouse. gov/news/release/2005/09/20050928-2. html>

卫星连线采访

随着媒介传输手段的革新，现在许多媒体都配备了卫星传输设备。从政府部门的角度来说，安排卫星连线采访可以节省筹备新闻发布会（或现场会）的人力、物力和财力，提高危机传播的时效性，也避免了媒体一窝蜂涌入现场而出现的混乱局面。

卫星连线采访通常是由相关部门的发言人主持，可以邀请专家或在现场处理危机的负责人参加（他们不一定在同一个地点。有条件的话，在每个说话人的面前安装一个小型的提词器，显示有关提问记者和其他说话人的个人信息和导播的提示语。这样做可以避免多人同时讲话等混乱的情况出现。另外，还要防止说话人耳机的突然滑落。由于卫星连线采访会被直播或者录像，因此一旦出现错误信息要纠正）。此外，受访者要注意自身的形象设计（详见第六章第三节）。

安排卫星连线采访的优点：

- 在危机现场被封锁和隔离的情况下,或者媒体无法及时赶到现场的情况下,采访仍能进行;
- 如果危机是全国性的,这种手段就创造了异地采访的机会:例如,中央媒体可以及时向身处第一线的地方官员提问,地方媒体的记者可以向中央主管部门的发言人或专家提出一些与当地具体实际有关的问题;
- 如果危机是全国性的,无论是中央还是地方媒体可以通过这种手段获得第一手的信息,无须通过其他人的转述。

缺点:

- 费用昂贵;
- 技术要求较高,因此,需要事先充分的准备,并且与各方达成协议;
- 参与的媒体有限,通常只限于财力雄厚的全球性、国家级或经济发达地区的媒体;
- 耗费较多时间筹备;
- 如果给发言人(或相关的官员和专家)安排一连串的卫星连线采访,他会碰到记者提出许多同样的问题,因此会很容易失去耐心;
- 由于记者和发言人没有面对面的沟通,会出现双方语态不一致的现象。例如,我们前文中讲到的江西和四川的基层官员在与央视主持人进行卫星连线时,官员按照他们的惯例依次介绍各级领导的指示,而主持人迫切想知道灾情进展,结果出现了主持人多次打断受访官员的现象,受访官员的做法也受到了公众的批评(参见案例分析 3.1)。

为了规避上述缺点,我们建议发言人或受访官员在进行卫星连线时一定要与媒体事先进行充分沟通,正式播出前尽量安排"彩排"或"预演"。

在线访谈(微访谈)

在线访谈或称"微访谈"脱胎于传统媒体时代的电话连线。在当今的技术条件下,原来一对一的电话连线已经扩展到了运用电话会议、网络"聊天室"软件(如 QQ、Skype 等)、微博/微信访谈等手段来安排新闻发布会或媒体的联合采访。不同部门的发言人(包括官员和专家)可以在不同的地点同时接受媒体的访问,不必聚在一起。同时,使用这种方式具有很强的交互性,媒体可以获得更多的提问机会。例如,发言人和几位嘉宾可以同时回答不同媒体的提问,这一点在现场的发布会上是无法做到的。

安排在线访谈或微访谈的优点:

- 参与媒体范围较广,不必亲临危机发生地;
- 可以最大限度地满足不同级别媒体的采访要求;
- 容易安排;
- 花钱不多;

- 可以视媒体的反应随时调整电话线路（或网络服务器）的数量；
- 媒体经验较少的官员和专家较愿意接受这种方式；
- 较少受时间和空间因素的限制；
- 在场的导播（或网管）可以对问题进行监控和筛选；
- 适于定期进行的新闻发布（如每 12 小时 1 次）；
- 在发言人（包括官员和专家）的人选上较为灵活，可以视情况随时更换；
- 危机期间随时会出现不可预见的情况，如果发言人（包括官员和专家）接到紧急会议的通知必须离场，他们可以随时中止采访，不至于引发媒体的不满（这一点在正式的现场发布会上则较难做到）；
- 较容易掌握参加采访的媒体记者的情况（例如通过事先注册的方式获得电话号码或登录网站、社交媒体平台的密码），从而便于舆情的监控；
- 便于记录和文字稿的整理，随时提供给有这方面需求的媒体；
- 便于存档，供政府部门和媒体进行核对。

缺点：

- 需要事先与电话公司（或网站、社交媒体机构）达成协议，获得其技术上的支持；
- 时间越长，费用越多；
- 一旦开了第一次，就要有第二次：媒体会经常打电话（或发电子邮件）来咨询，需要专人来做出回应；
- 适用于印刷媒体和网络媒体，不适用于电视媒体。

群发电子邮件或传真

　　这两种方式在社交媒体兴起后已经显得比较落伍了，通过官方网站、微博、微信、客户端进行的"微发布"因其使用便利和费用低廉已经取代了上述两种传统方式。例如，群发使用的邮件地址和传真号码需要随时更新，否则记者就会抱怨收不到，但使用"微发布"解决了这个问题。但是，一部分传统媒体的资深记者仍然偏爱用传真或邮件联系，因此，我们还是应当为他们做相应的准备。

优点：

- 显示了新闻发布的主动权；
- 花费很少，时效性强；
- 更正起来较为容易；
- 这种做法一般会得到各类媒体的好评。

缺点：

- 群发使用的邮件地址和传真号码需要随时更新，否则有的媒体和记者就会抱怨收不到；

- 受技术因素制约：有些媒体和记者会抱怨收不到，政府部门也无从核实；
- 部分媒体仍然会来探听"独家新闻"；
- 时效性要求高：需要在很短的时间内准备好文字材料。

在线发布（微发布）

政府部门还可以通过官方网站、博客、微博、微信、客户端等方式向媒体和公众发布信息。既可以利用已有的网络平台，也可以建立新的网络平台。对于社交媒体的使用和发布应当遵守一系列规则，目前业界公认较为权威的范本是美联社制定的相关指导意见（详见附录9）。

利用网络平台进行在线新闻发布或微发布具有以下优点：

- 以最为方便而快捷的方式更新信息；
- 透明度最高，媒体和公众在同一时间内得到信息；
- 便于各种资料的归档和整理，方便媒体的查阅；
- 通过"友情链接"的方式让媒体获得更多的背景资料；
- 迅速而集中地纠正各种谣言、传闻和误讯；
- 通过多媒体手段提供官方录像或图片；
- 设立"常见问题"栏，集中解答媒体和公众关注的热点问题；
- 将其投入和产出相比，这是一种较为实惠的传播手段。

缺点：

- 危机期间，由于访问量激增，常常会出现网路"塞车"、断网、掉线等技术故障（例如，2013年7、8月间，"微信"两次出现大面积故障）；
- 由于储存了海量信息，媒体可能会无所适从（因此有必要设立"网站导航"专栏）；
- 危机期间网站维护和更新工作量较大，通常需要7天24小时"连轴转"；
- 对于技术的过度依赖导致安全体系十分脆弱，容易受到"黑客"的侵袭。

为了规避上述缺点，我们建议发言人仍然保留群发邮件和传真作为出现技术故障时的"备份措施"。同时，由于微发布的时效性和不确定性较高，我们建议发言人要组成专门的团队负责此项工作，还要加强审核，避免出现前文中提到的"一言不当"引发舆论风暴的现象。

电话回复

就危机期间的新闻发布而言，电话回复也是最为常见的方式之一。这种最为原始的人际传播方式通常可以有效地建立起政府部门的新闻官员（或公共信息官员）与传统媒体记者（包括一些拥有"自媒体"的公民记者）之间的关系——尤其是较为亲密的私人关系。危机期间如果有较为充足的人力，应当考虑设立24小时电话专线接听媒体的垂询——尤其是在国外媒体较为关注的情况下（考虑到时差的因素）。

利用电话进行回复的优点是：

- 通过这种相对个人化的交流方式，媒体可以提供一些通过官方渠道较难获得的信息；例如，救灾过程中如果出现不公正的现象，公众往往会去找媒体投诉，而不会去找政府的有关部门；
- 媒体的垂询往往是关于公众关注的热点问题。通过对电话数量和主题出现频率等的统计，可以及时了解舆情，从而为决策部门提供政策性建议；
- 这种点对点的传播方式可以确保信息传递的准确性，包括向媒体强调要点、提出建议、及时纠正其误解，等等。

缺点：

- 回复电话通常需要很长时间；
- 需要较多的人力，如果事先来不及培训，可能会出现口径的不一致；
- 如果在记者截稿之前，情况又发生了变化，那么就要立即打电话纠正，工作量巨大；
- 电话回复肯定是有先有后，因此在各个媒体之间很难做到"一碗水端平"；
- 记者在电话里的提问涉及面较广，经常会超出接听人员的工作范围——除非这些人事先被训练为"百事通"。

为了规避上述缺点，在时间紧迫的情况下，优先安排与在国内外影响力巨大的主流媒体的知名记者进行电话沟通。如果危机在网络上引发了高度的关注，适当安排与影响力大的民间意见领袖（例如，有影响的公民记者、拥有千万粉丝的微博大 V）进行电话沟通。

第四节　新闻发布会的组织和筹划

大量的传播效果研究显示。公众在危机期间获得信息的机会越多，他们对政府部门的信任度就越高。不容否认的是，公众获取信息的主要渠道还是媒体。因此，记者们在较短的时间内要提供海量的报道，同时还要与平时一样遵守职业准则，做到真实、准确、客观和公正，可以想象出他们所受到的巨大压力。有鉴于此，在危机传播的过程中，政府部门要配合媒体的工作，为它们"减压"。近年来，随着社交媒体取代传统媒体而成为重大突发新闻的"第一落点"，政府部门利用社交媒体进行微发布已经成为一种不可抗拒的潮流。

不管对政府部门还是对媒体而言，准确度与速度之间永远是一对难以调和的矛盾。如果发布的信息是准确的，但是公众的注意力早已转向了其他的事务，那么这样的信息是没有任何价值可言的。如果信息的发布和传播都很迅速，但是这条信息是不准确的，那么政府部门和媒体应当尽快做出更正，否则将贻害公众。

作为政府部门的新闻官员，在危机期间应当想方设法处理好准确度和速度之间的关系。比方说，可以及时发布一些准确但并不完整的信息。对此，曾任美国白宫新闻秘书（即白宫发言人）的弗莱彻打了一个十分生动的比方：这就好像很多饥饿的人在等着一只正在烤制的火鸡；如果鸡翅已经烤熟，那么就应该先把那部分切下来，让人们先填填肚子再说，再继续烤其他的部分，不要让人们饿着肚子等到火鸡全部烤熟。[①]

2003 年 2 月 25 日中午，在北京大学和清华大学的食堂相继发生了不法分子利用"土炸弹"制造的爆炸案，造成 9 人轻伤。虽然案情还完全没有搞清楚，但相关的报道和图片在事件发生 1 个小时后出现在北京市政府新闻办和北大、清华的官方网站上，新华网也实时发布了这条信息，从而避免了海外媒体利用此事进行炒作。这是我国政府部门运用"谣言止于及时公开"原则的一个经典案例。

新闻发布应该从何处入手？应当首先发布已经确证的那部分信息，同时提醒媒体和公众随时留意新的信息。例如，如果决策层还在开会研讨对策，那么可以告诉媒体和公众"危机处理中心"（EOC）何时运作，预计何时会拿出对策；如果发生食物中毒，样本还在实验室做检测，那么可以向媒体简要介绍检测的过程。虽然你并未直接回答媒体的问题，也无法提供完整的信息，但是按照以上的做法可以让媒体和公众参与到危机处理的过程中来。不提供信息只能加重他们的猜疑，同时还会让他们觉得，政府部门对他们关注不够，把他们当"局外人"来看待。本节中我们将重点谈及新闻发布会的组织和筹划。

如何准备文字资料

准备充足的文字资料是至关重要的。曾任克林顿新闻秘书的迪迪·迈尔斯（Dee Dee Myers）女士有一句名言："我们遇事便散发材料。"在突发性危机事件的报道中，媒体向受众提供海量信息，往往会临时抽调一批并不具备相关知识背景的记者来参加报道。因此，政府部门需要准备一些"入门"性质的背景介绍材料。例如，目前，艾滋病问题成为我国媒体的报道热点之一。筹备一场以艾滋病为主题的新闻发布会时，最好能提供充足的背景介绍。其实许多记者对艾滋病的了解不一定比公众更多，有些人甚至不知道 HIV 的含义。这时候，一本有关艾滋病的小册子往往会有助于他们准确地向公众传递相关的信息。

危机传播中需要准备的文字资料主要有以下几种：新闻通稿、新闻公报、媒体公告、详情通报和背景介绍。有条件的部门还应准备视音频素材。

新闻通稿（news/press release）

新闻通稿是政府部门应当准备的最为基本的一种文字资料，具有高度的权威性和规范性。在"人人都是记者、人人都有麦克风"的社交媒体时代，新闻通稿的重要性不但没有降低，反而更为突出了。新闻通稿分为两种类型：一种是标准型，通常在危机传播的初始阶段使用；随着危机的进一步发展直到最终的解决，除了标准型之外，还应提供专题型的

---

① 　转引自 M. Sullivan (2001). *A Responsible Press*, 58.

通稿,具体的内容包括参与危机处理的一些具体的人物和事迹、成功的经验以及个人的经历,等等。除了在新闻发布会上提供给记者外,还应该通过官方网站和官方微博发布,应当提供 140 字以内的发布会摘要和全文长微博("长微博"是用微博账号发布超过 140 字的文字稿时所采取的一种形式)。

标准型的新闻通稿通常在一页以内。初学者往往分不清新闻和信息的区别,因此容易把新闻通稿弄成长篇大论式的公文。为此,我们应当进行筛选,把最具新闻价值的内容放在通稿中,非关键性的信息可以放在详情通报中,而背景性的信息则可以放在背景介绍中。简言之,标准型的新闻通稿应当包括新闻的基本因素——即 6W(谁是主人公、发生了**什么事情**、**何时**发生、**何地**发生、**为何**发生、影响**如何**)。通过这种手段,可以帮助媒体尽快确定哪些信息是有价值的新闻。由于标准型的新闻通稿短小精悍,便于核查,从而大大减少了发布不准确信息的机会。

标准型的新闻通稿在内容和写法上与新闻报道无异,一篇好的新闻通稿基本达到了新闻报道的发表要求。具体说来,包括以下方面:

- 标题应当概括通稿的主要内容,用词上最好能做到引人注目;
- 提供不超过 140 字的摘要供微博发布;
- 全文采用"倒金字塔"结构——按新闻的重要程度(而非时间的先后顺序)排列,把最具新闻价值的信息放在导语部分,并依此类推;
- 直接引文(引述专家或学者的话)不能出现在导语中,可以放在第二段或第三段,使用时必须注明来源;
- 文字要短小精悍,一目了然,每个句子不超过 20 个字,可以用一个句子构成一个段落;
- 尽量避免使用缩略语、行话、专业术语,如果出现科技或专业术语,需要做出解释;
- 尽量避免使用形容词或感情色彩较浓的表达方式;
- 再次核查事实和收据,有疑问时请领导和专家把关;
- 安全核查——是否包括了应当保密的细节;
- 隐私权核查——是否包括了侵犯受害人及其家属隐私权的细节;
- 如果通稿中出现的人名和地名等包括了生僻字,最好加注拼音,这主要是为了方便广播和电视媒体的记者;
- 发现错误怎么办?如果通稿已经散发给媒体,它们还没有来得及发表,这时要通知每个媒体,不要图省事,只把它挂在网上;如果媒体已经发表,要表示歉意,并且督促它们尽快更正。

新闻通稿在格式上有严格的要求,具体包括:

- 用有本部门抬头的专用稿纸印制,包括部门名称、地址、电话和传真号码、电子邮件、联系人、官方网站的网址、官方微博的名称、官方微信号等基本信息;危机期间,要附上 24 小时开通的热线电话号码和微博、微信的信息。

- 如果有新的电话号码或网址,要在第一行用黑体标注。
- 第一行要注明新闻发布的时间(具体到几点几分),如果通稿发布较为频繁,应该注明编号。
- 一般注明"可即时发布",如果有特殊要求,应标注可以公布的时间,例如"到 2003 年 6 月 17 日 18:00 后方可公布"。
- 导语前要加上"电头"(例如,"北京 3 月 20 日电")。
- 隔行,四周有足够的"留白"(2.54 厘米),以便记者做记录时使用。
- 不要双面印刷。
- 标注日期及联系方式(地址、传真、电话、电子邮件)。
- 长度在 1～2 页之间。如果有第二页,第一页右下角应标出"转下页";
- 在结尾处以"＃＃＃＃"或"——完——"标出。
- 供微博使用的版本不超过 140 字,同时提供关键词标签(hashtag),便于网络搜索,例如:＃北京出租车调价＃;如需要在互联网上广泛传播,吸引青年网民,还应设计"米姆",例如,"奥巴马用战马和刺刀击沉罗姆尼战舰"(详见第三章第三节)。

专题型新闻通稿内容更为具体,提供相关人物或事件的具体细节,篇幅更长,在格式上与标准型通稿大体一致。

新闻公报(press statement)

- 新闻公报不是新闻通稿,不包含新闻元素,表达的是官方或组织的立场或观点,应包含所采取的 1～2 项危机应对的措施。
- 新闻公报最为重要的是让公众感受到"诚意和希望",强调组织已经采取的措施和危机处理取得的初步进展。
- 篇幅简短,几句话或是几段都可以,用 A4 纸"小四"号(英文为 12 号)字体隔行打印,不超过 1 页;由新闻发言人宣读,在 20 秒到 80 秒之间(以便电视记者用作"同期声");还需制作 140 个字的"微发布"版,附上关键词标签,在微博、微信上发布。
- 通常以高层领导或主管的名义发出,可以由新闻发言人代为宣读。
- 通常用于回应与本部门相反的观点或指责(比如说,政府所采取的危机处理决策受到广泛质疑,这时候就要通过媒体发表新闻公报进行解释)。
- 为政府争得话语主导权,防止负面意见占上风。
- 以官方名义发出,供媒体引用或参考,不再就此接受单独的访问或垂询。
- 可以被用来安抚受害者、鼓励本部门的工作人员及其合作者。
- 应当附上本部门新闻官员的联络方式。
- 应当有的放矢地使用,过多发布新闻公报会影响政府的权威性。
- 公报中不要复述那些负面的信息或观点;而应当直接阐明本部门的立场或观点。

- 发表前应听取主要利益攸关方（如上级主管部门、兄弟协作单位）的意见。

【案例分析 5.4】　危机发生后首次新闻公报的中英文模板

在危机爆发之初，新闻发言人不说"无可奉告"已经成为一种常识，但由于资讯掌握不足，新闻发言人也确实面临"无话可说"的境地，此时发布新闻公报或官方声明，表明组织的态度和立场，以下模板可以作为参考，实际使用时可以做出相应的增删，并且加入已经采取的 1～2 项具体应急措施，为了适应全球传播和利用社交媒体进行"微发布"的需要，在此也附上英文和微发布模板供参考。

【中文版】我们已经会同政府部门的应急办和其他相关部门启动了应急机制，确保相关人员的安全和信息传递的畅通。截至目前我们还没有得到经过核实的权威信息，因此，我们还不能对事故的原因做出推测。目前，救援工作是第一位的，有关部门将适时启动有第三方参与的调查，我们将全力配合调查工作的开展。一旦我们获知此次危机的权威信息和相关调查的结果，我们会在第一时间告知媒体和公众。

【英文版】We are completely cooperating with government and emergency agencies. We are making sure that everybody involved or affected is safe and well informed about the situation. We ae releasing all the information we have been able to confirm by this point in time. We cannot speculate as to the cause of the incident. There will be an official external investingation of this event with which we will certainly cooperate. As soon as the official results of that investigation are available we will fully inform you on that matter.

【微发布版】我们已经会同应急办等部门启动了应急机制，确保相关人员的安全和信息传递的畅通。截至目前还没有得到经过核实的权威信息，因此，我们还不能对事故的原因做出推测。有关部门将适时启动有第三方参与的调查，我们将全力配合。一旦获得相关信息，我们会在第一时间告知媒体和公众（128 个字，不能超过 140 个字）。

媒体公告（media advisory）

- 用来邀请媒体参加政府部门组织的新闻发布活动；
- 篇幅控制在半页左右；
- 内容包括：活动的性质（新闻发布会或媒体见面会）、时间、地点、出席者（包括姓名、头衔、职务或专业范围）、联系人、发布主题等；
- 简要阐述新闻发布活动的目的和意义；
- 通常用大号或黑体排印，以期引发媒体的关注。

详情通报（factsheet）和背景介绍（backgrounder）

- 作为新闻通稿的附件来使用；

- 篇幅可以较长；
- 提供相关科技或专业术语的定义；
- 详情通报可以针对某一主题，按照从总体到局部的顺序罗列信息，可采用"子弹"式的排列格式（即本节所采取的这种格式）；
- 背景介绍是对新闻通稿和详情通报的进一步扩展，提供历史背景和深层信息，可采用分段式排列；
- 如果使用对象大多为临时抽调来的不具备相关背景知识的记者，可以增加"指南"和"常见问题"等内容；
- 便于通过网站、博客、长微博、微信发布；
- 其中包括的信息都是相对固定的，信息的更新则要以新闻通稿的形式来进行；
- 通常不引用领导或专家的话；
- 以本部门或 EOC 的名义发出，属于正式文件的范畴；
- 对哪些属于信息，哪些属于背景知识的范畴，应当征求各方的意见；
- 可以在危机发生前就准备好，便于随时取用。

多媒体素材

全媒体时代的新闻发布意味着信息的载体要多样化，除了文字资料，各种图片、音视频等多媒体素材成为确定舆论走向的重要途径。我们在前文中提到，2011 年温州"7·23 动车事故"中，由当地公民记者乘坐动力伞拍摄的事故现场照片抢在新华社等主流媒体之前发出，标有"和谐号"字样的动车车头从高架桥上斜插入地面的水塘中，这幅震撼人心的图片仅发布半小时就在微博上被转发了数十万次，对网上已经形成的负面舆论起到了推波助澜的作用。被称之为"网络土著"的"80 后"、"90 后"网民已经不再愿意接触长篇的文字报道或喋喋不休的访谈节目，新闻的"多媒体"化成为不可逆转的发展趋势。媒体对图片、录像的需求增加，数字技术的普及使政府部门为媒体提供大量的视像素材成为可能。

政府部门应当准备的多媒体资料包括照片和图表、新闻录影带（VNR）、素材带（B-roll）、音频等。具体要求如下：

- 新闻录影带要符合电视新闻的制作格式；长度在 90 秒到 2 分钟之间；配有解说词文稿和分镜头台本。
- 提供主管领导和专家的讲话片段（10～30 秒左右）——媒体的专业术语称之为"同期声"，以便编入《新闻联播》一类的电视新闻节目中，同时也便于在微博、微信中传播。例如，2013 年李克强总理在首次媒体见面会上发布的十多条核心信息——"触及利益比触及灵魂很难"、"当官要断发财梦"等——被国外媒体翻译后编为"同期声"在新闻中播出。网上则出现了"总理十大金句"等网民制作的视音频，并获得了广泛传播。
- 为新闻发言人按照"简洁生动、通俗易懂"的原则设计 20～30 秒左右的"同期声"

突出核心信息，供媒体使用。在此我们举两个例子：2003 年 12 月，美国军方发言人在抓获萨达姆的新闻发布会时开场所说的："我们抓住他了"（We've got him）；2013 年 5 月，中国国防部新闻发言人杨宇军在回答记者有关航母训练情况的提问时说："航母不是宅男，不可能总待在军港里，将来肯定要去远航。"

- 向媒体提供的"同期声"应当相对独立，彼此之间应该没有关联，因为媒体可能只采用其中某一条。
- 素材带（B-roll）是指不配画外解说的背景资料，供媒体制作新闻片或纪录片时使用，可在危机发生前准备好。
- 为素材带配备分镜头台本：包括说话人的姓名、镜头说明（例如，"病毒所的工作人员正在提取样本，准备检测"）。
- 视像资料的传输方式有以下几种：（1）先发送媒体公告，在指定时间内通过卫星线路传输；（2）制成录像带或光碟，快递给媒体；（3）先传送给地方媒体，再由它们传送给中央级媒体；（4）制作成视音频，挂在网站或官方微博、微信上以供下载，也可传送到相应的客户端，但作为电视台、通讯社等专业媒体仍然需要提供素材带（B-roll）。

新闻发布会（含新闻通气会、媒体吹风会）的组织

时间选择

社交媒体的兴盛对新闻发布会的时效性提出了更高的要求。我们建议政府、企业等组织在危机发生后立即安排小型的新闻通气会或媒体吹风会（press briefing），通常邀请自己较为熟悉的媒体和记者参加，发表简短的、表态性的新闻公报（press statement）。如果时间紧迫或者受到其他条件的限制，也可不开通气会，但必须通过组织的网站、微博、微信等渠道发表新闻公报或官方声明，并提供给国内外有影响力的几家主要媒体机构。然后，根据危机处理的进展和信息搜集的情况，考虑到报纸、电视等传统媒体的截稿要求（上午 10 点和下午 2 点是早报、晚报的截稿时间），尽快组织对所有媒体安排开放的、较大规模的新闻发布会（press conference），向与会媒体提供正式的新闻通稿（press release）。根据我们对以往大量相关案例的研究，为了让组织的危机传播达到效果的最大化，更好地服务于不同类型的媒体，具体时间安排建议如下：

危机发生的时间	发表新闻公报（或召开新闻通气会）的时间	新闻发布会和提供新闻通稿的时间
午夜 0 点到凌晨 6 点	上午 8 点到 10 点	下午 2 点
凌晨 6 点到中午 12 点	上午 10 点到下午 2 点之间	下午 2 点到 8 点之间
中午 12 点到晚上 8 点	下午 2 点到晚上 8 点之间	当晚 8 点或次日上午 8 点
晚上 8 点到午夜 0 点	次日上午 8 点之前	次日上午 10 点或下午 2 点

地点选择

新闻发布会的地点选择可以遵循以下一些原则：

- 可选择危机现场，但要满足以下条件：媒体在场不会影响救援工作；记者和工作人员的安全有保障；不会侵犯受害人的隐私权。
- EOC 新闻中心，最好与其办公区域分开，以免让记者的进出影响他们的工作，必要时可以安排专人给记者引路。
- 政府部门的新闻发布厅，原则上要有两个不同方向的出口。
- EOC 附近、交通便利的酒店。
- 室外：注意必须有电源，适宜安排音响设备，准备临时卫生间等。

新闻发布会地点的选择会对传播效果起到"放大"效应。在保证传播效果和不影响危机处理工作的前提下，尽可能选择一些有特色的场地。"9·11事件"后纽约市市长朱利安尼头戴安全帽在世贸中心废墟前举行新闻发布会；"炭疽热"危机中很多美国人不敢收发信件，邮局门可罗雀，他又在纽约市立邮局会见记者，亲自邮寄，拆封包裹。由于地点选择得恰如其分，这些发布会至今令人难忘，为朱利安尼树立了良好的媒体和公共形象。他当选为 2001 年度《时代周刊》的风云人物也是众望所归的。

2003 年"非典"期间，曾经有专家建议北京市有关部门在小汤山医院门前举行新闻发布会，从而让全世界媒体关注这个在一周之内举全国之力修建起来的世界最大的传染病医院，但由于种种原因，这个极好的创意未获采纳，不能不说是一个遗憾。

2011 年"7·23 动车事故"发生后召开了一次新闻发布会和一次媒体见面会，由于选择了不同的地点导致了截然不同的传播效果。铁道部 26 日召开的新闻发布会选择在一家酒店的会议室举行。由于到场记者超过 200 人，空间过于狭小，组织工作一度出现混乱。当发言人准备开始发布新闻时，后排的记者高喊，让他站起来说话；当他站起来后，前排的记者又让他坐下去，因为影响了拍摄效果，发言人被搞得无所适从，对其心理和情绪都带来了极大的影响。显然，这次发布会的地点选择并没有经过慎重考虑。28 日，温家宝总理顶着烈日酷暑，在动车事故发生的现场举行媒体见面会，为遇难者默哀，并回答了中外记者提出的 6 个问题。选择这个地点和这样的情境充分显示了政府的诚意，令人动容的画面经媒体广泛传播，达到了预期的效果。

参加者

- 邀请印刷媒体和电子媒体的人员参加——不要忽视了广播电台。
- 视具体情况考虑邀请相关的民间意见领袖参加。
- 出席新闻发布会的官员要尽量少而精。我们经常会发现发布会的主席台坐了一排官员，或者在发布现场站着不少身着制服的官员，他们在整个发布会期间一言不发，同时发言人也没有向记者介绍这些人的身份，这就难免会出现尴尬的局面。

比如说,记者可能会随便找其中一名官员进行采访。

如何邀请媒体

- 尽量提早通知与会媒体,不能晚于一小时,但又不可太早。
- 危机期间最好安排固定的新闻发布会时间,免去每次通知的麻烦。
- 根据发布内容确定 5 家左右的重点媒体,由新闻官亲自邀请,向媒体主管或总编阐明发布会的重要意义。
- 发布媒体公告(详见"媒体公告"部分)。

如何安排媒体见面会

我们经常听到一个有中国特色的提法——"记者招待会",这通常是指发言人邀请相关人士集中会见媒体记者的一种形式,更确切地说应是"媒体见面会"。例如,按照惯例,每年"两会"结束后国务院总理要举行一年一度的中外记者招待会。"记者招待会"和"新闻发布会"在形式上略有差别,但本质上并无不同,而且"招待"一词容易引发歧义,也缺乏专业和学理依据,但这种说法由来已久,还在被使用。笔者建议逐渐放弃这种说法,统一使用"新闻发布会"和"媒体见面会"的规范名称。因此,本书也不再采用"记者招待会"这一提法。

危机期间,新闻发言人应当邀请相关负责人和专家与媒体见面,接受它们的联合采访,这就是我们所说的"媒体见面会"。严格说来,新闻发布会与媒体见面会在形式上略有不同,前者是以发言人作为主角;而后者则是由发言人主持,其真正的主角是特邀的领导、负责人、专家学者和民间人士等。在媒体见面会开始前,安排他们到另一个房间候场。这期间,发言人可以与嘉宾商议发言的先后次序,并且提醒他们注意自己的一言一行,任何玩笑话或包括小动作都会暴露在媒体的聚光灯下,从而产生意想不到的结果。

媒体见面会上,嘉宾是站还是坐取决于当时的具体情况:空间的大小、接受采访的时间长短以及他们是依次还是同时回答提问。坐着的时候,气氛会较为庄重,提问和回答都较为理性;站着的时候,气氛会较为紧张而活跃,提问和回答都会比较简短,从某种意义上说会加剧说话人的紧张情绪。

媒体见面会一般由新闻发言人主持;也可邀请嘉宾之中职位和资历最高的一位主持,这时发言人也应站在一旁候场,以示礼貌。

除非嘉宾是公众人物或者是媒体所熟知的人,否则应当由主持人介绍他们,包括姓名、头衔和单位。他们在首次回答记者提问时,最好能够重复一下自己的姓名、职务和单位。

事先要让媒体知道是否安排了提问和回答的环节。在危机的初始阶段信息不足的情况下,也可不安排答问的环节,但一定要事先通知媒体。总的来说,既然安排了媒体见面会,就应当回答媒体提问。这样做可以达到间接影响媒体"议程"的目的。

如果安排了答问的环节，主持人应当根据具体情况给媒体设置一些限制性的条件：该环节的时长；提问的记者应当自报家门；每次只能提一个问题等。如果不希望媒体就一些"敏感"话题为难某位嘉宾，也应当事先声明。

即便如此，有些媒体还是会不顾发言人的"设限"，会对这些"敏感"话题穷追不舍。这在事先与嘉宾的沟通中，应当有所防备，共同商讨如何处理这类"最难回答的问题"。一旦提出这类问题，发言人可以出面"解围"，告诉记者应当找哪个部门或专家咨询。发言人对这些问题不应做出任何评论，因为这超越了他的职权范围。

应该事先做好后勤保障的预案。比方说，音响系统突然失灵了该怎么办？

在媒体见面会的最后，主持人应当感谢嘉宾的参与，并且告诉记者如何获得更为详细的信息。

要提前与嘉宾商量是否接受会后的单独采访。如果嘉宾的日程安排很紧，要准备特别通道或出口让他迅速离开会场，防止媒体"围堵"。如果嘉宾决定接受采访，那么其他记者也会围拢过来，这等于又举行了一场小型的发布会，在这种情况下，要确保嘉宾身旁有一名新闻官员陪同，以便对媒体进行监督，为嘉宾提供帮助。

如何安排辅助设备

新闻发布会上可以适当安排辅助设备——例如投影、幻灯和电脑演示（Power Point），从而加强传播效果，应当安排专人负责这些设备的操作。

对于发布会展示的图表要留备份，供媒体索取。如果来不及准备（例如嘉宾有时会即兴展示或者提及一幅图表），可以在发布会结束时告诉媒体何时给他们提供复印件。

对于所有图表、幻灯片以及电脑演示软件，要做安全检查——是否涉密、侵犯版权或隐私权，等等。

要准备设备失灵时的应急措施（例如，一旦显示图表的投影设备失灵，可以分发图表的复印件）。

其他工作

- 要对发布会进行全程的录音或录像；
- 雇用专业速记员，以便在发布会后把文字记录稿第一时间挂在网上；
- 如果发言人初次与媒体露面，或者嘉宾不为媒体所熟知，应当在背景材料中包括其简历；
- 如有必要，在背景材料中包括本部门的情况介绍。

新闻发布会结束后，立即进行评估：

- 核心信息是否得以传达？
- 哪些问题被反复问及？
- 发言人以及嘉宾的表现如何（例如，音调、肢体语言、表达是否清晰，等等）？

- 媒体议程与公众议程（即对媒体报道和网上评论的主题框架进行内容分析）是否与发言人传递的"政府议程"一致？
- 下一次发布会的话题是什么？
- 是否有没有回答清楚的问题？如果有，应该与提问者所属的媒体接触；
- 还有哪些工作值得改进？

第五节　如何应对媒体的负面报道

形象地说，负面报道或评论会把当事人气得将报纸撕碎，遥控器扔掉，或者猛敲电脑键盘或 iPad，准备跟这些不负责任的专业媒体或公民记者拼个你死我活。《财富》杂志的主编谢尔曼说得好："向媒体宣战，虽然听上去很诱人，但实际上却是一场无法打赢的战争。"[①]换言之，政府应当采取有理、有利、有节的策略来应对这些负面报道，尽量避免正面冲突。从情感上说，公众在不明就里的情况下，感情的天平通常会倒向媒体一边。因此，与媒体发生正面冲突只能使政府的形象受损。在应对负面报道时，新闻发言人应当做到以下这几点：

冷静应对

前文中已经提到，新闻发言人在与媒体沟通时代表的是所在的部门或机构，而不是个人。因此，他对媒体或记者的任何反应——包括攻击性的言辞——都不再是个人行为，而是体现了所在部门或组织的立场。因此，对任何新闻报道——尤其是负面报道——发表评论时应该格外慎重。在社交媒体日渐普及的今天，官方微博、微信的维护者同样要以发言人的专业水准和职业态度来要求自己。[②]

应当指出的是，我们在此所说的负面报道不是指新闻专业主义所秉承的"舆论监督"或"看门狗"式报道（watchdog journalism）。这种深度调查报道以事实为依据，以客观、公正为原则，对监督政府工作和净化社会风气起到了积极的作用。对于这样的负面报道，政府部门应当诚心诚意地接受，对本部门的工作做出相应的改进，这显然已经超出了发言人或新闻官员的职责范围。

新闻发言人和新闻官员需要处理的往往是那些不负责任的负面报道。从新闻从业人员的角度来说，他们在市场竞争的压力下逐渐接受了西方新闻商业化运作的一些理念。这些理念可以形象地表述为："坏消息才是新闻"（bad news is news）、"流血事件才能上头

---

① 转引自：G. Rodman（1981）. *Mass Media Issues：Analysis and Debate*. Chicago：Science Research Associates，19.

② 有人使用"网络发言人"的称谓，从专业的角度来说并不准确，实际上他们从事的是维护官微运营的工作。

条"(bleed to lead)，等等。这就导致了他们将一些负面因素加以放大和渲染，人为地制造出耸人听闻的"效果"，从而提高新闻的"卖点"。此外，为了能够赶在截稿期限前抢到"独家新闻"，媒体机构的主管往往会给记者施加巨大的压力，这就导致他们在事实没有完全调查清楚的情况下匆忙发稿。

只要发言人多从媒体和记者的角度考虑，他就能够以较为理性的方式对待这些负面报道。相对于媒体而言，政府部门处于强势地位，公众感情的天平更容易趋向于弱者。"得理让三分"，这不是说政府在不负责任的报道面前"忍气吞声"，而是说应当采用一些技巧和策略来消解其负面影响。

分析形势

与该记者及其所属媒体关系怎样

事先查对本部门的媒体档案，确认以前是否跟该记者或媒体打过交道，如果没有，不要匆忙打电话去联络。按照公共关系学上的说法，最好不要打这种突然袭击式的"冷电话"(cold call)，这样只会加剧冲突，无助于问题的解决。最好的方法是寻找一个值得信赖的"第三方"转达你的意见，并且附上联系方式和更多的背景材料，澄清相关事实。如果该记者或所属媒体与你直接联络，那么应当做到态度诚恳。

从哪些角度指出报道存在的问题

接下来要做的工作是指出报道中存在的问题。最有效的方法是指出报道中不符合事实的部分。但很多负面报道的事实基本无误，而记者的"视角"——即立场和观点——出了偏差。有人曾经对西方媒体对中国的报道做过形象的比喻：如果中国有七朵鲜花，三堆垃圾，那么西方媒体通常只报道那三堆垃圾。对于这种"偏见式"报道，我们不能采用"扣帽子"的方法："你的报道是失实的、耸人听闻的和不负责任的"，这类空洞的指责只能招致对方的反感。我们应当选取一些合适的角度指出报道中存在的问题：

从"公众利益"的角度：记者和媒体并不是为政府做公关工作，大家都应当以事实为依据，以公众的利益为准绳。在与记者交换意见时要从"公众利益"的角度入手，指出其报道不符合公众利益的部分，这样才会更有说服力。

从"平衡"原则的角度：对于一些有争议的主题，记者在报道中应当坚持"平衡"的原则——即用同等的篇幅对两种截然对立的事实或意见做出报道。看看记者是否做到了这一点，如果他的报道存在"偏见"，而且这种"偏见"对你所在的部门不利，那么应当向他指出这一点。

除了正面回应以外，是否还有其他的选择

除了正面回应，我们还可以考虑采用其他方法来应对负面报道。媒体公关的策略之一是让一条好消息很快传播，这样就能让另一条坏消息更快地被人遗忘。同时也不会给公众留下试图掩盖"家丑"的印象。无论是正面的还是负面的报道，政府部门都应该给公

众留下这样的印象：政府部门只相信真实的报道。如果一篇负面报道在大的方面基本符合事实，只是有一些小的细节上的出入，那么你应当权衡一下是否值得跟记者和媒体"较真儿"？比较明智的作法是不加任何评论，让这篇报道自生自灭。如果你在一些枝节问题上与记者争论不休，那么实际上正好强化了媒体"放大异见"的功效，反而会让记者借机炒作，不利于树立政府的形象。

决定采取行动

如果在对形势做出分析后，你决定要对负面报道采取行动，那么你应当把这个过程视为与媒体进行的一场"谈判"或者是"博弈"，心目中应当有一个最高目标，同时也有一个最低目标。以下这些方案可供选择：

要求撤销或更正

当你有充足的证据证明报道中出现了重大的错误，可以要求媒体立即更正。如果原来的报道登在头版，那么你可以要求撤销或更正报道的声明也要刊登在同样的位置。虽然媒体主管一般不会接受这样的要求，但至少可以引起他的重视，不会把声明登在"报屁股"之类的角角落落里。

要求刊登后续报道

如果原来的报道中忽略了你的观点，或者对此做了不准确的报道，那么根据"平衡"原则，你可以要求媒体补发阐述你方立场和观点的后续报道。你可以为记者提供一些新的信息，建议他采取一个新的角度，从而做出全面的报道。但是，不要硬性要求记者采取一个与原来报道完全相悖的角度。如果那样做，记者实际上等于自食其言，从而会失去读者的信任。应当本着与记者合作的态度，既坚持自己的立场和观点，同时也给记者留有一定的余地。

要求道歉

如果报道中的错误完全是由于记者的疏忽造成的，而这一错误也没有危及政府部门的声誉或是个人的生命的话，那么你可以尽量表现得宽容一些，让记者在电话中道歉就可以了。这种作法可能会产生"投桃报李"的效应，你可以趁此机会与记者建立合作关系，以便将来能产生更多如实的正面报道。如果双方能够建立起这种合作关系，那么下次再有负面报道，记者一般会与你联系进行核实。

要求存档

如果媒体刊登了更正声明，你还应当要求他们存入媒体档案中。如果忽略了这一点，同样的错误（尤其是事实方面的）还会再度出现，这是因为记者不可能记得每一次更正。如果日后他还做同一题材的报道，很可能会查阅档案。因此，你不仅要求媒体刊登更正声明，而且还要检查他们是否已经存档，以免再次出现类似的错误。

要求亲自阐述己方的立场和观点

出面阐述己方观点，驳斥不实的负面报道也是一种有效的对策。你可以亲自执笔用读者来信的方式阐明己方观点,或者撰写特约评论员文章,要求刊登在报纸的"观点·言论"版,也可以要求广电媒体做专访节目。在 2001 年 5 月发生的美国轰炸中国驻南联盟使馆的事件后,面对美国媒体"一面倒"的报道,时任驻美大使的李肇星部长亲自执笔给《华盛顿邮报》总编写信,并主动联系 CNN、ABC 等广电媒体,安排专访,阐述中方的立场和观点,收到了很好的传播效果。需要注意的是无论是写文章还是接受采访,都要做到言简意赅,切中要害,以理服人。一定要把自己的主要观点放在开头部分。编辑通常会以篇幅或时间限制为由进行删减,而他们一般会保留开头部分的内容。这样,你的主要观点才会被传递给受众。

与合适的人进行沟通

媒体方面报道后,要联系合适的人交换意见。前文中已经说过,如果是初次与媒体联系,最好能够寻找"第三方"作为中介。即便是与媒体直接联系,也不要想当然地直接与总编或主管联系。一般情况下,应该根据新闻媒体运作的流程,自下而上地与各部门进行沟通。

先与记者本人进行交谈

应当搞清记者做出负面报道的实际情况和真实意图。有时候,记者原来的报道是客观公正的,但值班编辑做了删减,使报道带有偏见,或者为了追求轰动效应对原来的报道进行调整。很多情况下,记者本人对这些改动都蒙在鼓里。因此,在决定对负面报道采取任何行动之前,要首先与记者进行沟通,倾听他的回应和解释。

如有必要再逐级联系

如果记者本人表示对此无能为力,那么再联络新闻编辑或制片人。如果问题还得不到解决,再逐级上升到总编或主管那里。

联系其他媒体

如果你对记者乃至于其所属的整个媒体的新闻理念和职业道德产生了怀疑,那么沟通就没有必要继续下去,你可以考虑与同类媒体或是影响力更大的媒体联络。需要注意的是,你所做的不是引发媒体之间的相互攻击,而是要在媒体的帮助下,以更具说服力的报道来赢得舆论的支持。

直接影响公众

如果该负面报道有较为明确的目标受众,还可以考虑通过在社区中发放新闻简报、举办公众论坛或召开小型通气会等形式(详见本章第六节)直接在公众中消除负面影响。公众在得知真实的情况后,会自发地以读者来信、打电话的形式向媒体反映自己的意见。另一个途径是联系民间意见领袖,通过社交媒体影响民意。这样一来,刊发负面报道的媒体会受到强大的公众舆论压力,与政府部门直接出面与媒体联络的做法相比,这样做往往能收到更好的传播效果。

提供有说服力的新闻稿

对负面报道最有力的反击并不是进行争辩或批驳，而是提供有说服力的新闻稿。如何来撰写新闻稿呢？具体说来，应当做到以下几点：

- 与本部门的负责人、顾问和专家协商，确定并保持同样的口径；
- 多提供正面的事实和证据，尽可能不要批驳已有的负面报道；
- 始终记住新闻稿的受众是普通读者，而不是记者或媒体；
- 始终记住你的目的是传递准确的信息，而不是与记者或媒体争个是非曲直；
- 如果合适的话，呼吁公众采取行动支持（例如签名、打电话到媒体等）；
- 不要在新闻稿中流露对记者或媒体的不满情绪。

后续的措施

应对负面报道是媒体公关的重要工作之一。无论负面报道的处理结果如何，政府部门应当把媒体公关作为一项长期的工作来做。在社交媒体兴起的今天，对于网络泄密或谣言引发的"网络危机"，要建立完备的危机管理机制（参见附录 10），采取以下一些相应的危机传播策略（参见案例分析 5.5）：

- 要建立舆情监测机制，一旦发现不负责任的负面报道，要及时做出反应；建议以附录 10 中美国空军回应网络负面言论的流程为模板，制订适合本部门情况的工作机制。
- 对于那些发表过负面报道的记者或媒体，不要采取置之不理或避之不及的态度；要秉承"不打不成交"的理念，将其作为今后媒体公关的对象。
- 主动向记者和媒体提供新闻源。
- 确定一些专家、学者和民间意见领袖作为"第三方"，一旦与记者或媒体发生争执，由他们来替政府出面表达立场或观点。
- 如果合适的话，呼吁公众采取行动支持（例如签名、打电话到媒体、发微博等）。

【案例分析 5.5】　网络泄密后的危机传播策略：以"斯诺登事件"为例

随着社交媒体的蓬勃发展，互联网与社交媒体成为负面信息和舆论传播的重要平台。在传统媒体主宰传播格局的时代，一向隐秘低调的美国国家安全局（National Security Agency，NSA）被人戏称为"没有这个局"（No Such Agency）。但在"没有不透风的墙"的社交媒体时代，NSA 连同 CIA（中央情报局）、FBI（联邦调查局）等神秘机构都成了首当其冲的攻击目标。它们对美国和全世界实施秘密监控的"棱镜"计划被美国中央情报局前雇员斯诺登昭告天下。这一计划充分说明，互联网并不像美国前国务卿希拉里宣称的那样，是"一片推动民主自由的乐土"，而是由少数强权国家控制的"全息共景监狱"。就连笔者供职的清华大学也因其在中国的巨大影响力而成为"棱镜"计划监控的重点目标之一。

2010年下半年,由民间力量创办的"维基泄密"网站先后公布了40多万份美国政府关于"伊拉克战争"和"阿富汗战争"的内部档案,以及美国国务院25万条外交电报。2013年5月的"斯诺登事件"更是让美国政府陷入了一场全球性的危机和舆论风暴。可以预见的是,由网络泄密、传谣等引发的此类危机会成为社交媒体时代的一种"常态"。这不禁让人联想到美国海军曾经推广过一则宣传《保密条例》的口号:"说漏了嘴会弄沉几艘船"(Loose lips sink ships)。在社交媒体时代,这句口号要改成:"发错了微博会毁掉几个舰队"(Loose tweets sink fleets)。为了最大限度地减轻网络危机带来的损害,我们以美国政府针对"斯诺登事件"的危机传播为例来阐述如何开展相关工作:

- 在泄密引发的危机爆发初期,不要做出过度反应。首先要冷静分析"泄密"信息的性质,如果是意图明显、缺乏事实依据的谣言,应当立即澄清;如果涉及机密或敏感问题,可以回答"目前无法证实"。斯诺登"出逃"香港后开始通过《卫报》《南华早报》等媒体揭秘"棱镜"计划,美国政府在危机爆发的初期面对媒体和公众的强烈质疑采取"冷处理"的策略,以"调查仍在进行"为由不予回应。

- 启动全面的网络舆情监测机制,对造谣生事的"流氓"网站或微博(rogue website/twitter)进行"镜像"跟踪,与网站维护者和博主取得联系,与他们进行沟通,删除有关信息。在西方的危机传播实践中,有所谓的"事不过三"法则,如果发出三次警告还无济于事,便可诉诸于法律或其他强硬手段。例如,"斯诺登事件"后,美国政府没有立即对他进行定性,而是通过各种渠道与他本人和家人进行联络,经过各种努力均告失败后,才谴责他为"叛国者",要用法律手段追究其责任。

- 立即联系主流媒体的总编和微博大V等民间意见领袖,与他们进行沟通,说明问题的敏感性,寻求他们的合作,不要继续登载和转发相关的信息,必要时可依据法律、法规采取强制性措施。例如,在"斯诺登事件"中,英国《卫报》扮演了极其重要的角色,声称它们拥有斯诺登提供的全部文件备份,准备有步骤地整理公开。2013年8月,英国政府以"采取法律行动"逼迫《卫报》销毁斯诺登提供给它们存储机密材料的硬盘。但必须说明的是,这种依法强制策略在全球化的时代并非万全之策。《卫报》一些记者就宣称,要在英国以外的地方继续"爆料"。

- 如果不能提供进一步的详细信息,在新闻发布中要强化维护"国家利益"和"公众安全"的框架。例如,美国政府在处理"斯诺登事件"中始终坚持上述框架,并且向媒体持续发布了大量证据,表明"棱镜"计划确实防止了一些恐怖袭击的发生,致使斯诺登在美国民众的支持率出现逐渐下降的趋势。

- 确定一些专家、学者和民间意见领袖作为"第三方",安排新闻发布会或微访谈,由他们来替政府出面质疑网络泄密的真实性以及泄密者的动机等(例如,美国国会三次召集听证会,评估斯诺登给国家安全带来的危害,由媒体大量报道;与政府交往密切的智库人士频繁接受各大媒体采访,质疑斯诺登的动机;由网络意见领袖抛出斯诺登曾经在 Facebook 上载的私生活照片，质疑其道德品质，等等）。

- 用替代性的新闻框架转移媒体和公众的注意力（例如，在全球高度关注斯诺登及其曝光的"棱镜"计划时，白宫发表声明，确认叙利亚政府"小规模"使用化学武器，奥巴马政府决定向反对派提供援助，这在一定程度上转移了媒体和公众的关注点）。

第六节　选择合适的传播渠道

一般来说，突发性的大型公共危机事件波及的范围较广，涉及不同的受众群体。为了能够取得有效的传播效果，政府部门应当选择合适的信息传播渠道。这些渠道包括：人际传播、群体传播、组织传播、媒体传播，等等（详见第一章第三节）。面对多样化的信息传播渠道，政府在选择合适的危机传播渠道时应当考虑以下问题：

- 哪些渠道与信息的内容最为契合？
- 哪些渠道最容易到达目标受众，并且能够赢得他们的信赖？
- 哪些渠道与政府的目标最为契合（例如告知公众、减小恐惧、影响公众的态度或者改变其行为）？
- 哪些渠道与政府危机传播的规划及预算最为契合？

在本章的前几节中，我们着重探讨的是危机传播中最为常见和有效的信息传递渠道——媒体传播。但在媒介形式和资讯需求日趋多样化的今天，政府部门还应当了解并且考虑运用其他信息传输渠道，这一方面可以更好地体现"以人为本"的人性化传播理念；另一方面又能最大限度地强化危机传播的效果。

危机传播中的公共反应系统（PRS）

危机爆发后，公众除了借助于大众传媒了解相关信息以外，还希望能够通过更加直接的渠道从政府部门获得信息。为了满足这种需求，政府部门应当在现有技术条件允许的情况下开通公共反应系统（PRS）。PRS 系统主要是由免费的公众电话服务热线、电子邮件回复系统、手机短信、微博、微信群等所构成，能够直接、迅速地满足使用不同媒体平台的公众的信息需求。2001 年 10 月——即"9·11 恐怖袭击事件"发生后的一个月，美国开通了由联邦、州和地方各级政府部门协同运作的 PRS 系统。这一体系的核心就是反应迅速的免费电话热线和互动电子邮件服务，后来又逐步加入了手机短信和社交媒体互动等功能。公众通过当地的 PRS 系统获得直接的信息服务；而联邦政府的 PRS 系统不直接面向公众，只为州和地方有关部门提供咨询与指导。PRS 系统不仅能为公众提供应急对策（例如，在附近哪个医院或诊所可以注射疫苗），而且还提供经过联邦政府有关部门认证的有关公共健康和安全的背景知识。该系统还提供了西班牙语、汉语、阿拉伯语等多语种服务，还为有听力障碍的人士提供了特别服务。在开通 PRS 系统时，要开展以下一些具体工作：

- 在已有的电话热线、电子邮箱、微博、微信群的基础上进行扩容；也可为应对紧急状况专门开通一个新的免费电话和电子邮箱（该电话号码和邮箱地址应当是容易记忆的）；
- 危机期间，信息传输的业务量会呈几何级数的增长，因此必须事先做好充足的技术储备，以免出现热线被"打爆"、邮箱内存耗尽、服务器故障等现象（新浪微博出现过数据库损坏、服务器超载、黑客攻击等原因导致的系统故障；腾讯微信也出现过市政通信光缆被挖断所导致的大面积访问故障，等等）；
- 接听电话、回复邮件/微博/微信的工作人员必须受过专门训练，他们应当用简明得体的语言对来电者或来信/发帖者进行适度的安慰、提供需求的信息或者转由相关人员处理；
- 根据危机的进展情况，说明电话、邮件、微博、微信回复公众提问所需的时间；（2 小时内、24 小时内或 1 周内）
- 危机爆发前，应当事先准备好各种相关的书面材料，供接听电话和回复邮件/微博/微信的工作人员查找和使用。这些材料应当达到以下要求：
  - 有关各种具体的危机事件的概况和应急措施
  - 文字必须通俗易懂，字数控制在 140 字以内
  - 最好配有英文或其他语种（包括少数民族语言）的翻译
  - 其传播效果应当在小范围内测试过，能够适应不同群体的文化偏好
- 从客户满意度、反应能力、准确性等角度对此项服务及时做出评估；
- 电话热线、电子邮箱、微博、微信的管理者应当通过该渠道搜集社情民意，及时报告给危机管理的决策和指挥机构。

小型通气会

小型通气会（也称简报会或吹风会）是有政府负责人、媒体主管、人大政协委员、非政府组织或社区代表、微博大 V 等民间意见领袖等参加的小范围会议。它有助于政府、媒体和公众三方就危机的进展和危机管理的新举措进行有效的交流和互动，通常由政府部门的危机传播机构进行组织，由新闻发言人主持，其目的是为政府的决策获得民意的支持，创立一个有利的舆论环境。这种小型会议通常不对公众开放，一般不允许记者旁听。

运作过程

- 人数限制在 10～20 人左右；
- 确定地点，从保密和中立性的角度考虑，通常不在政府部门或社区内召开此类会议——尤其是政府与媒体、公众有不同意见的情况下较常见的是酒店的会议室；
- 准备"详情通报"、"背景介绍"等文字材料或问答记录纸；

- 首先由政府负责人或新闻发言人做一个简短而正式的陈述，向与会者通报危机的最新进展以及危机管理的新举措；
- 尽量使用简明扼要、通俗易懂的语言；
- 尽量避免使用科技或专业术语、缩略语，一旦使用要加以解释；
- 对所有与会者的评论要由政府部门的负责人做出回应。

优点

- 在向媒体和公众发布信息之前，征询各方意见；
- 为政府部门的官员和发言人直接面对媒体和公众的质询做"热身"；
- 提供各种信息和观点交流的平台。

局限性

- 受时间和场地的限制，因此在确定与会者和组织会议时（如安排发言的顺序和控制发言的长度）有一定的难度；
- 如果一些媒体、社群或民间组织认为它们应该出席而未获邀请，它们就有可能产生消极想法或者负面影响。因此，在邀请与会者时要秉承全面、公正的原则，使与会者具有广泛的代表性。

群发信件

政府部门应当考虑在受危机影响的特定社区或人群中发放专门为他们撰写的书信、手机短信或微信。这种形式有较强的针对性，同时也较为方便和快捷。

这种媒介形式最适宜传递的是直截了当、没有争议而且易于理解的信息。但如果其中传递的信息比较复杂，需要进一步的解释和讨论，那么还应当把群发信件作为小型的社区会议的辅助手段。在这种情况下，群发信件可以用来通知小型社区会议的安排、通报上次会议的情况和提供有关本次会议议题的背景情况。

运作过程

首先，应当确定投递对象的清单，包括：

- 相关各级政府的负责人；
- 社区和民间组织的负责人；
- 受危机直接影响的社区成员；
- 其他愿意接到邮件的社区成员。

其次，着手撰写信件。群发信件应当包括以下几个部分：

- 信件首页要说明投递信件的目的、政府部门的简介和联系方式；
- 附上"情况通报"等相关的文字材料；
- 足够的邮资（用快递方式送达）；

- 摘要版和提醒查收的通知可用手机短信或微信发送。

优点

- 简便易行、快速而经济。

局限性

- 单向传输信息，无法进行交流和互动。

传单

　　传单是对现在正在进行或在筹划之中的活动进行的简单介绍。只要有新的信息可以向公众披露，就可以考虑散发传单。

主要功用

- 介绍本部门及其职能范围；
- 对危机发展的最新动态做出解释；
- 指导社区成员进行展开危机自就和危机期间的预防工作；
- 发布政府部门新的举措；
- 适宜在社区集会等公共场合散发。

传递信息的种类包括

- 解释危机事件的诱因；
- 采取具体应对措施及其时间表；
- 健康问题或症状的描述；
- 提供有关保障公众健康和安全的"行动信息"；
- 引导公众如何参与危机管理；
- 附上联系人姓名和电话号码。

操作规范

- 选择简洁的格式；
- 语言简明扼要——避免使用术语、缩略语或者技术用语；
- 提供事先准备好的信息（例如，新闻公报、新闻通稿、发言稿和发言人的简历）；

优点

- 提供了最为重要的事实和问题；

为进一步讨论提供背景知识。

缺点

- 单向传递信息，最好与会议等形式结合起来使用；

在准确传递专业性信息的同时确保语言通俗易懂，这就对撰写传单者的专业知识、表达能力和时间把握要求较高。

新闻简报

新闻简报是面向社区成员的新闻公告,主要告知社区成员危机最新进展和政府、社区与危机管理有关的各项活动的介绍。它与群发信件和传单不同之处在于：后两者是以事先准备好的相关资讯为主,带有极强的目的性；而新闻简报突出的是及时报道的事件和进展情况。其发行方式较为灵活——可以随群发信件一起投递,或者在社区会议或小型会议上散发；或者放在社区的公共场所供人取用。

新闻简报的主要内容

- 危机的最新动向；
- 政府部门和社区开展的相关活动与采取的对策；
- 政府部门和社区计划开展的活动与将要采取的对策；
- 有关公众健康和安全问题的常见问题及其解答；
- 常见的问题及答案；
- 政府部门、社区以及其他必要的联系方式。

版式设计

- 使用通俗易懂的语言；
- 运用醒目的标题,尽量模仿报纸的版式,运用不同的表格、线条、字体和其他形式,使之更能引发读者的阅读兴趣；
- 长度限定在 4 页内,可以做成 32 开对折的小报形式；
- 及时搜集读者的反馈意见,设立"读者回音"之类的专栏；
- 如果条件允许,可以使用两种颜色印刷。

优点

- 向社区成员及时通报政府的工作成果；
- 可以成为社区成员保存和随时查阅的档案。

缺点

- 新闻报道所选取的角度有可能会引发社区成员的异议,有可能起到适得其反的传播效果；
- 虽然设立了"读者回音"一类的专栏,但并不能及时回复读者的问题。

展览

展览运用了图表或者照片等视觉展示手段,以公众喜闻乐见的形式帮助他们获得有关危机的一些知识和了解到一些必要的应急措施。展览最适宜运用到诸如"非典"这类持续时间相对较长、科技和专业知识含量较高的危机传播中,也适用于危机处理的任何一个阶段中。

运作过程

首先,要确定受众对象,包括:

- 关注危机事件的公众;
- 记者和媒体工作人员;
- 其他政府部门的工作人员。

其次,要确定展览的主要内容,具体包括:

- 对危机状况的简介;
- 历史上出现的类似危机的简况;
- "行动信息"——建议公众采取的应急措施和对策;
- 政府、社区和其他组织可以提供的帮助。

最后,在具体操作过程中,注意以下几个问题:

- 选择人流量大的公共场所,例如图书馆、会议大厅或者购物中心;
- 准备几块临时性的展板,便于到各社区巡回展出;
- 多用图表和照片,尽量少用文字说明;
- 内容与版式设计要匹配(例如,严肃的内容不应配上漫画或过多的装饰);
- 标题和版式设计要醒目;
- 安排工作人员来解答问题,搜集公众意见。

优点

- 容易引发公众关注,老少皆宜;

利用视觉冲击力给观众留下深刻的印象。

缺点

- 单向传输信息,无法形成互动和交流。

公众开放日

"公众开放日"(亦称"公众接待日")旨在为政府和公众进行人际传播搭建平台,通常是在政府部门做出重大决策之后,或在危机得以解决之后进行。

运作过程

- 确定合适的时间和地点。为增加出席人数,选择晚上或周末的时间,或者公众较为熟悉的地点(例如,公园或市民广场);
- 遵循人际传播的原则,尽可能安排面对面的直接交流。要保证每个参加者都有机会与政府部门的工作人员交谈。大体说来,一个工作人员最多与 15～20 名参加者交谈,能够营造出随意而轻松的人际传播环境,避免出现工作人员向大批公众讲话的局面。因此要对实际参加人数有所估计,必要时采取一些措施(例如,分批入场等);

- 通过报纸、电视、广播、网站、微博、微信等媒体平台，以及社区、民间组织等的传播渠道至少提前两周公布开放日的安排；
- 准备一些展版和文字资料，便于公众了解更多的情况和提出问题；
- 如果该部门的工作中科技和专业含量较高，最好能配备一两名专家做现场咨询。

优点

- 最大限度地提供面对面的交流和互动机会；
- 有助于建立政府部门的信誉与亲和力。

缺点

- 需要大量的准备工作，人力和财力的投入与传播效果有时会不成正比。

第六章 新闻发布的机制建设与新闻发言人实务

　　新闻发言人是政府、企业等组织的形象代表，与媒体和公众直接进行沟通，他和她的出现使原本高高在上的政府部门一下子变得鲜活和亲切起来。建立新闻发布机制、设立新闻发言人是贯彻"人性化传播"理念的一个具体体现。在危机传播中，新闻发言人可以说是最为重要的一个环节。危机传播中的理念、原则、构想和相关人员做出的种种努力最终都要通过发言人得以体现。美国白宫发言人马林·菲茨沃特曾经做过一个比喻：好的发言人能够使政府与媒体、公众之间的紧张关系像水蒸气一样地被蒸发掉。①

　　无论是在我国还是西方，新闻发言人制度都经历了一个相当长的发展过程。从历史上看，它与各国政治、经济、社会和文化发展及演变是紧密联系在一起的。在导言部分，我们对我国政府全面建立新闻发言人制度 10 年来的经验和教训进行了总结与分析。在本书前面的各个章节中，我们也从各个不同的角度探讨了新闻发布的一些基本理念和技巧。它们对于政府、企业等组织的新闻发言人来说也是同样适用的。作为危机传播中的核心人物，新闻发言人承担着一些特殊的使命，因此在传播理念和技巧上也有一些独特之处。笔者把"新闻发言人"放在本书的最后一章，期望这种布局谋篇的方式能够让读者体会到发言人身上所体现出的普遍性和特殊性的统一。有鉴于此，本章将从制度、职能、形象和语言等几个方面探讨有关新闻发言人的基本理念和操作实务，讨论的重点将放在危机传播中新闻发言人的职能、形象、言语及非言语传播技巧等几个方面。应当指出的是，本章虽然是以新闻发言人为切入点，但所介绍的策略和技巧对各级政府官员、企业高管提升其媒体素养和沟通技巧也具有一定的启发意义。

---

① 转引自 M. Sullivan, *A Responsible Press*, 3.

第一节　新闻发布机制的建设与新闻发言人的设置

从广义的范围来说，新闻发言人是负责为各种团体、组织、机构及个人发布新闻和传递信息的"使者"，属于传播学所说的"信道"这一环节。本书中重点讨论的是为政府部门工作的新闻发言人。需要强调的是，新闻发言人是一项专业性很强的工作。从国外的经验来看，合格的新闻发言人都有在政府和媒体长期从事相关工作的经验，都接受过新闻学、传播学（包括大众传播学、人际传播学、组织传播学、跨文化传播学）、政治学、社会心理学、语言学、修辞学和管理学等方面的专业教育。

笔者根据现在能够查阅到的档案粗略地统计了一下，从1929年（即胡佛总统执政期）至2013年（即奥巴马总统执政期），白宫共任命了29位新闻发言人（他们使用的是"新闻秘书"的称谓），其中有16位是新闻记者出身或是在媒体工作过（报社8位，通讯社3位，广播电视公司6位）；广告界出身的1位；其余12位都是为联邦或州政府部门、议会等做过新闻发言人或媒体公关主管。在1993年（克林顿总统执政期）至今20年内任命的10位新闻发言人当中，具有在报刊、广电等不同类型媒体工作经历的新闻发言人5人，具有从事新闻记者和政府部门传播主管的"跨界"工作经历的5人。其中最具有代表性的是2011年1月起担任白宫新闻发言人的杰·卡尼（Jay Carney），他曾经担任《时代》周刊华盛顿分社社长，负责小布什政府的报道，并获得白宫报道的最高荣誉"福特奖"。他也为CNN等电视机构工作过，也是最早使用博客的专业记者之一。离开新闻界后，他担任拜登副总统的传播主管。由此可见，"跨媒体"和"跨界"业已成为全媒体时代新闻发言人的专业资质与核心竞争力（详见本书附录8）。

除了媒体经验之外，新闻发言人还应当承担传播团队领导者的角色，因此还要具备一定的管理才能。新闻发言人身后应当有各级领导的支持和传播团队的保障，这样才能确保其开展有效的工作。他所领导的传播团队承担着搜集舆情、撰稿策划乃至于新闻发布会的后勤保障等工作，没有这些幕后工作，身处台前和聚光灯下的发言人是不可能有出色的表现的。

美国政府部门的新闻发言人虽然没有正式的官衔，但他可以列席该部门决策层的会议，对高层决策有着通盘的了解，与决策层和各部门一起商议新闻发布的口径。发言人与总统之间形成了"形影不离"的关系，有时候还要为他付出生命的代价。曾经为里根总统担任新闻发言人的拉里·斯皮克斯（Larry Speakes）似乎就是为这项职业而生的，因为他的姓"斯皮克斯"在英文就是"说"或"发言"的意思。白宫新闻发言人也要随时为总统献身，1981年3月30日里根总统遇刺，陪伴在旁的白宫发言人詹姆斯·布雷迪（James Brady）头部中弹而导致瘫痪。为了表彰他的功绩，白宫新闻发布厅是以"布雷迪"命名的。

1913年3月，威尔逊总统建立了白宫新闻发布制度，是世界上首个正式建立的新闻发布制度,他在任 4 年共举行了 132 场新闻发布会。他之后的 16 位总统沿袭了这一机制,至今已经走过了百年的历程,形成了世界上历史最为悠久、具有一定示范和借鉴意义的政府新闻发布机制。

威尔逊总统设立的一些法则直到今天还在被沿用,在此试举几项:(1)新闻发布会由他一个人唱"独角戏",不需要其他人的帮助,向选民充分显示他的自信心和执政能力;(2)新闻发布会对所有媒体开放,把一部分名额用抽签方式留给未经挑选的媒体和记者;(3)总统把记者当作重要的合作伙伴,用他自己的话来说就是"对记者敞开部分心扉",对一些"敏感"问题可以进行"不得公开发表"(off-the-record)的深入交流,以便于记者更为深入地了解总统的真实意图,从而增进白宫与媒体、公众之间的理解和信任。

从总体上看,白宫的新闻分布制度是向公开透明的趋势发展,借助于媒体技术的演进而逐步走向专业化和常态化。1933 年在美国面临经济危机时临危受命的富兰克林·罗斯福总统在首次新闻发布会上就宣布,记者今后无须再事先提交问题,可以临场自由发问。他在广播作为兴盛的时代创立了名垂青史的"炉边谈话",建立了总统每周发表广播讲话的制度,向美国人民进行政策的宣示成为一种常态化的机制。此项制度沿用至今,由于新媒体的兴起,奥巴马总统的每周广播讲话的音频已经改由白宫网站和社交媒体平台发布。

1953 年 12 月起,应艾森豪威尔总统的要求,白宫开始向媒体提供新闻发布会的全文记录稿和录音带,并于 1955 年 1 月 19 日首次实现了白宫新闻发布会的全程电视直播。"电视总统"肯尼迪充分借助于这一新兴媒介施展他的个人魅力。为了让更多记者出席,他把新闻发布会由只能容纳几十名的白宫发布厅搬到了可以容纳 500 人的国务院礼堂里进行。"互联网总统"奥巴马把社交媒体引入了对新闻发布会机制的改革当中。他把以社交媒体为平台的微发布、微访谈作为对传统新闻发布的一种有益补充。像 2011 年 7 月 6 日举行的"微博市民大会"就是一个典型的例子。Twitter 网站以"我问奥巴马"向网民征集了 11 万个问题,由白宫团队进行选择,奥巴马现场回答,再由专业人士将其改写为 140 个字的"微博"进行发布。

经过近百年的发展,新闻发布会已经成为美国总统与媒体、公众进行有效沟通的重要平台,形式也更为多样。美国学者库马尔的研究印证了这一点(见表 6.1)。在近 30 年来执政的 5 位总统当中,威尔逊总统开创的"独角戏"型的新闻发布会越来越少见,美国总统与来访的外国政要或其他各界人士联合举行新闻发布会成为一种新的模式,并且被广泛采用。这显然是由于 1989 年"冷战"结束后,美国作为"全球领导者"的角色越来越凸显,国内与国际事务的界限越来越模糊,总统希望通过这种联合发布的形式显示美国的影响力,同时也降低自身的压力和风险,这一点在对外政策遭到最多批评和质疑的小布什总统身上表现得最为突出,他在任 8 年期间召开的新闻发布会中仅有 17 次是自己唱"独角戏",其余 72 次都采用了"联合发布"的方式。另一个值得注意的倾向是,由于互联网和社交媒体的兴起，"人人都是记者、人人都是发言人"成为新闻传播的常态，新闻发布从传统的"一对多、点对面"的模式逐渐演变为"一对一、点对点"的模式，"我说你听（观看或记录）"型的单向信息发布逐渐让位于双向甚至于多向的互动与交流。因此，号称"互联网总统"的奥巴马仅在第一个任期内就接受了近 700 次媒体专访，其中一半以上是由 Facebook/Twitter 等社交媒体参与的"微访谈"。

表 6.1　美国总统与媒体进行互动的形式和次数（1981—2012 年）　　　　　　次

时间/具体形式	新闻发布会总计次数（含联合新闻发布会的次数）	媒体专访次数	简短访问
奥巴马任期（2009—2012 年）	79（含 43）	674	107
小布什任期（2001—2008 年）	89（含 72）	217	354
克林顿任期（1993—2000 年）	133（含 89）	191	620
老布什任期（1989—1992 年）	143（含 58）	382	335
里根任期（1981—1988 年）	27（0）	277	161

（资料来源：M. J. Kumar（2007）. *Managing the President's Message：The White House Communications Operation*. Baltimore：Johns Hopkins University Press. 需要注意的是，奥巴马只有 3 年的统计数字，虽然一些项目的绝对数字有差距，但从频次和比例来看所有指标都超过了其前任。其中"新闻发布会"是指总统本人独自面对记者，回答问题；"联合新闻发布会"是指总统与来访的外国政要或其他高级官员联合举行的新闻发布会；"媒体专访"是指事先提交采访提纲的一对一采访，时间在 30 分钟以上；"简短访问"是指总统在公共场合临时回答记者提问，时间约在 5～10 分钟，也称"站立式"访问。）

从机构设置来看，目前白宫在办公厅下设立了"传播部"（communications department）来负责处理政府、媒体和公众三者之间的关系，进行有效的公共传播。"传播部"由"新闻办公室"（Press Office）和"传播办公室"（Office of Communications）组成。"新闻办公室"主要负责白宫的新闻发布工作；"传播办公室"则又被细分为以下一些职能部门："媒体关系处"负责与媒体的沟通和关系管理；"研究室"负责舆情研判和传播战略的策划；"演讲稿写作组"负责总统演讲稿的撰写。近 20 年来，白宫从事新闻传播相关工作的雇员大约在40～50 人之间。

新闻办公室的主管就是我们经常在媒体上见到的白宫新闻发言人，他的正式职衔是"总统新闻秘书"（Presidential Press Secretary），在白宫官方网站上专门设立了"新闻办公室"的网页。就新闻发布工作而言，新闻办公室的主要职能是新闻发布会主题的策划，新闻通稿的撰写，接受媒体的垂询等实质性的工作；而传播办公室负责舆情研判、联络媒体、发布会的安排和后勤保障等事务性工作。

此外，白宫"传播部"还设立了"参事室"，常年聘请 1～2 名来自新闻界和广告、公关业界的资深人士或相关领域的知名学者担任总统的媒体和传播顾问（参事），为其配备 4～5 名助手协助其工作，直接向总统报告。这些顾问中最为知名的是凯伦·休斯（Karen

Hughes)女士,她是资深记者出身,长期为小布什总统担任媒体顾问,后来以其出色的业绩被任命为美国国务院主管公共外交事务的副国务卿。此外,"传播办公室"下设"演讲稿写作组",由15人左右的写作班子组成,负责总统演讲稿的撰写。其中近来被媒体广泛关注的是奥巴马起用的首席撰稿人是"80后"出身的乔恩·法夫罗(Jon Favreau),这显然是奥巴马为了适应社交媒体的需要和出于吸引更多年轻选民的考虑。[1]

为了使新闻发布和媒体沟通机制化与常态化,美国政府从1914年起设立了"白宫记者协会"(WHCA),在此基础上成立了更为规范化和专业化的"白宫记者团"(WHPC)。当总统换届时,记者团的名单也要做出相应的调整。目前奥巴马政府设立的"白宫记者团"共有49人,正好是白宫发布厅的最大容量,来自于报刊、通讯社、广播电视和新闻网站等不同类型的媒体机构。值得注意的是,奥巴马任期内的"白宫记者团"中有来自法国(法新社)和德国(《每日镜报》)的3位外籍记者,还首次邀请了来自网络媒体的记者(目前已经达到8位),这体现了奥巴马政府对全球传播和新媒体传播的重视。"白宫记者团"是一个松散的行业组织,其成员保持其独立性,不接受来自白宫的任何资助,自愿加入或退出。2013年7月20日去世的海伦·托马斯先后为美联社和赫斯特新闻公司报道白宫长达57年,她就是"白宫记者团"的资深成员,在发布厅第一排中间的专属座位上向历任10位总统发问,有"总统折磨者"之称。多位总统在白宫新闻发布厅亲自为她庆祝生日,但也因为激烈批评小布什总统,而被后者"冷冻"了3年之久,不给她任何提问机会。[2]

随着社交媒体的兴起,"微发布"成为白宫新闻发布的重点领域之一。自奥巴马上任后,白宫设立了与"传播处"平级的"数字战略办公室"(Office of Digital Strategy),专门负责网站(包括白宫官方网站和搜集民意的"我们人民"网站)、博客、微博等新媒体传播的运作与维护。截止到2013年7月30日,奥巴马的Twitter账号经过了6年的运作,发布微博9611条,拥有3462万粉丝。他还在Facebook、Google+等社交媒体拥有自己的账号,并通过Flicker发布照片,通过YouTube发布视频,全方位打造"互联网总统"的形象。

目前白宫的行政机构共设立了由27个部门,每个部门都设立一名兼职的新闻官或联络员,与专门负责新闻发布工作的"传播部"进行对接。白宫新闻秘书有权列席所有部门召开的各种会议,经总统授权可以列席最高级别的决策会议。他负责与各部门的新闻官进行信息共享和"口径"协调的工作。

在危机传播的工作中,白宫与FEMA(联邦应急管理署)形成联动机制。FEMA是全国性的突发公共危机事件的管理和协调机构,目前隶属于"9·11事件"后新设立的国土安全部,在全国各地设有办事处,雇员达到4 000人,主要任务是调动各州和各个行业的

---

① 在美国历任总统的首席演讲稿撰稿人当中,最年轻的是詹姆斯·法洛斯(James Fallows),1977—1979年担任卡特总统的首席撰稿人,还不满30岁。他现在是《大西洋》月刊的记者,撰写了大量的中国报道。法夫罗是仅次于法洛斯的最年轻的首席撰稿人。

② [美]海伦·托马斯著:《民主的看门狗》,展江等译,广州,南方日报出版社,2009。

资源,保护国家免受各种"天灾人祸",减少危机造成的人员和财产损失。其下属的办事机构按照危机管理的各个阶段——包括预防、保护、应对、恢复和减灾——来进行统一设置。

第二节　新闻发言人的准备工作：管理学和心理学的视角

在上一章中,我们探讨了新闻发布会的媒介特征和组织、运作方式,是以整个传播团队所承担的工作为切入点的。这主要是考虑到新闻发布会是一项系统工程。但是,整个传播团队的努力最终是由新闻发言人来体现的。本节将聚焦于新闻发布会的主体——新闻发言人,从这个角度来对新闻发布会的媒介特征和运作规律做进一步的探讨。

对新闻发言人来说,有两句话非常重要:"不要做你自己,要做你的组织";"不要念发言稿,你自己就是发言稿。"这两句话说明了发言人的每一句话——甚至于每一个表情和动作——都是代表所在的组织,这就为发言人的工作提出了相当高的要求。要做到以上两句话,发言人要从主题、答问和心理三个方面做好充分的准备。从内容方面来说,首先,要确定新闻发布会的主题和重点,一般来说不超过三个,在整个发布会上始终围绕这些主题和重点展开。其次,新闻发言人是"组织人",一言一行都代表了其所属政府部门或组织。因此,发言人应当对相关的政策了如指掌。最后,作为政府部门的一名官员,发言人应当及时与上级主管领导和相关部门负责人进行沟通,共同确定新闻发布的口径。

答记者问是新闻发布会上最重要的环节。因此,发言人应当组织传播团队对相关舆情进行研究,了解公众关注的焦点,据此设计出记者可能会集中提出的问题。从长远来看,发言人应该建立一个"媒体记者档案库",内容包括经常打交道的媒体——尤其是境外媒体——的历史、政治/社会背景、态度、影响范围、报道方式及发稿习惯等,以及主要记者的个人经历、性格和提问方式等。在以下的案例中,我们可以看到白宫新闻发言人一天的工作安排。新闻发布会往往只有半小时到一小时,但他前前后后为之花费的准备时间可以达到六七个小时之多。

【案例分析6.1】　白宫新闻发言人的一天

上午7:00:发言人到达新闻办公室,浏览由"研究室"整理的国内外舆情,并与其工作团队一起讨论,列出当天需要回答的"最难的问题"。

上午7:30:新闻发言人要参加由白宫办公厅主任(chief of staff)召集的晨会,其中一项内容是为当天的新闻发布工作定调。与会者还有办公厅主任助理、总统国内事务顾问、传播办公室主任。如果当天有重大国际新闻发生,总统国家安全事务顾问也要出席。会上发言人要就"最难的问题"与到会的各部门负责人协商制订新闻发布工作的框架和口径。

上午8:00:发言人回到新闻办公室,传达口径,与其工作团队(大约6~7人)起草回答问题的内容和注意事项。

上午 8:30：发言人参加"传播部"每日例会。"新闻办公室"和"传播办公室"全体工作人员就新闻发布和媒体关系的细节进行协商。

上午 9:00：发言人回到新闻办公室，为每日进行的"新闻吹风会"做准备。

上午 9:30：发言人举行新闻吹风会，时间不超过 15 分钟，地点在新闻办公室的会客室，大约 20～30 名白宫记者团的记者参加。发言人向记者通报总统当天的活动，提醒记者注意报道中的技术性细节，再次向记者强调白宫希望哪些信息应当得到重点报道。记者也会就国内外新闻热点向发言人提出相关问题，发言人会安排专人做记录。

上午 9:45：发言人召集工作团队开会，对吹风会上记录的问题进行筛选，确定向总统报告的"重要问题"，同时派人向相关部门搜集和完善相关信息。

上午 10:00：发言人向总统报告工作，进行发布会前的"彩排"，时间为半小时到一小时之间，通常是总统与发言人进行一对一的讨论，如有需要也会召集办公厅主任、总统高级顾问等人列席。发言人向总统通报记者将会提出的"重要问题"，尤其是"最难回答的问题"，然后再就如何回答提出建议。总统通常会加入自己的看法，或征询其他与会者的意见，最终形成答记者问的"口径"。发言人还会就答问的时间长短、手势、声调等技术性细节向总统提出建议。如果当天安排总统在白宫进行拍摄活动（例如，签署某项方案或会见外宾），发言人还要安排总统进行"走台"。

上午 11:00：发言人参加多部门的电话会议，进行舆情会商，时间为 15～30 分钟，与会者有负责对外事务的国务院、军方（包括国防部和参谋长联席会议）、中央情报局、联合国美国使团等部门的负责人，还会根据舆情的变化邀请卫生部、环保署、司法部等相关部门的负责人出席。为了确保会商的有效性，参加电话会议的人数控制在 8～10 人。同时，发言人委派其工作团队分头与白宫 27 个处室设立的联络员进行信息搜集和口径对接的工作。中午 12 点前完成所有的信息汇总工作。发言人及其工作团队经常会牺牲午休时间准备下午的发布会。

下午 1:00：发言人举行每日新闻发布会，时长在半小时到一小时之间，地点在白宫新闻发布厅，通报当天与总统有关的重要新闻，回答记者提问。如果遇到总统外出视察或出国访问，新闻发布会将与总统的行程相结合在当地进行。

下午 3:00—6:00：发言人及其工作团队接听记者电话，或安排记者一对一专访。根据媒体的不同需求，发言人把每周四下午预留给《时代》等每周六截稿的新闻周刊。每天下午 4:30—6:00 的时段专门预留给电视记者，确认是否有新的信息需要更新，以便可以在三大电视网（ABC/NBC/CBS）18:30 播出的晚间新闻节目中播出。由于网络和社交媒体的兴起，新闻发布成为全天候运作的机制。奥巴马上任后，白宫新闻办公室与新成立的"数字战略办公室"合作，实施全天候的新闻管理和媒体沟通机制，及时回应新媒体的需求。

下午 6:00：发言人在下班前与工作团队进行"闭门会议"，总结一天的经验得失，为第二天做准备。

【本案例分析根据以下参考资料编写】

Woody Klein (2008). *All the Presidents' Spokesmen: Spinning the News—White House Press Secretaries from Franklin D. Roosevelt to George W. Bush*. Westport, CT: Praeger.

Jeffrey E. Cohen (2008). *The Presidency in the Era of 24-Hour News*. Princeton University Press.

M. J. Kumar (2007), *Managing the President's Message: The White House Communications Operation*. Baltimore: Johns Hopkins University Press.

W. D. Nelson (1998), *Who Speaks for the President? The White House Press Secretary from Cleveland to Clinton*. Syracuse University Press.

Scott McClellan (2008), *What Happened? Inside the Bush White House and What's Wrong with Washington*. New York: Public Affairs.

Marlin Fitzwater (2000), *Call the Briefing: Ten Years In the White House with Presidents Regan and Bush*. Bloomington, IN: Xlibris.

新闻发言人的心理准备也是不容忽视的。美国心理学家的统计显示，一般人在公众面前演讲 1 小时，神经系统会产生 1 000 次左右的震荡，这是诱发紧张情绪的最主要因素。[①] 特别是在危机期间，新闻发言人要承受着来自各方的压力，心理素质的好坏直接影响着其所代表的政府部门的形象。发言人如果能够做到以下几点，将有助于缓解紧张情绪：

- 认真准备，美国学者的研究显示，台上 1 分钟的讲话＝台下 1 小时的准备。诚然，对这里所说的"1 小时的准备"不能做绝对化的理解，它是指发言人平时的日常积累以及在传播团队其他成员的帮助下所做的准备工作，例如，分析舆情和设计问题，等等。在对白宫新闻发言人的案例分析中，我们也看到了这一原则的交通台体现。
- 注意保健，保持充沛的体力和脑力。
- 如果上场前感到紧张，可以在候场时采用以下方法：攥紧拳头再放松；收紧腿部肌肉再放松。
- 正式开始讲话时，先做一次深呼吸。
- 头 30 秒的表现最关键，研究表明，头 30 秒表现从容，紧张度会下降 75%。
- 把记者和听众当成朋友，与他们做眼神交流。
- 运用图片、多媒体等视象辅助，调整演讲的节奏。
- 如果出现短暂停顿、失忆或失语的情况也不要惊慌。因为记者和听众更关心你讲

[①] S. Lucas (2011). *The Art of Public Speaking*. 11th edition. New York: McGraw-Hill, 64～65.

什么,而不完全是你的外在表现。即使像马丁·路德·金《我有一个梦》这样的经典演说中,他也出现了两次语塞的情况,但没人会挑剔这些,因为演说的内容实在太精彩了。

- 要意识到很多紧张的症状别人是注意不到的,例如手心出汗、心脏怦怦直跳等。前文中提到,虽然人们处在紧张状态(例如演说)下 1 小时,神经系统会产生 1 000 次左右的震荡,但是真正有所表现的(例如出汗)不足 10％。
- 要相信记者和观众看到的比你自己心目中的自我形象更自信、放松。

第三节　新闻发言人的传播技巧：修辞学的视角

成功的新闻发言人要从管理学、心理学、修辞学的不同角度对新闻发布工作的流程、策略和技巧进行周密的考量。在正式上场前,应当对照《新闻发布验收单》(附录 1,表 2)和《新闻发言人工作验收单》(附录 1,表 7)对自己的准备工作进行核对和评估,尤其是对以下五个问题应当有充分的准备:

- 这场发布会的重要意义何在？其新闻价值何在？
- 我的主要观点是什么？(一般不要超过三个,并且应在回答问题时反复强调)
- 是否有充足材料支持我的信息发布？如果记者要求核实,是否很容易就能做到？
- 谁是所发布信息的权威信源？谁的话可以被媒体引用？
- 是否有充足的文字资料作为发布会的信息支持？

如果是在危机期间,除了上面五个问题以外,发言人在上场前还应该对以下三个问题做好充分准备:

- 危机会给公众的健康和安全带来哪些威胁？
- 危机的基本情况(6W 要素)及其影响力如何？
- 政府部门对危机已经采取了哪些措施？

在危机期间的新闻发布会上,发言人应当遵循危机传播的基本原则,采用合适的传播策略及技巧(详见本书第二章第二节和第三节),尤其要注意以下几点:

- 永远不说"无可奉告"。
- 运用全媒体语言(30 个字＋6 年级水平＋90 秒,详见第三章第三节)或容易被公众接受的"三九"原则(即发言人应当力求在 30 秒之内用 90 个字把核心信息说清楚)。
- 少用命令式,多用建议式的表述方式。例如不要说"炭疽病菌的接触者应当连续两个月服用××药",而是应当说:"为了尽可能减少炭疽病的发生,我们建议那些接触过炭疽病菌的人应当在两个月内坚持服用××药。"
- 只说你知道的,不要说你想到的和推测出来的。对于暂时无法回答的问题,不要回避，告诉记者"目前我还没有掌握更多的信息，我们会尽快调查，一旦有了新情况，我们会及时通知你"。

- 不要公开点名批评任何人或组织。
- 对于未能及时解决的问题和工作中的错误，要诚恳地表示歉意，但不要使用"我感到很遗憾"之类的外交辞令。
- 不要使用带有强烈感情色彩和幽默的言辞。
- 不能说"我刚才说的纯属个人意见，不宜发表"，在新闻发布会上，发言人的每一句话——甚至于每一个表情和动作——都是代表所在的组织，也能够被记者作为权威信源使用。

下面我们再根据新闻发布会的一些具体环节及其相应的要求，从修辞学的角度阐述一些可供发言人选用的传播策略。

开场白的设计

新闻发布会的功能主要是为媒体和公众提供信息，并且与之进行沟通，但更主要的隐形功能是说服公众。新闻发言人通常需要在发布会的开场部分做一个言简意赅的主旨讲话，阐述发布会的主要内容和政府部门的立场。这段开场白对于整个发布会起到了"定调"的作用。如果发言人能够通过这个部分引发媒体和公众的关注，并运用一定的语言策略说服他们，那么在后续的答问部分中就能处于较为有利的地位，掌握新闻发布和交流的主动权。

美国普渡大学人际传播学教授阿兰·莫罗（Alan Murrow）在 20 世纪 30 年代提出"激发听众兴趣的五项原则"，值得发言人在设计开场白时参考和借鉴。这五项原则是：关注、需求、满意、比照、行动：[①]

关注——发言人的开场白应当能够引起公众的注意，可以根据具体情况选择下列手段做到：尽量从公众的角度切入话题；阐明主题的重要意义；提出一个令人感到耳目一新的观点；制造一个小的悬念，引发听众的好奇心；用问题来开场；讲一个小故事；运用图表演示，等等。

需求——在引起公众的关注后，发言人就应当趁热打铁，阐明现状（尤其是不能满足公众需求的部分），把要发布的信息与公众的价值观或切身利益联系起来，突出重点（一般不超过三个），同时还可联系一些统计数字、实例和证词等来增强说服力。

满意——在激发起公众的需求后，发言人可以进入实质性的新闻发布：或阐明政策、或解疑释惑、或提出解决方案。在这一过程中，仍然要注意提供有说服力的证据，以期获得公众的认可。

---

① S. Lucas (2011). *The Art of Public Speaking*，135～146.

比照——发言人还应当通过比照的手法来进一步说服公众。具体说来,可以借用国内外相似语境下的成功经验,让公众间接体会到相关政策或信息给他们带来的益处。

行动——在获得了公众的认可后,发言人可以用适当的方法呼吁公众采取具体的行动来支持政府的相关政策措施。在这一过程中,发言人应当明确告知公众应当采取何种具体行动。

下面这个案例说明了发言人如何运用"激发五原则"来就政府新出台的政策措施与媒体/公众沟通。我们可以对比原稿和经过传播专家修改的定稿,来更好地理解"五原则"的具体运用和实际效应。

【案例分析6.2】　美国宾州政府发言人有关出台《网络隐私保护法案》的新闻发布提纲

注:()中为初稿　【】内为点评(下同)

1. 引发关注

(今天我们来介绍一下《网络安全保护法案》的一些情况。)

【过于直白,不能引起听众的注意力。】

改为:大家在上网购物时一定担心过自己的信用卡会不会被盗用?这才有了现在这个《网络隐私保护方案》【从听众亲身体验入手,唤起注意】。

或者改为:你愿意让一个陌生人把你的信用记录从头到尾看一遍吗?作为政府职员,我们更担心州政府的预算报表被人篡改。因此,有必要出台这个《网络隐私保护方案》【用提问的方式开场,吸引观众注意力;再由个人体验引申到政府工作】。

2. 阐明需求

目前,网络信息盗窃对个人隐私和政府正常运作产生了威胁:

- 个人大量信息和政府文件采用网络化管理;
- 目前没有合适的法律文件来保护网络安全。

3. 获得满意的答复

《网络安全保护法案》有效防止网络信息盗窃(这也是此次新闻发布的两个要点或"核心信息"):

- 该法案对信息搜集制定了严格的规范;
- 该法案对网络信息盗窃给予严厉的惩罚。

4. 进行比照

《网络安全保护法案》在其他国家和其他州产生了积极效应:

- 举欧洲某国、美国某州为例说明:类似的法案收到了立竿见影的效果;
- 如果实行了该法案,你对自己的个人医疗和金融记录有了完全的控制权,你可以决定何时在何种情况下公开这些记录【将空洞的法案与个人体验相比照】。

5. 付诸行动

- 呼吁社会各界支持该法案,联名上书州议会;
- 国会议员杰克·菲尔茨说:"这个法案不是共和党和民主党的党派之争……隐私权是最基本的人权之一。"【最后引用权威观点,增强说服力】

新闻发布常用的表述方式

新闻发布的核心是信息的表述。危机传播要求发言人向媒体和受众及时传递危机处理的最新进展情况和相应的对策建议。从修辞学的角度来说,在内容相同的情况下,不同的表述会产生不同的传播效果。同样道理,根据内容和受众的不同需要,应该选择不同的方式进行信息的传播,从而使受众更容易接受这些信息。下面我们探讨一下新闻发布常用的表述方式:

1. 事实性/结论性表述

一般来说,在发布信息时,应当开门见山地阐述主要的事实或结论,接下来再做进一步的阐述。在危机期间,许多人关注的是结论或者"底线"。如果你把结论性的信息放在最后,就会吊高受众的"胃口"。例如,如果发言人直到最后才宣布可以把病毒感染率降低25%,而不是受众所预期的完全阻断病毒的传染,他们的失望情绪会大大增加;倒不如一开始就直接告诉他们25%这个数字。开门见山的好处是降低受众的期望值,从而为新闻发布争取主动。

2. 说服性表述

如果你发布的信息需要进行说服才能让受众所接受,那么就不宜采用以事实或结论为主的表达方式。你可以使用多个分论点来逐步构建你的中心论题,直到最后得出结论。比方说,如果你要向受众介绍一项新的公共卫生政策,可以逐条说明该政策所带来的益处,最后再进行总结:"在今后五年内,此项政策不仅能够拯救许多生命,而且还能节省数亿元的开支。"

3. 试探性表述

危机传播中,与人员和财产损失有关的负面信息通常会引起异常的紧张与焦虑,而人们又没有任何心理上的准备,那么他们没有心思再听你说下去。因此,发言人应当通过试探性的表述方式帮助听众调整心态,特别是那些情绪容易激动的人。因此,你可以在发布负面信息前做一些铺垫,给予听众一些暗示,提醒他们这条信息可能会给他们心理上的"震荡",并且告诉他们这条信息的准确性是禁得起检验的。努力寻找你和受众之间的共同点,这样可以让他们信任你。相反,如果他们对你的言论表示怀疑,即便你发布的是真实的信息,他们也会拒绝接受。但是,这并不意味着你对受众应该言听计从。调查显示,你可提供一些反面意见来引发受众的关注,这就好比给一个人注射少量的病毒反而可以提升其免疫力。

4. 连续性表述

采用这类表述方式,可以按时间先后发布同主题信息,以及按部就班给予受众行动上的指南。这样会使受众了解危机的进程以及走向。但也要注意信息更新不能过于频繁。如果过程的细节和步骤过于烦琐,你可以采用分清主次的原则,先介绍主要部分,再按照意义的重要性大小顺次发布。

5. 对策性表述

如果你发布的信息是关于如何解决具体问题的,那么应该采取"标准—应用"的方法——即先提出评判标准,再运用这些标准对各种解决问题的方案进行比较。只要受众能够接受你提出的评判标准,他们就会接受你提出的解决方案。这些标准应该首先被用于评判最优方案,然后再用来评判替代性方案。

6. 解释性表述

要解释某种现象如何出现的,或者要预测某种行为可能产生的后果,可以考虑使用因果关系的推理方式。但在危机过程中,因果关系并不容易识别清楚。因此,发言人要注意不要匆忙下结论,或对事态做出推测。比如,发言人说:"要是我们的政府官员事先接受相关的训练,他们在危机爆发时进行决策就不会那么困难了。"影响危机决策的因素很多,不是单单靠事先的培训就可以解决的,还有许多不可抗拒的非人力因素的影响。因此,这样的表述显然是站不住脚的。

7. 教导性表述

发言人要向受众介绍一个新的概念或程序,那么他应该从受众熟悉的方面入手,逐渐引入未知的和复杂的方面。这种从易到难的方式可以帮助受众接受并且掌握复杂的信息。

尽量不要采取以下几种表述方式,它们往往会毁坏说话人的公信力:

- **道歉式**:比如,"我今天讲得不好,请各位原谅"。或者"我再提供一些统计数字,也许这会让你们感到厌烦"。
- **冒犯式**:一个低级笑话,讽刺或嘲笑性的言辞。
- **单一式**:不考虑受众、内容和场合,总是采用同样的表述方式。

为了读者查阅和记忆的方便,我们把新闻发布会上常见的表述方式归纳列表如表 6.1 所示。

表 6.1　新闻发布的表述方式

表述的种类	表述的目的	组织信息的方式
说服性	让受众接受某种观点，让受众采取某种行动	归纳法：提供一些典型例子，列举多项原因，得出普遍的结论。 提出一解决问题法：生动描述出一个问题，阐明一种需求，再提出解决的办法。 标准一运用法：提出最有可能发生的各种状况，比较多种解决方法，依据一定的标准说明为什么你提供的是最佳方案。
信息性	向受众提供信息或者传授解决问题的新方法	演绎法：先提出结论，再解释细节。 时间顺序法：展示在一段时期内几件事情是如何发展演变的。 提升难度法：从受众已知入手，再逐渐引入复杂的概念。
连续性	及时公布有关受众较为熟悉的主题的信息	时间顺序法 演绎法 由主及次法：从最重要的结论开始，再按照重要性大小依次陈述。

如何回答记者的问题

新闻发布会上安排"答记者问"的环节或接受记者的采访旨在为政府、媒体和公众提供一个交流与沟通的平台。记者会利用提问的机会，不失时机地表达媒体的立场和公众的立场。作为政府的代言人，新闻发言人应该运用适当的传播技巧，不仅要大方得体地对媒体和公众的意见做出回应，还应该巧妙地把记者的注意力转移到自己所强调的要点或"核心信息"上来。

在各种问题中，"敏感"问题是最难对付的，也是最容易引起发言人（或受访人）和记者的紧张关系。一般来说，"敏感"问题具有以下一些特征：

- 具有一定的政治和社会影响；
- 社会舆论意见不一，尚无为各方所公认的"官方说法"；
- 暗含一定的挑衅性，若把握不当容易引发僵局。

应对各类提问——尤其是敏感问题，"**桥梁法**"是最为有效的传播策略之一。所谓"桥梁法"是指发言人运用合适的过渡性言辞达到与记者进行交流和沟通的目的。"桥梁法"大体上可以概括为"表态——桥梁语——转移到核心信息"的模式，具体来说有以下三种：

- 如果记者提问中传递的信息不持异议，可以说"是的【表态】，但是除了你说的情况【桥梁语】，还有……【转移到核心信息上来】"；
- 如果完全不能接受记者提问中传递的信息，可以说"不，情况并不是你说的那样，请允许我解释一下……【转移到核心信息上来】"；
- 如果对记者所提的问题没有明确答案，可以说"关于这一点我还没有得到更多的信息。不过，据我所了解的情况是……【转移到核心信息上来】"。

使用"桥梁法"旨在突出核心信息,确保发言人始终保持话语主导权,不让记者"牵着鼻子走"。以下这些"桥梁语"供读者参考和选用:

- "我们真正应当关心的问题是……"
- "有必要在这儿强调的是……"
- "我要提醒大家不要忽略……"
- "更重要的一点是……"
- "大家最应记住的是……"
- "按照你的思路,我想到了另一个重要的问题……"
- "你说的不无道理,但除此之外,我想补充一点……"
- "这个问题太大,我们来着重分析其中的一个方面……"
- "不,你误会了我的意思。让我来澄清一下……"
- "在事情没有完全弄清以前来谈这个问题有些为时过早,不过我可以告诉你的是……"
- "你所说的情况我还不太清楚,但据我所知……"
- "我们不妨换个角度来看这个问题……"
- "你说的让我想起了……"
- "你提出这个问题很重要。实际上,很多人都有类似的误解。真实的情况是……"
- "在座的各位对我的回答还有什么疑问吗?"(这是基辛格在新闻发布会上最爱说的一句话,显示他在发布会上牢牢控制着主动权)。

发言人应当经常使用"**旗帜法**",突出和强调新闻发布的重点,间接影响媒体的"议程"和记者的报道角度。常用的旗帜语包括:

- "今天我谈了不少问题,我想重点可以归纳为以下三个方面……"
- "最为重要的是……"
- "请大家一定不要忽略了这一点……"
- "我想再强调一下这个问题……"

发言人应当使用的策略还包括"**归位法**"、"**共鸣法**"和"**反问法**"。所谓"**归位法**"是回归受众的本位进行回答。例如,我们前文中提到的发言人在介绍灾情时,应当把伤亡情况、灾民转移情况放在首位来发布,而不应首先罗列各级领导的批示,就是指新闻发布应该"以民为本",回归人民本位。所谓"**共鸣法**"是指发言人不应当激化受众的对立情绪,而应当从道德和情感上唤起受众的认同。例如,发言人在向日本媒体解释中国人民的反日情绪时,不应一味强调是"一小撮日本右翼分子挑衅"、"责任全在日方而不在中方",而应当同时强调"中国人民反对的不是日本人民,而是军国主义"、"日本人民也是军国主义的受害者",等等,尽可能以日本公众能够接受的方式摆事实、讲道理。为了强化共鸣的效果,发言人还可以考虑适当运用"**反问法**":"如果你是我,你会如何处理这个问题?"

以上我们是从发言人的角度来探讨如何应对记者提问。下面我们再从记者的角度来探讨这个问题。各类媒体的记者，由于其报道要求和个人资历、业务水平及个性上的差异，会采取不同的方式提问。对此，新闻发言人应当采取不同的策略来应对：

- **"百事通"型**：这类记者喜欢罗列各种名称、事实和数据，显示自己对此事的了解程度，其潜台词是"我对此事了如指掌，你不能对我的提问敷衍塞责"。

对策：多谈该记者无法了解到的远景、发展趋势或即将采取的措施等，或者提供一些新的事实和数字，维护发言人的权威性和话语主导权。

- **"旁敲侧击"型**：这类记者喜欢用一些提示性的或假设性的言辞来转移话题，让发言人或受访人顺着他的思路走。例如，记者会这样提问："您刚才说的都很重要，不过我想此刻公众更想了解的情况是……"；或"假如你是受难者的家属，你会有什么样的感受？"

对策：使用桥梁法与记者"周旋"，始终坚持原定的主题以及相关的核心信息，避免回答任何假设性的问题。

- **"机关枪"型**：这类记者喜欢一次提出若干个问题。

对策：选择其中一个较容易的问题回答，回答完毕后告诉记者："其他的问题我们可以在会后沟通，现在我想把时间留给其他记者。"

- **"偷换概念"型**：这类记者喜欢按自己的意图转述发言人的回答，继而提出进一步的质询。

对策：发言人应当表明自己的态度："不，这不是我所说的意思。我是说……"

- **"飞镖投手"型**：这类记者往往会突然抛出"敏感"问题，并且夹杂一些言辞激烈的、事先准备好的评论。

对策：泰然处之，不要与记者争论或急于为自己辩解，可以说"您这样看这个问题，我感到很遗憾，不过我所了解的实际情况是……"

- **"迫不及待"型**：这类记者喜欢插话，打断发言人的回答，或发表评论（例如，"您没有正面回答我的问题"），或立即抛出下一个问题。

对策：适时打断该记者的话，注意语气仍然保持平静，可以说"请您耐心听完我的回答。我认为这一点十分重要"。

不管应对是哪种类型的记者，发言人都应当做到坦诚开放，同时又要讲求一定的传播策略和技巧。在由美国"政府交流者协会"制定的发言人职业规范中，最基本的原则就是"永不说'无可奉告'"和"没有糟糕的问题，只有糟糕的回答"。这两条基本原则旨在消除发言人与媒体/公众之间的对立情绪，强化发言人为媒体和公众的"服务意识"。不说"无可奉告"，意味着发言人或是其他接受采访的政府官员应当采用一些传播策略和语言技巧，即便是不能为记者提供任何信息，也要充分表现出与媒体的合作态度。"没有糟糕的问题，只有糟糕的回答"则意味着记者可以提出任何问题，发言人不应对记者的提问做出

"你的问题纯属无知加无聊"之类的评价。哪怕记者提出的问题确实是既"无知"(没有充分了解具体情况)又"无聊"(有意用耸人听闻的话制造事端),那也是为发言人提供与公众沟通的机会。下面我们结合一些具体的案例来进行分析:

【案例分析6.3】　发言人回答记者提问的经典案例分析

说明:【】为点评

每天中午都由总部秘书长的发言人在联合国大楼二层举行新闻发布会。会上,他需要当场回答新闻界和各国外交官围绕国际和地区重大事件提出的各类问题。对于当时无法答复的问题,发言人从不简单地说一句"无可奉告"。他通常会采用"桥梁法",如"你提到的问题确实非常重要,但我要去核实一下。目前我认为我们还是应该关注以下这个问题……"

【不说"无可奉告",使用"桥梁法"提出自己的议题。】

2002年11月下旬,负责核查和销毁伊拉克大规模杀伤性武器的联合国监核会主席布利克斯率团赶赴伊拉克,亲自指挥现场的核查工作。两周核查后,各方都非常关注核查结果。面对围成好几圈的记者,布利克斯没有简单用"无可奉告"来搪塞,而是巧妙地答道:"联合国核查人员查了两周,未发现任何大规模杀伤性武器,但这不等于说伊拉克就没有大规模杀伤性武器。美国说掌握了伊拉克'实质性违反'联合国安理会决议的大量情报,但美国却一直未能向监核会交来过任何一份相关的材料。"

【在回答敏感问题时,该发言人贯彻的是修辞学上常见的"策略性模糊化"(strategic ambiguity)的原则。他的回答在事实和态度方面均是无懈可击,但又没有把话说绝,符合"实话实说,但不全说","快讲事实、慎讲原因、不下结论"的危机传播原则,不仅为自己日后的工作留有余地,同时也为记者们留下了一定的报道空间。】

2002年1月,有外界盛传我国从国外订购的一架飞机上发现窃听器。在外交部的例行记者会上,不管各国的驻京记者大家如何挖空心思纠缠,发言人始终就是一句简短答复:"中国是一个爱好和平的国家,不对任何人构成威胁。对中国搞窃听是没有必要的。"虽寥寥数语,但却旗帜鲜明地表明了我国政府的严正立场。另一个著名的例子是小布什总统任职期间的白宫新闻秘书麦克莱伦。在就任后的第一次新闻发布会上,先后有数名记者就伊拉克大规模杀伤性武器问题发问,麦克莱伦的回答只有一句:"这个问题我们已经讨论过了。"他在这次新闻发布会上竟然把这句话说了9次之多。

【坚持"旗帜"法,以不变应万变——即不管对方从什么角度反复发问,发言人都会按事先拟好的口径表态。】

在应对记者提问时,除了程式化的"官方说法"以外,要坚持人性化传播的理念,适当地运用一些技巧和策略,强化传播效果。外交部部长李肇星在担任新闻发言人时,有记者请他证实一个传言:我国军方在沿海部署了大量的导弹,正加紧"备战"。李肇星反过来向在场的记者们提出了一个问题："大家先回答我，你们是否都能够严格保密？"记者们喜出望外，异口同声地回答："能！"李肇星这时才大声地说道："我也能！"记者们到此时才知道中"计"，但又无可奈何。

【运用"归位法"和"共鸣法"，巧妙地让记者体会到发言人此时所处的"不能发言"的困境，同时又不让记者感到生硬。】

2001 年 4 月 1 日，发生了震惊世界的"中美南海撞机事件"。4 月 5 日，我国驻美大使杨洁篪在美国有线电视网（CNN）接受了美国记者的现场提问。面对美方记者的刁难，杨大使严正指出，这一事件完全是由美方造成的，美方应负完全责任，应向中国人民做出解释并道歉。为了加强传播效果，杨大使针对当时美国媒体企图掩盖事实并煽动民众反华情绪的做法，当场讲了一个"故事"："咱们举一个美国的例子：有一个家庭，一所房子，一个前院。但有一伙人总是在这家门前的街上开着车徘徊。他们没有进入到你的前院，但就是日日夜夜、月月年年的在靠近前院的地方开来开去。家里有人出来查看，结果家里人的车子被毁了，人也失踪了。我认为，家里人有权问到底发生了什么？应该做一些检查和调查。如果这种道理可以成立的话，我想美国人民能够做出非常公正的判断，到底该怪罪谁？至少对方应该说声'对不起'吧。车也毁了，人也失踪了，可对方只是说，事情就是这么发生的。这怎么让人接受呢？"

【运用"归位法"和"共鸣法"，回归受众本位和引发共鸣的方式显然更符合美国受众习惯，比板起面孔说教要有力得多。】

2009 年 2 月 6 日，普京进行一年一度的全球媒体专访，通过电视和网络直播，他这样回答一位 BBC 女记者提出有关俄罗斯与乌克兰之间"天然气争端"这一"敏感问题"：

记者：在您给乌克兰断气后，欧洲开始对俄罗斯天然气供应的可靠性产生怀疑，你会不会给西欧断气？

【该记者使用"断气"的框架。从道德和情感层面上"审判"普京，企图把天然气争端上升到政治和外交冲突，与他进行正面交锋。】

普京：先请问您的项链多少钱？

【使用"桥梁法"、"反问法"，避开记者的"道德审判"式的框架，不与记者发生冲突。】

记者：这是个出乎意料的问题（犹豫中）……这会令小偷感兴趣……

普京：他们如果在看电视直播，会估价的，（挥挥手）说吧，到底多少钱？

记者：（下了决心）很乐意告诉您，几百英镑吧。

普京：（微笑）那您愿意以五戈比卖给我吗？您未必会答应吧？

记者：这……

普京：既然如此，我们为何要贱卖自己的天然气呢？

【使用"归位法"把"天然气争端"回归到"常识"本位，用"不会贱卖"（经济框架）代替记者提出的"断气"（政治/外交框架），有效引导舆论。】

发言人如何对记者说"不",即如何拒绝回答记者的提问,或对记者的提问提出批评?如果不能说"无可奉告",那么应该说什么?我们总结了发言人说"不"的一些传播策略,供参考和选用。应当指出的是,说"不"的策略应当视具体情况交替使用,不要总是依赖于某一种策略:

(1) 直接拒绝:"不"、"没有"、"不知道"(对比较熟悉的记者采用);

(2) 直接批评:对记者本人、问题本身、信源提出质疑和批评(对比较熟悉的记者采用);

(3) 理性拒绝:"我不是回答这个问题的合适人选"(位置拒绝)、"现在回答这个问题时机还不成熟"(时空拒绝)、"我还没有得到权威的信息"(信源拒绝);

(4) 指涉他人:"我建议你找农业部的人核实此信息";

(5) 重复回答:"这个问题我前面已经回答过了,我不再重复";

(6) 有意回避:背诵事先准备好的口径;

(7) 缺省处理:"我们注意到了相关的报道";

(8) 模糊处理:(即前文提到的"策略性模糊化"的原则):"众所周知,中国政府在这个问题的立场是一贯的";

(9) 反问记者:参见前文李肇星先生"保密"的例子;

(10) 运用幽默:"你且听下回分解吧!"。

如何避免推理上的谬误

"推理"的概念听上去似乎是哲学家的"专利"。其实日常生活中,推理是无所不在的。从大众传媒中的广告到同事之间的争论,都会使用这种手段。为了增强说服力,新闻发言人在陈述和答问的过程中应当使用推理的手段。单靠雄辩的事实和翔实的数据有时候并不能达到预期的效果。但是,使用推理手段时要避免出现逻辑上的谬误,否则便会取得适得其反的传播效果。

【案例分析6.4】

说明:【】为点评

20世纪二三十年代,美国联邦政府推行"禁酒令"。在《宪法第18条修正案》(即"禁酒"修正案)颁布之初,一位政府发言人在一次媒体见面会上为了向公众证明饮酒的危害性,想出了用蠕虫来做演示的招儿。他拿来两只杯子,一只杯子里盛的是水,另一只则盛着杜松子酒。他把蠕虫分别放入两个杯子中,结果放入水杯的那只蠕虫平安无事,而放入酒杯中的蠕虫不一会儿便一命呜呼。发言人以为自己的这一"创意"征服了在场的记者,问道:"你们大家都跟上我的思路了吧?"其中一位记者答道:"是的,先生。这说明喝酒可以杀死肚子里的寄生虫。"

【在此,发言人自以为掌握了充足的证据,想采取"眼见为实"的策略来增强说服力。

没想到却被记者抓住了"辫子"。这条"辫子"便是逻辑学上所说的"谬误"。"谬误"在日常生活中也是屡见不鲜的。充斥于大众传媒中的广告便是这样的看似可信、实则漏洞百出的"神话"的集中体现——喝了某种滋补液便会青春焕发；用了某个品牌的电脑，写起文章来便会"下笔如有神"等等。但是消费者仍然对这些"谬误"视而不见，乐于"受骗"，足见大众传媒运用推理手段后所产生的巨大影响力。】

　　新闻发言人一方面承载着发布信息的职能；另一方面也要想方设法说服媒体和公众。因此，适当使用推理的手段是十分必要的。如何防止推理中的"谬误"，避免出现上面的案例中弄巧成拙的结局，是发言人应当认真思考的问题。逻辑学者曾经总结出了125种不同的谬误，下面我们结合一些案例，简要介绍一些常见的"谬误"，以资为鉴（注：【】表示专家的点评）。

　　1. 以偏概全

【案例分析6.5】　美国"国家公园协会"的新闻发布会

　　背景：媒体披露美国国家公园保护工作不力，在社会上引发广泛批评。国家公园协会举行新闻发布会，介绍相关情况。

　　原稿：（目前美国的国家公园体系确实存在着严重的问题，所以必须立即采取有效措施加以改进。）

　　【发言人的本义是承认问题的存在，以诚恳的态度求得媒体的谅解。但他过于绝对化的言辞导致了以偏概全的谬误，没有留下适当的回旋余地。此外，他所使用的强烈的祈使语气超越了新闻发言人的职能范围，听起来像一位主管的官员在发号施令。】

　　改为：美国国家公园体系每年接待4 000万游客【先肯定成绩】，其中部分公园出现了交通堵塞、环境污染、治安恶化和过度商业化等问题【用单称判断、将问题具体化】，为了给后代留下山清水秀的国家公园，我们有必要采取一些措施，来维护和保持它们的美丽、幽静和生物多样性【用劝诫语气表明解决问题的诚意，同时也符合发言人的角色定位】。

　　2. 避免"熏鲱鱼"谬误

　　"熏鲱鱼"得名于英格兰农村的一项古老的风俗。猎犬在追逐猎物时会踏过农田，把庄稼踩坏。因此，农夫们便想出了一个办法：用熏过的鲱鱼来引开猎犬，使其不再因循着嗅迹追猎而踏坏庄稼。在逻辑学上，"熏鲱鱼"的策略指的是用关系不大的事务来转移听众对主要问题的注意力，近似于我们所谓的"风马牛不相及"。在新闻发布会上，发言人为了增强说服力会使用比照的手法。如果这种比照成了"熏鲱鱼"，那么就会授人以柄，陷入被动的境地。以下这些案例都出自美国一位共和党总统候选人在媒体见面会上的回答：

【案例分析6.6】

　　问：在昨晚的电视访谈节目中，您的竞选对手指控您担任州长期间有腐败行为，请问您对此有何评价？

答：现在我和同僚们关心的是如何提高人们的生活质量。在这种情况下，他怎么可以这么说？

【关心人民的生活与腐败根本不相干，这是典型的"熏鲱鱼"，记者肯定会追问下去。】

问：今年年初以来，州内两所学校发生了校园枪击事件。而您却反对在中小学推行强制性的安全检查，请问这是出于怎样的考虑？

答：每年有上万名美国人死于车祸，我们为什么还要争论该不该在校园内进行安检呢？

【交通事故和暴力犯罪导致死亡这两件事风马牛不相及，容易被人抓住把柄。】

3. 对事不对人，避免点名攻击

以下案例也出自美国一位共和党总统候选人的答记者问：

【案例分析6.7】

问：您的竞选对手最近提出了"一揽子"经济政策，您对此有何评价？

答：民主党的候选人提出的经济政策虽然有一些新意，但大家不要忘了她出身于豪门。

【不恰当地利用个人背景进行人身攻击，而不涉及政策的实质性内容，反而破坏了自身的媒体形象。】

【案例分析6.8】

问：您对政府近年来颁布的环保法令有何评价？

答：毫无疑问，这些法令对美国工商业造成了损害。这些法令大多都是由一帮生活在"象牙塔"内的知识分子、崇拜自然的狂热分子和头脑不清的政府官僚弄出来的。我想工商业可付不起这个代价。

【提出观点后没有充足的论据，而是用"标签"法来攻击对手，结果是搬起石头砸自己的脚。】

一般而言，点名攻击的策略只有在对人品提出质疑时方可使用：

【案例分析6.9】

（克林顿）总统先生不是曾经说他"不认识那个女人——莱温斯基小姐"吗？尽管他把经济搞得很好，公众又怎么相信他的经济改革不是明哲保身的遁词呢？

【利用个人诚信大做文章，由个人品质推及经济政策，也同样具有说服力。】

4. 避免使用或然判断

"或然判断"通常只提供两种非黑即白式的选择，事实上这是一种"假象"，现实生活中通常会存在更多的选择。记者可以利用这一点来使发言人或受访者陷入困境。

【案例分析 6.10】

要么立即新建一个社区高中,要么这个社区的孩子都考不上大学。

【发言人本意是想说服公众舆论关于新建高中的计划,但这样的表达有逻辑上的漏洞,没有留下任何回旋的余地。虽然目前学校确实面临学生超员、设施老化等问题,但这不一定导致学生成绩的下降。】

【案例分析 6.11】

政府要么提高税率,要么减少给中下层人士的福利补贴。

【发言人想让公众看到提高税率的紧迫性,但记者马上会追问:"那为什么不削减军费开支呢?"记者所提出的是合乎情理的"第三条道路",这样一来,发言人就陷入被动的境地。】

5. 避免"大篷车"谬误

传播学者把这种从众心理形象地比作在竞选宣传中所使用的"大篷车"效应,在政治传播和商业广告领域得以广泛的运用。例如,竞选广告中总会大肆渲染候选人的支持率;商业广告中总会大肆渲染产品的销量,以此来吸引更多的消费者。实际上,数量与质量之间并不存在必然的联系,这在逻辑上是说不通的。

我们都知道"真理常常掌握在少数人手里"这样的道理,但是在面对媒体的时候,有些人还是会不由自主地陷入"大篷车"式的谬误中。

【案例分析 6.12】

问:您对现阶段(老布什)总统所采取的对外政策有何评价?

答:我认为他的对外政策走向是正确的。只要看看最新的民调结果就清楚了:有60％的美国人支持他。

【发言人应当简要分析总统的对外政策走向为何是正确的。用民调的结果显然无法证明这一走向正确与否。这是由于"真理往往掌握在少数人手里"。】

6. 避免"滑坡"谬误

石头落在斜坡上会一直滑到坡底,这形象地说明了人们在逻辑上常常会陷入的一种"谬误"——武断地认为只要采取了第一个步骤,便会自然而然地进入下一步,直到最终结果的产生。下面两段言论来自两位美国民间组织的发言人:一位来自全国枪支协会(NRA),表达反对"禁枪"的立场;另一位来自"自由论坛"组织,反对政府对电视节目中暴力画面的管制。

【案例分析 6.13】

如果我们允许联邦政府限制半自动武器的销售，那么他们紧接着便会禁止个人持有手枪——甚至于猎枪。个人拥有枪支是受《宪法》保护的权利，如果这种权利得不到保障的话，那么下一个限制的对象便是言论自由的权利。

通过联邦法案来限制电视节目中暴力镜头的数量，这只是第一步，接下来政府便会对媒体进行全面管制，并对所有文艺表现形式进行审查。

【这两位发言人急于表明自己的立场，但他们的推理缺乏逻辑上的说服力，没有证明为何一个步骤会导致下一个步骤以及灾难性后果的产生。】

如何运用数字来加强传播效果

在当今这个讲求"专家治国"和"数字化生存"的时代，数字已经成为新闻或信息发布中一个不可或缺的内容。新闻发言人运用数字既可以显示自己的专业水准，从而提高自己的公信力，又可以增强说服力。一个数字的传播效果往往要胜过千言万语。2003 年年底温家宝总理访美期间首次在哈佛大学商学院发表演说。在回答有关中美贸易的现状时，他信手拈来 6 个关键性的数字，征服了在场的听众。但是，这并不意味着数字用得越多越好。温总理的传播对象是笃信数字的未来商界精英，而新闻发言人面对的是记者和公众，因此在运用数字时要坚持"受众第一"的原则。具体来说，在运用数字时要注意以下几点：

- 将数字与事实结合起来；
- 运用数字应当少而精；
- 要说明数字的来源，加强可信度；
- 要解释数字的含义；
- 对于过大的数字，可以采用"凑整"法：例如实际统计数字是 135 132 人，可以说大约 13.5 万人，具体的数字可以列在新闻通稿里；
- 用统计图表（多媒体）演示。

下面我们结合一些具体的案例来进行分析。

【案例分析 6.14】

美国卫生部发言人：目前美国医院的急诊室内只有 43％的值班医生有医师执照。

【数字空洞抽象；没有信源，可信度不够；没有解释，听众不明白。】

改为：去年 12 月 15 日纽约一位玛丽亚·卡罗丹努托的妇女因被急诊室大夫误诊而耽搁治疗，大出血而死【用事实说话，使下面的数字人性化】。据全国健康研究院的报告【指明信源，加强可信度】，目前美国医院的急诊室内只有 43％的值班医生有医师执照。

这意味着什么呢？这就是说美国每年有 100 万人——每 9 个去急诊室就诊的病人中，就有 1 个会因为大夫的医术问题被误诊【将抽象的、较大的数字具体化，增强说服力】。

【案例分析 6.15】

（据美国健康和公共服务部的统计，美国人的平均寿命在 39 个工业化国家中，男性排第 22 位，女性排第 18 位。男性平均寿命为 71.5 岁，而日本是 75.8 岁。美国新生婴儿死亡率排名第 22 位，比日本高 2 倍。美国人均医药费指出比加拿大高 40%，比日本高 127%。）

【这位发言人旨在呼吁美国公众重视日常保健，但一大堆数字让听众如堕五里雾中。】

改为：据美国健康和公共服务部的统计，美国人的平均寿命在工业化国家中排名靠后，新生婴儿死亡率则排名靠前【非关键性的具体数字可以放在文字资料中，发言时只需突出事实即可】。但我们的医药费却花了不少——比加拿大高 40%，比日本高 127%【突出最关键的数字】。

【案例分析 6.16】

2000 年美国的国债高达 6 万亿【数字太大，需要解释】。这是个什么概念呢？比方你的银行账户里有 600 万美元，你每天花 1 000 美元，要 18 年才能花完【从简单的数字讲起】；假如说你的银行账户里有 6 万亿美元，你每天花 1 000 美元，要 1 800 万年才能花完。

如何调动受众的情绪

总体上说，新闻发言人应当保持客观公正，尽可能少地掺杂个人感情，但这不等于说发言人就是铁板一块；相反，他也应当善于调动公众的情绪，从而加强传播的效果。正如古罗马的修辞学家昆体良（Quintilian）所说的那样："感情和想象力胜于雄辩"，这与我们常说的"以情动人"，不仅要使传播做到"入耳"，更要"入脑"、"入心"是一个道理。

情感的调动同样是为了增强说服力。当听众感到悲伤、愤怒、歉疚、恐惧、高兴，产生了自豪感、负罪感、同情心和景仰的时候，他们就会容易接受发言人的立场和观点。反之，如果发言人的阐述让他们感到厌倦或淡漠，那么传播的效果就大打折扣了。美国学者鲁卡斯归纳出了几种可供发言人调动的情绪：[①]

- 恐惧——对疾病、自然灾害、性侵犯、不安全因素、遭到排斥、经济困难等状况；
- 同情心——对困难群体，例如残疾人、受害者、失业者、灾民、艾滋病人等；
- 自豪感——对国家、民族、家庭、学校或各种成就；
- 愤怒——对恐怖主义、各种不道德的、不公正的行为以及犯罪行为；

---

① S. Lucas. *The Art of Public Speaking*, 150~175.

- 羞愧——由于未能及时帮助别人、未考虑别人的权益和未能尽力而为;
- 景仰——对英雄、传统、社会体制,等等。

下面我们以几位公众人物为例,说明如何通过调动受众情绪来增强传播效果,供发言人和读者借鉴:

【案例分析 6.17】

克林顿在 1992 年的总统电视辩论中的表现是极为出色的,这也是他能够战胜当时胜券在握的老布什的原因之一。其中一个经典的片段是他回答一位黑人妇女的问题。提问者是当天旁听辩论的观众之一,她问出身上流社会的候选人是否能体会到社会底层的痛苦。老布什在回答这个问题时用一番陈词滥调来敷衍。而克林顿走下讲台,深情地注视着这位黑人妇女,对她(也对全场观众)说他感受到了这种痛苦,对此很在意,一定会努力工作,振兴经济,改善每个人的生活。就在这场电视辩论中,老布什显得心不在焉,甚至有些不耐烦,中间还看了一次手表,仿佛是迫不及待地希望这场辩论早点结束。

【案例分析 6.18】

以里根总统在 1986 年“挑战者”号航天飞机失事后发表的电视讲话为例说明调动听众情感的必要性,在此节选的是结尾部分:

(初稿)像那位勇敢的航海家弗朗西斯·德雷克(Francis Drake)一样,“挑战者”号的宇航员们也为他们为之奋斗的事业献出了自己的生命。我们为他们而骄傲,我们不会忘记他们,他们那天早上出征前微笑的面容将永远留在我们的脑海中。

【用词显得平庸、空洞,与重大事件的气氛不符,未能调动听众的情感】

(定稿)历史在今天出现了惊人的巧合。390 前的今天,航海家 Francis Drake 在巴拿马群岛附近海岸的探险途中遇难【突出历史的巧合,吸引听众的注意力】。这位勇士一生与大海为伴,正像一位历史学家说的:“他活在海上,死在海上,埋在海里。”今天我们也可以这样来描述“挑战者”号的 7 位勇士:“他们生活在太空里,牺牲在太空里,他们的英魂永远留在太空里”【使用排比手法加强感染力】。我们不会忘记今天早上他们出征前的情景:微笑着与我们告别,然后“挣脱大地的羁绊去触摸上帝的脸庞”【引用诗句加强感染力】。

【从总体上看,定稿通过各种修辞手法和富于感情色彩的语言有效调动了听众对“挑战者”号勇士们的景仰之情。】

如何接受记者专访

接受记者专访也是新闻发言人的主要职责之一。此外,新闻发言人通常也要负责安排媒体采访某位主管领导或专家。在受访前,他通常要给予这些领导或专家一些策略上和技巧上的指导。在本节中，我们将对接受记者专访的问题进行一些简要的探讨。

首先，在决定是否接受媒体专访前，应当有明确的目的，要问问自己"这次专访是否有助于实现政府的首要目标"。我们可以通过网上认证来杜绝"假记者"行骗欺诈的不法行为。如果对来访记者的身份有怀疑，可以通过国家新闻出版广电总局建立的"中国记者网"对其资质查验（http://press.gapp.gov.cn）。

其次，专访不同于新闻发布会或媒体见面会，后者接近于大众传播的形式；而前者则是人际传播的形式，因此信息传递的方式更为多样和灵活。为了尽可能满足记者的采访要求，同时也出于保护自身的考虑，在接受专访前要与记者议定"底线法则"。所谓"底线法则"就是受访者要向记者阐明所发布的信息的性质，要求记者在采用这些信息时遵循相应的法则，具体来说包括以下几种类型：

- **"可发表"**（on the record）：这意味着记者在报道中可以直接引用你的话，并且可以使用你的名字作为信源。在新闻发布会或媒体见面会这样的公开场合，发言人所发布的新闻或信息都是可发表的；

- **"背景"**（on background）：这意味着记者在报道中可以直接引用你的话，但不能公开你的姓名作为信源，相反要使用一些模糊的说法。例如，"据可靠消息……"、"据消息灵通人士透露……"、"据一位不愿透露姓名的政府官员（或专家）说……"等等。

- **"深度背景"**（on deep background）：这意味着记者在报道中可以间接引用你的话，但不能指出信源，不能使用上述的"模糊"说法。读者分不清这是记者本人的话还是采访对象的话；

- **"不能发表"**（off the record）：这意味着记者在报道中不能引用你的话，只能作为参考，也不能找其他信源求证你的话是否可信。发言人或其他受访对象采用这一法则旨在让记者更全面、深入地了解情况，从而进行客观、公正的报道。

我们介绍"底线法则"是为了区分新闻发布会和专访这两种不同的传播方式，同时也给发言人和受访对象提供了更为灵活的信息发布尺度。一般而言，如果发言人在发布会上所说的与他接受专访时完全一样，那么记者肯定会表示不满。合理使用"底线法则"可以增强传播效果，帮助记者更为全面、深入地把握新闻事件，同时又不会影响到发言人或受访对象本人的声誉。

最后，在受访前要准备两到三个重点，同时把整个受访时间控制在一小时以内，每个问题的回答控制在两分钟到三分钟左右为宜。

新闻发言人在与记者交流的过程中，要防止落入后者布下的"陷阱"，尤其是要谨慎应对那些包含各种"陷阱"的问题。记者与发言人之间应当是一种"斗智斗勇"的关系。在危机爆发后，发言人通常会按照授权和口径谨言慎行，惜字如金；而记者则面临着发稿的压力，因此他们会使用以下各类"陷阱"式问题来从发言人那里"挖掘"独家新闻：

- **假设式问题**：记者通常会使用"如果"一词，设定某种虚拟的情境，诱导发言人表态。例如，"如果地震发生在上班时间，你预计会有多少人死伤？"对待这类问题，发言人的回答是："我不能回答这种假设式的问题。现在我们掌握的信息是，没有出现你所说的这种情况。"

- **引导式问题**：记者心目中已经有了答案，期望得到发言人的证实。例如，"这场灾难完全可以避免，你同意这种说法吗？"发言人的回答是："相关的调查还在进行，我目前不能做出任何判断（或做出任何结论）。"

- **审判式问题**：记者欲从道德和情感的层面上进行"媒体审判"，期望引起发言人的激烈反应，电视出镜记者倾向于采用这一类型，以期引发戏剧性的效果。例如，受访者发怒、离席而去、抢记者话筒等，这都是具有"眼球效应"的新闻素材。再如，"我看到网上爆料，贵公司已经获知奶粉中含有肉毒杆菌，却没有采取任何相应举措，这是否属实？"遇到这样的"媒体审判"，发言人应当保持镇定，将记者的"审判"转换为"疑问"："如果我没有理解错的话，你想问的是，我们是否事先知道奶粉中含有肉毒杆菌？我可以肯定地告诉你，我们事先不知道这一信息，我们与你们一样，也是刚刚获得相关的检测报告。目前公司已经在研究应对措施，一旦确定我们会第一时间通知媒体和消费者。"

- **标签式问题**：记者给发言人所在的部门贴上耸人听闻的"标签"（例如，"黑道政府"、"血汗工厂"等），这是"媒体审判"的另一种形式，也是媒体走向市场化后记者常用的一种竞争策略。发言人对这类"标签"要采取实事求是的原则，用事实和数字劝说媒体和公众放弃此类"标签"，理性面对危机。

- **伪装式问题**：记者以提问的方式在新闻发布会上扩散未经证实的信息，用提问做"伪装"，旨在扩散信息。例如，"据说死亡人数已经超过了两位数，是吗？"遇到这类问题，发言人不要随意表态："你说的是一派胡言"或者是"你说的不对，死亡人数在个位数以内。"由于危机刚刚爆发，相关的统计数字还会不断变化，因此不要出于维护组织声誉的良好愿望对这类"伪装式问题"急于下结论。正确的回答是："我不知道你从什么渠道得到了这个信息。关于死亡人数，我还没有得到确切的信息。"

- **无所不知式问题**：记者宣称自己掌握了真相或全面的信息，要求发言人配合核实一些细节。例如，"我已经了解了整个事故的来龙去脉，现在请你配合我核实一些具体的数字和细节"。遇到这样的问题，发言人一定要坚守口径和底线，不能盲目回应。正确的回答是："我不知道你从什么渠道掌握了你所说的来龙去脉。目前事故还在调查中，相关的数字和细节还在核查中。"

- **行动式问题**：在新闻发布会上，有的记者会在提问的同时，采取相应的行动。有的记者会当场向发言人递交一份调查报告，或者一件物证（例如，一瓶被污染的水）。

　　如果你接受了，那么就等于认可了这些东西。你可以婉言谢绝："我已经知道了，但目前我们应当注意的是……"；或者"这些东西我还要进一步核实一下，但更为重要的是……"通过使用"桥梁语"，把话题转回到事先议定的主题上。

- **评估式问题**：有的记者要求发言人指名道姓地评论他人或"利益攸关方"。你可以这样回答："对于×先生（女士），我不想发表任何评论，你可以问问他（她）本人。我认为现在我们应当关注的是……"

- **告别式问题**：在新闻发布会或访谈的最后，记者与你告别，但他仍然把话筒对着你，这显然意味着他还没有得到他期望获得的答案。这时候，你不要重复回答，更不要添加任何回答，应该直截了当地说："这个问题我已经回答完了，还有其他问题吗？"

【案例分析 6.19】　如何应对记者的"陷阱式"问题："善意的谎言"与"血汗工厂"

　　新闻发布会实际上是发言人与记者"争夺"舆论先机的话语场。新闻传播学的经典理论——"议程设置"——讨论的就是政府议程（即公共政策）、媒体议程（即报道主题）和公众议程（即舆论热点）之间的相互影响和竞争。以上介绍的这些"陷阱式"问题实际上就是记者试图利用媒体议程、公众议程影响改变政府议程、抢占舆论先机的主要手段。

　　作为政府议程的传播者，发言人应当遵循的原则是：不能重复记者的话。如果你重复了记者提问时使用的一些不实之词或批评性的言论，那么事后他可能会做精心的剪辑，把它们变成你的话。换言之，政府议程就被转化为媒体议程和公共议程，政府就失去了主导舆论的先机。

　　例如，2005 年 11 月，哈尔滨爆发了松花江水污染危机。起因是当月 13 日位于松花江上游的吉林石化工厂发生爆炸，造成苯类物质泄漏。政府部门在得知污染水团将于 30 小时内抵达哈市后，为了避免加剧在部分地区已经出现的传言和恐慌，没有及时公布真相，而是在 21 日中午向市民宣布要进行"管网检修"，"全市停水四天"。公告发布后，获得的却是事与愿违的传播效果。全市出现了大规模的抢购，并且在互联网上引发了公众的强烈质疑。政府部门及时吸取教训，于 22 日凌晨发布了松花江遭到污染的信息。

　　针对这一信息发布前后不一致的做法，有记者在新闻发布会质问发言人："政府为什么要向老百姓撒谎？"这显然是我们前文中提及的"审判式问题"。但发言人的回答却采取了"重复策略"——即接受了记者的"议程设置"："我们是用善意的谎言平息老百姓的恐慌情绪。"这样的回答表面上看是用"脑筋急转弯"式的回答来"巧妙"应对记者，但实际上达到的是"越描越黑"的传播效果，等于变相接受了记者在道德上和情感上所进行的"媒体审判"。根据这样的回答，记者会在报道中使用"政府承认向老百姓撒谎"这样的标题，让政府陷入更大的舆论风暴。

　　那么，发言人应当如何回答呢？基本的策略是：不重复记者的话，客观坦诚地说明真相,用政府议程影响媒体和公众的议程:"我不同意你的上述说法。这次水污染危机来得非常突然,我们在接到相关报告后立即采取了停水的措施,并及时告知全市人民。需要说明的是,21日中午我们发布停水的消息时,还没有搜集到松花江哈尔滨段受到污染的确凿证据。当有关部门提供了相关权威结论后,我们在22日凌晨第一时间向市民及时公布,因此,不存在你所说的向市民'撒谎'的问题。"

另一个典型案例是富士康的"血汗工厂"的问题。2010年富士康集团设在内地的多家工厂接连遭遇"跳楼门",面对记者质疑"富士康究竟是不是血汗工厂?"总裁郭台铭竟然回答:"只要合乎法令,血汗工厂有什么不好?";"如果记者说我们是血汗工厂,那你们记者从事的也是血汗行业。"结果,"郭台铭亲口承认富士康是血汗工厂"的标题充斥报纸和网络。这样的危机传播显然获得的是"雪上加霜"的效果。

那么,郭台铭应当如何面对这种"标签"式的指控呢? 正确的做法是不要与记者纠缠于这些"标签",而是应当拿出有说服力的事实和数字,劝说媒体和公众理性看待"跳楼门"危机。例如,富士康的领导者或发言人可采用以下的方式来与公众沟通:

"对接连发生的跳楼事件,我感到非常焦虑和痛心。我们已经在第一时间成立了由200名心理医生组成的专业团队,在各个工厂展开心理干预。对'跳楼事件'发生的原因,我们正在配合有关部门进行调查。富士康的内地工厂遵守当地法律、法规,尽力为员工提供良好的生活环境。我们的深圳工厂修建了专业标准的游泳池,我们在内地各家工厂的食堂、宿舍在同类企业中也是高标准的。近期我们会组织记者进行实地采访。在目前这种情况下,我认为给富士康贴上'血汗工厂'的标签是没有事实依据的,也无助于危机的解决。在此,我恳请媒体和公众与我们一道努力,早日化解这场危机。"

与记者商议以何种方式受访——面对面、电话还是电视(直播或录播),或者是接受网络采访。不同的采访方式有不同的要求:

面对面采访(用于报刊等印刷媒体)

- 事先了解该记者的相关档案材料;
- 可以问记者就此问题采访过哪些人,还打算采访哪些人,做到心中有数;
- 确定记者是否录音,如果是,要假定你说的每一句话都会被录下来;
- 如果你希望审阅记者的采访稿,向他明确提出来。

电话采访(通常用于报刊等印刷媒体和广电媒体)

- 记下记者的姓名和联系方式;
- 问清楚记者准备何时、以何种方式运用电话采访中得到的信息;
- 问清楚记者是否录音;
- 遇到名称、术语等,要告诉记者怎么写;
- 一般来说,尽量缩短电话采访的时间,只谈一些总体性的框架,不要深入细节,你可以告诉记者："我马上还有一个会议,回头我让秘书把文字资料给你传过去。"

电台采访

- 尽量用平常的声调讲话;
- 尽量不要用"嗯……"、"啊……"、"这个……"等口头语;
- 不要翻动文字资料,尽量把一些要点、数字等做成卡片,或使用 iPad;
- 尽可能用简洁明了、通俗易懂的语言,时时考虑到电台的听众与报纸的读者之间的差别;
- 如果记者重复问同样的问题,显然是想诱导你按照他的意图来回答,在这种情况下,要坚持说"这个问题我已经回答过了,没必要在此重复一遍"。
- 正面回答记者的问题。这是因为电台采访正式播出的时候,通常会剪辑掉记者的问题,只播出你的回答。如果你做出否定的回答,那么就可能产生负面的传播效果。比方说,记者问:"有听众反映政府部门的工作人员乱收费。"你不要说:"我们没有乱收费。"(在实际播出中,由于记者的问题被剪掉,因此听众误以为你在为自己辩解)而应当直接告诉记者和听众你们做了什么。

电视台采访

电台和电视台都属于广电媒体,因此接受电视台采访时,除了上述电台采访的要求以外,还要做到以下这些:

- 电视媒体对时间的要求更为苛刻,因此要在上电视之前做充分准备。在回答问题时要有停顿(通常是每半分钟停顿一下),而且要做到在合适的地方停顿,以便主持人发问或者插入广告(否则就会被主持人或导播打断)。
- 尽量放慢语速。由于电视节目本身的片段化结构,受访人会越说越快,过快的语速会影响到传播效果。
- 语调要有变化,这是因为单一的语调既容易让观众感到厌烦,又容易引发说话人的紧张情绪。
- 眼神的活动要自然,要看着记者或主持人,不要紧盯着镜头或监视器。
- 耳机和麦克风要事先调好,防止说话时突然脱落。
- 在录播中,如果你对自己的回答不满意,立即要求重录;在直播中,如果出现了口误,要及时纠正。

网络采访

网络采访实质上就是"全媒体"采访,包含了上述各类媒体的采访要求。在专业门户网站、微博、微信平台上进行,通常采用直播的方式进行。事先要与对方议定是只进行文字直播,还是要同时进行视音频直播。文字直播应当遵循面对面采访的一些准则,如果要进行视音频直播,可参照广播电视媒体采访的要求。需要指出的是,网络访谈的基本原则是简明扼要,微博直播通常有 140 字的限制,在网站和微信采访中,每个问题的回答不要超过 3 分钟,文字控制在 300 字以内。

新闻发言人的媒体形象设计

新闻发言人的形象是由其内在气质修养和外在的服饰、身体语言所构成的。在视像媒体发达的今天,发言人的形象成为影响传播效果的重要因素。因此,发言人精心设计自己的媒体形象,不仅体现了个人的修养和品位,而且还体现了他对媒体和受众的尊重,更重要的是体现了其所属的政府部门或组织的形象。在电视时代,媒体形象的设计更多的是从电视媒体的要求出发的。在全媒体时代,形象设计已经成为发言人的一项基本职业素养。这是因为发言人的一言一行、一举一动,甚至连脸上没有来得及擦净的妆痕都不仅处于专业记者和摄像师的镁光灯下,还要接受手持智能手机的公民记者和难以计数的众多网民的"显微镜观察"及"病毒式分享"。"细节决定成败",对于全媒体时代的新闻发言人而言已经成为一项基本定律。

服饰要求

- 深色或中性色系的职业装为宜;不要穿纯白、浅色、咖啡色、带条纹或格子的服装,这是因为后者在电视镜头中会产生不良的视觉效果。
- 男士最好穿双排扣的西装;衬衫通常是白色的,浅蓝或灰色的也可以;领带的颜色要比衬衫深,不要有商标或过于花哨的图案。
- 男士要穿长裤子,颜色应当比西装深一些。如果穿短裤,可能会使脚踝露出,给人不稳重的印象。
- 同样道理,女士也不要穿短裙。
- 如果女士服装的颜色恰巧与发布会现场的背景版的颜色相近,那么可以考虑配一条对比色鲜明的披肩或围巾。
- 男士和女士最好穿深色的皮鞋。
- 男士要遵循"三一律"——即公文包、皮带和鞋子的颜色一致。
- 在危机期间,着装尽量素净,不要穿颜色鲜艳或样式古怪的服装。
- 不要佩戴过于惹眼、来回晃动或是需要经常调整位置的首饰。
- 女士以自然妆上镜为宜;即便是"素面朝天"的女士,上电视时也应当使用唇膏,否则会因灯光的缘故而显得老气横秋或无精打采。口红不一定会取得理想的效果,粉色、樱桃红或珊瑚红的唇膏与灯光相配。
- 根据个人的具体情况使用粉底,否则皮肤会在灯光的照射下闪闪发亮;秃顶的男士也要在头部使用粉底。

身体语言

- 原则上不要看稿子;可以使用卡片,偶尔瞥一眼上面记下的重要数字和细节;推荐使用迷你 iPad,但仍然要做备份,以防技术故障发生时措手不及。

- 尽可能多地与听众做眼神交流,不要频繁地抬头看听众、低头看稿(或 iPad)。
- 一般是与第三排的听众轮流进行眼神交流,既不要盯着室内某一物体,根本不看听众;也不要只盯着某一个方向的听众,更不要看一眼就转换视线方向(容易被认为是对听众不够尊重)。
- 手势要适度使用,与表达相匹配;讲话时不要有节奏地晃动手臂或腿;过多的手势和小动作容易转移听众的注意力。
- 不要使用"一指禅",对记者指指点点;应当摊开手掌,对记者示意。

结语

　　本书以危机传播作为概念和理论框架,以新闻发布作为实践和操作平台,探讨全球、全民、全媒传播的背景下,组织(以政府为主)、媒体、公众三方的信息交流和话语互动关系。这是任何一个国家在现代化和民主化进程中都需要认真面对的问题。在传统媒体和自媒体的中介作用下,政府、企业等组织有责任通过有效的公共传播和危机传播来保障公众的知情权与传播权,这已经成为我国建设和谐社会、推进阳光执政、提升国家形象的重要内容之一。

　　无论是从概念和理论框架,还是从实际操作上来看,危机传播和新闻发布在西方国家都经过了一个逐步发展完善并且走向专业化、规范化的过程。从历史上看,如何对政府、媒体和公众之间的关系做出准确的定位,也是许多西方政治家认真思考的问题。用以下三位美国历任总统的言论做轮廓,我们可以大致勾勒出对这个问题进行理性思考的历史进程:

　　(1)"一个人民的政府如果不给人民提供信息或获得信息的渠道,那么它将成为一出闹剧或悲剧的开端——也许两个都是。"(美国第4任总统詹姆斯·麦迪逊)

　　(2)"只有让人民知道真相,国家才会太平。"(美国第16任总统亚伯拉罕·林肯)

　　(3)"信息的流动、在知情基础上做出选择的能力以及批评的能力等所有民主政治赖以生存的假设条件,在很大程度上取决于传播。"(美国第35任总统约翰·F.肯尼迪)。

　　以上三段引言虽然出自美国历史上的不同时期,但集中体现的是19世纪以降美国式民主制度建立和演进过程中政府、媒体及公众三方互动关系的重要性。麦迪逊强调,政府通过媒体获得公众的支持是民主制度赖以生存的基础。林肯的那段话是在"南北战争"期间所说。在国家面临分裂的危急时刻,他仍然把真实信息的传播作为维护国家和政体稳定的重要手段。肯尼迪的出现给20世纪的美国政坛带来了一股清新之风,他首次明确了"传播"(communication)是美国民主体制的基础,同时提出了作为传播主要渠道的大众传媒的重要职能。换言之,如何有效地为公众服务不仅仅是政府需要独自承担的任务,而是需要通过政府与媒体的有效互动才能实现的目标。

源自西方的政治传播学理念和实践经验是我们在探索有中国特色的政治文明道路上可资借鉴的。全球、全民、全媒的传播变局和全面建设小康社会的历史任务要求我国各级政府部门——尤其是从事宣传思想工作的各级干部——与时俱进,实现理论、实践和话语的创新。正如习近平总书记在 2013 年 8 月"全国宣传工作会议"上讲话中指出的那样,宣传工作要"因势而谋、应势而动,顺势而为",要"精心做好对外宣传工作,创新对外宣传方式,着力打造融通中外的新观念、新范畴、新表述,讲好中国故事,传播好中国声音"。将传播的理念引入政府部门的日常工作和危机管理中,正是适应了这一时代要求。从这个角度来看,本书的启示意义大于创新意义。虽然作者在本书中列举了不少来自本土的相关案例,但因危机传播和新闻发布在我国全面推广的时间还不长,还处于探索和完善的阶段,且考虑到中国人"为尊者讳"的传统理念,不便于对国内的案例(尤其是负面案例)做出过多指名道姓的评论。笔者秉持的是"对事不对人"的原则,所做出的分析和评论完全是基于学术和专业的标准,与当事人没有任何关联。前文提到的贵州副省长陈鸣明同志就是这样一位敢于运用社交媒体与公众沟通、知错即改的政府高级官员。尽管笔者把他用作了"负面案例"来分析,但我相信,如果像陈副省长这样的官员再多一些,那么我国的政治和社会生态、政府和公众之间的关系一定会有本质性的改善。

由于上述这样一些局限,本书所依据的理论框架和所采用的案例大都来自西方,能够通过这种引介和评析起到示范与启迪的作用,从而推动这两种机制在我国的确立和发展。在这一"洋为中用"的过程中特别应当防止"淮橘为枳",对本书中所引介的理念和技巧不加分析地生搬硬套。从学术的层面上说,在积累了一定的实证经验后,才谈得上危机传播这门交叉学科的本土化和理论化,从而为传播学这门新兴学科在我国的发展和完善做出有益的尝试。由于本书的目标读者主要是各级政府官员、企业管理者、教师和学生,因此在学术研究的层面上没有做更为详细和深入的探讨。为了弥补这一不足,本书附录中汇集了笔者近年来对危机传播和新闻发布进行"本土化"探究而撰写的一些研究论文,它们曾以各种方式发表于《国际新闻界》、《新闻大学》、香港《传播与社会学刊》等学术期刊上,趁此机会以全文的面貌收录于本书中,就教于海内外方家和同道。

今年是我国全面推进政府新闻发布制度 10 周年,也是笔者回国执教 10 周年。这本小书既是对我国新闻发布工作发展进程的梳理,也是对我个人学术生涯的阶段性小结。与大多数"70 后"学人一样,我有幸在祖国日新月异的发展与祥和安定的氛围中按部就班地潜心求学,从一个校园转到另一个校园,远渡重洋 7 载后又回到故土效力,共同见证与践行个人和民族的中国梦,使之一步步成为现实。

"十七岁出门远行"(移用了作家余华的经典小说标题),从故都南京来到首都北京,在北京大学的"燕园"和美国宾州大学的"大学园"（University Park）负笈 13 载,先后攻下学士、硕士和博士,现在执教于当年曾经被自己视为"对门"和"对手"的"清华园"。毫无疑问,这三处风光旖旎的校园是读书人永远的精神家园,也是我与众多前辈、同道和学生相互切磋的学术圣地。这期间,我还先后在北京语言大学英语系担任讲师,在芝加哥大学东亚系做访问学者,在明尼苏达大学 St. Olaf 文理学院从事博士后研究并担任亚洲研究系助理教授,连同在母校南京力学小学、金陵中学的青葱岁月当中有幸遇到的众多良师诤友,限于篇幅,恕不一一列出,只能在心中默默感念。

笔者在北京大学和宾州大学先后师从王宁教授（现任教于清华大学）、刘康教授（现任教于美国杜克大学）、Thomas Beebee 教授、Thomas Berner 教授（现已退休,定居于新墨西哥州）,他们的谆谆教诲是我在学术研究上孜孜以求的动力。我还必须提到师母张娅曾女士（刘康教授的夫人）在美期间对我的照料。

我从加盟清华大学新闻与传播学院的第一天起,就加入到了由李希光教授率领的教学和研究团队,在危机传播和新闻发布这一前沿课题上共同耕耘和探索。在此要特别感谢老领导希光教授的扶持和提携,帮助我在短时间内找到了社会变革与个人发展、学术研究与国家需求的结合点。我们这个团队积极参与了国务院新闻办组织的培训工作（详见"导言"部分）,足迹遍及全国 31 个省市和自治区,让我有机会和共同参与培训工作的学界前辈和同道刘建明、司久岳、涂光晋、高钢、孟建、董关鹏、刘笑盈、胡百精、周庆安等诸位教授,外交部资深发言人刘建超大使和新闻司邹建华参赞,知名媒体人白岩松、敬一丹和曹景行,有"中国公关之父"之称的杜孟（Serge Dumont）先生以及美国驻华大使馆历任新闻发言人裴士莲（Sheila Paskman）女士、史雯珊（Susan Stevenson）女士、包日强（Richard Bugangan）先生和新闻助理王培女士等人共同探讨,对我写作本书给予了极大的启迪。

我要衷心感谢本院首任院长范敬宜教授的关怀。范院长曾经是我岳父张庭训先生在《经济日报》任职时的顶头上司,领导和提携了我家两代人。如今两位老人都已驾鹤西去,这本小书也寄托着我对他们的无尽思念。清华文科复兴的重要推动者、时任我校党委副书记兼我院首任常务副院长的胡显章教授 2000 年访美期间到宾州动员我学成后回国效力,那次谈话至今让我念兹在兹。我院老书记王健华教授在我回国后给予了无微不至的关照,帮助我安然度过了在许多"海归"身上常见的"反文化震荡"。毫无疑问,学院现任领导柳斌杰院长、尹鸿常务副院长和金兼斌书记等诸位同人所给予的各种形式的支持也是我时时感念的。

我要由衷地感谢国务院新闻办的历任领导赵启正主任、蔡武主任、王晨主任、王国庆副主任、人事局汪兴明局长、人事局刘更银书记、新闻局郭卫民局长、出版局吴伟局长、网络协调局刘正荣局长、人事局马虹处长、新闻局寿小丽处长等为我提供的十分宝贵的实践和调研的机会。我在海内外的同道都无比羡慕我能够把自己的教学和研究与中国政府全面推进新闻发布的探索结合起来,亲身参与到这一具有历史意义的实践中。没有国新办各级领导和同志们的支持，也不会有今天这本小书。

武和平、毛群安、王旭明、王惠、焦杨、徐宁、龚铁鹰等中国政府的第一代新闻发言人们付出的艰辛努力值得尊敬，能够给他们传授一些自己在西方学到的传播学知识是我最大的满足。同时，他们也给我提供了很多有启发性的一线经验和体会。其中，武和平局长与王旭明社长已经把自己从事发言人工作的经验总结成书，龚铁鹰主任把国新办组织的发言人赴英国和美国接受培训的经历汇编成册，这些都成为我写作本书的重要参考资料。

本书在早期搜集文献资料的过程中得到了危机传播理论中"形象修复"学派的创始人、美国密苏里大学传播系威廉·伯诺伊特（William Benoit）教授和笔者当时的研究助理、现供职于《人民日报》办公厅的徐涛先生的大力协助。对此课题感兴趣的宋双峰和季萌等同学亦提供了一些研究成果和文献资料。何恒颖、李丽丽、胡晓白、李京、梁怿、钱晶晶、孟冬雪、韩晓萌、廖鲽尔等笔者近年来先后指导的研究生对写作本书提供了各种形式的帮助。此外，清华大学 SRT 项目组的金城、苏婧、黄颖千、张阳、尹星、王健等同学亦协助翻译了部分英文资料，在此一并致谢。

我要感谢本书 2004 年首版的责任编辑、现任华南理工大学新闻与传播学院副院长赵泓教授所做的工作。在海外的诸多同道中，特别要提及的是香港中文大学黄懿慧教授和台湾辅仁大学大众传播学院院长吴宜蓁教授，她们二位是华人传播学界中"危机传播"研究的先行者。感谢清华大学出版社——尤其是与我合作十载的责任编辑纪海虹主任——为本书尽快面世所做的辛勤工作。

最后也是最重要的，这本书要献给我的妻子和女儿，还有我远在南京和郑州的父母兄姊，是你们的亲情让我能够安然度过在国内外经历的"青年危机"和"中年危机"。为了顺利完成这本小书的写作，我牺牲了许多本应当陪伴在侧、共享天伦的时间，这本书的顺利出版也是对你们的最好回馈。

2004 年 4 月初稿于北京清华园
2004 年 6 月二稿于海南南丽湖
2013 年 8 月完稿于北京清华园

附录 1 危机传播工作用表

为了使用上的方便,我们把危机传播各个阶段的工作制作成图表、验收单或模板的形式,供从事危机传播的工作人员参考(见表1~表7)。

表 1 危机爆发初期(最初 48 小时)的传播工作验收单

【说明:在已经完成的工作后画√,未完成的画×,当画√的项目超过 80％时,说明危机传播初见成效。】

通报:
- 根据危机预案中的名单逐一进行信息通报,确保危机处理指挥系统得到相关信息。
- 确保上级领导了解此次危机事件和本部门的对策(包括媒体的反应)。
- 从危机传播角度进行初始阶段的评估并通报领导层,提出下一步的政策建议。
- 核心原则:第一时间、准确可信。

协调:
- 立即联络中央和地方的各级合作伙伴。
- 如涉及犯罪调查,立即联系公安司法部门。
- 指定至少 2 位专职新闻发言人。
- 根据预案发布预警通报,如有必要增派传播人员。
- 与危机处理中心(EOC)取得联系,让他们知道你已经在开展工作。

媒体:
- 第一时间:起草新闻公报(即公开声明),告知媒体:本部门已经接到有关危机的信息,并且正在采取对策积极做出回应。
- 准确:监控媒体,一旦发现误讯,立即要求媒体更正;一旦发现网络谣言,需启动回复和处理机制(参见本书附录 10"美国海军网络舆情应对流程图")。
- 可信:告知媒体如何获取本部门更新的信息(包括下一次新闻发布会是什么时候,负责接受媒体垂询的值班电话,获取最新信息的网址等)。
- 只提供事实,不做猜测,确保与合作单位口径一致。

公众:
- 立即开通免费咨询电话(视危机的进展情况调整服务时间和值班人员的数量)。
- 把向媒体发布和通过官方微博、微信发布的第一条新闻公报当作向公众发布的第一条讯息来精心准备。
- 确保你在首次公报中表达对公众的同情,告诉他们政府部门已经知道了他们所关心的问题。
- 通过经过核实的情况以及其他的信源,向公众证实其准确性和权威性。

- 提醒公众注意：本部门已经采取了适当措施来缓解危机，但解决危机还需要一个过程。
- 启动议题管理的流程，对公众进行电话访谈或追踪微博跟帖、微信等，从而获知谣言和舆论走向。

合作伙伴（即"利益攸关方"）

- 把声明发送给相关的合作伙伴，表明你记挂着他们。
- 使用预先设立的信息通报系统（最好通过群发的电子邮件和微信群）
- 根据预案，建议上级领导给重要的合作伙伴领导打电话，通报应对危机的措施。
- 通过内部通讯系统（例如，群发的电子邮件、微信群）通告合作伙伴的有关员工：本部门采取的对策，请求他们给予必要的支持。

资源：

- 展开有关此次危机的风险评估，根据评估结果进行职责的分工，确定工作时间（例如，是否需要提供 7 天 24 小时的全天候服务？）。
- 根据预案确定本部门在整个危机管理系统中的地位。

表 2　危机传播中的新闻发布验收单

首先，是否完成了以下准备工作：

受　　众	传　播　宗　旨	传　递　的　方　式
☐ 与事件的关系 ☐ 人口统计学因素（年龄、性别、教育程度、文化背景、语言等） ☐ 对危机严重性的认知	☐ 提供事实/更新信息 ☐ 建议受众采取行动 ☐ 阐明危机管理的进展 ☐ 澄清谣言 ☐ 满足媒体的要求	☐ 书面新闻通稿 ☐ 网上发布 ☐ 微发布 ☐ 新闻发布会（电视转播或者接受专访） ☐ 广播讲话 ☐ 其他（比如电话录音信息）

接下来，核对危机传播中信息的 6 个基本组成部分：

1. 传递何种情感_____
2. 阐明事实/建议受众采取行动

谁_____

什么_____

哪里_____

何时_____

为什么_____

何种方式_____

3. 我们还不知道的情况_____
4. 如何获得答案_____
5. 发言人的责任_____
6. 相关负责人_____

需要更为详细的消息，联系_____

下一次新闻发布安排_____

最后，按如下标准检查即将发布的信息，是否做到以下各点：

积极的行动步骤 诚实/公开的语气 运用危机传播的 20 字原则 意义清晰 使用简单的词汇和简短的句子	避免术语 避免判断性言辞 避免幽默 避免极端化和推测的言辞

表 3　危机传播中应对媒体的模板

回答媒体电话垂询或在微博回复网民询问

- "我们刚刚获悉情况,正在收集更多信息。一旦有新的信息后我该怎样联系您?"
- "我们现在正在尽全力控制局面,所以,目前我不打算就事件起因做任何猜测。等有更多信息后再联系您"。
- "我不是这方面的权威。一会儿我让××(专家的姓名)给您电话回复,或通过微博回复。"
- "我们正在起草新闻公报,两小时后会在官方微博上发布,好吗?"
- "您可以登录我们的网站查看背景资料。一旦有了新的信息,我会及时发电子邮件或微博私信、微信通知您。"

在危机事件的现场或首次新闻发布会上

你将受权发布以下信息:

日期:＿＿＿＿＿　时间:＿＿＿＿＿＿　批准人:＿＿＿＿＿＿＿

目前事态在进一步的发展当中。我充分理解大家此刻的心情。我和大家一样,都想了解更多的相关信息,这也正是我和我的同事们努力工作的目标。目前,我想告诉大家目前经过核实的信息:

在大约＿＿＿＿＿(时间),(简要描述事件经过)＿＿＿＿＿＿＿＿＿＿＿＿＿＿＿＿＿＿＿。

目前,我们尚不了解(患病人数、感染人数、伤亡人数等)。

不过请大家放心,我们已经启动了应急系统。着手实施危机处理预案,还得到了有关部门(列出合作机构的名称)的协助。

情势目前(已经/尚未)得到控制。我们正在协调(中央/地方)各部门来控制局势,查找原因,尽快出台个人及社区的预防措施等。我们将尽快给大家有一个满意的答复。

我们将继续收集信息,随时与媒体保持联络。我将在两小时(或者更短的时间)以内更新信息。一旦我们获得新的可靠信息,会立即发布。在此期间,我们希望大家耐心等待。谢谢各位的理解和支持。

表 4　公众信息搜集和咨询电话记录表

电话与网络监测时间:(上午/下午)＿＿＿＿＿时

电话与网络(微博、微信)的内容

- 可用预先准备好的信息答复的:
  - ➢ 关于灾害、疾病、事故等
  - ➢ 关于救助、治疗、抢救等
  - ➢ 关于控制、预防等
  - ➢ 给出建议
  - ➢ 现阶段事态进展
  - ➢ 热点话题 1 ＿＿＿＿＿＿＿＿＿＿＿
  - ➢ 热点话题 2 ＿＿＿＿＿＿＿＿＿＿＿
- 需要专家解答的:
  - ➢ 更详细的信息
  - ➢ 需要特别关注的个案
  - ➢ 其他＿＿＿＿＿＿＿＿＿＿＿＿＿＿
- 反馈:
  - ➢ 对某个部门工作的不满
  - ➢ 对所提供建议的不满
  - ➢ 担心能否将建议付诸实施
  - ➢ 异常情况的报告(如:大批动物死亡、急救现场人员擅离职守等)
  - ➢ 报告谣言或错误信息(简要描述)

电话与网络咨询处理结果

- 利用预先准备好的信息，安抚打电话者（发微博者）的激动情绪
- 记下打电话者的要求，反馈给：
  - ➢ 本部门以外的专家
  - ➢ 私人机构的专业人员（例如私立诊所的医生）
  - ➢ 当地救护中心或急诊室
  - ➢ 红十字会或其他非政府组织
  - ➢ 中央或地方的危机处理中心
- 后续行动：
  - ➢ 无
  - ➢ 回电、网上回复时间：_____
  - ➢ 姓名：_____　电话号码：_____　微博（微信）账号_____
  - ➢ 性别：____男____女
  - ➢ 电话/网络信息紧急程度：
    A 级_____（危急，立即回应）
    B 级_____（紧急，24 小时内回应）
    C 级_____（无须立即回应）

电话接听（微博回复）人：_____　日期：_____

表 5　媒体电话垂询记录表

答复期限

____2 小时内____当天中午 12 点前____当天下午 6 点前____尽快____其他

媒体机构

- 地方：____电视____日报____通讯社____广播____杂志____其他
- 省市级：____电视____日报____通讯社____广播____杂志____其他
- 中央级：____电视____日报____通讯社____广播____杂志____其他
- 打电话者姓名_____

打电话者联系方式：电话：_____
　　　　　　　　　传真：_____
　　　　　　　　　电子邮箱：_____

要求：（在合适的项目上打√）
- 专访（要求采访_____）
- 要求垂询专家_____
- 背景材料（文字、音像）_____
- 查询事实_____
- 要求更新信息_____
- 要求给媒体负责人回电_____

主题：
- 回应/调查_____
- 有关数字_____
- 有关健康/疾病/治疗_____
- 热点问题 1 _____
- 热点问题 2 _____
- 其他_____

后续行动：（在合适的项目上打√）
- 给媒体负责人回电_____
- 专家回电_____
- 说明_____

对媒体垂询进行回复的级别（在合适的项目上打√）
- A 级（立即回复）_____
- B 级（12 小时内回复）_____

■ C 级（1 天回复）_____
如果没有后续行动,工作人员用以下方式回复媒体垂询(在合适的项目上打√):
■ 一般性解答_____
■ 查询网络_____
■ 咨询发言人或危机传播主管_____
■ 咨询本部门以外的信源_____
■ 其他_____

电话接听人：_____
时间：(上午/下午)_____点
日期：_____

表 6　危机传播评估表

规划、研究、培训和评估

是	否	
■	■	本部门是否制订了旨在满足媒体和公众信息需求的危机传播预案?
是	**否**	**如选择"是",预案包括下列因素吗?**
■	■	成立危机传播团队,应对媒体和为公众提供信息服务,有明确的职责划分与规章制度
■	■	信息核实及报批/澄清程序
■	■	新闻发布协议(由谁在何时、何地,以何种方式发布什么消息?)
■	■	国际、国内和当地媒体联络表(包括非工作时间内的值班人员和电话)
■	■	与其他部门之间进行信息协调的工作流程
■	■	指定新闻发言人(包括后备人员)
■	■	其他部门非工作时段的联系电话
■	■	危机处理合作伙伴的联系电话(如：地方政府负责人、公安司法机构、卫生部门、红十字会等非政府组织)
■	■	建立联合新闻中心的协议/工作流程
■	■	确保所需资源(空间、设备、人员)的工作流程,以便实现 7 天 24 小时的全天候信息运作
■	■	危机期间,向媒体、公众及合作伙伴发布信息的方式和工作流程(如：群发邮件、传真、上门传单、新闻通稿和音像制品等)
是	**否**	
■	■	是否将预案与中央和地方的危机处理中心进行协调?
■	■	是否将预案与其他部门或竞争对象协调?
■	■	指定的新闻发言人是否接受过媒体训练或危机传播训练?
■	■	他们了解危机传播的原则是要建立诚信和可信形象吗?

续表

信息和受众

以下是必须启动危机传播预案、及时回应媒体和提供公共信息的突发事件（灾难）的种类：

- 以空气、水、食物和昆虫等为媒介的传染病爆发
- 有可能从邻近地区传入或向邻近地区扩散的传染病
- 无法确定源头和传播途径的传染病
- 化学或有毒物质扩散导致的灾难
- 自然灾害
- 无法确定源头和传播途径的国际性传染病，而且有可能渗入本国
- 已确定源头和传播途径的国际性传染病，而且有可能渗入本国
- 大面积的环境污染
- 核辐射
- 经济危机或金融海啸

- **恐怖分子袭击**：
  - ➢ 生物武器（疑似或公开宣称）
  - ➢ 化学武器（疑似或公开宣称）
  - ➢ 核辐射
  - ➢ 大爆炸
- **在特定地点发生的危机事件**：
  - ➢ 实验室事故（造成实验室工作人员伤亡）
  - ➢ 实验室事故（有毒物质的释放对邻近社区产生威胁）
  - ➢ 意外死亡（例如，校园内的工作人员/承包商/参观者身亡）
  - ➢ 人质事件
  - ➢ 炸弹威胁
  - ➢ 爆炸/火灾（造成重大财产损失）
  - ➢ 校园内引发死亡的刑事案件

是	否	
■	■	是否存在**特殊群体**（如：老年人、外国人、少数民族、边缘/困难群体）？例如，在公共健康危机中有特殊信息需求的群体（如：少数民族、慢性疾病患者和未预防接种的老年人）。
■	■	是否存在需要直接（不通过媒体）提供和更新信息的**合作伙伴**？
■	■	是否存在需要直接提供信息的**利益共享者**（通常是指不属于官方体系的非政府组织、社区等）？
■	■	是否根据人们对危机的不同反应（例如，互相争斗或集体出逃）设计了传播预案？信息的内容，传递者和传递方式是否考虑到受众的不同需求？
■	■	是否为信息的发布和澄清设置了严格的**时间限制**？是否有足够的资源和机制保证其实现？
■	■	是否设置了即时的**受众反馈**（包括媒体评估和舆情分析、公共信息电话分析）机制？

在危机传播预案中是否准备了以下相关材料？

是	否	
■	■	新闻背景材料（如：某种传染病的症状、对公众可能产生的威胁以及治疗方法等）

		信息和受众
是	否	
■	■	公众问卷调查表
■	■	合作伙伴问卷调查表
■	■	媒体/公众/合作伙伴获取信息的资源列表(包括政府部门、研究机构、专家学者的联系方式)
■	■	网址和相关主题信息链接
■	■	对危机波及人群的宣传手册(包括预防措施、灾后自救等)
■	■	可以提供给广电媒体的相关音像资料
■	■	本部门以外的专家名单(他们可以帮助本部门与公众进行沟通,增强政府部门的公信力)

		信息传递者
是	否	
■	■	是否指明本部门的发言人？在条件许可的情况下,分别安排应对媒体的新闻发言人和深入社区与公众对话的发言人。

		信息传递方式和资源
是	否	
■	■	是否为临时上岗的危机传播工作人员准备了现成的材料和装备？
是	否	**如果选"是",这些材料和装备中是否包括:**
■	■	能上网/收发邮件、微博的电脑
■	■	有关危机传播预案的光碟(包含媒体、合作伙伴和非政府机构的基本信息、联络方式等)
■	■	手机或海事卫星电话(可传回画面)、寻呼机、无线上网的笔记本电脑等
■	■	购买资源所需的财政机制(例如:信用卡)
■	■	向媒体和公众提供必要信息的"××须知"类的手册和背景资料
■	■	危机传播工作人员所需的个人防护品和设备
■	■	是否为向不同的受众传递不同的信息开通了相应的信道(或媒介)？
是	否	**如果选"是",它们是否包括:**
■	■	传统媒体渠道(纸制媒体、电视、广播)
■	■	新媒体渠道(网站、手机短信、微博、微信)
■	■	足够的热线电话
■	■	社区或小团体集会
■	■	群发电子邮件
■	■	传真
■	■	邮寄的信件
■	■	定期新闻简报
■	■	提交给合作伙伴的新闻简报

续表

信息传递方式和资源

是	否	
■	■	与合作伙伴召开的定期(或临时的)电话会议
■	■	上门游说
■	■	是否与上级主管部门或相关机构签订了向媒体和公众发布信息的**合同/协议**？
■	■	是否预备或指定了**新闻发布会的会场**？

危机传播中,是否配备了以下人员作为新闻发布的资源:

是	否	
■	■	公共管理专家
■	■	公共健康专家
■	■	新闻官和公关专家
■	■	健康教育专家
■	■	人力培训专家
■	■	撰稿人/编辑
■	■	公文撰稿人/编辑
■	■	视听设备专家
■	■	网络/网站设计专家
■	■	其他能够从事媒体和公众信息服务的人员

人 员 配 备

危机传播中,是否配备了从事以下工作的专门人员(包括后援)?

是	否	
■	■	**负责指挥和协调:** ■ 负责指挥向媒体、公众和合作伙伴的新闻发布工作 ■ 根据对现有情况及媒体、公众、合作伙伴的信息需求的评估,启动预案 ■ 与预案中所设置的合作伙伴进行协调,确保新闻发布的内容和口径的一致 ■ 向上级主管领导、危机处理中心总部通报信息并及时更新 ■ 根据本部门在危机处理中的角色,就新闻发布向指挥系统提出建议 ■ 确保本部门在与媒体、公众和合作伙伴的每一次接触中都体现出危机传播原则 ■ 就某一具体危机事件提出政策、理念和应对措施上的建议 ■ 检查和审批即将发放给媒体、公众和合作伙伴的信息资料 ■ 就有关政策或敏感主题及时向媒体进行澄清,并发放相关说明性材料 ■ 确定危机传播每周和每日运作的具体时间,在危机传播过程中不断进行再评估 ■ 保障人力、技术和设备等资源的充足供给

续表

人 员 配 备

是	否	
■	■	**负责应对媒体：** ■ 评估媒体的信息需求,据此设置相应的机制(如：定期"媒体吹风会"、网站更新) ■ 对媒体的需求质询进行分类并做出回应 ■ 确保媒体质询获得恰当的处理 ■ 支持新闻发言人的工作 ■ 建立并及时更新媒体通讯录 ■ 制作和分发新闻通稿及媒体公告 ■ 制作和分发信息资料(如：事实和数据清单、音像资料及视音频资料等) ■ 启动和运行媒体监控机制(如：分析舆情和信息需求,发现谣言和误讯并且及时纠正,搞清危机的发展过程中媒体表现出的担忧、兴趣和需求) ■ 确保向媒体和公众发布的每一条信息中都贯彻了危机传播的原则 ■ 配合联合新闻中心以及其他部门的新闻发布和应对媒体的工作 ■ 负责本部门和联合新闻中心之间的交流与沟通

是	否	
■	■	**负责应对公众：** ■ 通过电话、信函或电子邮件,手机短信,微博和微信,回复公众的信息需求 ■ 启动和运行公众信息监控机制(如：分析舆情和信息需求,发现谣言和误讯并且及时纠正,搞清在危机的发展过程中公众表现出的担忧、兴趣和需求) ■ 启动或参与电话信息服务热线 ■ 启动或参与公众电子邮件、手机短信回复系统 ■ 启动或参与公众信函回复系统 ■ 建立和维护危机传播的网站、网页、微博、微信、客户端 ■ 建立和维护与其他相关网站的链接

是	否	
■	■	**负责应对合作伙伴/利益攸关方：** ■ 与合作伙伴/利益攸关方订立危机传播合作协议 ■ 安排定期的信息通报和更新 ■ 及时回应合作伙伴/利益攸关方的信息需求,并且搜集反馈意见 ■ 启动和运行合作伙伴/利益攸关方信息监控机制(如：分析舆情和信息需求,发现谣言和误讯并且及时纠正,搞清危机的发展过程中合作伙伴表现出的担忧、兴趣和需求) ■ 协助组织和促成各方信息联席会议,从合作伙伴/利益攸关方那里获得信息 ■ 建立和更新相关的"意见领袖"(例如,人大代表和政协委员)和特殊利益集团(例如,民营企业业主)的通讯录 ■ 回应"意见领袖"和特殊利益集团的要求与质询

人 员 配 备		
是	**否**	
■	■	**危机传播的内容和材料：** ■ 建立和发展相关机制，以便随时接到来自危机处理中心（EOC）的消息 ■ 将 EOC 的形势报告和会议记录，改写为公众和合作伙伴需要的材料 ■ 在专家的指导和帮助下，编写有关具体危机事件的文字材料（简报、问答录等） ■ 汇总和编辑相关危机的常用信息，以备不时之需 ■ 检查信息材料能否满足特殊群体的文化和语言习惯 ■ 从其他部门或传播团队获取相关内容和信息 ■ 依据对媒体、公众、合作伙伴的信息监控机制系统的分析（如：分析舆情和信息需求，发现谣言和误讯并且及时纠正，搞清在危机的发展过程中合作伙伴表现出的担忧、兴趣和需求），编写新材料，补充新内容。 ■ 列出可供利用的合同/合作协议/顾问名单，加强公共/私人的信息交流和传播

各种资源的储备		
是	**否**	
■	■	**空间：**
■	■	除了危机处理中心提供的场地之外，本部门还需要一个专门供危机传播团队办公的地点和会见媒体的场所。
■	■	需要一个较为安静的场所，对新闻发言人进行"速成"式培训
■	■	需要一个场所召开危机传播团队的碰头会
■	■	需要摆放专用设备的空间：例如，当发稿期限迫近时，不能还在排队等着使用复印机
是	**否**	
■	■	**合同和协议备忘录：**
■	■	考虑与某重要印刷媒体的新闻部签订合约
■	■	考虑与某重要广电媒体的新闻部签订合约
■	■	考虑与网站和社交媒体运营商签订合约
■	■	考虑与一些撰稿人和公关专业人员签订合约，危机发生时可以助一臂之力
■	■	考虑与相关部门签订合约，提供行政和后勤的保障
■	■	**考虑开通电话答录系统，根据打电话者类别和所需信息类别准备不同的答案：** ■ 有关危机的一般性信息 ■ 小窍门和小"贴士"——危机自救的行动建议和提示 ■ 忠告/建议/安慰性信息 ■ 相关专家、医护/医疗设备人员的联络方式，以供进一步咨询 ■ 新发情况（如发现新增疑似病例，如何上报） ■ 实验室/治疗/救助人员的守则

续表

各种资源的储备

是	否	
■	■	设备： ■ 传真机(预先公布号码,以便与媒体、公众和合作者进行信息交流) ■ 全周全天运转的网站、微博、微信。每小时更新消息(特殊情况每 10 分钟更新一次) ■ 电脑(连接局域网,并备有群发邮件组发往合作人和媒体) ■ 笔记本电脑 ■ 每台电脑配备一台打印机 ■ 复印机(最好有一台备用) ■ 工作台(越多越好) ■ 手机/呼机/个人资讯设备/电子邮件阅览器 ■ 日历(最好是大号字体)、流程图、新闻发布版、黑板架 ■ 个人留言板(最好按照部门或个人分好区域) ■ 便携式电冰箱 ■ 纸张 ■ 彩色打印机 ■ 视听设备 ■ 便携话筒 ■ 讲台(最好是可移动、可折叠的) ■ 带有线插孔的电视机 ■ 录像机 ■ 光盘 ■ 碎纸机 ■ 移动式卫生间或便携式马桶(如果新闻发布会和采访活动在露天或野外进行)

是	否	
■	■	办公用品： ■ 复印机色粉(这是危机传播中最容易出现短缺的物资) ■ 打印机油墨 ■ 纸 ■ 签字笔 ■ 粗头水彩笔(用来写通知等需要引发关注的信息) ■ 荧光记号笔(用来标出文稿中的重要部分) ■ 可涂抹水彩笔(用来写留言等暂时性的信息) ■ 快递公司和邮政用品 ■ 贴纸 ■ 笔记本 ■ 张贴用的木版 ■ 标准化的宣传资料袋及文件夹 ■ 录像带(用来录制重要会议、新闻发布会) ■ 格式化的电脑软盘 ■ 用不同色彩作标记或分类的物品(文件夹、标签、墨水等) ■ 盒子或篓子(用来盛放暂时还不打算丢弃的杂物) ■ 折叠式文件夹(有方便查找的字母和日期标签) ■ 足够的订书机 ■ 用于装订纸张的打孔器 ■ 活页文件夹(最好是三个环的那种) ■ 标有部门名称和标志的宣传资料袋或贴纸 ■ 彩色打印纸 ■ 各种尺寸的回形针和胶带

表7　新闻发言人工作验收单

【使用说明：新闻发言人在"上场"前，可以对照此表对自身的工作进行逐项检查。】

是	否	
■	■	**新闻发布前的准备工作：**
■	■	是否确立了发布的主题(不超过三个)？
■	■	该主题是否具有新闻性(不是工作总结或情况汇报)？
■	■	各种硬件和软件设施、人员是否准备就绪？
■	■	是否与其他相关部门进行了"口径"的协调？
■	■	是否了解到媒体的相关报道和舆情走向？
■	■	是否了解到公众的普遍看法(这些比事实本身更为重要)？
■	■	是否安排了值得信赖的"第三方"(专家、学者、民间人士)？
■	■	还有没有需要更新的信息(例如，最新的伤亡人数)？
是	否	
■	■	**新闻发布的内容：**
■	■	发布的口径是否得到主管部门的批准和合作伙伴的认可？
■	■	是否在头30秒内表达了(例如，对伤亡者、财产损失等)关切？
■	■	是否提供了事实？
■	■	是否强调高层领导已经关注此事？
■	■	是否强调有关部门领导已亲临现场？
■	■	是否强调政府部门已经采取的具体行动(例如，展开调查、着手救助等)？
■	■	是否明确了公众应该做些什么？
■	■	是否承认了本部门的责任(但尽量避免公开指责任何人)？
■	■	是否需要道歉？
■	■	是否需要承认目前存在的困难、问题和需求？
■	■	是否为媒体归纳出了2～3个关键性的信息？
■	■	是否需要使用比照、实例、讲故事等人性化传播手段？
■	■	是否需要使用图表等视觉辅助手段？
是	否	
■	■	**新闻发布的方式：**

续表

■	■	是否做到：不说"无可奉告"？
■	■	是否做到：不说"我刚才讲的不能发表"？
■	■	是否做到：危机爆发初期不谈钱（成本）的问题？
■	■	是否做到：言语中没有流露出回避问题和推卸责任的意味？
■	■	是否做到：不使用术语、行话？
■	■	是否做到：如果此刻没有明确的答案，告诉记者何时再给他答复？
■	■	是否做到：不做假设和推断，尽量不回答"如果……就……"式的问题？
■	■	是否做到：记者提问时，对他（她）表示关注，而不是低头看稿？
■	■	是否做到：尽量避免不合适的身体语言（例如，叉腰、双臂/双腿交叠）？
■	■	是否做到：尽量避免小动作（晃动身体、翻动讲稿、玩弄手中的笔）？

附录 2　案例研究：1997—1998 年香港爆发高致病性"禽流感"（H5N1 型）期间的危机传播

世界各地的医疗卫生组织和疾病防治中心（CDC）对各种传染病会进行积极持续的监测活动，从而防止它在人群中大面积传播。流感是最为常见的一种传染病。流感病毒很容易发生变异。这些变异通常不易觉察到，时时刻刻都在发生，我们称这一过程为"流动"；但偶尔也会出现某种病毒发生重大变异的情况，我们称之为"流变"。这些流变的病毒是传染病爆发的诱因。引起传染病大规模爆发的病毒必须满足以下三个标准：（1）具有新的基因；（2）具有强烈的致病性；（3）在人群中有效传播。1997—1998 年在中国香港地区爆发的"禽流感"就是烈性传染病的典型代表，引发了公众的恐慌和社会的动荡。香港特区政府与相关国际组织通力合作，采取了较为有效的传播策略，从而使这场危机对当地经济和社会的负面影响降低到了最小限度。下面我们以此为例来分析在这次危机事件中传播的作用和具体操作技巧。

1997 年 5 月，一名 3 岁香港男童出现发烧、干咳和咽喉肿痛等症状。他住院后病情进一步恶化。后经医治无效死亡。

科学家在他身上鉴定出 A 型流感病毒（H5N1）。该病毒以前从未在人体上发现过。接下来的调查排除了该病毒通过实验室传染的可能性，症状与由流感引发的病毒性肺炎基本一致。调查人员确信，该病毒是从鸟类直接传染给男孩，很可能是在学校的小花园里。这是医学界确认的首例鸟传人的流感病例，因此，该病被命名为"禽流感"。此后一段时间内再没有发现类似的病例。

11 月下旬，香港发现了第二例"禽流感"。香港卫生署接报后与美国 CDC 取得了联系。CDC 立即派出流行病学家和专业人员展开调查。

12 月, "禽流感"的病例不断增加, 甚至导致了一些青壮年感染者的死亡。经过调查和分析, 导致这场"禽流感"爆发的病毒满足我们以上所说的三条标准中的两条：具有新的基因和强烈的致病性。美国 CDC 与香港卫生署组成联合工作组, 经过周密的流行病学调查, 确定"禽流感"有可能发展为一场大规模传染病。根据病情的走势分析, 已经开始显示出传染病爆发的迹象。接下来, 调查人员聚焦于该病毒的人际传播的能力。如果人与人之间的传染不断增加, 就说明病毒已经开始适应人体环境, 很可能造成大面积传播。

12 月中旬, 一名参加调查工作的动物病毒学家擅自举行了一次世界范围的电话新闻发布会, 宣布 H5N1 就是人们寻找的引发传染病的病毒。该结果经过媒体的炒作引发了部分公众的恐慌, 从而引发了一场危机。在这种情况下, 香港卫生署邀请 CDC 派遣一名新闻官（全称是公共信息官员, 英文缩写为 PIO）加入。这是 CDC 首次派出这方面的专业人士参与美国以外地区的流行病学调查（以下简称"流调"）。在"禽流感"危机期间, 这名官员代表香港卫生署、CDC 和世界卫生组织（WHO）与媒体接触, 负责公共信息方面的事务。他和他的同事立即着手进行危机传播的工作。

危机传播的媒介生态分析

仅仅在几个月前, 中国政府恢复对香港行使主权, 香港不再受英国政府管辖。特区政府正处于本地居民和中国大陆的密切关注之中。因此, 它所采取的每一个步骤都要经过仔细研究, 建立诚信是至关重要的。当时, 进行危机传播的媒介生态较为复杂, 其主要特征概括如下：

- 香港是一座高科技发达的国际性大都会。许多全球媒体——包括美国的主流媒体——在此都设有分支。
- 人口密集, 外国游客众多。
- 文化习俗和生活习惯在"禽流感"爆发期间扮演了很重要的角色。香港居民喜欢购买刚刚宰杀洗净的活鸡, 供当天食用。选择鲜鸡的主要方法是仔细就近观察, 因此, 顾客的脸部往往和鸡的身体贴得很近, 这就大大增加了传染的几率。
- 来自香港以外地区的劳工在发病人群中占有相当大的比例, 他们大都从事鲜鸡的购买和加工工作。
- 熟食是否也会传播病毒——包括食用鸡骨髓——还没有得到肯定的答复。
- 存放进口活禽的仓库卫生条件很差, 这会导致禽类之间的交叉传染。
- 家庭、公寓楼、学校和医院成为传染高发地区。
- 当卫生署官员要求在两三天内宰杀 125 万只鸡和其他禽类时, 引发了较大的争议, 其焦点是农民的利益和对经济的影响。
- 宰杀大量活鸡后几天, 香港即将迎来新年。按照当地风俗, 鸡肉菜肴是必不可少的。

- 越来越多的医护人员在工作时戴上口罩，加剧了病人的不安情绪。
- 当有禽流感疑似症状的病人来求诊时，许多媒体便会蜂拥而上，要求采访。
- 媒体——尤其是扛着摄像机的电视记者——总是寸步不离 CDC 的"流调"人员，这极大妨碍了他们的正常工作。人们通常不喜欢媒体的登门造访，怕他们火上浇油。因此，"流调"工作无法进行。
- 以此同时，克林顿和白宫实习生莱温斯基的"绯闻"也被公布于众。
- "禽流感"病毒的抗体一般在受精的鸡蛋中发育。由于鸡大量病死或被宰杀，无法进行疫苗的培育工作。
- 在症状开始的大约 24 小时内，服用抗病毒药类可以缓解流感。但是抗病毒药的储备不足，无法进行大面积的分发。
- 马来西亚等邻近国家和地区禁止香港游客入境。
- 美国等西方国家出于担心开始限制香港游客入境，不准他们参观家禽饲养场之类的地方。
- 当时，香港卫生署卷入了一起司法案件，威胁到其公信力。

危机传播的应对步骤

成立香港卫生署/美国 CDC 联合信息中心，任命专职的公共信息官员（新闻官），负责发布公共信息和应对中外媒体。在本案中，任命了一名来自当地的新闻官和来自美国 CDC 的新闻官。具体采取了以下一些措施：

- 要求所有相关人员统一口径，在面对媒体和公众时表现出合作的态度，这也包括编写相关的公共信息材料，澄清传言，并在 WHO 的帮助下广为传播。
- 新闻发布和书面材料中要包括"核心信息"——"流调"的进展情况、保障公共健康的措施、为寻找最终解决办法所做的努力、政府各部门及相关组织通力合作的具体行动，等等。
- 一旦出现新的危机，立即召开新闻发布会，会上将提供多种语言服务。
- 召开信息中心负责人与各部门的通气会，确保信息的共享和协调。
- 确保每个工作日向当地和国外媒体提供一页左右的新闻稿，包括新增病例和死亡人数，并且刊登在香港卫生署和美国 CDC 的网站上。
- 确定合作伙伴和利益共享者。对于他们以及世界各地的同行和专业人士要有专门的传播渠道提供最新的信息。
- 专人负责与媒体联络，对他们提出的问题和采访要求进行整理和分类。
- 挑选出合适的发言人，并进行统一培训。
- 专人负责监控中、英文媒体的报道，提供有关的舆情分析。
- 与美国 CDC 的新闻办办公室保持联络，处理媒体的采访要求，商讨最新消息的发布。由于香港时间比亚特兰大早 13 个小时，这一联络工作应做到 24 小时不停歇。

- CDC 的"流调"小组与亚特兰大总部在每天的通气会上，要讨论如何向媒体发布最新的信息。
- 确保其他政府部门（如特区政府）或机构（如美国驻港总领馆）的支持。
- 当地的新闻官要为美国 CDC 的新闻官提供有关地方文化背景的信息。
- 所有的文字资料都要以英语和汉语双语印制。
- 对任何谣言和误传要及时处理，通过两位新闻官用双语进行澄清。

危机传播的效果

- 许多国家不久就解除了对香港的旅游禁令或限制。
- 香港和其他地区的居民并没有盲目使用抗病毒药物。
- 家禽养殖户同意在得到合理的赔偿后进行宰杀。
- 人们照常工作和学习。
- 节假日期间鸡肉供应减少，居民对此表示理解。
- 居民们开始改变处理活禽的方式。
- 当地志愿者主动承担了销毁病禽的工作。
- 媒体不再跟随"流调"人员，后者可以完成他们的工作而不被媒体打扰。
- 医护人员工作时不再戴口罩。
- 国际社会没有产生过激的反应。媒体报道总体上说较为理性。
- 对调查和决策的批评意见不多，并且仅限于香港本地，未扩散到国际社会。
- 在危机过程中，各方做到了把公众安全放在首要地位，其次才考虑各自的长远利益。
- 谣言一旦出现，很快得到澄清。
- 媒体主动适应两位新闻官制定的规则——例如新闻发布的时间安排和方式。

较为重要的一点是，官员、专家和"流调"人员摆脱了媒体的"围堵"，确保他们能够专心工作。所有采访要求和新消息的发布都需要通过新闻官的协调。例如，"流调"人员都随身携带了两位新闻官的名片。一旦媒体提出采访要求，他们就让媒体与新闻官联系。"流调"队负责人在 6 周内，参加了 3 场新闻发布会和 12 次个人采访。在新闻官的安排和协调下，这位负责人既可以完成他的工作，同时也满足了媒体的采访要求。

1998 年在亚特兰大召开的第一届突发性传染病国际研讨会上，专门安排了一场有关香港"禽流感"危机的讨论。与会代表一致认为这是危机传播的一个典范。特区政府、卫生署、CDC 和 WHO 的通力合作，发布信息时做到口径一致，通过危机传播与媒体和公众进行了有效的沟通，赢得了后者的信赖，使工作得以顺利地完成。

危机传播中的经验和教训

- 给新闻官准备一个随身携带的工具箱。在这次历时两个月的"禽流感"危机中，为信息传播提供的技术保障并不理想。只为新闻官配备了一台笨重的老式 8 毫米照相机和一台从美国领事馆借来的 35 毫米照相机，供他们在"流调"工作做记录。他们只有呼机，没有配手机，联络起来很不方便。因此，今后可以考虑为他们配备手机和一台数码相机，这样也可以节省购买和冲印胶片的费用。

- 给新闻官注射疫苗。危机期间，他们往往要工作 18～24 小时，过度疲劳容易使他们患上感冒。

- 今后应当规定"流调"队伍中必须包括一名新闻官（同时兼做发言人），明确其职能，并要求他参加"流调"前的培训，从而使他融入这个集体中。在本次危机中，成立"流调"队伍之初，并未包括新闻官。后来出现有人擅自发布新闻引发的媒体危机后，才紧急抽调有关人员担任新闻官，参加"流调"。虽然两位新闻官很快适应了新的工作环境，但这个教训值得记取，因为不能保证临时抽调的人员能够很快与各方达成默契。

- 要事先确定新闻官的人选并加以培养，有条件的话应当正式任命。这样可以确保他在危机爆发后立即进入角色，避免在此次禽流感爆发初期出现的擅自发布消息以及传播不畅等问题。

- 要事先做好预案，准备好相关的资料，例如，与流行病有关的材料、"流调"工作手册、危机预案（明确各部门分工）等。在此次危机期间，大部分资料和行动方案都是由新闻官临时准备的。

- 要事先确定合作伙伴，建立良好的关系。一旦危机发生，大家就可以投入工作，避免为了各自利益相互扯皮。

- 要保证足够的新闻官人选和后备力量。此次危机期间，新闻官要 24 小时不停工作，面对香港和美国的媒体，他只能短暂地小憩一下。这样做风险太大，万一他生病或发生意外，都没有人能够顶替。通常情况下，应当安排 2 个不同的班次，每班1～2 人来应对 24 小时的新闻周期。

- 准备一个媒体联络簿，包括当地和国际主要媒体的联络方式。

- 要有足够的人员负责媒体的监控，这是危机传播能否获得成功的关键因素之一。

如何及时更正媒体的错误

媒体的误报和错报是引发危机的重要源头。这就是我们常常说的"一个危机还未平息，另一个危机又发生了"。这里所说的另一个危机通常都是由媒体所导致的。在此次香港"禽流感"危机期间，媒体关注的焦点之一是病毒的来源——到底是从中国内地还是从别的地区传入。他们也非常关心中国内地是否出现了"禽流感"的病例。这时候，一家美国的全国性新闻杂志突然"爆料"：CDC 负责"流调"的官员声称中国内地是病源，而且向 WHO 隐瞒了病情。实际上，当时 CDC 的官员正在与中国政府进行磋商，是否安排一名 CDC 的高级专家到中国内地进行调查。这篇报道引起了中美双方官员的震惊，影响到双方进行的磋商。新闻官核对了所有的采访记录，分现 CDC 的官员从未接受过那家杂志的采访。这家杂志甚至没有任何人与 CDC 联络过，更不要说找他们核实这条信息了。

　　经过核查，该杂志的报道显然是不负责任的。新闻官立即与该杂志的驻港办事处取得联系，要求它们刊登更正，但未得到明确答复。于是，新闻官又与该杂志的美国总部取得联系，表明立场。该杂志立即组织展开核查，发现信源来自香港的一家中文报纸援引的一位 CDC 高级专家的言论。这位专家确实发表过上述的言论，但他并未到港参加"禽流感"的流调工作，只不过他的名字与在香港负责"流调"的一位 CDC 官员相似，因此才出现了上面这条"移花接木"的假新闻。在确凿的证据面前，该杂志同意立即刊登道歉和更正声明。但新闻官坚持要它们在下期杂志的显著位置上（目录页）刊登加边框的声明，同时要求它们在杂志的网站上立即登出这份声明，并由 CDC 的官方网站转载。另外，新闻官又与那家中文报纸联络，要求他们也做出同样的举动。上述要求都一一得到满足。这样，CDC 与中国政府的会谈得以顺利进行，中国政府同意 CDC 派专家进行调查。最终的结果是，中国内地没有发现任何禽流感的病源和病例。

附录3 案例研究：美国预防生化恐怖袭击的危机传播预案

"9·11"后,世界各国政府面临的最有挑战性的首要问题之一就是如何对以公众为对象的恐怖袭击采取预防、延缓、打击及迅速反应。小布什政府为应对恐怖主义专门成立了国土安全部,负责组织、协调和安排各部门的反恐行动,为此制定了周密而完备的预案,其中把应对有可能引发大规模公共卫生危机的生化武器袭击作为重点来进行规划。本研究将以此作为案例,旨在为我国政府建立类似的应急反应机制提供信息和决策上的参考。

应对恐怖主义引发的大规模公共危机事件是一项由各级政府部门通力协作的系统工程。在美国,负责此类危机管理的联邦政府机构主要有:

- 国土安全部(DHS)
- 司法部(DOJ)、联邦调查局(FBI)
- 联邦紧急状况管理局(FEMA)
- 国防部(DOD)
- 能源部(DOE)
- 环境保护署(EPA)
- 卫生与公共事业部(DHHS)

其中,FBI是负责危机管理的主要机构。FEMA是负责处理危机所造成的后果的主要机构。FBI要负责对危机事件做出反应,并任命一名现场指挥官,负责指挥和协调联邦、州和地方政府的危机管理工作。FEMA配合FBI一起处理危机所带来的严重后果。

在危机处理的过程中,DHHS作为"配角"为FBI和FEMA提供风险评估、流行病学的调查和技术上的支持。必要时,DHHS会要求食品与药物管理局(FDA)一起参与到危机管理的工作中来。DHHS给FBI提供的技术支持包括对传染源的鉴别、样本搜集和分析、现场安全与保护和医务

管理计划,等等。它们给 FEMA 提供的技术性支持包括大规模的流行病免疫和预防、伤病员和医药制品管理、医疗救护等服务。

恐怖主义引发的危机事件有哪些特点

恐怖分子运用大规模杀伤性武器引发的危机事件可能会造成大量的人员伤亡、建筑物毁坏或其他财产损失。它具有一些不同于其他危机事件的独特之处。了解这些特点是我们最大限度地利用当地重要资源、迅速做出反应的关键所在。

这些特点包括:

- 强烈的公众反应:公众对由恐怖主义引发的危机事件的反应会比对其他危机事件的反应强烈得多,尤其是公众不能确定是否受到生化物质或放射性物质的侵袭,因而会表现出更加强烈的恐慌情绪。
- 不易察觉:直到出现大规模的人员伤亡时才能确定危机的爆发。用检测爆炸物和枪支的方法大多不能检测出生化物质。它们大都看似普通,可以保存在普通的容器中。
- 迅速性:危机造成的影响可能会以几何级数增长,以至于无法进行相互救助。
- 连锁反应:一个事件可能会立即引发另一个事件的发生。
- 高危性:第一个报告危机的人很可能就是第一个受害者;进入现场的救护者也成为高危人群;此外,重要的基础设施(水、电供应)和公共设施(如医院或急救中心)有可能在恐怖袭击中遭到破坏。
- 复杂性:事发地点可以被当作犯罪现场,但也可能被看作灾难的策源地。例如,生化物质应当作为证据被保护起来,还是作为污染源立即被处理,这就需要多个部门之间的协调和合作。
- 扩散性:可能引起对重要设施和周边环境的大范围污染。受害者在没有自己已经感染了的情况下,把污染源带到了公共交通工具、商业场所、居民区、医院急诊室等人群密集的地方;如果该物质可在空气中传播,可能会通过通风系统蔓延到离污染源很远的地方;此外,某些生化物质的毒性会随时间的流逝而逐渐增强。
- 在空气中的物质会通过通风系统随着气流蔓延,将污染物带到离最先污染区很远的地方。另外,一些化学和生物物质随时间。

在此需要指出的是,用生化武器实施的“生化恐怖主义”在初期阶段与大规模传染病爆发十分相似,难以识别和判定。如果出现了以下这些情况,危机处理部门应当考虑出现生化恐怖主义袭击的可能性,以便采取相应的对策:

- 罕见疾病的爆发;
- 在一般不会出现某疾病的区域爆发了这种疾病;

- 在不正常时间段内爆发了某种季节性疾病；
- 感染者的人口特征（如年龄、性别、种族等）出现异常的分布；
- 传染方式的异常（例如，原来某种只通过食物传播的疾病现在则变成人员交叉传染）；
- 出现异常的症状（尤其是呼吸系统的症状）。

危机传播的准备工作

针对恐怖主义引发的危机事件的一些特点，我们应当采取对应的危机传播策略。首先要成立联合信息中心（简称 JIC），协调危机期间政府各部门的新闻发布，向媒体和公众及时公布政府的应急措施。JIC 尽可能与负责危机处理指挥中心（EOC）建在同一个地点。JIC 应由以下人员组成：

- 联邦调查局（FBI）的发言人、公共信息官员和危机传播团队；
- 联邦紧急状况管理局（FEMA）的发言人、公共信息官员和危机传播团队；
- 其他相关部门的公共信息官员；
- 州政府和地方政府的公共信息官员。

在制订由恐怖袭击引发的危机事件的传播预案时，应对照以下的联邦政府典律：

- 39 号总统决策指南（与内政有关）；
- 62 号总统决策指南（与外交有关）；
- 国会通过的"罗伯特·斯塔福"救灾和应急法案；
- 联邦政府应急预案，尤其是其中有关恐怖事件的部分；
- 联邦政府有关放射物泄漏的应急预案；
- 国家石油与危险物质意外污染应急预案；
- 与生化恐怖袭击有关的健康与医疗应急预案；
- 危机处理的部门协调预案（又称 0300/0400 号预案）；
- 军队、武警和民间保卫机构的应急预案（又称 DODD3025.15 预案）。

如何利用危机传播减缓公众的恐慌心理

- 恐怖主义袭击旨在通过小范围的暴力袭击引发大规模的公众恐慌心理。因此，危机传播的首要目标是减缓并且最终平息公众的恐慌心理。
- 在危机发生前应当以社区为地位对公众进行心理承受能力的训练。
- 危机发生后，要遵循"谣言止于公开"的原则，主动与媒体合作，及时发布信息，防止谣言的散布所造成的社会动荡。
- 通过媒体向公众发布"行动信息"，指导他们进行自我防控和救助，在设计这些"行动信息"时要特别考虑到老弱病残的需求。

- 充分发挥民间"意见领袖"的传播职能。这些"意见领袖"包括当地商界、教育界、医务界及宗教界的领袖和精英人士，由他们出面与各自的社群进行交流和劝导。
- 尽早恢复正常的交通运输、生产生活和工作学习秩序。
- 发放标志性宣传品（如旗帜、海报、汽车和冰箱贴纸等），重树社区的凝聚力。
- 举行仪式或典礼向幸存者、救援人员及死难者表示敬意。在未受恐怖袭击影响的人员中发起慈善和募捐活动，例如，献血、运送食品、捐献衣服和钱物等。这些活动旨在帮助公众树立这样一种理念：祭奠死者的最好方式是让生者好好活下去，否则就会让恐怖分子的阴谋得逞。

9. 适当给予公众心理咨询，但过多使用反而会降低其功用。

面对公众的危机传播：以疾病和药物的信息传播为例

生化恐怖主义袭击发生后，危机传播的一项主要内容是向公众及时提供有关疾病和药物的信息。同时，美国已经建立了应对大型公共卫生危机的"全国药品储运体系"（NPS），负责协调全国各地的药品储存和配送。危机传播体系也可以及时将公众的需求反馈给该体系的管理机构。在制订危机传播预案时，应当考虑以下内容：

- 用于危机传播的各种材料：包括新闻通稿、宣传材料、图表和音像制品等；
- 这些材料（包括电子版）保存的地点和方式；
- 相关资料的传播和发放方式，包括征集志愿者和邀请有关专家负责现场咨询。

具体来说，相关材料应当回答以下一些问题：

- 该生化物质有多大的传染性？
- 哪些人会被感染上？
- 在哪儿、以何种方式可以领取政府发放的药品或接受诊治？
- 有关药品散发站和治疗中心的规则与信息。及时搜集有关信息，向 NPS 反馈，以便它们确定所调配药品的数量和运输次数。具体来说，在为公众编写的宣传材料中要回答以下这些问题：
  - 发放药品从何时开始，每天的发放时间如何安排？
  - 最近的发放地在哪里？
  - 发放点的位置在哪儿？
  - 到达发放点采用的最佳交通方式和最佳路线（包括停车地点）是什么？
  - 发放药品的程序如何？
  - 公众在领取药品时需要出示哪些证件？
  - 如果是替家人取药，需要提供哪些信息（一般包括年龄、健康状况、目前用药情况、对哪些药物过敏等，如果是儿童，最好能够提供身高和体重信息）？

- 为何使用此药？如何使用？（例如，在 2001 年秋的"炭疽热"中，美国有关部门推荐可能感染炭疽病毒的人连续 60 天服用一种名为"cipro"的药）
- 用药是否涉及地方文化、风俗的禁忌？该信息会影响到公众对那些药物的接受程度，也会影响到 NPS 配送药物的数量。
- 过量服药会引发哪些副作用？

附录 4 危机事件评估工作用表

【使用说明】

- 由表 1 和表 2 组成,配套使用。
- 表 1 用来对危机事件的严重性进行总体评估。
- 表 2 提供的是一个更为细化的验收单和评估表。
- 表 2 中提供的细节仅供参考,要视危机事件的具体情况做出调整。
- 请注意这不是一次测验,没有正确或错误答案之分。
- 表 2 只需花几分钟时间完成,不要在某个项目上犹豫不决。如果不能确定答案,可以跳过这个项目。
- 先完成表 2,再返回表 1。将表 2 中所勾画出的表格栏与表 1 中"评估依据"栏比较,确定当前事件危机程度,初步确定回应方式。
- 当收集到足够的新信息后,应进行重新评估。

表 1 危机事件评估总表

评估要素			
严重性	情况描述	评估依据	对策建议
A	**初始阶段情况异常紧急**:亟须迅速向媒体和公众发布信息。如公众未及时了解其风险和防护措施,他们的生命和财产将有可能受到威胁。	方框 1 被勾出。方框 2、3、4 中至少被勾出两个。	7 天 24 小时全天候回应媒体和公众的质询,安排好值班人员和救助人员。按照预案与有关部门合作启动"联合新闻中心"(JIC)。

续表

评 估 要 素

严重性	情 况 描 述	评 估 依 据	对 策 建 议
B	**紧急**：无需立即向公众和媒体发布信息或给出行动上的建议。然而公众认为他们的健康和安全陷入或即将处陷入危险中，媒体和公众的信息需求将会越来越大。	方框 1 未被勾出，方框 3、4 被勾出。	每周 7 天，每天 20 小时回应媒体和公众的质询。设立固定时间，举行媒体吹风会或发送新闻简报。下班期间可以建议公众通过电子邮件或电话留言质询。做好两手准备：如果危机发展到"异常紧急"阶段，随时准备启动 JIC。如果危机得以缓解，可以做出相应的调整。
C	**中等紧急**：媒体表现出强烈关注。但媒体关注的是该事件的新奇之处，而非对公众健康和安全可能会产生的影响。当危机被查明后，媒体的兴趣即刻消失。	方框 3 被勾出，方框 1、2、4 未被勾出。至少三个＋＋栏，至少一个＋＋＋栏被勾出。	每周 5～6 天，每日 10～12 小时回应媒体和公众的质询，并指派专人值班，监控其余时间的情况变化。如事件在下班后或周末发生，则要立即到岗开始工作；除此情况外，只需安排专人值班。在指定时间和通过制定的更新渠道，为媒体和公众提供信息，使危机平稳地过渡到持续阶段。在这种情况下，无须建立"联合新闻中心"。
D	**轻度紧急**：事件进展缓慢，可能将持续几周。根据进一步调查结果，危机可能会恶化或缓和。这种情况需要监控及再评估。	方框 1、2、3 未被勾出。被勾出的＋栏或＋＋栏多于被勾出的＋＋＋栏。	正常运作，但随时待命，为进入全天候的运作状态做准备。通知后备的值班人员和救护人员待命。如媒体和公众的信息要求升级，则需随时上岗。要注意在危机升级之前不要让员工过度劳累。在这种情况下，危机传播只需按正常工作日运作便能维持当前局面。如果需要由几个部门共同发布信息，则考虑建立"联合新闻中心"。

表 2　危机事件评估详细列表

【说明：根据现有信息，勾出所有相符情形】

编号	勾出相符情形	危机强度(0～8)	评 估 依 据
1	■	＋＋＋＋＋＋＋＋	初始事件被清楚无误地界定为公共危机事件，需要立即进行危机传播，防止死亡、疾病扩散或灾情蔓延
2	■	＋＋＋＋	短期内会有死亡(灾难性事件)；诊断、治疗方式尚不明确
3	■	＋＋＋＋	媒体和公众认为此事件是"前所未有的"、"最糟糕的"、或"规模最大的"等

续表

编号	勾出相符情形	危机强度(0～8)	评 估 依 据
4	■	＋＋＋＋	死亡人数预计将远远超过正常范围
5	■	＋＋＋	事件发生在媒体相对集中的主要城市地区,而不是人烟稀少的地带(媒体分布较少)
6	■	＋＋＋	事件突发,且为全国范围(不止一个省市),或有可能在全国范围内产生健康影响
7	■	＋＋＋	政府被认为是事件的起因之一或负有直接责任
8	■	＋＋＋	事件主要影响儿童或身体一向健康的成年人
9	■	＋＋＋	事件有可能是人为的和(或)蓄意的
10	■	＋＋＋	事件的控制可能暂时需要影响相当数量人群的公民权利
11	■	＋＋＋	事件所涉及的个人应采取积极步骤保护自身的健康和安全
12	■	＋＋＋	减缓事件影响的工作属于本部门的职责范围
13	■	＋＋	事件具有某些怪异的、罕见的因素
14	■	＋＋	涉及某知名产品、服务机构或行业
15	■	＋＋	涉及外交和国际贸易中的敏感问题
16	■	＋＋	涉及某"知名人士"
17	■	＋＋	涉及犯罪调查
18	■	＋＋	涉及普通群众不十分了解的事务(例如某种新型传染病),误传和流言较多
19	■	＋＋	事件及其后果较为严重,需要本部门做出令人满意的解释(如:化学药品意外泄漏)
20	■	＋	尚未确定该事件是否会长期影响人类健康
21	■	＋	事件在发展中。其走向不确定,可能会恶化,也可能渐趋缓和(如:发现某种新型流感病毒)
22	■	＋	事件发生地设施不完善,信息渠道不畅,无法有效地为媒体和公众提供相关信息
23	■	0	事件是国际性的,但对我国人民几乎没有影响
24	■	0	公众普遍了解应对危机的方法,人们能够有效地进行自我救助和防护

附录5 情境式危机传播理论与中国本土实践的检视：以汶川大地震为例①

从 2003 年爆发的"非典"(非典型肺炎,SARS)危机到 2008 年的"汶川大地震",我们可以看出"危机传播"的理念在中国由引入、接受、普及到实施的发展脉络。突如其来的"非典"疫情使得"危机"一词成为中国政治和公共话语体系中的一个关键概念。它所引发的社会震荡和对我国国家形象的巨大破坏促使我们主动学习、逐渐接受和贯彻实施"危机管理"、"危机传播"及"危机公关"等源自西方的理念和策略。五年来的机制建设和经验积淀终于在应对和处理"汶川大地震"这一新中国成立以来最为严重的公共危机事件的过程中得以发酵。政府、媒体和公众"三方合力"所进行的有效的危机传播,使得这场原本可能"雪上加霜"的"危机"演变成为重塑国家形象、扭转中国在"国际意见市场"上不利地位的"转机"。这一进步的取得并非偶然,它是中国近年来政治、社会和媒体变革的必然结果。

但是,我们还应清醒地看到,从总体上来看,中国政府部门的危机管理和危机传播还处于启蒙和起步的阶段。虽然从中央到地方基本建立了突发事件的应急机制,设立了政府新闻发言人,但"形式大于内容"仍然是当前中国政府部门危机传播存在的主要缺陷。这在一定程度上也反映了中国新闻传播学界对相关议题的研究较为滞后,未能给决策者和实践者提供有力的理论指导与学术支持。有鉴于此,将危机传播纳入学术研究视野之内,建立一套符合中国国情的概念、理论和范式体系,是中国新闻传播学界当前和今后努力的一个方向。

与其他学科一样,传播学"本土化"努力的切入点是用本土的实践来检

① 本文发表于香港《传播与社会学刊》2011 年春季号。

视、完善和修正那些发展得较为完善和成熟的西方理论范式。本研究将借助于库姆斯所提出的"情境式危机传播理论"（SCCT），结合汶川大地震期间中国政府所进行的危机传播的实践，在危机传播理论和实践范式的"本土化"方面进行一些有益的探索。具体来说，本研究旨在从以下三个问题入手：

（1）中国政府在汶川大地震期间处于怎样的"危机情境"？使用了哪些危机传播策略？

（2）这些危机传播策略的使用，与危机种类以及危机情境的变化呈现怎样的关联性？

（3）从媒体和公众的角度来看，这些危机传播策略的效果如何？

在本研究中，根据 SSCT 理论范式和概念框架，我们对以下一些文本进行了细读和内容分析：2008 年 5 月 13 日至 12 月 31 日期间《人民日报》有关"汶川大地震"的报道、2008 年 5 月至 12 月国务院新闻办公室（简称"国新办"）召开的有关"汶川大地震"的新闻发布会文本、2008 年 5 月至 2009 年 3 月期间美国三家全国性报纸有关"汶川大地震"的报道。我们还与 12 位参与危机处理的政府新闻发言人进行了"焦点小组"访谈，从中搜集了一些相关的信息和观点。本研究通过对上述文本和材料的整理与分析，旨在对"汶川大地震"期间中国政府部门危机传播的情境、修辞策略和传播效果进行深入的考察和检视。

1. "情境式危机传播理论"的发展脉络和主要内容

传统的危机传播研究采用的是诊断式的、线性的"组织危机"模式，这与早期传播学的 SMCR 模式（即"传者-信息-信道-受者"的模式）具有一定的传承关系。其中最具代表性的有芬克的"危机前-危机中-危机后"阶段模式（Fink，1986）和巴顿的危机处理"五环节"模式——即"察觉-防止-遏制-恢复-反思"（Barton，1993）。这类模式的共同特点是：把"组织"作为危机处理的核心，按照危机发展的脉络为"组织"开出合适的"诊断书"。

在这类模式的基础上，危机传播研究逐渐发展出两个不同的路径：一个是"管理取向"（港、台地区也称"危机公关研究"）；另一个是"修辞取向"（港、台地区也称"语艺批评研究"）。"管理取向"聚焦于危机传播中的"传者"环节——即"组织"自身（尤其是其公关部门）的自主性、专业性、决策能力和传播/沟通策略的有效性等问题。这一取向与传播效果研究一脉相承，大多采用定量研究的方法。其中有代表性的是格鲁尼格和亨特（Grunig & Hunt，1984）提出的"优化理论"（Excellence Theory）。"修辞取向"则聚焦于危机传播中的"信息"环节。探讨危机发生后组织的"形象管理"和"辩护"策略，旨在说明"组织"运用各种话语和符号资源来化解危机、挽回形象。这一取向与修辞学和说服学一脉相承，大多采用定性研究的方法。其中有代表性的是伯诺伊特提出的"形象修复"理论（Benoit，1996）。

近年来，以库姆斯为代表的一批学者对危机传播的两大传统取向进行了整合，构建出一套"情境式危机传播"理论（Coombs，2006；2007）。其主要突破表现在以下三个方面：

（1）引入了"危机责任"（crisis responsibility）的概念，认为媒体和公众对"危机责任"

归属的认定决定了组织（即危机传播中的"传者"）应当采用这样的反应策略，从而跳出了"管理取向"和"修辞取向"以传者为中心的窠臼，转向了以"受者"为中心的情境式传播模式，这与以 3G 技术为主导的新媒体时代"人人都是记者、人人皆为 CCTV"的传播生态更为契合。

（2）引入了"利益攸关方"（stakeholder）的概念，确保"组织"在危机的不同阶段所发出的"信息"及其所采取的传播/沟通策略能够对"利益攸关方"（例如，股东、消费者、合作伙伴等）产生影响；

（3）另一个突破是引入了"危机历史"（crisis history）的概念，旨在强调政府部门或企业在危机处理上的延续性。如果某次危机处理不得当，那么这一负面的"危机历史"便会在新的危机到来时给政府部门或企业带来更大的挑战。例如，近年来，每当一个新的公共危机在我国出现时，无论是媒体和公众都会把它与"非典"相提并论，这显然是因为"非典"初期负面的"危机历史"效应发酵的结果。在此基础上，SSCT 理论对"危机情境"重新定义为四个维度（见表1），并将其视为危机传播的根本出发点。

表 1　危机情境的四个维度

危机种类	根据"内在—外在"、"蓄意—非蓄意"两组关系可以交叉包括过失、意外、恐怖主义和违法（或违规）行为四种危机。
证据的真实性	真实证据是危机事件的具体说明；假的证据可能是谣言或公众臆测。任何危机种类都可能出现真假证据。
危机伤害程度	包括死伤、财产损失与环境伤害等。一般来说，伤害程度愈大，社会大众对组织责任的归因就愈高。
组织过往的表现	包括两个变项，即危机史（是否发生过类似危机）和关系史（危机前组织与利益攸关方的关系）

（本表基于 Coombs，2007 的研究概括整理而成）

从总体来看，SCCT 是将"危机公关"和"语艺批评"结合起来，首先，他们在以往"危机公关"研究的基础上，以"危机责任"（crisis responsibility）为出发点，把组织危机分为"受害型"、"（无意）事故型"和"（有意）错误型"3 类（见表2）。其次，他们在"语艺批评"研究的基础上，以"表明立场"（posture）为切入点，总结出了"否认型"、"淡化型"、"重塑型"和"支持型"4 种类型的传播策略（见表3）。最后，他们把上述两方面的成果进行整合，针对不同的危机类型和危机责任程度，就如何进行有效的危机传播提出了 13 项对策（Coombs，2007）。

表 2　SCCT 中的危机类型

"受害型"（几乎没有危机责任）：自然灾害、谣言、工作场所的暴力冲突。
"事故型"（较小的危机责任）：遭到指责或怀疑；由技术原因导致的事故或"问题产品"扩散。
"错误型"（较大的危机责任）：由人为原因导致的事故或"问题产品"扩散、管理层的不当处理

（本表基于 Coombs，2007 的研究概括整理而成）

表 3　SCCT 中的危机传播策略

【说明：以下传播策略均以"表明立场"（posture）为出发点，供相应组织任命的新闻发言人或危机传播主管选用】

"否认型"传播策略：

回击指控：直接回击或反驳有关本组织的指责和质疑，必要时可以声称将对提出指责和质疑的个人或组织提出诉讼。

直接否认：直接否认危机的存在，最好能够提供理由或证据。

指明"替罪羊"：本组织以外的其他个人或组织应承担危机责任。

"淡化型"传播策略：

寻找借口：这一策略旨在淡化所在组织应当承担的危机责任，应当强调危机发生完全是"出乎意料"的，不是"有意而为之"的，是"无法掌控的"。

寻找合理性：这一策略旨在淡化危机可能引发的伤害、破坏和其他负面效应，应当强调危机没有造成严重的伤害或破坏。

"重塑型"传播策略：

进行补偿：强调所有的受害者已经得到了妥善的安置和相应的补偿。

郑重道歉：公开宣布本组织承担全部责任，请求公众的宽恕。

"支持型"传播策略：

提醒：强调本组织曾经做过的相关"好事"以及获得的正面评价。

迎合：称赞和感谢所有的"利益攸关方"。

共鸣：强调本组织也是危机的受害者。

（本表基于 Coombs，2007 的研究概括整理而成）

表 4　SCCT 中的危机处理对策

处理"受害型"危机，政府部门和企业等"组织"应当：

向所有的受害者（包括潜在的受害者）提供"指导性信息"——即警告、防护措施等。

向所有的受害者（包括潜在的受害者）提供"调适型信息"——即表达关切、慰问以及相应的补救或改正措施。

采用"淡化型"传播策略——尤其是在该组织有"危机历史"或不良声誉的情况下。

采用"否认型"传播策略来响应谣言。

采用"共鸣"策略，强调本组织也是受害者。

处理"事故型"危机，政府部门和企业等"组织"应当：

采用"淡化型"传播策略——如果该组织没有"危机历史"或不良声誉。

采用"重塑型"传播策略——如果该组织有"危机历史"或不良声誉。

采用"否认型"传播策略来响应没有根据的指责和质疑。

提供"调适型信息"或进行整改——如果指责和质疑得到了"利益攸关方"的支持。

处理"错误型"危机，政府部门和企业等"组织"应当：

采用"重塑型"传播策略。

无论是处理上述哪一种类型的危机，政府部门和企业等"组织"都应当注意：

"支持型"传播策略只能作为一种补充，与其他传播策略混合使用。

为确保传播的一致性，不能将"否认型"与"淡化型"或"重塑型"传播策略混合使用。

根据具体情况，可以混合使用"淡化型"或"重塑型"传播策略。

（本表基于 Coombs，2007 的研究概括整理而成）

2. 基于 SCCT 对汶川大地震的危机情境和危机传播策略分析

作为自然灾害类公共危机的一种，地震在突发性、威胁性以及决策时间三方面都具有典型的危机特征。不过对于像"汶川大地震"这样涉及政治、经济和社会方方面面的危机事件而言，仅仅以"天灾"的视角去认识并不能够为决策提供科学的参考。由此，本研究拟采用"危机情境"概念来分析汶川地震的危机性质。

如表 1 所示，SCCT 理论界定了"危机情境"所包含的四个维度：危机种类、证据真实性、危机伤害程度和组织过往表现，而这些维度恰恰也是媒体和公众在确定"组织"所承担的"危机责任"时所使用的考虑指标。危机种类是严格按照库姆斯的定义来归纳的（见表 2），那些定义特别强调了对于危机性质的判断不是组织的自我认识，而是利益相关者对于该事件的认识。而这些认识则是基于本研究所搜集的外国媒体报道和网民"跟帖"中所反映的国内外"舆情"的汇集，大体上反映了中国政府在应对汶川大地震过程中所处的"危机情境"（见表 5）。

表 5　汶川大地震的危机情境分析

危机名称	危机种类	证据真实性	伤害程度	组织过往表现
地震爆发	过失（非蓄意，外在造成）	真实	极大	危机史：隐瞒灾情（例如，"非典"疫情）。 关系史：政府部门全力营救。
灾情预报不力	意外（非蓄意，内部造成）	模糊	非常大（如果预报及时，将可能减少大量损失）	危机史：很少能够准确预测。 关系史：政府部门与公众缺乏沟通。
拒绝第一时间外来援助	违规行为（蓄意，内部造成）	真实	比较大（如果尽早接受外国援助，将可能挽救更多生命财产）	危机史：排斥外来援助（例如，"唐山大地震"）。 关系史：政府部门与国外相关机构缺乏沟通。
校舍非正常倒塌	违法行为（蓄意，内部造成）	模糊	非常大（大量孩子因此丧命）	危机史：建筑质量差强人意（例如，"豆腐渣工程"）。 关系史：公众不信任政府部门的监管。

值得注意的是，在"汶川大地震"期间，新闻发布会是政府危机传播的主要形式，也是影响国内外舆论走向的重要管道。本研究按照 SCCT 的概念和理论框架对 2008 年 5 月至 12 月期间"国新办"召开的相关新闻发布会进行了整理和归纳（见附表 1）。从表中可以看出，危机语境、危机应对策略和危机传播策略（即"修辞策略"）之间存在着一定的关联性。这表明，中国政府在应对"汶川大地震"的过程中，已经能够较为灵活地根据危机情境

的变化采用不同的应对策略和修辞策略。政府部门根据不同的危机情境所采用的传播策略(见附表 1)基本符合 SCCT 理论的相关阐释(见表 4)。另一个突出的特征是，政府新闻发言人频繁使用"淡化型"策略来响应各种危机情境，这显然与 SCCT 理论不符。从我们对新闻发言人的访谈中得知，这一现象的出现有两个原因：(1)中国政府部门仍然遵循自上而下的、单向度的层级传播秩序，发言人在无法得知高层决策过程的情况下只能用"淡化法"来搪塞；(2)中国所特有的基于集体主义价值观的"面子"文化的影响，要求发言人把维护政府的权威作为危机传播的首要任务。由此，我们不难看出，SCCT 作为"西方范式"实际上包含了一定的政治和文化预设——即双向对等的传播秩序和个人主义价值观。例如，西方政府发言人通常能够参与最高层的决策过程，同时也可以在传播策略的选择上展现个性化的特征。这一点在现阶段的中国政治和文化生态中都是不能被容忍的。

3. 政府危机传播有效性的检视：以美国媒体为例

从当前中国的媒体生态来看，"网民"和"外媒"是检视中国政府危机传播有效性的主要依据，这是基于这两股势力在现阶段我国舆论话语场中的巨大影响力。由于中国传统媒体(报纸、广播、电视等)等仍然实行国营公有的体制，在重大公共危机事件的报道中要服从中宣部等主管部门的统一部署及其所制定的"口径"，因此，传统媒体实际上成为政府危机传播的一个重要部门，不足以从客观和独立的角度体现政府危机传播的有效性。而"网民"和"外媒"自身在中国传媒生态体系中所具有的相对独立性，使得这两股势力在重大危机事件中具有强大的"议程设置"的功能。虽然"网民"和"外媒"也面临政府管制的问题，但是它们所具有的"反制力"(countervailing force)能够减低甚至于消解政府管制所带来的影响。目前对于网络民意的测量和分析还缺乏较为有效的手段。有鉴于此，本研究仅选择对美国媒体的相关报道文本进行内容分析，将其作为体现国际舆论走向和检验政府危机传播有效性的主要依据。

本研究搜集了 2008 年 5 月至 2009 年 3 月期间，《纽约时报》、《华盛顿邮报》和《今日美国报》这三家全国性报纸有关"汶川地震"的消息、特写和评论共计 165 篇。我们对这些新闻文本的内容进行了分类整理。然后将报道比较多的三大主题分别进行了子题统计，将其所包含的框架和倾向性进行了分析(见表 6)。

根据表 6 的统计，在"汶川大地震"期间，这三家美国全国性日报对中国政府的正面和中性报道占到了 44%，在"政府行动"的报道框架下这个比例达到了 62%。如果我们考虑到美国媒体对中国政府一贯所持有的以批评和负面报道为主的立场，那么，这些数字从一个侧面印证了中国政府的危机处理和危机传播取得了一定的成效。诚然，在"校舍倒塌"等个别议题的处理上，负面报道占据了上风，这与中国政府在处理该议题时采用的不当策略有很大的关联。这个问题我们在"讨论和建议"的部分再进一步论述。

表6   美国三大全国性报纸有关"汶川大地震"新闻文本的内容分析

主 题	数量（条）	子 题	子数量（条）	对政府态度：正面/负面/中性/未提及
地震灾情	56	灾区自救	26	4/2/5/15
		灾民不幸	15	2/0/7/6
		校舍倒塌	15	0/10/1/4
政府行动	50	处理校舍倒塌	16	0/12/4/0
		救援行动	15	7/2/6/0
		处理对外关系	5	3/1/1/0
		其他	14	6/4/4/0
国际社会反应	21	外国援助	12	2/1/3/6
		其他	9	0/1/1/7
合 计	127			24/33/32/38

4. 研究的初步发现、讨论和建议

从本研究所进行的内容分析中，我们对中国政府在"汶川大地震"期间危机传播的情境类型、修辞策略、传播效果进行了分析和检视，得出了一些初步的发现，列表如下：

危机议题	危机情境	危机传播策略	国内外舆论	效果评价
地震爆发	过失（非蓄意，外在造成）	"重塑型"（进行补偿）"支持型"（"迎合"以及"共鸣"）	积极评价政府的应对措施。	化"危"为"机"
对于地震预测不力	意外（非蓄意，内部造成）	"淡化型"（寻找借口）	没有负面报道和言论。	良好
拒绝外来援助	违规行为（蓄意，内部造成）	"淡化型"（寻找借口）"支持型"（感谢"利益相关方"）	前期负面报道/言论为主，后期正面报道/言论为主。	良好
校舍非正常倒塌	违法行为（蓄意，内部造成）	"否认型"（直接否认 指明"替罪羊"）"重塑型"（进行补偿 行为修正）"支持型"（"共鸣"）"淡化型"（寻找借口）	负面报道/言论为主。	不佳

我们结合上述的发现，与12位中央和地方政府部门的发言人进行了"焦点小组"访谈，共同总结了此次地震危机处理中值得汲取的一些经验和教训，并且据此对政府部门今后的危机传播提出相应的建议，具体归纳为以下6点：

（1）一般来说，对于组织本身没有责任的危机事件，组织应该通过"否认型"策略来撇清责任，但是这样的策略对政府来说并不是最佳选择。在本次地震中，胡锦涛主席和温家宝总理等最高领导人并没有否认中央政府应该承担的责任，相反，他们及时表达了对于受害者的同情、哀悼和救助，同时顺应民意，对各股救援力量——包括来自民间的 NGO 和国外的救援队——表达感谢和称赞，将自己摆到与灾民一样的"受苦"环境中，这种主动承担责任的做法在政府的危机修辞策略中属于上策，容易赢得正面的评价和支持。

（2）对于负面指责，如果并不是故意而为之，而是无能为力的结果，那么寻找到合理的"借口"为自己开脱可以起到比较好的效果。只要这个"借口"合理地解释了自己为何无能为力的原因，同时得到持续一致的说明，那么利益攸关方便能够接受这样的解释。比如在预测地震方面，我国专业机构坚持认为当今世界并没有预测地震的任何可靠方法，这样便将自己应该提出预警的责任完全抛开了。

（3）对于负面指责，如果是故意而为之，那么寻找合理的"借口"就更为重要。"借口"应该符合逻辑，成为人们可以接受的理由。比如，对于外来援助，灾区灾情的严重和未知状态就是暂时拒绝的合理借口。然而，这样的借口只是权宜之策，所以政府在后期很快就改变了态度，开始欢迎并且着手接受外来援助，这样的策略也发挥了良好效果。至少从境外媒体的报道看，就经历了一个从负面向正面的明显转变。

（4）作为危机事件，校舍倒塌及由此引发的后续问题是我国政府在此次汶川地震期间除了灾害本身以外遭到的最大危机。通过查看国新办新闻发布会的文字记录可见，这一话题出现的频率非常高，而从境外媒体报道来看，这一话题也日益演变成了境外媒体攻击我国政府的一个最有力武器。之所以产生这样的不佳效果，本文认为，其中的原因之一在于策略使用的不一致。在最开始几次的回答中，发言人否认了"校舍房屋更容易倒塌这一现象"，理由是周围其他很多建筑也都倒塌了。这一回答等于是否认校舍房屋存在问题。但是在后来的若干次回答中，发言人又表示，因为近期建设学校房子速度比较快，所以其中可能存在一些建筑问题。这种从"否认型"到部分承认的"淡化型"策略的转变很快被媒体解读成政府有意隐瞒。另一个原因在于政府做出无法实现的承诺。从我国政府的回答看，一个关键的承诺就是会对倒塌校舍房屋进行彻底检查，但是在此后若干次记者的提问中，发言人都没有明确给出关于校舍非正常倒塌原因的合理解释，直到最后一次发布会上发布一个所谓"专家鉴定"的结论，也有敷衍应付之嫌。

（5）危机修辞策略的使用必须注意彼此间的兼容性。比如在校舍倒塌案例中，"否定型"的策略就不适合与"淡化型"和"重塑型"策略同时使用。因为前者否定了政府承担校舍非正常倒塌的责任，而后两者的前提却是政府负有责任，因此才需要做"淡化"和"重塑"的表态。于是策略本身之间出现了相互掣肘的局面，很难让受众信服。

（6）危机修辞策略的使用必须伴随着公关策略的同步进行，与公关策略形成逻辑上的连贯性。比如在处理"对外援助"的过程中，政府第一时间没有接受外来援助，给出的理由在于"灾区道路受阻，条件艰苦"，同时政府承诺等到条件合适一定接受外来援助。果然，在随后的几天内，我国政府便开始接受外来援助，这样，"寻找借口"的修辞策略与"欢迎外来援助"的公关策略便很好地契合在一起，从而产生了不错的反响；而在校舍倒塌案例中，政府同时使用了"否定型"的修辞策略和"补偿学生家长"的公关策略，却没有及时充分地使用"倒塌调查报告"的公关策略。一方面，对于受害学生家长要格外给予补偿和照顾；另一方面，对他们彻底调查校舍倒塌原因的请求却迟迟不能做出有信服力的"独立调查报告"，这样便容易引起受众无端的猜测。

结语：危机传播"西方范式"的本土化思考

本研究运用 SCCT 的概念和理论范式对中国的本土实践进行了检视，为总结和梳理"汶川大地震"期间政府危机管理和危机传播的经验及教训提供了一个新的视角。将"情境"与"策略"相互对照，将"传者"（政府新闻发布）与"受者"（媒体报道框架）相互对照，从而发掘出危机传播所遵循的规律和模式。另外，SCCT 作为一种"西方范式"实际上包含了西方政治、社会和文化的预设，在中国本土语境的运用中必然会遭遇"文化震荡"。

从传播理论的发展进程来看，任何一种研究取向的出现、演进和整合都是与社会、文化及媒介生态的变化紧密地联系在一起的。新媒体的普及、全球化的浪潮和草根民主的勃兴都为危机传播研究提出了各种新的课题，拓展了新的研究空间。对于中国学者而言，无论是在相对成熟的"管理"和"修辞"取向上，还是在日渐成形的"批判"取向上，由政治、经济、社会和文化转型而引发的各种危机为我们提供了发声的机会和确立新视角的可能性。正如 20 世纪 80 年代的"泰诺"胶囊遭下毒事件开启了西方危机传播研究的大幕一样，"汶川大地震"也会为我国危机传播的本土化研究提供一个难得的契机。从"管理"的层面上看，我国的各级"组织"——包括中央和地方政府、企业、媒体、非政府组织（NGO）——在危机传播方面的经验和教训是否能够丰富和修正现有西方理论对"危机情境"的认知和界定；从"修辞"的层面上看，相关的"传播者"——包括各类官员、管理者和新闻发言人——采取哪些高效、低效、无效其至于产生"反效果"的传播策略；从"批判"的层面上看，网络、手机、实时通信工具等非主流的"草根媒介"如何与官方话语、主流媒体进行互动和竞争，这些问题都是本研究未能进行的，有待于我国传播学界进行更为深入的反思和探讨，从而为危机传播研究在理论和范式上的本土化探索开辟新的路径。

致谢

本研究得到了教育部人文社会科学研究项目"中美新闻发布的机制构建和传播效果比较研究"的资助，项目批准号为 08JC860005。

笔者的硕士研究生胡晓白先生和李铭小姐协助搜集和整理了相关文本素材。

附表 1　基于 SCCT 对"国新办"关于"汶川大地震"新闻发布会的分析

发布时间及主题	发布内容（危机内容）	危机类型	危机传播策略	危机处理对策	发布用语
2008—05—13	汶川大地震发生	受害型	支持型（提醒）	主要领导人已赶赴灾区	震后，党中央、国务院高度重视，胡锦涛总书记立即作出重要指示，要求尽快抢救伤员，确保灾区人民群众生命安全。国务院总理温家宝已赴四川地震灾区，现场指挥抗震救灾工作。国新办网：http://www.scio.gov.cn/xwfbh/xwbfbh/wqfbh/2008/0513/200905/t308722.htm
	当地亲属察觉到地震现象，国家为奥运舆论有瞒报现象	事故型	否认型（直接否认）+淡化型（寻找借口）	地震预测是世界难题	首先，这种推测是没有道理的。大家都知道地震预测是世界难题……
	中小学校舍倒塌，政府大楼安然无恙	事故型	否认型（直接否认）+淡化型（寻找借口）	政府人员有伤亡，媒体较为关注学校情况	北川县民政局的楼倒塌了，民政部门的工作人员也可能有伤亡，政府的房子也不都是那么坚固。学生是要抢险的主要对象，所以媒体会报道得多一些。
2008—05—15	救援人员未戴安全帽	事故型	支持型（迎合）	会请相关部门注意此问题	你对参加救援的子弟兵安全的关心，我会如实转告总后勤部。国新办网：http://www.scio.gov.cn/xwfbh/xwbfbh/wqfbh/2008/0515/200905/t308731.htm
2008—05—18	15 名空降兵中有 2 位同志在跳伞过程中牺牲	受害型	否认型（直接否认）	否定	纯属无中生有。国新办网：http://www.scio.gov.cn/xwfbh/xwbfbh/wqfbh/2008/0518/200905/t308747.htm
2008—05—19	未派直升机救援	事故型	淡化型（寻找借口）+重塑型（补偿）	当地条件和天气情况不允许	不知道这位先生到过现场没有，那里到处都是高山峻岭，必须具备一定的天气条件才能飞行。我们国家已经调用了 100 多架直升机，只要天气允许，在不停地运送各种各样的资源。国新办网：http://www.scio.gov.cn/xwfbh/xwbfbh/wqfbh/2008/0519/200905/t308752.htm

续表

发布时间及主题	发布内容（危机内容）	危机类型	危机传播策略	危机处理对策	发 布 用 语
2008—05—25	已有 69 座堤坝溃坝	受害型	否认型（直接否认）＋支持型（提醒）	危险存在，防范有序	我刚才讲有 69 座水库面临的是溃坝风险。但是这些坝并没有溃，同时还有 320 座是高危风险的，虽然它的危险程度没有马上就要溃坝风险那么严重，但是也比较危险。国新办网：http://www.scio.gov.cn/xwfbh/xwbfbh/2008/0525/200905/t308812.htm
2008—05—29	家长对教学楼质量很气愤	事故型	重塑型（补偿）	严肃查处，加强质检	因为看到不少教学楼的倒塌，那么多的孩子被压在下面，确实让大家感觉到非常痛心，自然就想到了教学楼质量的问题。对于这个问题，中国各级政府都是毫不含糊的，只要发现了确实是因为质量问题造成损失的，都会严肃查处。国新办网：http://www.scio.gov.cn/xwfbh/xwbfbh/2008/0529/200905/t308835.htm
2008—05—30	捐款迟迟不到位	事故型	淡化型（寻找合理性）	具体情况具体分析	民政部按照 4 月 28 日发布的《救灾捐赠管理办法》做出明确规定，承诺捐赠的应该如实、及时划拨到受赠机构。国新办网：http://www.scio.gov.cn/xwfbh/xwbfbh/2008/0530/200905/t308840.htm
	红十字会向灾区送去 1 000 多顶价值 1 300 多万元的高价帐篷	事故型	否定型（回击指控）	公布具体数字	我们采购的帐篷是按照民政部门颁布的救灾帐篷的标准实行的采购。
2008—06—04	国际救援队在 72 小时之后才被允许救援	事故型	淡化型（寻找借口）	无论什么救援队，进入现场都有困难	不要说外国的救援队，就连中方的救援人员都很难在第一时间赶到一些地方进行救援。国新办网：http://www.scio.gov.cn/xwfbh/xwbfbh/2008/0604/200905/t308857.htm
	红十字会在分发国际援助时能力不足，国际救援机构却不被允许在地面分发物品	事故型	否定型（回击指控＋直接否定）＋支持型（提醒）	未发现相关情况，物品需要检疫	加拿大的国际组织，它们是自己安排的，它们并没有通过红十字会，自己到了灾区。管救灾的官员都在这里，特别是外援的，你是政府运过来的，还是民间组织运过来的，还没有这样严格的区分。

续表

发布时间及主题	发布内容（危机内容）	危机类型	危机传播策略	危机处理对策	发 布 用 语
2008—06—05	学校建设过程中标准更低一些或者建筑质量更差	事故型	否定型（回击指控）	不仅仅是学校倒塌	在灾区不仅仅是学校倒塌了，一些其他的公共建筑以及民房也发生了倒塌。国新办网：http://www.scio.gov.cn/xwfbh/xwbfbh/wqfbh/2008/0605/200905/t308865.htm
	很多地质学家已经警告过在灾区所在地区是非常易于发生地震的，但是似乎政府并没有意识到这些危险，规划失误	错误型	淡化型（寻找借口）	一直在重视此问题	这次重灾区的很多县城、建制镇，不是最近一两年发展起来的，对于这些地区的抗震设防问题，我们一直将专家的建议作为重要的参考，并给予高度重视。
2008—06—11	中国军队装备不够先进	事故型	淡化型（寻找借口）	失事飞机有很多客观原因	直升机失事主要是在瞬间遭遇突然气流变化，以及当地地理环境恶劣造成的。我们将认真总结这次抗震救灾的经验，更加重视大型直升机、运输机和抗震救灾专用装备器材的建设，不断改善部队装备，切实增强遂行非战争军事行动的能力。国新办网：http://www.scio.gov.cn/xwfbh/xwbfbh/wqfbh/2008/0611/200905/t308870.htm
2008—06—23	学校豆腐渣工程致学生死亡	事故型	重塑型（进行补偿）＋支持型（共鸣）	表示悲痛，做好下一步工作	我想我们的心情和他们一样，是十分悲痛的。对此，党中央、国务院已经对这个问题提出了处理意见，一方面是对遇难学生的家长要进行心理抚慰；再一个是要完善政策，对他们给予特殊的关怀和帮助。国新办网：http://www.scio.gov.cn/xwfbh/xwbfbh/wqfbh/2008/0623/200905/t308924.htm

续表

发布时间及主题	发布内容（危机内容）	危机类型	危机传播策略	危机处理对策	发 布 用 语
2008—09—04	人为腐败使用劣质建筑材料致学生死亡	事故型	淡化型（寻找借口）＋重塑型（进行补偿）	正在考察，吸取教训	上千座的学校出现这样那样的问题，其中包括至少两方面的问题：一方面是房屋建设本身的条件问题，比如说它的结构不一定完全合理，材料不一定很坚固，这都是可能的；另一方面，因为我们在最近一段时间，建设学校房子的速度是比较快的，这其中可能存在一些建筑上的问题。 国新办网：http://www. scio. gov. cn/xwfbh/xwbfbh/wqfbh/2008/0904/200905/t308985.htm
2008—11—21	甘肃在灾后重建出现群众不满抗议的行为	事故型	否认型（回击指控）＋淡化型（寻找合理性）＋支持型（提醒）	问题得到反映并有效解决	我们欢迎《金融时报》的记者能够到我们灾区，特别是重灾区看看，你可以看到现在在我们的灾区是一片热火朝天的建设局面。当然在灾后恢复重建这样一个漫长的过程中，我们的群众和基层的干部群众也可能会随时出现各种各样的问题，会反映出各种各样的问题。但是我们的各级政府干部，他们有信心、有能力和有激情帮助我们的群众及老百姓解决好各种问题。 国新办网：http://www. scio. gov. cn/xwfbh/xwbfbh/fbh/200905/t308386.htm
	死难学生家长受到监视	错误型	否认型（直接否认）	没有听说相关情况	我欢迎你能够到我们地震灾区去一看，特别是到地震灾区学校受损的地方看一看，也可以了解一下我们遇难学生家长的反应。我所知道的是，绝大多数的遇难学生的家长已经在逐步走出自己失去亲人的这种悲痛心理的阴影。他们正面对现实和面对新的生活。我希望你到灾区去看一下，你刚才说的情况我还没具体听说。
2009—05—08	政府一直未公布死难学生人数及负责人处理报告	错误型	淡化型（寻找借口）＋支持型（共鸣＋提醒）	情况复杂，同样悲痛	地震的破坏力，产生的作用是怎么影响这个建筑物的，我们有时候还不能够给它定量化，这是一方面，从技术上说非常复杂。另外，孩子的伤亡是我们心中最痛的部分，我们一定会从这次地震中吸取教训。 我也向大家透露一个情况，就在今天下午，国务院将召开全国电视电话会议，国务院领导要亲自部署全国中小学校舍安全工程，要对全国存有安全隐患的校舍进行全面的加固改造。 国新办网：http://www. scio. gov. cn/xwfbh/xwbfbh/fbh/200905/t319626.htm

附录6 从"乌坎事件"看危机传播在中国的本土化尝试[①]

引言

出于对现代性的深刻反思,乌尔里希·贝克提出:现代社会以追逐利润为第一目的,物质文明的创造以破坏生存环境为代价。当破坏达到临界时,人类就坐在自己一手堆起的"文明火山"上,迎来危机四伏的风险社会。风险发展到一定程度,就成为对公众造成巨大威胁的突发性事件。[②] 早有学者提出:危机时代同时也是形象与绩效管理的时代。政府或企业"是否具有高度的应变能力与危机沟通能力,决定了民众或顾客是否给予它们信任与支持"。[③] 在我国,政府往往是危机传播的主体。如何有效组织媒体与公众之间的信息沟通,如何开展应急重建和争取舆论支持,是政府决策者们需要迫切解决的问题,也是危机传播研究关注的课题。

在国外,危机传播进入公众视野的是 1982 年美国强生"泰诺"遭下毒事件;在我国,则是 2003 年春爆发的"非典"。从"非典"到汶川地震,危机传播在我国也经历了一个"由引入、接受、普及到实施的发展脉络"。这一进步也是近年来政府、社会与大众媒体发展的必然结果。然而,客观地看,我国政府危机传播仍处于初级阶段。处于转型期的我国社会,虽然经历着经济的高速发展,但由于政治、经济、文化等原因的交互作用,危机产生的概率较高。利用西方理论精髓,建立一套符合我国国情的危机传播理论体系,势在必行。

2011 年 9 月到 12 月,广东省汕尾市陆丰乌坎村村民自发组织了一场

---

① 本文为笔者与清华大学新闻与传播学院 2011 级博士研究生钱晶晶合作完成,发表于《新闻大学》2012 年第 8 期。

② 乌尔里希·贝克:《风险社会》,何博闻译,6 页,南京,译林出版社,2004。

③ 吴宜蓁:《危机传播——公共关系与语艺观点的理论与实证》,4 页,苏州,苏州大学出版社,2005。

群体性公民维权事件,引起全世界广泛关注。北京大学公民社会研究中心发布年度公民社会 10 大事件,"乌坎事件"以全票位列第一。本研究以"情境式危机传播理论"为理论框架,通过分析广东省委省政府在"乌坎事件"中的危机传播策略,力图为我国政府危机传播提供一些建设性的参考。本研究主要关注以下问题:

1. 在"乌坎事件"中,政府处于一个怎样的危机情境? 使用了什么危机传播策略?

2. 这些危机传播策略与"乌坎事件"的危机情境有怎样的关系?

3. 媒体做出了怎样的反馈和评价?

以内容分析法为研究方法,本研究探究此次危机的具体情境、传播策略和传播效果。所分析文本全部来自境内外媒体关于"乌坎事件"(英文"Wukan Incident")的新闻报道共 120 篇,多来自具有广泛影响力的主流媒体。

一、因势制宜：情境式危机传播理论

传统的危机传播研究继承了早期传播学的"传者—资讯—信道—受者"(SMCR)的经典模式。在众多理论探求中,芬克的"前、中、后"阶段性模式与巴顿的"察觉—防止—遏制—恢复—反思"的五环节模式最具影响力。

传承前人要义,危机传播研究渐渐扩展出两大研究路向:第一大路向以公共关系为焦点,关注 SMCR 中的"传者"环节——组织、管理本身,以策略与效果为最终目的,以格鲁尼格等提出的"优化理论"为代表,主要概念有"双向对等/不对等沟通模式";[①]第二大路向为语艺研究,重点关注 SMCR 中的"资讯"环节,主要分析组织的"危机话语"与"信息选项"等修辞手段,以挽回形象为最终目的,以伯诺伊特的"形象修复理论"为代表,关注"危机发生时,该说什么话"。

在此基础上,库姆斯整合出一套"情境式危机传播理论"(Situational Crisis Communication Theory,简称 SCCT)。此理论对危机情境的不同维度、类型和策略进行了具体阐释,整合出"否认"、"淡化"、"重塑"、"支持"四种策略类型。该理论不仅是对两大传统研究路向的发展,也与中国传统哲学中"因地制宜"的思想异曲同工,成为学界研究危机传播较为合理的理论框架。

二、"乌坎事件"与情境式危机传播理论

作为一次群体性事件,乌坎危机是"临界爆发"的典型诠释。2011 年 9 月 21 日和 11 月 21 日,广东省陆丰市乌坎村两次爆发千人上访游行,要求惩处村党支部委员会和村民委员会成员,控告其私卖土地、操纵选举和贪污村财,要求整理村务、得回选举权、收回

---

① ［美］詹姆斯·格鲁尼格等：《卓越公共关系与传播管理》,卫五名等译,241～245 页,北京,北京大学出版社,2008。

土地。12 月 11 日,被警方拘留的村民薛锦波死于看守所,事件升级,大规模封村活动被引爆。12 月 20 日,受广东省省委特派,中纪委委员、广东省省委副书记朱明国与村民代表会面,以切实有效地解决问题,"乌坎事件"终于走上和解之路。基于库姆斯对危机情境四个维度的划分,本研究将"乌坎事件"的具体情况分析如下(见表 1):

表 1　"乌坎事件"中的危机情境

危机名称	危机类型	危机情境	证据真实性	伤害程度	组织过往表现
资产运作模糊	错误	违法	真实	较大	阻挠上访,并用军警驱散抗议村民
官员滥用土地	错误	违法	真实	非常大	不断非法征用村里土地,阻挠上访
选举过程不明	错误	违法	模糊	较大	任期过长,滥用职权非法征用土地
抗议群众死亡	事故	意外	模糊	非常大	逮捕,并拒绝归还遗体,死因堪疑

三、"乌坎事件"的危机传播策略

在整个事件中,真正扭转局面的,是 12 月 20 日朱明国在陆丰市干部群众大会上的讲话。他首先传达了省委书记汪洋的指示:"'乌坎事件'……是经济社会发展过程中,长期忽视经济社会发展中发生的矛盾积累的结果,是我们工作'一手硬,一手软'的必然结果。作为负责任的政府,必须直面和解决好这些矛盾与问题。"

他强调:"陆丰乌坎村群众的主要诉求是合理的,基层党委政府在群众工作中确实存在一些失误,村民出现一些不理性行为可以理解。"朱明国向在座的干部、群众共 400 多人承诺:"省委、省政府高度重视和关心乌坎村群众的利益诉求,决定成立省工作组,以最大决心、最大诚意、最大努力解决群众的合理诉求,尽快恢复乌坎村正常的生产生活和社会秩序。"他承诺,将设立村集体土地问题、村财务问题、村干部违纪违法问题和村委换届选举问题等专项工作组,每个工作组都公布联系电话,随时倾听民众诉求。另外,此前一天,汕尾市已经表示收回被征耕地,乌坎村党支部书记、村委会主任已被"双规"。

作为此次政府危机传播的核心文本,以"坚持民意为重"、"坚持群众为先"、"坚持以人为本"、"坚持阳光透明"、"坚持法律为上"为主要内容的"五个坚持"向村民们明确指出工作组的工作原则、内容与要求,取得了良好的传播效果。

在此次危机传播后期,朱明国还发表了两次较为集中的讲话,与"五个坚持"一起,构成此次危机传播的主要文本系列。第一次讲话是在 12 月 22 日冬至这一天向民众表示年节祝福;第二次是 12 月 26 日在"全省做好新形势下群众工作经验交流会"上的讲话。二次讲话的文本详见附录 1。本文对"五个坚持"传播策略的描述见表 2:

表 2 "五个坚持"中的危机传播策略

危机名称	危机类型	危机情境	危机传播策略
资产运作模糊	错误(蓄意,内部因素)	违法	重塑型：成立村财务问题专项工作组； 支持型：肯定群众诉求的合理性,坚持群众立场。
官员滥用土地	错误(蓄意,内部因素)	违法	重塑型：成立村集体土地问题、村干部违纪违法问题专项工作组； 支持型：肯定群众诉求的合理性,坚持群众立场。
选举过程不明	错误(蓄意,内部因素)	违法	重塑型：成立村委换届选举问题专项工作组,并让村民自由选举村干部。 支持型：肯定群众诉求的合理性,坚持群众立场。
抗议群众死亡	事故(非蓄意,内部因素)	意外	重塑型：坚持以人为本原则,对死者家属进行抚恤。

　　文本二"冬至讲话"是对"五个坚持"精神的再次强调：第一,省委工作组将尽最大力量解决问题；第二,群众诉求合理,个别干部的确存在问题；第三,鼓励大家反映问题,不要害怕打击报复。此处结合运用"重塑性"与"支持型"的策略。

　　文本三主要面向广东各地市领导干部。作为公开发表的讲话,时间与"乌坎事件"的初步解决很近,内容又密切相关,所以也是研究此次危机传播的合适文本。这次讲话的要点有：群众民主意识不断加强,利益纠纷明显增多；许多事件原本简单,久拖不决才导致严重后果；要维护和发展群众根本利益；干部考评要加大群众意见权重。综观这几点,仍是"重塑型"与"支持型"相结合的策略。

四、"乌坎事件"的危机传播效果

　　大众媒体是社会公器,它开展舆论监督,镜鉴组织行为；它扮演意见领袖,引领话语风向。检测危机传播效果,媒体反馈是一重要量度。由于 12 月 20 日是朱明国主持此次危机传播的起始日期,3 月 15 日是全国"两会"闭幕后第一天,期间相关的媒体报道比较集中。所以,本研究抽取文本的时间从 2011 年 12 月 20 日起,到 2012 年 3 月 15 日止,共搜集来自境内外知名媒体报道共 120 篇,以供分析。

　　其中,境内媒体(下称"内媒")60 篇,包括《人民日报》、《中国新闻周刊》、《环球时报》、《法制日报》、《经济观察报》等。境外媒体(下称"外媒")报道同样是 60 篇,包括《纽约时报》、《华盛顿邮报》、《每日电讯报》、《卫报》等平面媒体,CNN、MSNBC、半岛等电视新闻网站,路透、彭博等通讯社,以及"赫芬顿邮报"(Huffington Post)等新闻博客网站等。通过对上述新闻文本的分析,本研究将此次危机传播策略所取得的效果通过报道倾向性进行了分类统计(见表 3)。

表 3　"乌坎事件"危机传播效果统计

媒体种类	对政府评价：正面/负面/中性/未提
内媒	45/0/11/4
外媒	23/5/29/3

从内媒反应看,正面评价报道占 3/4,中性报道仅 1/6,无负面报道。从外媒看,正面、中性评价报道几乎各占一半,其总和大于样本总量的 5/6。本文抽取的境外报道多来自英、美等世界主流媒体,对我国政府的报道一贯以负面为主。因此,从比例上看,外媒对这次政府危机传播持较为肯定的评价,此次危机传播取得了成功。境内外媒体所持正、负面评价的关键话语详见附录 2。

在此基础上,本研究还对 3 个文本进行了正面报道的数量统计(见表 4)。可以看出,不论是内媒还是外媒,对"五个坚持"正面报道明显最多,在 3 大文本中,"五个坚持"传播效果最好。

表 4　3 大文本正面评价报道统计

危机文本	正面报道数量	
	内媒	外媒
"五个坚持"	28	13
"冬至讲话"	3	3
群众工作经验交流会讲话	3	0

五、结论与讨论

1. 情境式危机传播策略对处理群体事件有指导意义

本次危机的类型、情境分属"错误"和"违法",属于较严重的危机。在"双规"主要村干部后,省政府从资产运作、官员卖地、选举不明三方面入手,成立专项工作组迅速进村调查问题。

按库姆斯的理论,对于"错误"、"违法"型危机,组织应以"重塑型"策略为主,努力展示责任感重、行动性强的形象。从"五个坚持"和工作组随即进村的事实看,政府较好地做到了这一点。对"抗议群众死亡"这一危机,"五个坚持"讲话中第三条强调"以人为本,全力做好家属安抚工作",政府仍使用"重塑性"策略,强调善后工作。可见,遵循情境式危机传播策略对政府处理类似事件有指导意义。

2. 把握受众文化心理,掌握话语和行动的"双主导"

中国的文化传统决定了政治生活的"官—民"语态。官员在社会地位、资源占有、话语权力等方面优势明显,民众对此也持认可态度。此次事件中,民众对官方的仰视角度可从村民对中央政府的绝对信任中得到验证,此次危机传播的模式是"官"对"民"的单向传播。把握这一点,对合理制订政府危机传播策略有重要价值。首先,朱明国一开始就传达了高层领导对事件原因、本质的分析,并就解决问题向民众承诺,迎合了民众对"官方说法"的期许,确立了舆论走向,掌握了传播主动权。

其次,朱明国强调:"一定要阳光透明,让主流媒体能够及时地发出权威声音。"此话一石二鸟。一方面,强调主流媒体的意义,在中国现行体制的媒体生态中,该策略意义非常;另一方面,承诺"阳光透明"对群众"可能会有暗箱操作"的担忧对症下药,补全了群众的信任短板,仍然属于因势制宜的情境式危机传播策略。

3. 根据情境,"支持型"可占危机传播策略的主流

按照库姆斯的理论,在根据情境运用相应策略后,可适当运用"支持型"进行补充,"支持型"一般不单独使用。本研究认为,库氏理论可在中国式实践中得到补充和延展。

在干群大会这一类似新闻发布会的场合,朱明国一开始便强调:"群众的主要诉求是合理的"、基层政府"确实存在一些失误"、"村民出现一些不理性行为可以理解",要"考虑人民群众的实际利益"。这一系列话语都属于"支持型"中"称赞利益攸关方",使群众在心理上将政府定性为"自己人",心理距离一旦拉近,危机传播就能更好地行。

获得正面评价最多的"五个坚持"中,类似上述"支持型"的篇幅占50%以上。分析同样占据正面报道份额较大的"冬至讲话","支持型"篇幅也几近30%。"支持型"话语策略比"重塑型"行动策略在奠定话语基调、安抚听众情绪、增强听众信心上更有效。

危机传播的基本原则是:构建传播主体的公信力,需要成功向公众展示如下4点:同情与关注;能力与权威性;坦诚与开放;责任感与奉献精神。"五个坚持"在这4点中都有体现,其中,"支持型"就符合第一点"同情与关注"。

在此次危机传播中,政府能转换思维模式,摒弃一贯的"对手"思维,采取温和的协商处理方式,是媒体正面评价的基本原因。为迎接新时期群众工作的挑战,培养出新的危机处理模式,这种转换至关重要。

4. "留后路"思维是具有新时期特色的政府危机传播思路

"五个坚持"的第3条和第5条都强调了罕见的"留后路"原则。在"维稳"成为我国政治生活的重要概念后,此种大规模群众事件对组织者、参与者都预设着很大风险。"五个坚持"明确表示:政府理解大家,对有过激甚至违法行为的民众,只要悔改,政府一定给出路。这种态度向全社会发出信号:中国政府是为人民服务的政府,不仅负责任,而且讲道理。这种"留后路"的思想对我国政府危机传播有特殊意义。

5. 危机传播策略与危机管理的策略应当保持同步

诺贝尔奖获得者、交易成本学派创始人威廉姆森认为,无论是政府治理还是市场管理,信任都不可或缺。① 在"乌坎事件"中,看似"暴民"的村民体现出对中央的高度信

---

① 奥利弗·威廉姆森:《治理机制》,309 页,北京,中国社会科学出版社,2001。

任——无论是中英文写成的"致媒体朋友们"的声明,还是面对外媒的深度采访,他们都表示:"请正面报道——我们不是起义,我们拥护共产党,我们爱国家"和"我们坚信中央政府会还我们一个公道!"如果省委工作组没有坚持"五个坚持",如果民众的信任再次被打破,后果不堪设想。

这次危机处理,虽然内媒、外媒都持较为正面的态度,但为我国政府危机传播"形式大于内容"的一贯缺点所扰,媒体观望态度仍较为强烈,《华尔街日报》的报道称:"中国的地方社区和网民都在密切关注当局是否会信守它们做出的不寻常的承诺"。

作为监督利器与舆论平台,媒体的态度代表着民众的态度,政府危机传播的策略必须伴随危机管理的策略同步进行调整。在"五个坚持"之后,政府开展的危机管理工作能否积极跟进,决定了这次危机传播的最终结果。

6. 讲求危机处理效率在政府危机传播中意义重大

政府此次虽表现出色,却没有很好地遵循"迅速"原则。危机传播讲究"真实地说,迅速地说,首先来说"。该事件从 9 月开始到群众死亡,在省委省政府出面前一直处于僵局。政府若及早采取行动,悲剧也许能避免,也为危机处理争取了先机。

在文本 3 中,朱明国特别指出:很多群体性事件一开始都很简单,往往都是一拖再拖,最后酿成严重后果。出现危机苗头后,政府一定要尽早行动,及时控制事情局面和舆论走向,这对有效进行政府危机传播具有重要意义。

附录 7　危机传播研究的本土化初探：
以《尚书·大诰》为例①

　　《尚书》又称《书》，是我国最早的政史资料文献汇编。全书按朝代分类编次，分为《虞书》、《夏书》、《商书》和《周书》四个部分，记述了从传说时代的尧舜直至信史时代春秋秦穆公时期的重要历史人物和事件，涉及政治、军事、天文、地理、法律、礼仪等众多领域，是历代封建帝王和士大夫的必修"教材"，也是华夏文明的"原典"之一。②

　　《礼记·玉藻》称古代君王"动则左史书之，言则右史书之"。③《汉书·艺文志》亦言"君举必书"，"事为《春秋》，言为《尚书》"。④ 由此可见，《尚书》是我国最早的记言体散文。它记录了上古君王对邦君大臣及庶民的"训"、"诰"、"誓"、"命"，所处的情境多为重要的历史发展节点，关涉国家兴废，民众安危，因而成为研究远古政治传播和危机传播不可多得的原始语料。

　　危机传播是 20 世纪 60 年代在西方兴起的研究领域，而《尚书》则是华夏文明语境下最为古老的传世政史典籍，"新兴"与"远古"似乎没有共同的"交集"。如何认识《尚书》的语料价值，不仅是传播史研究的重要课题，也是传播研究本土化的重要课题。可喜的是，21 世纪初已有学者进入这一领域。2001 年，清华大学刘建明教授以现代传播学的观点解读《周书》中的《尧典》、《皋陶谟》，提出《尚书》是人类研究舆论的最早成果；⑤2003 年，传播学者朱至刚对记载商代国王盘庚如何说服公众迁都的《商书·盘庚》进行解读，分析盘庚演说的传播受众、内容、方式和效果，说明其对舆论领袖和

---

① 本文作者为钱晶晶，清华大学新闻与传播学院 2011 级博士生。
② 钱宗武、杜纯梓：《尚书新笺与上古文明》，北京，北京大学出版社，2004。
③ 《十三经注疏》，中华书局，1979。
④ （东汉）班固：《汉书》，中华书局，1962。
⑤ 刘建明：《舆论传播》，北京，清华大学出版社，2001。

普通民众的演说具有群体、组织传播的双重色彩,使王权对社会信息传播的控制作为制度被接受并延续下来。① 他们的研究都为探究传播研究本土化的可能性提供了典范。

在西方危机传播研究的众多理论中,最具代表性的是美国学者库姆斯(W. T. Coombs)的"情境式危机传播理论"(Situational Crisis Communication Theory,简称SCCT)。该理论强调"情境"在危机传播策略选择中的重要性,针对不同的危机情境采取不同的传播策略,可以归纳为以下几种类型:

(1)否认型:主要分为:回击指控——直接回击或反驳对本组织的指责和质疑;直接否认——直接否认危机的存在,最好能够提供理由和证据;指明"替罪羊"——本组织以外的人或组织应该对此危机负责。

(2)淡化性:主要分为:寻找借口——旨在淡化本组织对此危机所应负有的责任,强调危机发生的"出乎意料性";寻找合理性——淡化此次危机可能引发的伤害;

(3)重塑性:主要分为:进行补偿——强调危机的受害者已得到妥善安置和应有补偿;郑重道歉——宣布本组织承担所有责任,请求公众的宽恕;

(4)支持型:提醒——提示大众和媒体本组织曾经做过的有益的事情和相关正面评价;迎合——称赞和感谢所有的"利益攸关方";共鸣——强调本组织也是危机的受害者。"支持型"策略一般是作为辅助,与其他策略共用。②

本文以情境式危机传播理论作为基本框架,以《尚书》中最为重要的篇章之一《周书·大诰》(下称《大诰》)为蓝本,聚焦周朝摄政王周公在面临武王驾崩、少主年幼、东部叛乱的重大危机时,如何说服邦君大臣们决意东征平叛的诰词,分析其所使用的危机传播策略和技巧,探索《大诰》作为华夏上古政史经典对危机传播研究的语料价值和对提升我国政府官员传播素养与执政能力的实践启示意义。

一、《大诰》中的危机情境分析

结合当时的政治社会背景,《大诰》准确地反映了西周政权及其主要统治者周公所处的三种"危机情境"。第一种是"殷小腆诞敢纪其叙",即商纣王的儿子武庚竟敢组织殷商残余力量在东部封地发动叛乱。西周初年,周武王姬发为加强对殷商遗民的统治,将殷商旧都封给商纣王的儿子武庚。同时,武王又将商朝国土分为三块,分别由自己的三个弟弟管叔、霍叔和蔡叔管理,以达到监视武庚的目的,史称"三监"。武王驾崩后,其幼子成王姬昌即位,武王之弟周公姬旦摄政,统治阶级内部矛盾重重,武庚乘机勾结三监,联合东部诸侯国及部落发动大规模叛乱。旧朝复辟势力与王族本身成员勾结作乱,新生的西周政权

---

① 朱至刚:"《盘庚》别传——对一个上古文本的传播学解读",载《新闻与传播研究》,2003(2),48～55。

② 史安斌:《情境式危机传播理论与中国本土实践的检视:以"汶川大地震"为例》,载《传播与社会学刊》(香港),2011(15),105～124。

危在旦夕。

与这个主要的危机情境并存的，还有一个隐藏的危机情境。如果不立即东征，及时平叛，大批被迫臣服的殷商遗民在思想观念上对曾是诸侯国的西周政权耿耿于怀，随时有可能响应武庚，加入叛乱的行列，周王朝危机四伏，人心惶惶，整个国家陷于极度恐慌之中。

第二种危机情境是"我国有疵"，即舆论对周公摄政的疑惧。武王新死，少主年幼不足以问政，周公成为摄政王辅政，同为王叔的管叔姬鲜虽是武王姬发的弟弟，却是周公姬旦的哥哥，出于嫉恨，反对周公摄政，散布流言飞语，到处宣扬周公"将不利于孺子"，周公辅政的合法性受到严重挑战。

第三种危机情境是组织内部的分歧。面对叛乱，周公决定率兵东征，以巩固成王的统治，并以龟甲占卜，力图借上天的意志加强动员，统一行动。但是，众诸侯国国君和王朝大臣认为困难太大，纷纷采取被动躲避的"鸵鸟政策"，一致建议周公违背龟卜的指示，放弃东征。

二、《大诰》中周公的危机传播策略分析

面对叛乱引起的内忧外患和统治阶层对东征的一片反对之声，周公便发布诰谕，以龟卜所呈天意为指导思想，反驳惧怕困难和违背龟卜的观点，劝服邦君和群臣同心同德，平定叛乱。史官记录此文，并命名为《大诰》。大诰，即普遍广泛诰谕之意，类似于今天政府新闻发布会的通稿。在当时的危机情境下，《大诰》即为政府进行危机传播的文本记录，包含了应对危机的传播策略和技巧：

1. 借用成王之口，正本清源，取得作为传播者的合法地位

一般认为，"第一时间发布真实信息，成为权威信源"[①]是危机传播的核心理念之一。在当时的情况下，"名不正，言不顺"是周公面临的首要危机。不管他如何忠心耿耿，只要舆论认为他不应是此事的官方发言人，不管他说什么都无效。对此，周公从传播经典模式"传者-资讯-信道-受者"的第一要素"传者"着手，借用成王的口吻发布此诰谕。改变一下传者的身份，便四两拨千斤，使周公自动成为权威信源，抢占了舆论的制高点，使作为"受者"的诸侯国邦君和群臣不得不乖乖"听话"。

2. 批评邦君和朝臣，强调其责任，强调齐心协力的重要性。

在取得了话语权的合法性之后，周公便施展其纵横捭阖的语言艺术，开始将重点放在"资讯"环节上（原文附后，下同）。[②]

---

① 史安斌：《危机传播与新闻发布》，广州，南方日报出版社，2004。

② 《尚书·周书·大诰》：王若曰："猷！大诰尔多邦越尔御事。弗吊！天降割于我家，不少延。洪惟我幼冲人，嗣无疆大历服。弗造哲，迪民康，矧曰其有能格知天命？已！予惟小子，若涉渊水，予惟往求朕攸济。敷贲前人受命，兹不忘大功。予不敢闭于天降威，用宁王遗我大宝龟，绍天明。即命曰：'有大艰于西土，西土人亦不静，越兹蠢。殷小腆诞敢纪其叙。天降威，知我国有疵，民不康，曰：予复！反鄙我周邦，今蠢今翼。日，民献有十夫予翼，以于敉宁、武图功。我有大事，休？'朕卜并吉。"

根据 SCCT 理论,对莫须有或证据不足的指控所引起的危机,较合适的策略为"否认型",即为迅速回击指控,或直接否认指控,或指出其他该对此危机负责的人。

在这段文字中,周公借成王口气,主要使用"否认型"策略来说服听众:

第一,他说:"成王年幼便继承大业,却没有遇见明智的人辅佐,更别说是能知晓天意的人了。"这话一石二鸟:首先,给在场的诸侯国邦君和王朝群臣们来个下马威,指责他们无能或不作为,没有尽到辅弼幼主之责,才有今日之祸。这是危机传播策略"否认型"的第三种形式"指明其他该对此危机负责者",即:"这次祸乱,不是我成王之过,也不是周公之过,你们这些所谓的国家栋梁玩忽职守,是一个重要原因。你们应该愧疚。"听众一旦感到愧疚,就能更好地达到传者劝服的目的。

第二,他强调:"我成王现在是个孤单的孩子,身边没有人帮忙拿主意。"也委婉地指明自己现在只是个传声筒,并没有在幕后操纵,更别说图谋篡位了。这是间接运用了"否认型"策略,巧妙否认了"公将对孺子不利"的指控,对化解"周公篡位"的舆论危机起到一定作用。

第三,他强调目前国内政局不稳,西部人心不定,才使东部殷商残部的叛乱有可乘之机。言下之意是:"祸乱由人心不定而起,作为国家中流砥柱的你们,更应齐心协力,共同东征以报国,绝不能人心涣散,再给敌人钻空子的机会。"此语使用"寻找替罪羊"策略,间接地批评了对东征持不同意见的邦君和大臣们,进一步向他们强调了东征的决心。

3. 强调龟卦呈吉,加强传播内容的权威性,解除"要否东征"的疑虑

在生产力发展水平极度低下的远古时代,人们面对不可抗拒的自然力束手无策,感觉到冥冥之中有一种超自然的力量在主宰一切,这就是神化的"天"。从贵族到平民,无不对"天"顶礼膜拜。在生产生活中,万事皆要依循"天意"、"天命"行事。初民很早就认识到龟是动物中最长寿的物种,是通晓古今未来的神兽,是祥瑞的"四灵"之一,龟壳也就成为神物。当遇到难以抉择的事情,龟壳就成为"天"与"人"之间的媒介,人们钻孔炙烤龟壳,根据其裂纹的情况判断吉凶,占卜天命。远古社会神教和政教合一,部落联盟领袖既是最高执政官,又是大祭司。到了商周时代,仍然是"天命观"泛滥的时代。商代的国王将自己看作"天"的儿子,认为自己"生不有命在天",是"天意"在凡间的代言人,对"天意"这一重要信息具有绝对垄断权。周人虽然有了"德"的观点,有了"以德修身"、"以德范位"、"以德治政"的思想,但其核心思想意识还是"天命观",这在《周书》的重要篇章《洪范》①等中都有详细记载。

---

① "七、稽疑:择建立卜筮人,乃命卜筮。曰雨,曰霁,曰蒙,曰驿,曰克,曰贞,曰悔,凡七。卜五,占用二,衍忒。立时人作卜筮。三人占,则从二人之言。汝则有大疑,谋及乃心,谋及卿士,谋及庶人,谋及卜筮。汝则从,龟从,筮从,卿士从,庶民从,是之谓大同。身其康强,子孙其逢。吉。汝则从,龟从,筮从,卿士逆,庶民逆,吉。卿士从,龟从,筮从,汝则逆,庶民逆,吉。庶民从,龟从,筮从,汝则逆,卿士逆,吉。汝则从,龟从,筮逆,卿士逆,庶民逆,作内吉,作外凶。龟筮共违于人,用静吉,用作凶。"

在整个社会都唯天命是从的情况下,周公借成王的口气,宣布自己已用先王文王留下的龟壳占卜有关东征的决定,结果显示"吉利"。周公利用当时的主流认识论——龟卜天命的结果,在"资讯"这一环节上又占了先机,将危机传播的内容引入一个以自己为权威信源的语言环境中:"既然先王留给我们的大宝龟显示权威的天意认为应该东征,你们作为臣子,就不应有任何异议。"

4. 肯定东征艰难,动员大家同心同德,解决"怎样东征"的问题[①]

周公统一了认识,认为应顺应天意,齐心东征。可是,不少邦君和大臣们仍认为困难太大,建议成王违背龟卜。按理说,这是对周公危机传播内容的反对。然而,周公仍然介绍了这些反对意见,意在为下文铺垫。[②]

如前所述,《大诰》是一篇政府危机传播的新闻发布稿。在危机传播中,有4个方面对构建传播主体的公信力十分重要:第一,表示同情与关注;第二,显示能力与权威性;第三,表示坦诚与开放的态度;第四,显示责任感与奉献精神。

在整篇诰词中,这4点都得到了不同程度的体现。在这段引文中,在所占龟卜代表意见权威性的前提下,在对百姓遭遇表现出深重同情和诚挚关注之后,成王强调自己已在考虑东征,已饱受忧虑困扰,最终还是意识到不能因为自己忧虑而放弃平叛,而是要顺应天意,完成祖辈的千秋功业。这里,周公借成王之口向听众说明:"不同于你们这些畏难的人,作为一国之君,我有高度的责任感与奉献精神。"这与上述危机传播4点要旨的每一点都相符,塑造了一个有决断力和责任感的正面中央王权形象,增强了传播内容的权威性和说服力。

此外,周公再次采取"否认型"策略,不仅否认指责,还又一次批评了各位邦君和大臣的畏难情绪:国难当头,不但不安慰我、鼓励我:'不要被忧患所恐惧,不可不完成您文王所谋求的功业。'反而劝我采取消极的躲避政策,简直太不像话了。运用"否认型"策略中的"指责其他责任人",激起受众们的歉疚情绪,加强传播效果。

在此处,与"否认型"相结合,周公还间接使用了"支持型"策略。先强调东征给成王带来的重重忧虑,强调本人也是危机的受害者,再通过强调此次危机"对苦难的人民造成困扰,自己感到非常痛心"这一事实,将成王放在与广大群众感受一致的立场上,造成情感共鸣。另外,通过强调自己对此事困难及其对百姓困扰的认识,也间接地表示:并不是自己一意孤行要发动征战来扰民,国破则家亡,大家应该齐心协力,共同平叛。

---

① "肆予告我友邦君越尹氏、庶士、御事,曰:'予得吉卜,予惟以尔庶邦于伐殷逋播臣。'尔庶邦君越庶士、御事罔不反曰:'艰大,民不静,亦惟在王宫邦君室。越予小子考,翼不可征,王害不违卜?'"

② "肆予冲人永思艰曰,呜呼! 允蠢鳏寡,哀哉! 予造天役,遗大投艰于朕身,越予冲人,不卬自恤。义尔邦君越尔多士、尹氏、御事绥予曰:'无毖于恤,不可不成乃宁考图功!'"、"已! 予惟小子,不敢替上帝命。天休于宁王,兴我小邦周,宁王惟卜用,克绥受兹命。今天其相民,矧亦惟卜用。呜呼! 天明畏,弼我丕丕基!"

5. 妙用比喻，加强语言张力，强化传播效果①

在取得权威话语权、解决了"要否东征"和"怎样东征"的问题之后，周公以成王的口气，又采用一系列修辞手法来论证，强调"顺应天意，共同东征"的论点，加强已有的传播效果，彻底消除受众的畏难心理。

文王姬昌是周朝开国之君武王之父、成王之祖父，原是商纣王管理西方属地的西伯侯，因目睹纣王荒淫残暴，才起兵伐纣。然而，征战未竟，文王却因病去世，由其子武王完成建国大业。文王之于周朝，类似努尔哈赤之于满清，加上其为人忠厚贤德，是周朝万众敬仰的圣君。在此，周公再次打出"继承文王遗志，完成未竟大业"这张王牌，令众位诸侯国国君和王朝大臣不得不俯首帖耳，听其指示，再次巩固了话语权威性，符合危机传播"显示权威性"的理念和要旨。

在这段文字中，周公还将文王的统一大业比作"建屋"和"种田"——文王就好比已经确定了建屋想法和开垦了土地的父亲，眼下这些不愿东征的邦君和大臣就好比不愿打地基、不肯播种的儿子，懒惰畏缩，荒废祖业。运用比喻修辞，用相同的句式加强语势，周公借文王之口再一次强调自己不同于众人的高度责任感，符合危机传播"展示责任感"的要旨。

从文化地理学的角度看，兴于黄河之畔的商周文明属农耕文明，大河之滨土地肥沃，适宜人民长期居住，所以华夏民族自古强调安土重迁、安居乐业。因此，"建屋"和"种田"都是关系到子孙万代的大事，与一个王朝的建立和巩固确有共通之处。周公的这一组比喻有深刻的历史文化内涵，从本体到喻体都十分恰切，容易引起听众的共鸣和肯定。

在这段文字的结尾部分，周公再次施展其高超的语言技巧，说"又好比兄长死了，却有人群起攻击他的儿子，为民的长官难道能够相劝不救吗？"此话名为比喻，其为讽喻时事——"兄长死了"就是指武王逝世，"有人群起攻击其子"就是眼下殷商旧部勾结"三监"攻击成王的统治，"为民之长官见死不救"就是指在座的听众——邦君和群臣的消极态度。此处，周公再次直接批评这些人的畏难情绪，加深他们的负疚感，进而号召大家克服时艰，合力东征。

三、《大诰》中危机传播的效果分析

在《大诰》中，周公结合相应的"情境"，运用上述一系列危机传播策略和技巧，不仅消除了公众对自己要篡权的疑虑和对东征的畏惧，而且有效地促使邦君和大臣改变成见，加入东征的行列。这些诸侯邦君和王朝大臣是舆论领袖，他们的政治主张和倾向可以左右中央王朝和各个诸侯国的舆论情势。邦君朝臣的协力东征转变成周王朝的国家意志，汇

---

① "王曰：'若昔朕其逝，朕言艰日思。若考作室，既厎法，厥子乃弗肯堂，矧肯构？厥父菑，厥子乃弗肯播，矧肯获？厥考翼其肯曰：予有后弗弃基？肆予曷敢不越卬敉宁王大命？若兄考，乃有友伐厥子，民养其劝弗救？'"

聚成无坚不摧的国家力量。根据《史记·鲁周公世家》的记载，周公东征势如破竹，摧枯拉朽，迅速取得全面的胜利："遂诛管叔，杀武庚，放蔡叔。收殷余民，以封康叔于卫，封微子于宋，以奉殷祀。宁淮夷东土，二年而毕定。诸侯咸服宗周。"①

东征杀掉了作乱的武庚和管叔，消灭了殷商复辟的残余势力，圆满完成了文王未竟的事业，为周朝800年基业打下坚实基础。国难当头，周公借成王口气所作的《大诰》，作为危机传播的新闻发布稿，对征战起到了重要动员作用，为解决本文开头提到的三大危机具有关键性意义。

四、总结与讨论

（一）《尚书》有今古文之争，也有真伪之争。而《大诰》是今古文《尚书》共有的篇章，文辞古奥，类似西周金文，也是学术界公认的西周初年的作品。《大诰》的创作年代距今三千多年，当时的周公绝对没有库姆斯的危机传播策略模型作参考，却能纵横捭阖、步步为营，利用一系列话语策略，巧妙消除公众的疑虑和误解，成功完成危机传播。如果说，对于2008年汶川地震的处理标志着我国政府危机传播实践的进步，是SCCT本土化的一个范例。本文对《大诰》的解读则说明了中华民族的先祖早在几千年前就知道如何用语言艺术化解危机，体现了华夏上古文明在危机传播策略方面的卓越智慧。《大诰》作为《尚书·周书》中的重要篇章和传世文献中的真实文本，不仅包括了一系列危机传播的重要策略，对研究我国传播学史也具有不可替代的语料价值。

（二）对于丰富现有的"西方中心"的危机传播理论体系，以及如何提升政府官员的传播素养和执政能力，《大诰》中的各种方法和技巧也有一定参考意义：

1. 在危机传播的理论体系中，对于不同的情境采取"否认"、"淡化"、"重塑"、"支持"等不同策略是当前学界比较认可的模式。通过对《大诰》的分析，本文发现：对于需要说服公众采取某种具体行动来修复危机的情况，可建立新的危机传播策略类型——引导型。"引导型"的策略思想是寻找传者和受者共有的价值观与利益观，设置新话题，转移舆论焦点，变被动为主动，主导危机传播向有利于传者希望的方向发展。

运用这一策略时，设置的话题必须贴近危机，并且表达恰切，否则会使受众觉得传者是在转移话题。《大诰》中的周公面对嚣嚣众口，处危不惊，以类似"龟壳占卜是天意，其意不可违背"、"文王贤德，其大业不可荒废"等主流的认识论和价值观来设置议题，不仅能够先声夺人，迅速占据道义的制高点；也能迅速确立立论的合理性，容易获得受众的心理认同。这是一项重要的经验，是对现代危机传播策略模式的补充。

这一重要的哲学观和策略思想对当下的政府危机传播具有重要的参考价值。历史上看，"官方话语"的载体只有一个，就是君王或主流媒体，公信力是与生俱来的。然而，在

---

① （西汉）司马迁：《史记》，北京，中华书局，1982。

"全媒体"时代，无论是现代主义、事实路向的传统媒体，还是后现代、建构路向的新媒体，要影响舆论、监督社会，话语权与公信力就是生命线。如何巧妙引导舆论，构建公信力，从《大诰》中可以得到相关的启发。

2. 传播的"传者-信道-资讯-受者"4 个环节，每个环节都非常重要。本文发现：在危机传播中，传者"正名"尤为重要。在危机传播实践过程中，在第一个环节"传者"就遭到质疑的情况下，传播主体应迅速明确质疑原因，如果源自误解或者错误的信息源，应该坚决采用"否认型"传播策略，第一时间消解疑虑，为传播内容的表达打好基础。中国的政治伦理非常讲究"名"，注重"正名"，名不正则言不顺，言不顺则事不成。孔子在《论语·子路》篇中把"名"视为"为政"的第一要素。传者的目的是通过信息传播赢得受众认同。传者必须有"名"，才能顺利进行危机处理内容的传递，才能获得事半功倍的传播效果。

3. 对于危机，如果不是故意为之，传播主体找到合理的借口开脱罪名是比较好的选择。本文的研究不仅验证了这一结论，而且证明它具有超越时空的普适性。在《大诰》中，无论是赤胆忠心的摄政王周公，还是少不更事的幼主成王，对危机都不是故意为之，而他们推行东征却遭到责疑和反对。在这种情况下，周公使用"否认型"策略，一方面断然否认不实指责；另一方面或公开指责、或指桑骂槐，屡次对不作为的邦君和朝臣提出批评，为自身开脱责任，并引发受众的歉疚之情，加强了危机传播中传者的道德说服力。

4. 在危机传播实务中，SCCT 模式与传统危机传播技巧要结合使用，即要灵活地将"否认"、"淡化"、"重塑"等策略与"确立权威性"和"表现同情与关切"等技巧结合使用。《大诰》中周公用"我代理王传话"和"龟卜呈吉"确定了话语权之后，一方面采取"否认型"策略，指责众人逃避责任、消极畏难以开脱自己的责任；另一方面又表示自己明白民生多艰，立国之初开战，实在是迫不得已，以成功打造自己的正面形象，进而说服众人共同东征。

存在决定意识，新闻传播理论源于新闻传播实践。从历史和现实两个维度看，通过有效传播来应对突发事件和化解危机是政府官员应具备的基本素养和能力。在不同的时空辖域内，危机传播的工具、方式和手段虽然不同，但是策略思想、策略模式和运用原则却大致相通。我们应进一步认真研读华夏文明的原典，挖掘其中意涵丰富的语料，借鉴祖先的智慧，发展现代新闻传播理论体系，创立富有中国特色、符合中国国情的危机传播指导思想和策略模式，为指导我国政府官员的传播素养和执政能力提供学理依据。

附录8 白宫新闻秘书（新闻发言人）概览：1929—2013 年

总　统	新 闻 秘 书	任　　期	主 要 经 历	其 他 经 历
胡佛	乔治·阿克尔森（George Akerson）	1929 年 3 月 4 日—1931 年 2 月 5 日	农业部公共情报官以及 1928 年胡佛竞选团队新闻编辑	《明尼阿波利斯论坛报》记者
	西奥多·G.乔斯林（Theodore G. Joslin）	1931 年 3 月 16 日—1933 年 3 月 4 日	波士顿《晚报》驻华盛顿记者	
罗斯福	史蒂芬·T.厄利（Stephen T. Early）	1933 年 3 月 4 日—1945 年 3 月 24 日	美联社、合众社和派拉蒙新闻纪录片公司记者	为罗斯福 1920 年竞选活动做前期工作
	乔治森·W.丹尼尔斯（Jonathan Daniels）	1945 年 3 月 24 日—1945 年 4 月 12 日	罗斯福总统行政助理，1943—1945 年	民防局助理局长，1942 年；《罗利市新闻与观察家报》编辑，1933—1942 年
杜鲁门	查理·罗斯（Charles Ross）	1945 年 5 月 15 日—1950 年 12 月 5 日	《圣路易斯邮报》社论版编辑	杜鲁门儿时好友
	约瑟夫·谢特（Joseph H. Short Jr.）	1950 年 12 月 18 日—1952 年 9 月 18 日	《巴尔的摩太阳报》驻华盛顿记者	
	罗杰·图比（Roger Tubby）	1952 年 12 月 18 日—1953 年 1 月 20 日	副新闻秘书	国务院新闻官

续表

总　统	新闻秘书	任　期	主要经历	其他经历
艾森豪威尔	詹姆斯·哈格提（James C. Hagerty）	1953 年 1 月 20 日—1961 年 1 月 20 日	杜威州长的新闻秘书，1942—1959 年，以及 1952 年艾森豪威尔竞选活动的新闻秘书	《纽约时报》记者
肯尼迪/约翰逊	皮埃尔·萨林格（Pierre Salinger）	1961 年 1 月 20 日—1964 年 3 月 19 日	肯尼迪参议员时期以及 1960 年竞选活动的新闻秘书	《旧金山纪事报》和《柯里尔杂志》（Collier's）记者
约翰逊	乔治·里迪（George Reedy）	1964 年 3 月 19 日—1965 年 7 月 8 日	约翰逊担任副总统期间的助手，1961—1964 年；约翰逊做参议员期间的助手，1951—1961 年	美联社记者
约翰逊	比尔·摩尔斯（Bill Moyers）	1965 年 7 月 8 日—1967 年 1 月 1 日	和平队（到世界各地从事志愿者活动的青年组织）负责人	约翰逊担任参议员期间的助理
约翰逊	乔治·克里斯蒂安（George Christian）	1967 年 2 月 1 日—1969 年 1 月 20 日	美国国家安全委员会工作人员	得克萨斯州州长约翰·康纳利和得克萨斯州政治家普赖斯·丹尼尔的新闻秘书
尼克松	罗纳德·泽格勒（Ronald Ziegler）	1969 年 1 月 20 日—1974 年 8 月 9 日	1968 年尼克松竞选团队中担任赫伯特·克莱恩的助理	智威汤逊广告公司，为 H. R. 沃尔德曼工作
福特	杰拉尔德·特霍斯特（Jerald ter Horst）	1974 年 8 月 9 日—9 月 8 日	《底特律新闻自由报》记者	
福特	罗恩·尼森（Ron Nessen）	1974 年 9 月 20 日—1977 年 1 月 20 日	美国全国广播公司（NBC）记者，在福特担任总统和副总统期间对其进行报道	为合众社做白宫新闻报道
卡特	乔迪·鲍威尔（Jody Powell）	1977 年 1 月 20 日—1981 年 1 月 20 日	1971—1975 卡特做州长期间及 1980 年总统竞选期间的新闻秘书	
里根	詹姆斯·布雷迪（James Brady）	1981 年 1 月 20 日—3 月 30 日	代表特拉华州的参议员威廉.罗斯的助理	曾在尼克松和福特政府中任职

续表

总　统	新闻秘书	任　期	主要经历	其他经历
里根	拉瑞·斯皮克斯（Larry Speakes）	1981 年 3 月 30 日—1987 年 2 月 1 日	在福特政府中担任杰拉尔德·特霍和斯特罗恩·尼森的助理新闻秘书；在"水门事件"中担任尼克松律师詹姆斯·克莱尔的新闻助手	代表密苏里州的民主党参议员詹姆斯.伊斯特兰德的新闻秘书
里根/乔治·H.W.布什	马林·费茨沃特（Marlin Fitzwater）	1987 年 2 月 2 日—1993 年 1 月 20 日	助理新闻秘书，1983—1985 年；布什担任副总统期间的新闻秘书，1985—1987 年 2 月	阿巴拉契亚地区委员会、美国运输部、环境保护署和财政部的新闻助手
克林顿	迪·迪·麦尔斯（Dee Dee Myers）	1993 年 1 月 20 日—1994 年 12 月 31 日	2000 年克林顿总统竞选活动的新闻秘书	加利福尼亚州的民主党竞选
	麦克·迈丘里（Mike McCurry）	1995 年 1 月 5 日—1998 年 10 月 1 日	国务院新闻发言人	参议员哈里森·威廉姆斯和丹尼尔·莫伊尼汉的新闻助手，曾为民主党全国工作委员会和罗伯特·克里参议员及布鲁斯·巴比特州长的总统竞选活动工作
	乔·洛克哈特（Joe Lockhart）	1998 年 10 月 2 日—2000 年 9 月 9 日	副新闻秘书，1997—1998 年；1996 年民主党全国委员会竞选发言人	美国全国广播公司电视制作人
	杰克·塞伊沃特（Jake Siewert）	2000 年 10 月 1 日—2001 年 1 月 20 日	曾任洛克哈特的助理新闻秘书和副秘书，吉恩·斯普林的经济助手	
乔治·W.布什	阿里·弗莱彻（Ari Fleischer）	2001 年 1 月 20 日—2003 年 7 月 14 日	2000 年总统竞选活动的竞选新闻助手	众议院筹款委员会主席、代表加州的共和党人比尔·阿彻和代表新墨西哥州的参议员彼特·多梅尼契的新闻秘书

续表

总　统	新闻秘书	任　期	主要经历	其他经历
乔治·W. 布什	斯科特·麦克莱伦（Scott McClellan）	2003 年 7 月 15 日—2006 年 5 月 10 日	曾任阿里·弗莱彻的首席助理	1980 年总统竞选
	托尼·斯诺（Tony Snow）	2006 年 5 月 10 日—2007 年	福克斯广播和电视主持人，主持《福克斯周日新闻》	乔治·H.W. 布什总统的主要白宫演讲撰稿人；《底特律新闻》的专栏作家
	达娜·佩里诺（Dana Perino）	2007 年 9 月 14 日—2009 年 1 月 20 日	美国司法部发言人，2001—2003 年；托尼·斯诺的副新闻秘书，2005—2007 年；2007 年 3 月 27 日至 4 月 30 日任白宫代理发言人	WCIA 电视台记者，福克斯新闻节目的政治评论员，兰登书屋的图书出版主管
奥巴马	罗伯特·吉布斯（Robert Gibbs）	2009 年 1 月 20 日—2011 年 2 月 11 日	约翰·克里 2004 年总统竞选活动的新闻秘书，曾在奥巴马做参议员期间担任其办公室联络主任，2008 年奥巴马竞选团队中担任传播主管和高级战略顾问	
	杰·卡尼（Jay Carney）	2011 年 1 月 27 日至今	《迈阿密先驱报》记者，1987—1989 年；在《时代》杂志工作，1989—2008 年；2008 年 12 月 15 日担任副总统拜登的新闻发言人	曾在美国有线电视新闻网担任特约记者

注：在 1945 年 4 月 17 日的新闻发布会上，杜鲁门总统宣布 J.李奥纳多·雷恩斯"将会帮助我处理新闻和广播事务"，但是他并没有被杜鲁门任命为新闻秘书。在 4 月 20 日的新闻发布会上，杜鲁门宣布雷恩斯将会重新为佐治亚州州长考克斯工作；图比的档案中曾注明他的薪水有所增长，薪资与新闻秘书这一职位相称，但并没有记录表明他担任了这一职位。上述细节来源于美国学者库玛尔 2005 年 9 月与档案保管员卡罗·马丁（Carol Martin）和哈利斯·杜鲁门进行了电话讨论。其中，詹姆斯·布雷迪在一次他人对里根总统的未遂的刺杀行动中身受重伤后，在其执政期间一直保留着新闻秘书的职位。

（来源：美国学者 M. J. Kumar，Managing the President's Message：The White House Communication Operation，188～191 页；维基百科词条"White House Press Secretary"；以及白宫传播办公室网页上的信息综合编辑而成）。

附录9 美联社工作人员社交媒体使用守则

（2013 年 5 月修订）

《美联社工作人员社交媒体使用守则》是基于我们对于新闻价值原则的一贯阐述而提出的。以下的各条守则旨在把这些经久不衰的新闻行业理念应用到新的社交媒体领域，从而提升美联社及其每个员工在社交网络领域的品牌效力。本守则鼓励员工积极使用社交网络，并同时恪守我们的基本价值观，即不应该随意通过社交网络就当下的争议性话题表达自己的意见。

其他任何例外情况都应该征求我社高管的意见。本守则无意对《国家劳工关系法》所赋予的员工权利造成任何程度的损害。

账号：

我们鼓励所有的美联社记者都能够有社交网络的个人账号。因为它们已经成为美联社记者收集信息、分享链接的必要工具。我们建议您在每个社交网络上注册两个账号，一个私用，一个公用。

许多美联社记者在这个策略的使用上收获了极大的成功。

如果员工在工作上使用自己的社交网络账号，在任何情况下，他们都应该明确标示出自己来自美联社的身份信息。您不必在推特网或其他社交网络的用户名中包含"美联社"的字样，而且建议您使用自己个人照片来做头像（不要使用美联社的标志）。但是，您应该在个人描述里体现出您是美联社的员工。

上传美联社独家所属或机密材料是被严格禁止的。

员工不应该在他们的社交网站个人描述中包含政治倾向的信息，也不应该发布任何有关政治性阐述的内容。

观点：

美联社的员工必须认识到他们在网上所表达的观点可能会损害美联

社作为一家客观公正媒体的声誉。美联社员工应该避免在任何公开论坛上发表有关争议性公共议题的个人观点，而且禁止在网上参与和支持任何有组织的群体性政治行动。

有时，员工会问及他们是否能够自由在社交网络上就体育、娱乐等话题发表个人评论。答案是可以的，但是仍有以下几条注意事项：

第一，说任何人（包括一个团队，公司或名人）的坏话，都会对员工和美联社造成负面影响。设想一下，如果您的转发被您评论的对象看到了，而这个被您嘲笑的人可能正是您另一同事正需要发展的新闻线索提供者，那么后果就不堪设想了。

第二，如果您或您所在的部门正在采访一个主题（或是您在督促他人在做采访），您在网上发表关于此主题的观点时就尤其更应该做到客观、公正。条件允许的情况下，您可以附上美联社官方报道的链接，这样就可以有更大的空间去表达我社所有的观点。

为了撰写报道收集意见的状态和转发必须明确表达我们在寻找各方观点这一意图。

隐私：

雇员在表达任何与美联社可能相关的个人意见或同事观点时，应该尤其提高警惕。即使您把相关内容只给自己的朋友看也同样要多加小心。

我们建议您在脸谱网（Facebook）上进行隐私设置来确认您的分享内容与分享对象。

然而，鉴于有太多的人对社交媒体使用相当熟稔，所以基本没有什么信息在网络上是绝对隐私的。如果某人想从受限的材料中拷贝出相关信息，并将其放在其他地方给更多的人阅读，这是相当容易做到的。

好友/回复：

如果能够为报道服务，您是可以与线人、政客或新闻当事人在脸谱网上建立好友关系的，同时您也可以在推特网（Twitter）上成为他们的"粉丝"。

然而，如果您与执政候选人或政治性事件在网上保持好友或赞成的关系与态度，可能会使一些不太熟悉社交网络运作机制的民众感觉美联社的员工在为政党做宣传工作。所以，您应该试着与站在争议事件正反双方的重要人物取得联系，来保证立场的公正。

我们应该避免与新闻当事人在他们的公众主页上直接交流，比如评论他们社交网站上的博客内容。

美联社的高层人员不应该向下属发出好友请求。但如果普通员工想向他们的上司或其他高层发出好友申请，是可以接受的。

发布：

美联社鼓励员工以各种形式在社交网站上添加有关美联社报道内容的链接。他们也可以添加来自其他媒体报道内容的链接，除非内容本身散布谣言或言辞不当。无论其他记者或新闻机构做何种报道，美联社的员工都禁止在网上散布谣言、宣传未经证实的消息。因为您与美联社的所属关系，您这样做会增加这类虚假消息在公众当中的可信度。

当您添加链接时，要特别注意有关其他公司的、具有互相竞争性质的信息。虽然我们与其他新闻媒体正处于非常激烈的竞争关系中，您仍需要在发布一些对其他新闻媒体不利信息之前三思而后行。因为这可能会影响您思维的公正性。

员工应该添加那些已经在网上获得发布权限的链接内容，而不是随意直接上载或复制任何链接内容。

美联社的记者曾成功对多次新闻事件在社交网站上进行及时的"现场播报"。下面是对社交网站"现场播报"的一些建议：

（1）**需要现场直播的新闻事件**（如：**新闻发布会、运动赛事等**）：我们非常欢迎员工能够在社交媒体上直播这些事件。但是，当重大新闻事件发生时，员工的首要任务是为美联社的新闻编辑部提供翔实的事件细节。在提供完详尽的信息和完成其他美联社即时要求的任务后，员工就可以自由在社交网站上发布或转发信息来及时跟进新闻事件的后续发展。

（2）**独家材料**：美联社必须要确保能够首发独家文字、照片及视频材料，而不是在它们都已经出现在社交网络上之后。相关信息一经发布，我们很欢迎员工们在美联社或其他订阅者平台上添加相关内容的链接。

（3）**新近报告线索**：美联社的员工们严禁在社交网络上分享新近出现的信息。因为如果能够密切跟进此类信息，我们很容易得到重大的独家新闻并通过官方发布。

（4）**其他内容**：您收集的其他一些信息可能已经被分享到社交网络上。这些信息包括我们通常称作"剪接室糊地板用的"，因为这些信息并不是美联社制作某一具体新闻产品所需要的。

有关美联社员工安全的特别提醒：员工们禁止在社交网络上发布任何可能危害美联社工作人员人身安全的信息——比如美联社记者现场报道所在的具体地点，因为这些记者可能会在当地遭到绑架或袭击。此规定也同样适用于那些有关员工被逮捕或失踪的报道。诚然，在一些情况下，信息公开能够帮助员工避免危险，但只有统筹全局的美联社高层领导才能就类似事宜做出最终定夺。

转发：

在转发他人的信息时，正如您自己发布信息一样，您都不应该就热点问题明显表露出您的个人观点。一条没有任何评论的转发通常会被人当成您默许了此条信息的观点。

可能导致严重问题的一些社交网络转发实例：

（1）转自@琼斯运动：史密斯的政策将摧毁我们的学校。

（2）转自@今日欧洲：最终，欧元计划产生了作用。

上述信息不完整，缺乏限定语的转发都应该严格避免。

然而，如果我们能够明确表示我们只是在简单地报道或引用这些带有观点的信息，那么我们就可以审慎而巧妙地在社交媒体上转发类似信息。介绍性的话语会帮助您达到这个目的。

举例：

（1）"琼斯运动"正在就教育问题谴责史密斯。转自@琼斯运动：史密斯的政策将摧毁我们的学校。

（2）欧洲大报称赞欧元计划。转自@今日欧洲：最终，欧元计划产生了作用。

即使您在推特网主页的个人描述里说明"转发不代表个人立场"，以上的建议也是同样适用的。因为许多人都只会看您发布或转发的信息，而从来不去关注您的个人描述。

员工们应当自觉远离转发谣言和传闻。然而，只要您能够谨慎避免重复那些悬而未决的报道，您就可以自由去回复并跟进这些信息，以期获取更深入的情况。

当新闻当事人在社交网络上发布了重大信息，看到此条信息的员工应立即将其向美联社的相关采写或编辑部门汇报，并完成上级布置下来的任何相关任务。然后，如果该新闻当事人的账号被证明是真实可信的，员工便可以自由转发或分享那条原始信息。在下文中，我们将对核实社交网络账号真实性的政策和最佳做法进行更详细的梳理。

在个人网站、博客和社交网络上展示在美联社的工作：

美联社的员工可能会想把自己的日常工作在个人网站和博客上进行分享。在他们的文本、照片、视频和交流记录已经被美联社官方发布之后，他们就可以把这些工作成果放在网上分享和展示。需要注意的是，这些材料必须明确注明是美联社所属的。

当员工在一些专门以用户分享为主要内容的社交网站上分享工作成果时，他们必须只能给出内容的链接而不能直接上传具体内容。

由美联社员工自己创作的"非美联社所属内容"，如个人相片、视频和文本，是可以在其个人网站、博客和社交网络上分享的。包括那些对社会争议性事件表达意见态度在内的所有信息发布，都应当遵循美联社新闻价值原则及社交媒体守则。那些在敌对或敏感环境中工作的员工在决定应该在社交网络上分享什么内容时，尤其应该关注安全问题及其分享对美联社获取新闻能力的影响。

信源：

想核实社交网络上信源的真实身份是很难做到的。在社交网络上发现的信源应该与那些通过其他方式发现的信源使用同样的方式来进行审查。如果您遇到的社交网站声称是某公司、组织或政府的高层官员，您应该打电话给相应单位进行核实。

禁止简单地从社交网络提取引言、照片或视频作为报道的素材，也禁止将这些素材的来源直接使用网站账号的名字或地址来表达。大多数的社交网站会提供用户间直接交流的信息传递服务。您可以通过电子邮件或电话，向信源获取更多详尽的信息。

当您发现报道中核心人物的社交网站，特别是无法从他本人那里获取确认信息时，您应该尤其谨慎。在社交网络中，冒充他人身份的虚假账号不计其数。通常，当一条新闻中的新名字出现后短短几分钟，使用该名字的虚假账号就会在社交网络中出现。您应当认真检查主页中的各项细节来分辨账号的真伪。

很多运动员、名人和政客拥有实名认证过的推特网账号。他们的个人页面上有蓝白相间的标志作为明显标示，表示这些账号已经过推特网认证确实是归其所有的真实账号。然而，推特网的实名认证过程常常被人愚弄，所以我们仍然需要与新闻当事人进行亲自确认。这个程序在谷歌搜索页上也同样适用，虽然上面也有一个表示已核实的标记，但我们仍然需要在报道中亲自再次认证它的可靠性。

除此以外，在您引用新闻当事人在社交网站上的信息时之前，您需要核实到底是谁在运作这个账号。是他本人还是他的助手？还是他们一起在运作？得知信息的来源能够帮助您更好地判定这些信息有多大的新闻价值，更好地表述这些信息的特征。

在把社交网络上的照片、视频或其他多媒体的素材作为报道内容的一部分之前，我们必须首先确定这些材料的所有权在谁手上。只有在获得其所有者的许可之后，我们才能进行使用。任何例外情况都应该与美联社中枢机构的法律部门进行沟通。这些内容的真实性也需要用美联社的标准来检验。

员工在使用社交网络寻求来自那些处于危险境地和损失惨重的对象的基本信息或原创内容时，应该保持足够敏感，并做到深思熟虑。他们不应该随意采访民众以至于让他们处于危险之中。事实上，在情急之中，他们更应该提醒民众采取安全措施。当信源本人处于危急之中，员工应该使用他们作为记者的职业敏感来判断是应该直接通过社交网络对其进行采访，还是咨询上级领导的意见后再做决定。您可以阅读给每个美联社员工分发的备忘录获取处理此类情况的更多建议。

与用户互动：

美联社一贯乐意与用户保持长期的交流和沟通。员工可以自由向他们在社交网络上的"粉丝"们询问关于一些新闻报道的观点和看法，也可以给一些能够为美联社提供信息核实或照片视频的目击者和线人直接打电话交流。美联社也鼓励员工回答他们自己报道领域的相关问题，因为这些问题正引导着社交网络中有关美联社报道的舆论走向。当然，前提是他们的回答必须要符合美联社新闻价值原则和社交媒体守则。

我们收到的很多反馈都是富有建设性的，无论对我们报道内容的批评通过何种方式表达，只要是真实确凿的，我们一定会认真考虑反思。

美联社新闻价值原则中有这样的表述："无论是在自己的工作中还是在同事的工作中，员工必须尽快告知监察编辑他们发现的那些错误或潜在错误。"除此以外，给读者的回复往往也是由读者做出的评论本身来决定的。

如果读者或观众提出的出色意见能够帮助改正我们工作中的错误，那么我们就应该通过邮件或社交媒体发布对其的致谢（尽量不要再犯同样的错误）；如果读者提出的批评本身存在问题，那么我们在时间允许的情况下不妨也及时回复他们并澄清事实。

然而,我们最好要避免与那些脾气暴戾的,缺乏建设性意见的人进行长时间的反复交涉。辱骂的、执拗的、猥亵的或带有民族主义色彩的评论都应该标示给美联社区域总分社或国际安全部门代为处理。(联系方式:dspriggs@ap.org)

其他需要牢记在心的注意点:

(1)我们向任何读者或观众所做出的回应都可能被公开。电子邮件,脸谱网信息与推特网即时通信给人感觉上是私密性的交流,但其实很容易被势力集团、政治施压团体、律师代理人等所利用。如果某个报道或某张图片引发了严重争议,责任编辑可能是反映意见的最佳人选,而不是该内容的作者。标准中心也可以提供相关回复。

(2)任何可能引发法律纠纷的来信都应该先由美联社的律师处理,然后再做出相应回复。

与美联社官方社交网络账号互动:

我们欢迎员工转发或分享由美联社官方社交网络账号发布的信息(如:推特网@AP或美联社在脸谱网的主页或美联社在谷歌⁺的主页)。我们要求美联社的员工尽量不要称赞或评论美联社的 Facebook 和"谷歌⁺"主页上的内容。这些账号是官方的,是面向公众的交流渠道,我们希望把更多空间留给公众来评论和互动,而不是让记者们在一个面向公众的场合互相讨论他们自己的事情。如果一个普通的 Facebook 读者点击进入一条博文,结果发现里面全是记者之间的对话或内部人士的互相吹捧,这将会是一件很令人反感的事情。

删帖:

在推特网上,我们可以删除之前发表过的内容。然而,"删除"这一功能只能用来删除推特网上某些内容或几个推特好友。遗憾的是,我们所删除的内容却可能已经在其他人的主页上被转发或重发。那么,公众还是可以看到这些内容。如果您必须要彻底删除一个帖子,可以跟美联社区域总分社的管理人员进行沟通。

勘误:

社交网络上的帖子或社交媒体上的内容如有谬误,则应该迅速并透明地进行勘误,这与纠正美联社提供的其他服务中的错误是一样的。这条规则也同样适用于其他与美联社相关的,通过个人账号发布的帖子和内容。

我们需要做的是,在社交网络上发布相关帖子或博文来说明并解释我们所造成的失误或犯下的错误。

例如:

勘误:美国驻尼日利亚大使馆表示本周可能会在 Abuja(之前曾错误表述为 Lagos)的豪华酒店里发生爆炸。(apne.ws/uxr9ph)

严重的错误则需要告知美联社区域总分社的高层和相应的地区或垂直管理部门来处理。

附录10 美国空军网络发布和舆情应对工作流程

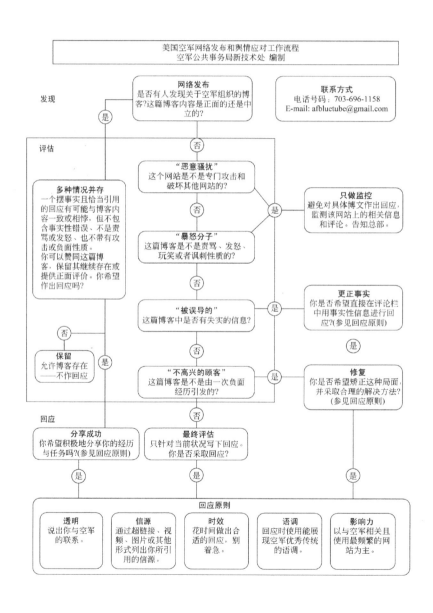

美国空军网络发布和舆情应对工作流程
空军公共事务局新技术处 编制

发现

网络发布
是否有人发现关于空军组织的博客?这篇博客内容是正面的还是中立的?

联系方式
电话号码：703-696-1158
E-mail: afbluetube@gmail.com

评估

多种情况并存
一个摆事实且恰当引用的回应有可能与博客内容一致或相悖，但不包含事实性错误、不是责骂或发怒、也不带有攻击或负面性质。
你可以赞同这篇博客，保留其继续存在或提供正面评价。你希望作出回应吗?

"恶意骚扰"
这个网站是不是专门攻击和破坏其他网站的?

只做监控
避免对具体博文作出回应，监测该网站上的相关信息和评论。告知总部。

"暴怒分子"
这篇博客是不是责骂、发怒、玩笑或者讽刺性质的?

"被误导的"
这篇博客中是否有失实的信息?

更正事实
你是否希望直接在评论栏中用事实性信息进行回应?(参见回应原则)

保留
允许博客存在——不作回应

"不高兴的顾客"
这篇博客是不是由一次负面经历引发的?

修复
你是否希望矫正这种局面，并采取合理的解决方法?(参见回应原则)

回应

分享成功
你希望积极地分享你的经历与任务吗?(参见回应原则)

最终评估
只针对当前状况写下回应。你是否采取回应?

回应原则

透明
说出你与空军的联系。

信源
通过超链接、视频、图片或其他形式列出你所引用的信源。

时效
花时间做出合适的回应，别着急。

语调
回应时使用能展现空军优秀传统的语调。

影响力
以与空军相关且使用最频繁的网站为主。

附录 11 社交媒体（自媒体）的主要形式

西方社交媒体 （自媒体）网站	中国的本 土化网站	主要特点及举例
Wikipedia	百度百科	用户共同编辑的网络百科全书（我来编辑"北京烤鸭"词条）。
Facebook	人人网、开心网	用户交友网络，分享信息和生活体验（"我喜欢吃烤鸭"）。
Twitter	新浪微博、腾讯微博	用户发布 140 字的短博客，分享即时行为和体验（"我正在吃烤鸭"）。
Tumblr	新浪轻博客	介于微博和博客之间的一种分享文字、视频的工具，博客像书，微博像报纸，轻博客则像杂志（"这是我搜集的北京所有著名烤鸭店的图片"）。
YouTube	优酷网、土豆网	用户拍摄、上传、分享视频（"看，我正在吃烤鸭"）。
Instagram	微博、微信都有图片分享功能	用户拍摄、上传、分享图片（"这是我吃烤鸭的样子"）。
Foursquare	大众点评网、高德地图	用户分享当前所在的地理位置（"我在前门大街的全聚德吃烤鸭"）。
LinkedIn	优士网	专业精英人士的社交网站，通常用于求职等（"我会做烤鸭，还有专业技术证书"）。
Pinterest	豆瓣网、美丽说	用户分享兴趣爱好的"瀑布流"图片网站，以女性用户为主（"这是我制作烤鸭的流程图片"）。
Spotify	音悦台、豆瓣电台	用户分享音频的网站（"请大家收听我写的烤鸭歌"）。
Google＋	无	与电子邮件（Gmail）绑定的聊天网站，具有鲜明的"圈子化"特征，用户多为科技男和宅男［"我是个喜欢吃烤鸭的'果粉'（苹果手机的忠实用户）"］。
无	微信（中国原创）	与手机绑定的新型语音聊天工具（"我跟大家聊聊吃烤鸭的感受"）。

本书参考文献目录

Auf der Heide, Erik. *Disaster Planning*. New York: Free Press, 1996.

Benoit, William L. *Accounts, Excuses, and Apologies: A Theory of Image Restrotation Strategies*. Albany: SUNY Press, 1995.

Caywood, Clarke L. (ed.). *The Handbook of Strategic Public Relations and Integrated Marketing Communications*. 2nd edition. New York: McGraw-Hill, 2012.

Chess C., Hance BJ. *Communicating with the Public*. Piscataway. NJ: Rutegers University Press, 1987.

Cohen, Jeffrey E. *The Presidency in the Era of 24-Hour News*. Princeton University Press, 2008.

Cohn, Victor. *Reporting on Risk*. Washington D. C.: The Media Institute, 1990.

Cook, Timothy. *Governing with the News: The News Media as a Political Institution*. 2nd edition. Chicago: The University of Chicago Press, 2005.

Coombs, W, Timothy. *Ongoing Crisis Communication: Planning, Managing, and Responding*. 2nd edition. Thousands Oaks, CA: Sage, 2007.

Coombs, W, Timothy & Sherry J. Holladay (eds.). *The Handbook of Crisis Communication*. Malden, MA: Willey-Blackwell, 2012.

Cooper Lane. *The Rhetoric*. Englewood: Prentice Hall Inc., 1982.

Covello, Vincent T. & Frederick W. Allen. *EPA Communication Handbook*, 1998.

Darrell Birgitta. *Crisis Communication Handbook*. Stockholm: SEMA, 2003.

Doorley, John & Helio Fred Garcia. *Reputation Management: The Key to Successful Public Relations and Corporate Communications*. 2nd edition. New York: Routledge, 2011.

Everly, George S. Jr. "America Under Attack: The Ten Commandments' of Responding to Mass Terrorist Attacks." *International Journal of Emergency Mental Health*, 3(3), 133-135.

Fearn-Banks Kathleen. *Crisis Communication: A Casebook Approach*. 4th edition. New York: Routledge, 2010.

Fink, Stephen. *Crisis Management: Planning for the Inevitable*. New York: American Association of Management, 1986.

Fischer, Henry, W., III. *Response to Disaster*. Lanhan, MD: University Press of America.

Fitzwater, Marlin, *Call the Briefing: Ten Years In the White House with Presidents Regan and Bush*. Bloomington, IN: Xlibris, 2000.

Heath, Robert L. & Michael J. Palenchar. *Strategic Issues Management: Organizations and Public Policy*. Challenges. 2nd edition. Thousands Oaks, CA: Sage, 2009.

Hermann, Charles F., ed. *International Crises: Insights from Behavioral Research*. New York: Free Press, 1972.

Klein,Woody. *All the Presidents'Spokesmen：Spinning the News—White House Press Secretaries from Franklin D. Roosevelt to George W. Bush*. Westport, CT：Praeger,2008.

Kumar, Martha Joynt. *Managing the President's Message：The White House Communications Operation*. Baltimore, MA, Johns Hopkins UP, 2007.

Lucas,Stephen. *The Art of Public Speaking*. 7th edition. New York：Macmillan, 2002.

Lum, Max R. & Tinker, Tim L. *A Primer on Health Risk Communication Principles and Practices*. Atlanta：DHE, 1994.

McClellan, Scott. *What Happened? Inside the Bush White House and What's Wrong with Washington*. New York：Public Affairs,2008.

Nelson, W. D. *Who Speaks for the President? The White House Press Secretary from Cleveland to Clinton*. Syracuse University Press,1998.

Peters Richard G. , Covello, Vincent T. , & David B. McCallum. *The Determinants of Trust and Credibility in Environmental Risk Communication*. http://www. centerforriskcommunication. org/ publications. html.

Reynolds, Barbara et al. *CDC Crisis Communication Plan*. Atlanta：Center for Disease Control, 2002.

Rodman, George. *Mass Media Issuues：Analysis and Debate*. Chicago：Science Research Associates, Inc. , 1981.

Rosenthal Uriel et al. eds. *Coping with Crises：the Management of Disasters , Riots and Terrorism*. Springfield：Charles C. Thomas, 1989.

Stephens, Mitchell. *A History of News*. 3rd edition. Oxford：Oxford UP, 2007.

Sullivan, Marguerite H. *A Resposible Office：An Insider's Guide*. U. S. Department of State, 2001.

Ury, Wlliams. *Getting Past No：Negotiating Your Way from Confrontation to Cooperation*. New York：Bantam Books, 1993.

Yale, David, R. *The Publicity Handbook*. Chicago：NTC Bussiness Books, 1991.

Zaremba, Alan Jay. *Crisis Communication：Theory and Practice*. Armonk, NY：M. E. Sharpe, 2011.

胡百精，《危机传播管理》，北京，中国传媒大学出版社。2005。

黄懿慧等编：《传播与社会学刊：风险社会与危机传播》，总第 15 期，2011。

龚铁鹰编著：《英国政府如何与新闻媒体打交道：中国新闻发言人赴英交流实录》;《美国政府如何与新闻媒体打交道：中国新闻发言人赴美交流实录》，北京，五洲传播出版社，2013。

李希光、孙静维：《发言人教程》，北京，清华大学出版社,2007。

刘建明：《新闻发布概论》，北京,清华大学出版社,2006。

罗伯特·希斯：《危机管理》，王成等译,北京,中信出版社,2001。

汪兴明、李希光主编：《政府发言人 15 讲》，北京,清华大学出版社,2006。

王旭明：《王旭明说新闻发言人》，北京,新华出版社,2012。

吴宜蓁：《危机传播：公共关系和语艺观点的理论与实证》，苏州,苏州大学出版社,2005。

武和平：《打开天窗说亮话：新闻发言人眼中的突发事件》，北京,人民出版社,2012。

薛澜、张强、钟开斌：《危机管理：转型期中国面临的挑战》，北京,清华大学出版社,2003。